A ralé brasileira

Jessé Souza

A ralé brasileira
Quem é e como vive

Colaboradores

André Grillo
Emanuelle Silva
Emerson Rocha
Fabrício Maciel
José Alcides Figueiredo Santos
Lara Luna

Lorena Freitas
Maria Teresa Carneiro
Patrícia Mattos
Priscila Coutinho
Roberto Torres
Tábata Berg

4ª edição

CIVILIZAÇÃO BRASILEIRA

Rio de Janeiro
2025

Copyright © Jessé Souza, 2022

Design de capa: Anderson Junqueira
Imagem de capa: SkazovD/Shutterstock
Design de miolo: Abreu's System

Todos os direitos reservados. É proibido reproduzir, armazenar ou transmitir partes deste livro, através de quaisquer meios, sem prévia autorização por escrito.

A ralé brasileira foi publicado por duas casas editoriais ao longo de sua história. A seguir, indicamos o ano da primeira publicação em cada uma delas: 2009, Editora UFMG (1ª reimpressão, 2011); 2017, Editora Contracorrente.

Este livro foi revisado segundo o Acordo Ortográfico da Língua Portuguesa de 1990.

Direitos desta edição adquiridos pela
EDITORA CIVILIZAÇÃO BRASILEIRA
Um selo da
EDITORA JOSÉ OLYMPIO LTDA.
Rua Argentina, 171 — Rio de Janeiro, RJ — 20921-380 — Tel.: (21) 2585-2000.

Seja um leitor preferencial Record.
Cadastre-se no site www.record.com.br
e receba informações sobre nossos lançamentos e nossas promoções.

Atendimento e venda direta ao leitor:
sac@record.com.br

CIP-BRASIL. CATALOGAÇÃO NA PUBLICAÇÃO
SINDICATO NACIONAL DOS EDITORES DE LIVROS, RJ

S715r

Souza, Jessé
    A ralé brasileira : quem é e como vive / Jessé Souza ; colaboradores André Grillo ... [et al.]. – 4. ed. – Rio de Janeiro : Civilização Brasileira, 2025.

    ISBN 978-65-5802-082-0

    1. Classes sociais – Brasil. . 2. Brasil – Relações étnicas. 3. Minorias – Brasil. I. Grillo, André. II. Título.

22-80313

CDD: 305.89081
CDU: 316.347(81)

Meri Gleice Rodrigues de Souza – Bibliotecária – CRB-7/6439

Impresso no Brasil
2025

Dedico este livro ao meu pai, in memoriam, *por ter me transmitido o sentimento que me permitiu fazê-lo.*

Sumário

PREFÁCIO 13
Jessé Souza

INTRODUÇÃO 17
Jessé Souza

PARTE 1 — AS MULHERES DA RALÉ 43

Capítulo 1. "Do fundo do buraco" 45
 O drama social das empregadas domésticas
 Maria Teresa Carneiro e Emerson Rocha

Capítulo 2. A miséria do amor dos pobres 67
 Emmanuelle Silva, Roberto Torres e Tábata Berg

Capítulo 3. A dor e o estigma da puta pobre 101
 Patrícia Mattos

PARTE 2 — OS HOMENS DA RALÉ 137

Capítulo 4. O crente e o delinquente 139
 Emerson Rocha e Roberto Torres

Capítulo 5. O trabalho que (in)dignifica o homem 181
 Fabrício Maciel e André Grillo

PARTE 3 — A MÁ-FÉ INSTITUCIONAL   225

Capítulo 6. A instituição do fracasso   227
 A educação da ralé
 Lorena Freitas

Capítulo 7. "Fazer viver e deixar morrer"   255
 A má-fé da saúde pública no Brasil
 Lara Luna

Capítulo 8. A má-fé da justiça   285
 Priscila Coutinho

PARTE 4 — O RACISMO NO BRASIL   313

Capítulo 9. Cor e dor moral   315
 Sobre o racismo na ralé
 Emerson Rocha

CONCLUSÃO
A MÁ-FÉ DA SOCIEDADE E A NATURALIZAÇÃO DA RALÉ   353
 Jessé Souza

POSFÁCIO SOBRE O MÉTODO DA PESQUISA   409
 Jessé Souza

REFERÊNCIAS BIBLIOGRÁFICAS   417

ANEXOS 421

Anexo I. Posições de classe destituídas no Brasil   423
José Alcides Figueiredo Santos

REFERÊNCIAS BIBLIOGRÁFICAS   439

Anexo II. Os números dos destituídos no Brasil   441
José Alcides Figueiredo Santos

AGRADECIMENTOS   443

SOBRE OS COLABORADORES   445

*A sociologia talvez não merecesse uma hora de esforço
se tivesse por finalidade apenas descobrir os cordões
que movem os indivíduos que ela observa, se esquecesse
que lida com os homens, mesmo quando estes, à maneira
das marionetes, jogam um jogo cujas regras ignoram,
em suma, se ela não se desse à tarefa de restituir
a esses homens o sentido de suas ações.*

Pierre Bourdieu. *O camponês e seu corpo.*

*A doença grave do Brasil é social,
não econômica.*

Celso Furtado
em entrevista à revista *Caros Amigos*,
fevereiro de 2003.

Prefácio

Jessé Souza

Este livro foi lançado, em sua primeira edição, em 2009, fruto de cinco anos de trabalho coletivo ininterrupto. Entre 2004 e 2009, coordenei e formei uma equipe de cerca de doze jovens e talentosos estudantes para a realização de um trabalho empírico sobre os humilhados e marginalizados no Brasil. O resultado foi de notável sucesso, como o leitor e a leitora poderão comprovar nas páginas deste livro.

Um generoso financiamento do Programa de Apoio a Núcleos de Excelência (Pronex) da Fundação de Amparo à Pesquisa do Estado de Minas Gerais/Conselho Nacional de Desenvolvimento Científico e Tecnológico (Fapemig/CNPq) possibilitou trazer ao Brasil alguns dos melhores especialistas internacionais em pesquisa empírica qualitativa, com o intuito de formar, do melhor modo possível, os participantes da pesquisa. Alguns deles, como Thomas Leithäuser, representante e continuador influente da tradição da Escola de Frankfurt, alguém que procurou tornar a psicanálise operacional para a pesquisa sociológica, e Bernard Lahire, um dos mais importantes continuadores e reformadores da teoria de Pierre Bourdieu aplicada à pesquisa empírica, passaram a ser parceiros frequentes neste trabalho durante anos seguidos. Esse esforço continuado possibilitou não apenas uma formação de vanguarda acadêmica a todos os participantes, mas, também, que o trabalho pudesse ser constantemente repetido e reavaliado até chegar na sua versão mais elaborada aqui apresentada.

A "ralé brasileira" – na época, um terço da população e, hoje em dia, com Jair Bolsonaro, cerca de 40% dos brasileiros – representa uma parte do povo do país literalmente condenada à barbárie. São os que vivem oprimidos e perseguidos em favelas nos grandes centros urbanos ou nas periferias das cidades menores e no campo. Apesar de sua importância numérica, essa classe foi relegada ao esquecimento não apenas político, mas também intelectual. Grande parte da teorização dos intelectuais acerca dessa classe social a percebia como uma espécie de "subproletariado", sem que jamais ficasse claro o que esse "sub" quer significar. Como sempre, a autoilusão de que simplesmente nomear algo equivale a explicar e esclarecer atinge não apenas os leigos, mas também os especialistas treinados.

Outros, os "politicamente corretos", são ainda mais ingênuos e perigosos. Imaginam que não reconhecer o efeito deletério de séculos de privação nesses indivíduos pode ser de alguma ajuda às vítimas. Do mesmo modo que mudar o nome de "favela" para "comunidade" em nada modifica o cotidiano sufocante e miserável dessas pessoas, imaginar que esses indivíduos possuem as mesmas capacidades dos indivíduos das classes privilegiadas em nada ajuda a modificar a sua situação deplorável. Daí que, na pesquisa aqui apresentada, a construção social de pessoas fragilizadas em todas as dimensões da vida tenha sido ligada ao estudo das instituições precarizadas, erigidas intencionalmente pelas classes do privilégio a fim de possibilitar a construção e manutenção secular da subalternidade de pessoas humilhadas e facilmente exploráveis.

Não se ajuda alguém sem a construção verdadeira de suas possibilidades e, principalmente, sem chamar atenção às suas limitações socialmente produzidas. O que se faz necessário é, portanto, explicitar que a culpa da pobreza não é do pobre, mas de classes sociais que, com intencionalidade refletida ou não, promovem um *apartheid* social fundado em instituições educacionais e hospitalares precárias e em uma polícia e uma justiça persecutórias, que explicam a continuidade da abissal desigualdade brasileira.

PREFÁCIO

De resto, se alguém fizer qualquer esforço de inclusão desses indivíduos, como Getúlio Vargas e Luís Inácio Lula da Silva, a consequência será um golpe de Estado. Aqui, a corrupção é apenas pretexto. Na verdade, a elite e sua imprensa não querem competidores no saque do orçamento público, e a classe média branca não quer competidores nas boas escolas e universidades que garantem os seus bons salários e prestígio social.

Explica-se, assim, a construção deliberada de uma classe de pessoas sem as aptidões necessárias para o mercado competitivo, reduzidas, em grande medida, ao analfabetismo funcional e, portanto, tendo que vender sua força de trabalho desvalorizada como "trabalho muscular" a preço vil. A redução ao "corpo" não perpassado por conhecimento, uma óbvia animalização desses indivíduos, foi o principal aspecto que me fez identificar, precisamente na reprodução social dessa classe de desclassificados, a continuação perfeita com outras vestes de nosso passado escravocrata. De fato, o destino de "escrava doméstica" para as mulheres dessa classe, e de "escravo de ganho", em trabalhos pesados, humilhantes e desgastantes, para os homens da ralé, já está prefigurado no ciclo vicioso que a pobreza não apenas material constrói. As entrevistas deste livro permitem desvelar essa realidade cuidadosamente encoberta de modo volitivo de todo o povo brasileiro.

É esta história que não passa na TV nem é explicada nos livros que quero mostrar ao público brasileiro: como se dá, em detalhe, a construção de uma classe de pessoas condenadas à barbárie cotidiana? Por que a imensa maioria dessas pessoas não se organiza e luta contra sua situação de exclusão? Como se instaura uma guerra e não uma solidariedade entre os muito pobres? De que modo a pobreza extrema se alastra por todas as dimensões da vida? Essas foram as questões centrais de nossa pesquisa. A versão atual do livro original foi muito modificada. Nesta versão, o leitor encontrará, na primeira parte do livro, a explicação teórica inovadora da condição subalterna que procurei formular e, na segunda parte, a comprovação empírica da teoria a partir da reconstrução da realidade vivida dessas pessoas.

Introdução

Jessé Souza

AS CLASSES SOCIAIS E SEUS *HABITUS* ESPECÍFICOS

A ideia inicial para a presente pesquisa havia sido elaborada, teoricamente, no meu livro *A construção da subcidadania*, de 2003,[1] que representou um esforço para ligar a teoria bourdieusiana do *habitus*, a reconstrução do racionalismo ocidental por Max Weber e a assim chamada teoria do reconhecimento, de Axel Honneth e Charles Taylor, de modo a iluminar como se formam pessoas condenadas a ser humilhadas, sob condições modernas. A presente pesquisa, iniciada no ano seguinte à publicação do livro mencionado, foi uma espécie de comprovação empírica desse meu estudo teórico anterior. A "subcidadania", ou seja, a condição política e social dos integrantes da "ralé brasileira", foi teoricamente definida como a construção e reprodução social, decorrentes de múltiplos fatores, de um "*habitus* precário", no sentido de Pierre Bourdieu.

Comecemos por esclarecer, portanto, o que é *habitus*, de modo que possamos entender mais tarde como se forma socialmente sua versão precarizada. *Habitus* significa a construção de uma subjetividade que não é mais ingenuamente percebida como se fosse transparente e autoconsciente, que é como se dá tanto a percepção cotidiana do leigo acerca do mundo social quanto, também, das teorias supostamente científicas hoje

---

[1] Jessé Souza, *A construção social da subcidadania*, Belo Horizonte, Editora UFMG, 2003.

hegemônicas acerca do sujeito. Diferentemente dessa visão ingênua, o *habitus* significa o conjunto de "disposições para a ação social" que cada um de nós possui e que permite explicar nosso comportamento prático efetivo. *Habitus* não se confunde, portanto, com o que entendemos normalmente como "personalidade", ou seja, um conjunto de atributos conscientes que imaginamos ou gostamos de imaginar como sendo nossa representação efetiva.

O *habitus* institui, de imediato, um corte radical entre aquilo que gostamos de pensar que somos e aquilo que realmente somos. Como todos nós tendemos a fantasiar a vida que levamos e transformar a necessidade irrevogável da vida em virtude escolhida, não podemos compreender as pessoas simplesmente admitindo, como verdadeira, a inevitável fantasia que elas constroem acerca de quem são. O *habitus* representa, assim, uma concepção não ingênua do sujeito, permitindo reconstruir quem somos verdadeiramente, significando um progresso científico incomensurável para as ciências sociais. O nosso conhecimento do mundo social aumenta exponencialmente. Daí que seja necessário desenvolver estratégias de pesquisa empírica inovadoras permitindo, ao se ouvir os relatos das entrevistas, não considerar como verdade imediata aquilo que os entrevistados dizem de si mesmos.

É sempre necessário "refletir" sobre as razões profundas do que se diz e como o que é dito impacta na autoimagem do entrevistado. Se ninguém sabe melhor que a própria pessoa como é a sua vida, ao mesmo tempo, ninguém está livre das inevitáveis fantasias compensatórias que desenvolvemos para tornar a única vida que temos palatável aos outros e a nós mesmos. A técnica de pesquisa da sociologia disposicional,[2] utilizada neste trabalho, serve para separar o joio do trigo, o que só é possível pelo estudo do comportamento prático efetivo, não pelas ilusões que criamos sobre

---
2 Bernard Lahire, *L'homme pluriel*, Paris, Fayard, 2011.

INTRODUÇÃO

nós mesmos na nossa cabeça. A noção de *habitus* é um grande progresso científico precisamente por permitir o acesso ao nosso eu escondido cuidadosamente pelas nossas autolegitimações. O que comprova sua maior sofisticação científica é que ele possibilita explicar, inclusive, os motivos que nos levam a nos iludir tanto acerca de quem somos.

Essas disposições para agir e se comportar de certa maneira específica são sempre construídas socialmente. A principal instância social que necessitamos conhecer para termos acesso aos segredos do *habitus* de cada um é a classe social. Isso desde que saibamos que classe social não se reduz à renda nem ao mero lugar na produção. A classe social não é, portanto, redutível a uma variável "econômica", sendo, ao contrário, um construto "sociocultural". Sociocultural no sentido de que a herança familiar e escolar são os elementos principais para a construção de quem somos e dos limites e possibilidades associados à nossa condição de nascimento, ou seja, de nossa classe social. A "renda" é muito mais um efeito das heranças familiar e escolar do que sua causa.

O problema é que, normalmente, as heranças da socialização familiar e escolar são literalmente invisíveis enquanto tais. Nem sequer nos lembramos, por exemplo, do que nos acontece até os 3 anos de idade, durante nossa formação fundamental como pessoa. Na verdade, os seres humanos são construídos pela herança afetiva e cognitiva do pai e da mãe ou de quem os represente. E, aqui, nem mesmo a principal "herança" é em dinheiro – a única herança que percebemos conscientemente – mas sim aquela que herdamos em aptidões e capacidades, sempre dependentes de uma socialização familiar específica. Como cada classe social possui um padrão de socialização familiar e escolar distinto, isso significa que as classes sociais produzem indivíduos diferencialmente aparelhados para todos os desafios da vida e da competição social.

Aqui se explica a razão de o *habitus* remeter, antes de tudo, à nossa expressão corporal, não ao conteúdo consciente que temos de nós mesmos.

Nosso corpo e nossa expressão corporal são tão prenhes de significados que podemos, por exemplo, perceber a classe social de alguém pelo simples modo de andar, comer e se vestir – mesmo que a pessoa em questão não abra a boca para dizer qualquer coisa. Nós internalizamos, ou melhor, "incorporamos" – ou seja, transformamos em "corpo" e, portanto, reflexo automático – todas as influências afetivas, emocionais e morais que recebemos do pai e da mãe ou de quem os represente. Bourdieu reproduz na sociologia a revolução filosófica de Ludwig Wittgenstein, que defende que o sentido social mais importante se dá pela expressão do "corpo em situação" e não pela "intenção" ou "fala" do agente.[3] A noção de *habitus* é revolucionária porque permite compreender quem somos sem as ilusões que criamos para tornar palatável a única vida que temos. Contudo, também permite criticar as ilusões que são criadas para nós – por exemplo, que somos todos "empreendedores" e não explorados – pelos poderosos e sua máquina de reprodução de ideologias na imprensa comercial e na indústria cultural.

Ninguém nasce, por exemplo, com disciplina, autocontrole, pensamento prospectivo ou capacidade de se concentrar. Entre nós, brasileiros, essas capacidades e aptidões são "privilégio de classe", que toda criança de classe média já recebe de casa e sem esforço. A ideologia da meritocracia torna toda essa injustiça social de berço – afinal, ninguém tem culpa de nascer na classe social "errada" – em "merecimento individual", fechando o círculo da dominação tornada invisível e, portanto, impossível de se combater. É esse privilégio invisível que torna o *habitus* de classe média uma construção destinada ao sucesso no capitalismo competitivo. Existe uma cadeia do privilégio injusto, que passa de geração em geração, garantindo tanto o sucesso prático quanto a autoconsciência da própria superioridade. Em outras palavras, as classes sociais criam os indivíduos

---

[3] Charles Taylor, "To Follow a Rule", *in*: Craig Calhoun *et al*, *Bourdieu*, Chicago, Wiley, 1993.

com suas capacidades diferenciais de lidar com a realidade competitiva do capitalismo, prefigurando, desse modo, todas as suas chances futuras.

Talvez a característica mais desafiadora da noção de *habitus* seja a ideia de que nossa "essência" como seres humanos não é uma "substância", como gostamos de imaginar, ou seja, uma série de características morais explícitas e conscientes, normalmente percebidas como um todo harmônico. Assim, em geral, se fala de alguém como "honrado", "homem de bem", "empreendedor" ou "preguiçoso", pretendendo com isso definir e singularizar. Mas esse é precisamente o terreno das ilusões e mentiras que criamos para nós mesmos e para os outros a fim de forjar alguma forma de autoestima e autoconfiança ou legitimar nosso sentimento de superioridade em relação aos outros.

Na verdade, o que define e prefigura todos os nossos limites e possibilidades é uma espécie de "economia emocional" específica, precisamente independente de qualquer conteúdo explícito ou consciente. Ou seja, trata-se de uma construção psicossocial e pré-reflexiva muito peculiar que se refere às disposições e capacidades diferenciais para a ação prática. Isso acontece sem relação alguma com qualquer conteúdo moral específico que costumamos usar para legitimar o que somos para nós mesmos e para os outros. É esse terreno tornado invisível para nós na vida cotidiana que a noção de *habitus* quer iluminar.

De certo modo, o *habitus* quebra todas as ilusões sociais e individuais acerca de como levamos a vida tanto individual quanto socialmente. Na verdade, e nenhum de nós "gosta" de ouvir ou aceitar este fato, a vida social se dá às nossas costas, sem o nosso conhecimento. Participamos do jogo social, ou seja, cada um de nós tem um papel neste teatro, mas somos, pelo menos em grande medida, iludidos acerca de seu verdadeiro sentido. A imensa maioria de nossas interações sociais se dá de modo não refletido e automático, por meio da linguagem direta e espontânea do corpo e suas infinitas expressões. Toda entrevista para emprego demonstra como a postura corporal e a atitude significam, muitas vezes, mais que os dados frios de um currículo impessoal. É que já simpatizamos ou antipatizamos com os outros de maneira imediata e espontânea, pelo que a "expressão corporal" nos diz. Essa forma de comunicação é invisível enquanto tal para a enorme maioria das pessoas, o que só aumenta sua eficácia posto que impede o distanciamento reflexivo e a crítica de nossos preconceitos inconscientes.

A sensação de superioridade das classes do privilégio, por exemplo, vai ser garantida pela confirmação cotidiana dos hábitos à mesa, pelo conhecimento maior ou menor da língua, independentemente do conteúdo do que é dito, pelas escolhas do tipo de lazer ou da roupa que se usa – em suma, por todo um "estilo de vida" e de consumo em sentido amplo. Essas características, por sua vez, é que explicarão a empatia e a solidariedade imediatas entre aqueles que compartilham de um estilo de vida particular, assim como o desprezo e o preconceito contra aqueles que não compartilham desse estilo de vida. Não é à toa que as pessoas costumam casar e ter amigos dentro de sua própria classe social. Afinal, o amor romântico e o amor "à primeira vista" não são tão misteriosos como gostamos de imaginar, mas produtos da convergência de *habitus* específicos, que se mostram enquanto tais de mil maneiras implícitas, criando a simpatia e o desejo.

Se cada classe social vai desenvolver um *habitus* específico, não são elas, por outro lado, que produzem o "modelo" cultural a ser imitado e imposto a todas as classes sociais pela matriz cultural peculiar. É imperativo criticar o culturalismo dominante que percebe a "cultura" como produto de uma identidade nacional supostamente singular. Cultura aqui não deve ser pensada apenas na sua dimensão nacional específica, mas, antes de tudo, como matriz histórica ampla que serve de base a todas as intepretações nacionais e localizadas que irão existir depois e, necessariamente, partir desse modelo cultural mais amplo. Falo aqui da necessidade de se reconstruir o que há de específico no racionalismo ocidental, no sentido construído por Max Weber, a partir de sua base religiosa e histórica singular, em relação a outras culturas como a chinesa ou hindu, com tradições muito distintas.

A CONSTRUÇÃO HISTÓRICA DO *HABITUS* DISCIPLINAR

As classes sociais não irão construir seus *habitus* específicos do nada ou de modo arbitrário. Existe sempre um pano de fundo civilizacional que esclarece o tipo de distinção social perseguido por todas as classes em disputa umas com as outras. Assim, toda civilização específica vai ter um *habitus* correspondente. Será, inclusive, a não correspondência a esse *habitus* cultural mais amplo que marcará toda situação de subalternidade ou de privilégio social. Mas que *habitus* é esse que "pré-decide" tudo para todos nós hoje em dia? Como foi formado?

No Ocidente moderno, passará a existir um *habitus* no sentido que reconstruímos aqui anteriormente, muitíssimo singular. Historicamente, é uma construção do desenvolvimento religioso específico do Ocidente e, em seguida, de seu processo de secularização da vida a partir do século XVII. É a essa construção histórica e contingente de uma forma muito singular de "ser gente humana" que iremos nos dedicar agora. Quase nunca percebemos esse tipo de singularidade cultural, já que a naturalizamos – posto que todos nós já nascemos sob sua égide – como se fosse a única possível, daí a importância dessa reconstrução. Ela será, afinal, o material a partir do qual todas as classes sociais criarão seu *habitus* específico e suas pretensões de distinção social.

O processo de racionalização e desenvolvimento, tanto religioso quanto secular do Ocidente, teve como principal característica não intencional a construção de um "*habitus* disciplinar", o qual marcará o que chamamos de *habitus* cultural específico ao Ocidente. Tal *habitus* vai ser criado ou inventado a partir de dada hierarquia moral histórica e contingente, quase sempre apenas implícita, que aponta para determinada direção do controle dos nossos afetos. Afinal, não existe vida social possível sem controle e repressão dos afetos. A socialização familiar em todo lugar é, precisamente, o espaço no qual se produz essa internalização, ou melhor, a "incorporação" de certos padrões morais, cognitivos e estéticos que comandarão nosso comportamento e nos criarão, literalmente, como somos. Esse controle dos afetos não se dá, no entanto, do mesmo nem na mesma direção em todas as culturas e civilizações. A forma singular do controle afetivo, que cria um tipo humano também muito particular, é o fator decisivo para a construção de culturas ou civilizações singulares, como, por exemplo, a cultura ou a civilização ocidental sob a qual nascemos.

É no contexto do judaísmo antigo que se cria a civilização ocidental, já que "inventa" a noção de indivíduo. A noção central de todo o Ocidente é a de indivíduo, ou seja, de uma ideia muito peculiar do sujeito moral responsável por seus atos, passando, depois, pelo catolicismo medieval até a revolução protestante. A raiz dessa ideia no judaísmo antigo se fundamenta na noção de um deus transcendente e pessoal, uma invenção judaica, que impõe certos mandamentos morais aos seus fiéis. Sabemos que toda regra moral é antinatural. Ela se dirige a criticar nossas "inclinações naturais", ou seja, o que faríamos se não houvesse moralidade nem preceitos morais. A regra "não matarás", por exemplo, só tem sentido se todos nós tivermos, "naturalmente", instintos assassinos que precisam ser controlados. O mesmo acontece com a prescrição de não roubar ou de não desejar a mulher do próximo, e assim por diante, com todos os mandamentos.

O judaísmo cria, nesse sentido, pela primeira vez na história, a tensão ética consciente entre o mandamento religioso e a condução prática e cotidiana a que tendemos na vida mundana. No entanto, o fiel pode sempre desobedecer a Deus e a seus mandamentos. É nesse sentido que o judaísmo antigo inaugura o individualismo moral, ou seja, a noção de que o drama da escolha moral acerca de qual vida se quer seguir se torna, pela primeiríssima vez, algo internalizado como um drama moral consciente e refletido. É esse processo que cria a possibilidade de uma consciência moral individual pela primeira vez na história humana, que é, por sua vez, a dimensão mais importante da ideia de indivíduo. Tanto a obediência quanto a desobediência a Deus passam a ser, então, refletidas, permitindo o nascimento da ideia da responsabilidade moral do fiel, e, portanto, o nascimento também da própria ideia, produto específico do Ocidente, de indivíduo. Essa ideia revolucionária não pode, no entanto, ser desenvolvida em todas as suas potencialidades no contexto do judaísmo antigo. A dupla moral judaica, uma para os irmãos de fé e outra para os de fora, impede a universalização desses princípios para todos os seres humanos.

Será no advento do cristianismo, pelo universalismo da missão de São Paulo, que essa limitação será, pelo menos parcialmente, superada ao se dirigir, agora, a todos os seres humanos como filhos de um mesmo Deus. No entanto, no cristianismo primitivo, existia grande controvérsia acerca do principal aspecto de toda religiosidade. Como se define o "caminho da salvação" do fiel? Afinal, o fiel precisa, antes de qualquer outra coisa, saber o que deve fazer de modo a ser "salvo". A influência da religião no comportamento prático advém, precisamente, do caminho de salvação específico, não do que é prometido como bem maior da salvação, como a vida eterna no cristianismo.

Será Santo Agostinho, no século IV de nossa era, quem forjará o caminho de salvação de todo cristão que passa a ser válida para todos desde então até hoje.

Antes dele, cada bispo importante tinha uma ideia acerca da definição desse caminho de salvação, que é a dimensão mais importante de qualquer religião na medida em que possibilita perceber o impacto da mensagem religiosa no comportamento prático, que é o que nos interessa. Santo Agostinho vai interpretar o caminho da salvação cristã nos moldes da doutrina platônica da oposição espírito/corpo, onde o espírito deve predominar e guiar o mundo insaciável dos afetos incontroláveis do corpo. Ou seja, o espírito passa a ser a virtude e o corpo e seus afetos, o pecado a ser evitado. A partir de Santo Agostinho, todo o Ocidente será platônico, muito embora pouquíssimos tenham lido uma página que seja de Platão.

No catolicismo temos, portanto, a invenção da hierarquia moral que irá construir o *habitus* disciplinar como o fulcro de toda a cultura no Ocidente, primeiro como caminho para Deus, depois sob formas seculares. Essa mediação entre o mundo religioso e o secular é realizada pelo protestantismo, muito especialmente no ascético. É que o caminho de salvação do protestante ascético, que diz que o sucesso mundano passa a ser visto como comprovação da salvação dos fiéis, cria, na realidade, a necessidade de conhecer o mundo profano e suas regras pragmáticas.

Por sua vez, a tarefa de conhecer a realidade para mais bem dominá-la exige a compreensão do mundo explicável pelas leis de causa e efeito, ou seja, pela ciência experimental. Isso contribui decisivamente para "desencantar o mundo", ou seja, eliminar todo o mistério sobre o mundo que é a matéria-prima de todas as religiões. A partir dessa época, a ciência passa, paulatinamente, a substituir, no Ocidente, a religião como principal instância dotadora de sentido em praticamente todas as dimensões da vida.

O protestantismo, por sua vez, tende a literalmente desaparecer enquanto religião e se transformar primeiro em utilitarismo, onde o bem comum substitui a salvação eterna como polo moral e, depois, em puro e simples consumismo.[4] No entanto, isso não significa a derrota do protestantismo, mas, ao contrário, é o produto mais perfeito de sua retum-

---

4 Jessé Souza, *Patologias da modernidade*, São Paulo, Kotter, 1997/2022.

bante vitória. Afinal, o mundo secular vai eternizar a ética protestante ao transmutá-la, agora, em regra de ouro de ação para qualquer um que queira sobreviver no mundo capitalista. Se o protestante de antes podia escolher ser disciplinado ou não, hoje em dia não temos mais essa escolha. A ausência de disciplina passa a significar simplesmente a marginalização e a pobreza – ou seja, literalmente, a morte em vida.

É que o modelo protestante passa a ser a regra para o mundo secular transformado pelo impulso religioso. Nesse sentido, todas as instituições do Ocidente, como o mercado competitivo, o Estado burocrático e centralizado, e todas as demais burocracias privadas e públicas, exigirão e fomentarão, como sua atribuição principal, a disciplina dos indivíduos que a compõem. O imperativo da disciplina, do autocontrole e do pensamento prospectivo e calculador deixa a mensagem religiosa para se tornar o alfa e o ômega de toda a hierarquia moral implícita do mundo secular moderno. É precisamente esse estado de coisas que fazia Michel Foucault falar em "sociedade disciplinar" para tornar possível entrever o aspecto mais importante da sociedade moderna.

É isso também, seja dito de passagem, que torna o "culturalismo nacional" dominante; que imagina, ingenuamente, que cada nação singular reflita um padrão autônomo de "ser gente", tão frágil e falso. Quase sempre, a intenção é legitimar a superioridade de algumas sociedades sobre outras, sob o pretexto de representar precisamente esse espírito disciplinar, como fundamento de toda produtividade e moralidade superior. É isso também que torna, por exemplo, o assim chamado "excepcionalismo americano", largamente disseminado nos Estados Unidos, que imagina uma ilusória continuidade do protestantismo ascético até os dias de hoje, algo tão explicitamente ideológico e falso.

No entanto, foi essa crença que permitiu legitimar o imperialismo americano *soft*, formado no segundo pós-guerra, como expressão continuada da superioridade produtiva e moral do protestante ascético. Infelizmente, essa ideia é hoje tão dominante tanto na ciência metropolitana do Norte global, quanto na ciência colonizada do Sul global, como a ciência brasileira atesta tão bem. Hoje em dia, a ciência dominante no planeta tende a ser uma arma ideológica para a justificação do domínio fático.[5] Essa falsa noção, depois disseminada pela imprensa comercial e pela indústria cultural ao público de leigos, permite justificar, por exemplo, a manutenção do saque imperial do Sul global pelo Norte global como se fosse merecimento moral. Afinal, o Sul global passa a ser definido como um conjunto de sociedades atrasadas e corruptas, sendo a corrupção no Norte global percebido como meros deslizes individuais. Basta observarmos, por exemplo, os golpes impetrados em 1964 e 2016 no Brasil que contaram com ajuda decisiva dos Estados Unidos para demonstrarmos esse estado de coisas à perfeição.[6]

Na realidade, aonde quer que as instituições do capitalismo disciplinador tenham chegado – e elas chegaram ao Brasil desde os inícios do século XIX,[7] por exemplo –, temos os mesmos princípios guias, e temos a mesma hierarquia moral. E isso muito embora algumas sociedades sejam mais igualitárias do que outras, devido a processos contingentes de aprendizado histórico, mas nunca por conta de uma "maldição cultural", como os brasileiros até hoje acreditam.

O *HABITUS* DISCIPLINAR E O RECONHECIMENTO SOCIAL

A prova do que digo é contraintuitiva, mas de fácil compreensão. Afinal, hoje em dia, todas as famílias do mundo, alcançadas pelo capitalismo e suas instituições fundamentais, educam os seus filhos na mesma disciplina

---

5 Idem, *Como o racismo criou o Brasil*, Rio de Janeiro, Estação Brasil, 2021.
6 Idem, *A guerra contra o Brasil*, Rio de Janeiro, Estação Brasil, 2019.
7 Gilberto Freyre, *Sobrados e mucambos*, São Paulo, Global, 2013.

– antes ensinada apenas nas igrejas protestantes –, posto que percebem, intuitivamente, que é o único caminho para o sucesso no contexto competitivo do capitalismo. A imensa maioria das famílias, por exemplo, na África do Sul, na Itália, na Alemanha ou no Brasil, educa seus filhos de modo fundamentalmente semelhante, sem jamais ter conversado por telefone acerca de como se deve criar os filhos. É assim, afinal, que se dá a influência das instituições sobre os indivíduos: de modo silencioso, mas extremamente eficaz. As instituições fundamentais criam prêmios e castigos para moldar os indivíduos e criar o tipo de ser humano de que necessitam.

Agora podemos compreender como a sociedade disciplinar vai construir um tipo humano e social muito semelhante em todo lugar, independentemente de qualquer peculiaridade nacional ou conteúdo moral explícito. Embora as peculiaridades nacionais sejam importantes, esclarecendo, por exemplo, o maior potencial de aprendizado simbólico e material de cada sociedade, o fator decisivo é sempre a eficácia de instituições fundamentais que agem em dado sentido muito específico. Daí o "culturalismo", que apenas vê os aspectos nacionais como decisivos, ser tão superficial e normalmente conservador, pressupondo "maldições culturais" que nunca mudam.

Quem nos constrói como somos é a eficácia das instituições que nos formam, a começar pela família e pela escola. Os novos seres humanos disciplinados, criados pela sociedade disciplinar moderna, devem ser apenas isto: seres moldáveis e plásticos para cumprir qualquer tipo de função ou atividade, desde que seja produtiva e contribua para o trabalho coletivo. E foi precisamente a universalização desse tipo social que tornou possível a expansão do capitalismo e da racionalidade ocidental para todo o globo. De outro modo, essa expansão, sem encontrar indivíduos adaptados aos seus imperativos funcionais, teria sido impossível e inexplicável.

É isso também que permite que falemos em um *habitus* disciplinar como pano de fundo de todo o processo de socialização no capitalismo.

Nenhuma empresa ou escola nos pergunta se somos mais ou menos sentimentais, por qual time torcemos, se temos um coração puro, ou se preferimos cerveja ou vinho. Nossas características mais "pessoais" não estão em jogo aqui. O que verdadeiramente conta é nosso desempenho diferencial, produzido pela disciplina e seus correlatos como autocontrole, pensamento prospectivo e capacidade de concentração. Não há capitalismo possível sem a generalização desta nova "economia emocional", que significa em última análise o controle dos afetos naturais pela moralidade, como dimensão mais importante do espírito, que precisamente estamos chamando de *habitus* disciplinar.

Por que esse tema do racionalismo ocidental é tão importante para se conhecer melhor a sociedade brasileira? Porque em vez de imaginar a singularidade brasileira sendo produzida pela maldição cultural atribuída falsamente a Portugal,[8] nosso problema é marginalizar pessoas, impossibilitando-as — intencionalmente, como veremos — de incorporar um *habitus* disciplinar. É isso que as torna analfabetos funcionais na escola precária e trabalhadores desqualificados quando adultos. A cultura mais importante é a herança do Ocidente como um todo, que tem uma orientação muito específica e influencia todos os países e nações sob sua égide no sentido da construção de um *habitus* disciplinar.

É este estado de coisas que explica, também, por que o trabalho produtivo e útil passa a ser a dimensão mais importante de atribuição de reconhecimento social e respeito individual. A partir de agora, no mundo moderno, quem quer que cumpra um trabalho útil e produtivo, possibilitado pelo *habitus* disciplinar, merece nosso respeito. Não era assim antes do protestantismo literalmente sacralizar o trabalho. Na Antiguidade e na Idade Média, o trabalho, em vez de ser fonte de orgulho e autoestima, era relegado a escravos e servos. Bonito era não precisar trabalhar e ter outros fazendo o serviço.

---

[8] Jessé Souza, *Brasil dos humilhados*, Rio de Janeiro, Civilização Brasileira, 2022.

INTRODUÇÃO

Por conta disso, a obra de Bourdieu, por mais genial e importante que seja, precisa ser complementada pela perspectiva da assim chamada teoria do reconhecimento. É que a dimensão moral não é apenas instrumental e ideológica como imagina Bourdieu. Ele percebe a moralidade como Nietzsche: um falso pretexto para justificar situações fáticas de dominação. Ainda que isso seja verdade, na maioria dos casos, o mundo social não é apenas opressão, humilhação e racismo. É também um espaço de aprendizado moral e coletivo importante. E os dois aspectos, a opressão e o aprendizado, têm que ser percebidos como faces de uma mesma moeda.

Afinal, se toda opressão e humilhação está baseada e é legitimada pela oposição entre espírito e corpo, de tal modo a "animalizar" o oprimido e justificar sua subordinação, todo processo de aprendizado é, ao mesmo tempo, uma forma de "espiritualização". Como a noção de espírito vai, no contexto secular, assumir, paradigmaticamente, por exemplo, na concepção da arquitetônica do espírito humano em Kant, a forma das dimensões interligadas da inteligência cognitiva, do distanciamento moral e do aprendizado estético, tudo que definimos como "virtude" vai assumir a forma de um processo de espiritualização individual ou coletiva.

A luta entre as classes sociais vai ser construída a partir desse pano de fundo, que é, em última análise, moral, implica uma avaliação acerca do maior ou menor valor das pessoas a partir da sua possibilidade de incorporar ou não um *habitus* disciplinar. É isso o que permite a subordinação dos afetos em nome do controle e da disciplina impostos pelo espírito. Sem isso, não há trabalho produtivo possível sob condições capitalistas. É também o que explica por que a dimensão do trabalho é a dimensão mais importante para a vida de cada um de nós. Somos avaliados por nós mesmos e pelos outros, antes de qualquer outra coisa, a partir do valor relativo de nosso trabalho. Qualquer um que exerça um trabalho produtivo e útil passa a ter também "reconhecimento social".

O real valor comparativo de uma sociedade específica passa a ser, inclusive, marcado a partir da capacidade diferencial de cada uma em produzir o máximo de indivíduos aptos ao trabalho produtivo. Existem sociedades como a Suécia, a Dinamarca ou a Alemanha, que universalizaram, pelo menos em grande medida, as precondições sociais para que praticamente todos os indivíduos possam ter acesso à saúde e ao conhecimento escolar que permitam a construção de indivíduos capazes e produtivos. Não à toa, serão também essas sociedades que tenderão a construir um patamar de dignidade mínimo para todos os seus participantes. O valor de cada um tende a ser universalizado, implicando o respeito social de quase todos. Esse respeito social generalizado se manifesta também no padrão de diferenças salariais entre seus membros.

Na Suécia, por exemplo, a relação entre os salários mais baixos e os mais altos é de 1 para 3, ou seja, os salários mais altos tendem a ser apenas três vezes mais altos que os salários da base da pirâmide. Na Alemanha, essa relação é de 1 para 6, ainda assim muito menor do que na Franca, onde a relação é de um 1 para 14 e, na Inglaterra, de 1 para 16.[9] Em sociedades marcadas pela escravidão, como os Estados Unidos e o Brasil, a desigualdade é incomparavelmente maior, implicando a construção de "guetos sociais" ou de populações inteiras excluídas e marginalizadas. Isso significa que essas sociedades não generalizaram as precondições indispensáveis para a igualdade concreta possível. Nessas sociedades, o reconhecimento é produzido de maneira reativa, pela humilhação de grupos criminalizados e estigmatizados, como no racismo racial, de classe e cultural brasileiro, que criminaliza o próprio povo. O orgulho das pessoas não é produzido pela sensação de que ninguém fica de fora da proteção social como nas sociedades mais igualitárias; esse orgulho é produzido reativamente pela humilhação do outro grupo ainda mais vulnerável.

---

9 Thomas Piketty, *Capital et idéologie*, Paris, Seuil, 2019.

INTRODUÇÃO

O *HABITUS* ESTÉTICO DO PRIVILÉGIO TORNADO INVISÍVEL

Apesar da enorme variação do padrão geral de igualdade possível, todas as sociedades são desiguais por razões semelhantes. O *habitus* disciplinar vai ser o fundamento mais geral e importante, mas não o único. Se as sociedades europeias e, apenas em parte, os Estados Unidos lograram generalizar o *habitus* disciplinar para praticamente toda a população, isso não implica que a desigualdade cotidiana tenha acabado nessas sociedades. Como mostra Pierre Bourdieu em seu estudo clássico sobre a França do final do século XX,[10] as classes sociais constroem novas fronteiras para interpretar o suposto valor diferencial entre os seres humanos produzindo fontes novas de desigualdade, de percepção ainda mais difícil para suas vítimas.

Embora seja, agora, o fundamento de todas as classes sociais incluídas e produtivas, o *habitus* disciplinar não é o único *habitus* das sociedades modernas. Afinal, irá se desenvolver nas sociedades capitalistas, o que Bourdieu chamou de "*habitus* estético", de modo a produzir novas legitimações da desigualdade mesmo em sociedades que se imaginam igualitárias e republicanas, como a França. O *habitus* estético vai ser uma linguagem implícita e cifrada, mas, ao mesmo tempo, "compreendida" por todos nós de modo pré-reflexivo. Isso comprova a enorme vantagem da perspectiva do *habitus* sobre a ideia ingênua da suposta autotransparência individual para a compreensão do mundo social.

Na distinção social produzida agora pelo suposto "bom gosto" estético, o "estilo de vida" de cada um é percebido como expressão mais acabada da expressão de nossa singularidade e, portanto, de nossa superioridade ou inferioridade em relação uns aos outros. Afinal, o estilo de vida abrange todas as dimensões da vida de um indivíduo. Ele abrange

---

10 Pierre Bourdieu, *La distinction*, Paris, Editions de Minuit, 1979.

nosso comportamento à mesa, a forma de nos vestir, de falar, de andar e se comportar, de olhar os outros de frente ou de cabeça baixa, nossos hábitos de consumo e assim por diante. Dessa forma, o *habitus* estético vai definir o bom gosto, válido socialmente para todos, como a expressão pura e simples do estilo de vida das classes do privilégio.

Se a classe alta come pratos gourmet, com pouca comida, quase como se não tivesse a necessidade de se alimentar, precisamente como negação de nossa origem animal, esse hábito passa a ser contraposto, como sinal de superioridade, às comidas gordurosas e aos pratos cheios da classe trabalhadora que supostamente as animalizariam. A simpatia imediata construída inevitavelmente entre as pessoas que compartilham dessas escolhas, assim como o desprezo pelos que não compartilham, é vivido e experienciado pelos privilegiados como uma expressão óbvia, e sequer refletida e consciente, de sua própria superioridade inata como seres humanos. O mesmo acontece com todas as outras oposições da vida cotidiana, como a oposição entre beber vinhos caros e a cerveja barata das classes populares, com a roupa, com o modo de falar, e assim por diante.

O intuito real é produzir solidariedade interna e espontânea entre os privilegiados e desprezo justificado e legítimo contra as classes populares e trabalhadoras. Os hábitos de consumo e o estilo de vida em todas as dimensões vai construir um conjunto de avaliações que nem sequer serão percebidas como instrumento de opressão e humilhação de alguns grupos sociais sobre outros. A construção de falsas distinções sociais, tornando possível transformar o estilo de vida dos privilegiados em modelo inalcançável para todas as outras classes sociais, é uma "ideologia" presente em todas as sociedades capitalistas.

Em grande medida, é ela que legitima, de modo cifrado e, portanto, em condições normais, infenso à crítica, as desigualdades entre a elite e a alta classe média de todas as sociedades modernas em relação às suas classes trabalhadoras. Passam a existir duas realidades: uma explícita, a das leis e da constituição que prometem igualdade universal, e outra implícita, não escrita, mas "sentida" por todos nos seus efeitos, da distinção social pelo estilo de vida que separa as pessoas supostamente superiores por representarem o bom gosto e a virtude, dos seres humanos inferiores relegados a uma vida reativa e percebida como vulgar. Essa contribuição original de Bourdieu ao debate científico crítico foi, certamente, seu maior mérito. Ela mostra que a interação social mais importante não é mediada pela língua, nem mesmo pela crítica refletida. É uma interação que se dá, em grande medida, de modo não refletido, contrapondo-se a todas as teorias ingênuas e conservadoras que partem da onisciência e reflexividade dos sujeitos individuais. É isso, precisamente, que torna a crítica e a mudança social real tão difíceis.

O *HABITUS* PRECÁRIO E A CONSTRUÇÃO DA CLASSE DOS INDESEJÁVEIS E HUMILHADOS

Não obstante, existe uma limitação importante na abordagem revolucionária de Bourdieu. Como francês, Bourdieu percebia o último degrau da humilhação social constituído pela própria classe trabalhadora incluída no Estado social na França. A ausência relativa de uma numerosa classe de excluídos e marginalizados, abaixo da classe trabalhadora, fez com que ele percebesse o último degrau social como algo constituído pela própria classe trabalhadora ainda de posse de seus numerosos direitos duramente conquistados. Era, portanto, a produção tornada invisível da desigualdade entre burgueses e trabalhadores que interessava a Bourdieu denunciar. Mas como brasileiro, sempre percebi, ainda que no começo apenas intuitivamente, que a produção social e política de uma numerosa raça/classe condenada à barbárie, abaixo, precisamente, da classe trabalhadora, é a grande singularidade de sociedades periféricas como a do Brasil. Não é, portanto, nenhuma "maldição cultural" supostamente herdada o motivo e a causa de nossos problemas, mas sim a produção e reprodução de pessoas intencionalmente deixadas à margem da sociedade.

Dessa maneira, não existe apenas a linha divisória do bom gosto separando as classes do suposto refinamento, a classe média alta e a elite das classes trabalhadoras e populares. Especialmente nas sociedades do capitalismo periférico, como a brasileira, passa a existir outra linha divisória que separa não apenas o refinado do vulgar, mas, sim, o "humano" do "sub-humano". Essa linha é a que separa todas as classes que lograram incorporar o *habitus* disciplinar, como trabalhadores e burgueses, dos marginalizados e condenados à exclusão.

O que é decisivo para que compreendamos essa "linha da dignidade", que separa todas as classes incluídas no mercado de trabalho competitivo dos marginalizados, é que saibamos que nenhum de nós define individualmente o que vai admirar ou desprezar. A avaliação moral predominante na sociedade se impõe às consciências individuais. Como o *habitus* disciplinar – com os seus correlatos de autocontrole e pensamento prospectivo, o qual enseja a possibilidade de calcular e planejar o futuro, são indispensáveis tanto para o sucesso escolar quanto para a possibilidade de exercício de trabalho produtivo no futuro –, admiramos apenas aqueles que incorporaram as precondições psicossociais para esses papéis sociais. Como admiramos, antes de tudo, o trabalho útil, quem quer que, por qualquer motivo, não tenha incorporado essas capacidades psicossociais da disciplina, do autocontrole e do pensamento prospectivo, passa a ser indigno de nossa admiração.

Esse argumento é contraintuitivo, já que, ingenuamente, acreditamos que podemos avaliar a nós mesmos e aos outros, segundo nossa vontade e nosso arbítrio. Isso, no entanto, é falso. Quando encontramos alguém que exerce um subemprego, sem utilidade social efetiva, todos nós, sem exceção, reagimos de modo tal a negar e impedir a admiração e até o efetivo respeito por essa pessoa. Um exemplo prático: o guardador de carros das grandes cidades brasileiras, que exige um "pedágio" do motorista o qual, pelo menos muito frequentemente, teme, no fundo, que o próprio guardador possa se vingar dele danificando o carro, não é admirado nem respeitado por seu trabalho. É claro que a reação individual a essa desvalorização objetiva, generalizada para todos, pode ser distinta. Alguns tratam mal o guardador, com agressividade e desprezo, enquanto outros têm pena e piedade de sua condição e não hesitam em ajudá-lo.

Porém, o que é decisivo é que tanto quem tem bom coração quanto quem é insensível sente, inevitavelmente, ou pena, ou desprezo. A compaixão e o desprezo são, na realidade, duas faces de uma mesma moeda. Sentimos pena ou desprezo apenas em relação àqueles que consideramos objetivamente "inferiores" a nós. O que prova, empiricamente, tanto que as fontes do reconhecimento social são objetivas e impessoais, sendo independente da vontade individual, quanto mostra, também, o valor central do trabalho produtivo e útil socialmente para o respeito social. Se Bourdieu havia percebido a função do *habitus* estético na legitimação implícita da suposta superioridade do burguês frente ao trabalhador, procurei tematizar a função do *habitus* precário na legitimação do desrespeito social generalizado em relação aos marginalizados.

Essa linha divisória que chamo de linha da dignidade, de modo a diferenciá-la da linha do bom gosto estético, que discutimos acima, é tão implícita e pré-reflexiva quanto a que separa os burgueses dos trabalhadores. Ela, no entanto, pode ser tornada visível e consciente pelos seus efeitos, reconhecíveis por todos nós, sem exceção. Se no caso do bom gosto estético a tentativa é separar o ser humano, supostamente mais refinado, do ser humano vulgar, na linha da dignidade o buraco é mais embaixo. Aqui, o que está em jogo é o próprio estatuto da humanidade, que tanto burgueses quanto trabalhadores possuem, e a criação de gente que não é percebida como humana, de tão humilhada e animalizada. Gente que não merece a empatia dos outros e que, se a polícia mata arbitrariamente, poucos reclamam e a maioria até celebra, já que essas pessoas são não apenas invisíveis e desumanizadas, mas também estigmatizadas e criminalizadas. Seu voto e participação popular são também estigmatizados, como gente inconfiável que elege políticos corruptos.

Essa "intencionalidade" na marginalização dessa classe social é de fácil percepção. Afinal, o destino de todos os políticos que quiseram incluir essas pessoas terminou em golpes de Estado apoiados pela elite brasileira e sua classe média branca falsamente moralista. O pretexto era sempre o combate à corrupção, mas a realidade era manter uma população vulnerável à margem de todo o progresso moderno. Para a elite, o decisivo é eliminar a "gastança" estatal com os pobres de modo que apenas ela possa assaltar o orçamento do governo via dívida pública fraudulenta e nunca auditada, com juros escorchantes, isenções e privilégios de todo tipo. Para a classe média branca, o objetivo sempre foi eliminar a concorrência das classes populares pelo capital cultural valorizado das universidades, das línguas e das viagens estrangeiras, bem supremo em um país colonizado, além das relações pessoais que garantem os bons empregos e o reconhecimento social. Além disso, também a própria possibilidade de os lares de classe média e da elite contarem com um exército de pessoas convenientemente humilhadas e mal pagas para exercerem todos os trabalhos mais pessoais e servis, além de penosos, repetitivos e de pouco reconhecimento social.

Aqui se trata da produção intencional de pessoas sem as habilidades mínimas requeridas, seja para o aprendizado escolar, seja para o trabalho produtivo qualificado. Um ciclo vicioso formado por socialização familiar deficiente, sem reproduzir os papéis familiares clássicos, passando por uma socialização escolar sem os estímulos necessários ao aprendizado, produzindo analfabetos funcionais. O ciclo produz, por sua vez, o trabalhador desqualificado, reduzido ao trabalho muscular e animalizado. Esse ciclo vicioso, que começa, na verdade, com a escravidão, foi reproduzido

INTRODUÇÃO

secularmente no Brasil, mudando apenas as máscaras mais superficiais. Como as famílias pobres abandonadas e perseguidas repassam às gerações seguintes apenas sua inadaptação e seu despreparo – afinal, ninguém pode ensinar aquilo que nunca aprendeu –, tudo assume a forma de uma culpa do próprio pobre por sua pobreza e miséria. A escola, intencionalmente precarizada, apenas confirma a profecia da marginalidade e da exclusão. O ciclo diabólico se fecha com o trabalho escasso, mal pago e quase sempre humilhante do pobre e do negro adulto.

Esse ciclo redunda não na formação de um *habitus* disciplinar universalizado para todos, mas na produção e reprodução constante de um *habitus* precário, ou seja, um *habitus* inadaptado às condições de trabalho em um mercado competitivo como o capitalista. Isso não significa, obviamente, que essas pessoas não possam ser exploradas, pelo contrário; elas o são, inclusive, em dose muito maior que a classe trabalhadora – dado que a redução ao corpo não perpassado por conhecimento as condena ao trabalho braçal, permitindo a exploração dessa força de trabalho por um preço vil, como acontece de fato entre nós.

Isso, também, obviamente, não implica que essas pessoas sejam "culpadas" pelo próprio infortúnio e miséria. O livro mostra, sobejamente, quando trata da questão da má-fé institucional, que essa miséria é produzida seja por instituições educacionais, assistenciais e médicas intencionalmente precárias, seja pela perseguição da polícia e da justiça elitistas, celebrada pela classe média branca e pela elite do país. Denunciar a produção intencional da opressão e da humilhação social evitável é o principal trabalho da ciência social crítica. Mas não se pode confundir esse trabalho com a negação da miséria social dos que substituem, no discurso, "favela" por "comunidade" imaginando assim melhorar a situação das pessoas mentindo e maquiando sua real condição social.

Na verdade, trata-se aqui da continuação da escravidão com outras máscaras, para produzir a mulher, quase sempre negra ou mestiça, como a nova escrava doméstica dos lares de classe média, e, para o homem, reproduzir o destino do antigo "escravo de ganho", convertido em trabalhador desqualificado e, portanto, facilmente explorado em ofícios que os animalizam. Foi a partir dessa pesquisa empírica e teórica com a "ralé" que construí, mais tarde,[11] meu argumento da continuidade da escravidão entre nós como nossa questão social e política mais urgente. Esse tema permite reinterpretar o Brasil e suas questões mais importantes, creio eu, de modo novo e de forma mais crítica do que jamais havia sido interpretado até então. Assim, nossa singularidade deixa de ser a suposta maldição cultural portuguesa, como repete até hoje a tolice da inteligência brasileira, construída para invisibilizar o saque elitista da população e culpar a própria vítima pelo seu infortúnio, e passa ser a reprodução desse contingente de pessoas condenadas a uma vida indigna desse nome.

Mais ainda, ajuda a esclarecer de que modo a união de racismo de raça e de racismo de classe legitima a opressão e humilhação dessa classe social, majoritariamente negra e mestiça, permitindo sua eternização. Desse modo, não apenas a elite e a classe média branca podem mascarar seu racismo por meio do falso moralismo elitista do combate à corrupção, criminalizando o voto dessas classes e, portanto, os seus legítimos representantes, como Vargas e Lula.[12] Também os "pobres remediados", ou seja, o branco pobre do Sul e de São Paulo e o mestiço evangélico, "homem de bem", que também sofrem humilhação e desprezo, podem, agora, se sentir superiores a alguém convenientemente criminalizado como bandido, termo no Brasil associado invariavelmente ao negro pobre ou como parasita social de programas assistenciais.

Esse é, precisamente, o público popular cativo de Bolsonaro. Essa faixa social intermediária, entre a classe média real e os marginalizados, que ga-

---

11 Jessé Souza, *A elite do atraso,* Rio de Janeiro, Estação Brasil, 2019; Idem, *Como o racismo construiu o Brasil, op. cit.*
12 Idem, *O Brasil dos humilhados, op. cit.*

nha entre dois e cinco salários-mínimos, como não consegue compreender sua situação de exploração e humilhação objetivas – afinal, a imprensa da elite distorce intencionalmente a compreensão do saque elitista para toda a população –, é facilmente manipulável por um discurso conservador de costumes e da pura e simples criminalização do negro e do pobre. Assim, conseguem um alívio imediato do seu cotidiano que é também de injustiça e humilhação, ao serem levados a se sentir "moralmente" superiores a uma classe de pessoas convenientemente estigmatizadas.

Tudo leva à construção de uma sociedade em tudo muito semelhante à hindu, onde a existência de uma "classe de intocáveis" condenada aos serviços mais vis e mal pagos, desprezada e humilhada por todos, serve como contraponto que legitima a ordem social como um todo. Todos os estratos sociais, inclusive os intermediários, podem agora se sentir superiores a alguém e desfrutar da sensação de "distinção social" advinda dessa oposição. Como o "reconhecimento social" é a necessidade mais importante dos seres humanos em sociedade, garante-se, assim, a eternização da injustiça. Como a universalização do reconhecimento social passa a ser impossível pelos racismos de raça e de classe nunca devidamente criticados entre nós, então a solução para a legitimação da ordem excludente passa a depender da eternização de uma classe construída para ser desprezada e odiada por todos.

O presente livro mostra a vida cotidiana e os desafios dessa classe para subsistir tanto material quanto simbolicamente. Nele, o leitor e a leitora encontrarão uma história e um relato cuidadosamente escondidos do público brasileiro. Uma história que não sai nas novelas nem jamais é mostrada nos telejornais. Que a reconstrução da injustiça social, que se torna visível nas páginas que se seguem, possa permitir a empatia com o sofrimento alheio evitável, injusto e imerecido. A redenção dessa classe/raça de indesejáveis não é apenas importante para ela; é fundamental para a construção de uma sociedade minimamente digna e humana que possa viver, diferentemente dos quinhentos anos anteriores, em paz, progresso e harmonia social.

Parte 1
As mulheres da ralé

CAPÍTULO 1
"DO FUNDO DO BURACO"
O drama social das empregadas domésticas

Maria Teresa Carneiro
Emerson Rocha

A profissão de empregada doméstica é um dos principais meios de as mulheres que vivem sob condições sociais precárias disporem de renda. Um trabalho que certamente exige muito esforço, mas que depende de pouca qualificação. Ao longo da segunda metade do século passado e durante esses últimos anos, as empregadas vêm obtendo uma série de melhorias em sua condição de trabalho: por exemplo, a carteira assinada, que lhes garante estabilidade de renda e de direitos, vantagens outrora desconhecidas, quando muitas delas, além de não ter carteira de trabalho assinada, eram agregadas das casas de família em que trabalhavam, não contando sequer com um tempo de vida particular claramente definido. Atualmente, a profissão de empregada doméstica deixou de ser uma exploração pessoal e desregulada. As empregadas têm não apenas acesso a direitos que lhes garantem renda e certa estabilidade, como contam também com vidas particulares, separadas da casa e do domínio dos patrões, e vivem num contexto urbanizado, em que o consumo de bens de conforto surge como uma possibilidade para "viver melhor".

Infelizmente, para o senso comum mundano e também para o da maioria dos "sociólogos" e antropólogos, perceber esses avanços se confunde e se mistura com uma ignorância a respeito dos dramas e aflições (principalmente morais) aos quais são submetidas as mulheres que procuram ocupar um lugar na "boa sociedade" a partir da profissão de empregada doméstica. O acesso ao consumo e a direitos formais é visto como o limite daquilo que compete ao debate político discutir e como o limite do "bem-estar" que deve ser garantido a essas pessoas pelo Estado. Convidamos o leitor a conhecer qual a miséria que acompanha as melhorias na condição das empregadas domésticas: que tipo de miséria o acesso ao consumo não elimina? Que miséria é essa que o dinheiro por si só não vence e que se leva no corpo e que se transmite aos filhos, sem perceber ou querer, como uma espécie de herança irrecusável?

Aos 38 anos, Leninha é uma mulher de sorriso franco e aberto; guarda ainda certo orgulho da beleza nos olhos verdes, pele firme e corpo bem-modelado. Contudo, se olharmos com atenção, veremos que sobressai a essa beleza a massa embrutecida dos músculos moldados pelo trabalho pesado do corte de cana, da queima de carvão e da faxina pesada. Pesam sobre seu corpo desde a infância, quando Leninha, além do trabalho perigosamente extenuante do corte de cana, tinha ainda a função de carregar, tal como normalmente o faria um animal de carga, as cinco linhas de cana que havia cortado naquele dia, e isso por longa distância no caminho para casa com pais e irmãos ao seu lado.

Hoje, como diarista, Leninha diz que quanto mais trabalha, mais tem vontade de trabalhar. Não se deixa abater pelo cansaço e mantém a alegria mesmo nos momentos mais "esforçados". Às vezes percebe que muitos se admiram por ela parecer sempre tão alegre. Leninha sabe que muitas empregadas domésticas se sentem humilhadas por terem que fazer esse serviço e a maioria sente raiva por não se achar bem-remunerada, ou seja, pela desvalorização de seu trabalho. Apesar disso, Leninha não se sente assim. O serviço doméstico foi a primeira e talvez seja a única coisa que lhe ensinaram na vida, e ela gosta de fazê-lo bem-feito, tal como sua mãe. Queixa-se de ter que trabalhar pesado para conseguir uma boa vida, mas agradece muito mais a chance de poder garantir, para si e suas filhas, uma vida afastada dos tormentos da privação extrema e dos abusos constantes. Assim, para ela mesma, a explicação para sua alegria está no contraste que traça em sua vida separando os tempos do "fundo do buraco", que correspondem à sua infância e parte da adolescência na roça, dos tempos atuais, os quais ela chega a considerar "a realização de um sonho".

Leninha sabe da importância dos ganhos da vida que conquistou. Ela os vê ao relembrar os tempos de privação extrema e se alegra em afastar para cada vez mais longe aquele fantasma da fome que continua a rondar.

> Então foi tudo com muito sacrifício; a gente só vestia roupa que ganhava, a gente só comia um pão, final de semana; então, gente, hoje... se eu quero comer um pão com presunto eu vou lá e como, por quê? Porque eu trabalho, eu tenho meu dinheiro, entendeu? (...) Hoje, gente, nós tamos de uma família que a gente agradece muito a Deus; que da onde a gente veio; puta, nós somos ricos hoje, graças a Deus.

Contudo, é em meio às ambiguidades e contradições que as meias-verdades se tornam mais claras. Paradoxalmente, aquilo a que Leninha a princípio se refere como "a realização de um sonho" vai se apresentando num quadro crescente de dor, humilhação, vergonha, frustração e insatisfação de suas demandas afetivas. Moradora de bairro de periferia, sua casa é própria e se destaca das outras bem mais humildes e precárias. Um bairro pobre, mas em expansão acelerada, daqueles com serviços poucos e precários e vizinhança variando do muito pobre ao pobre remediado. Carlinho, com quem é "ajuntada" há mais de vinte anos, foi quem "levantou a casa" enquanto Leninha trabalhava (nessa época, ainda como empregada doméstica fixa). Virando-se nos biscates, seu marido jamais trabalhou o suficiente para sustentar a família, tendo mesmo ficado mais de quatro anos desempregado. Mesmo quando consegue se manter estável, como ocorre atualmente no emprego de motorista, Carlinho não paga as despesas, nem as de comida, e usa seu dinheiro somente para seu consumo de bebidas e diversão. Apesar dessa instabilidade característica da sua vida laborativa, ele desfruta de uma vida relativamente confortável e de "mesa farta". Uma vida sustentada por Leninha para toda a família: "Por causa disso que os vizinho tudo dá o nome dele de 'meu gigolô'."

Leninha não vacila em desclassificar seu marido. Faz questão de dizer a todos que ele é sustentado por ela, "um explorador", "um gigolô". Entre o casal, predomina um clima tenso de desconfiança. Não raro seus desentendimentos desembocam em "soluções" absurdamente violentas. Para compreendermos o grau e a magnitude dessa violência, basta observarmos dois dos casos cotidianos de agressão. Tais brigas acontecem muitas vezes por ciúmes, mas também porque frequentemente Carlinho quer "ficar com seu dinheiro". Contra as investidas de Carlinho, Leninha tem a prática de armar esconderijos para o dinheiro extra que ganha. Às vezes, Carlinho desconfia e exige que ela lhe entregue, se preciso for, na base da violência.

> *Ele é muito agressivo, Leninha?* Ele é; e muito, minha filha; é porque eu enfrento ele direitinho; se tiver que garrá aquela garrafa ali e tocá na cabeça dele, e quebrar na cabeça dele, eu quebro; ele é agressivo e eu não tenho medo dele; eu enfrento ele; eu enfrento.

No último caso relatado, a briga havia terminado com Leninha quebrando em quatro partes uma vassoura em Carlinho. Quando pergunto se tem medo do que ele seja capaz de lhe fazer, ela me responde contando certa situação pela qual passou quando seu marido lhe encomendou, da revista de utensílios que ela própria revende para ganhar um dinheiro a mais, "uma faca bem fininha": "ele comprou a faca de mim, na minha revista e falou: "Essa faca é pra estreiá com você. E a faca tá lá, em cima do guarda-roupa dele."

A violência entre os dois revela a falta de uma dimensão discursiva bem-constituída na vida familiar. As fricções causadas pelos impulsos egoísticos dentro da relação não são resolvidas no nível do discurso, o que ampliaria as possibilidades de consideração mútua das expectativas e necessidades um do outro. Em vez disso, essas fricções costumam desembocar em reações violentas de ambas as partes, o que impede a construção de laços afetivos pautados não só na relação egoística de satisfação dos próprios desejos, mas também por considerações às carências subjetivas do outro. Esse tipo de relação conta com precárias possibilidades de avanço qualitativo na capacidade de compreensão mútua entre os pares. Diante desse quadro, a pergunta que nos instiga diz respeito aos interesses materiais e ideais os quais mantêm Leninha nessa relação. Para quais necessidades Leninha encontra satisfação na relação com Carlinho? Essa é uma pergunta que nos leva a vasculhar um pouco das condições objetivas de existência social (e das possibilidades objetivas de realização pessoal inscritas nessas condições) que sobredeterminam as alternativas de vida e a "mentalidade" de uma mulher da ralé.

Fato é que, como nos disse um informante, "mulher sozinha na favela vira toco de cachorro mijar". Mais que tudo, a imagem que esse dito popular evoca diz respeito ao contexto de vulnerabilidade extrema das mulheres da ralé perante o abuso sexual e físico; à maneira de um toco, impotente, à mercê de qualquer cachorro. Nesse contexto, o maior risco está nas redondezas e, antes mesmo, dentro de casa, ainda na infância, quando as relações são muito próximas e é maior a dependência. Nas frações mais miseráveis da ralé, o abuso sexual é uma prática naturalizada. E miséria aqui não remete a algo que se reduza à pauperidade material da família, mas antes a todo um modo de vida correspondente àquele contexto específico de pauperidade. Um modo de vida rústico, marcado por uma baixa contenção dos impulsos, em que não só existe pouco poder de vigilância disciplinar sendo exercido por instâncias externas às pessoas, como a polícia, mas, e isso é o principal, em que a disciplina e o autocontrole não foram incorporados, não foram introjetados nas pessoas, passando a ser qualidades intrínsecas a elas.

Essa miséria de todo um modo de vida, que inclui mas não se esgota na falta de dinheiro, equivale muitas vezes também à ausência de critérios de reconhecimento social que erodem a dignidade humana das crianças e dos mais frágeis em geral, para além da sua utilidade (ou inutilidade) mais imediata para o trabalho – e, especialmente no caso das mulheres, mas muitas vezes também com os meninos, para a satisfação de pulsões sexuais por parte dos homens adultos. Assim, nos "melhores" casos, tão logo sejam julgadas aptas a contribuir, o que acontece muito precocemente pela idade dos 8 anos, essas meninas serão responsabilizadas pelos serviços domésticos, cuidado com os mais novos, preparo dos alimentos e mesmo a lida na lavoura, como foi o caso de Leninha. A noção de que existe uma infância e uma adolescência como fases de amadurecimento durante as quais a pessoa em desenvolvimento deve receber gradativamente responsabilidades e preparo para a vida adulta, ideia percebida e sentida como natural por todos nós que vivemos uma vida que é toda estruturada (quer consciente, quer inconscientemente), tendo em vista a incorporação de conhecimentos, perícias e sensibilidades que nos tornam produtores úteis e seres humanos apreciáveis a longo prazo, não é um dado da natureza. Existem contextos nos quais a vida familiar não é estruturada desse modo; onde esse amanhã de sucesso para o qual fomos preparados e esperamos preparar nossos filhos não existe como possibilidade factível; onde não houve um processo histórico de aprendizado e de adaptação às práticas de vida familiar em que a criança é cuidada em nome dos crescentes e diversificados conhecimentos, perícias e sensibilidades que ela pode incorporar (pois se todo ser humano é dotado de intelecção e de certa sensibilidade, a prática de conduzir a vida em nome da exploração e da expansão dessas faculdades é uma criação histórica que ainda não foi oportunizada para todos).

Em contextos como esses, em que muitas vezes não é atribuído às crianças nenhum valor que ultrapasse sua utilidade para o trabalho ou para a exploração sexual, em que mesmo pais e mães generosos, como aqueles que nos retrata, de modo muito tocante, a sensibilidade literária de Graciliano Ramos em *Vidas secas*, não têm a oferecer aos filhos muito mais do que uma vulnerável proteção contra as intempéries da natureza e certas crueldades das quais o Homem é capaz – nesses contextos, a situação de uma menina se torna especialmente vulnerável com o chegar da puberdade. Nos piores casos, como não chega a ser raro, as meninas constantemente ameaçadas pelos assédios e ataques dos homens mais próximos chegam a ficar grávidas de seus próprios parentes: pais, tios e irmãos muitas vezes consideram legítimo que as meninas sirvam como objeto para alívio de seus desejos e pulsões sexuais. Tanto mais legítimo quanto mais dependentes, pois não é justo que, enquanto seu irmão se esforça para sustentá-la, ela guarde seus favores sexuais para outro homem que não a sustenta. Assim, a mãe de Leninha foi, ela mesma, ainda muito jovem, entregue a seu marido, um homem muitos anos mais velho. Sua mãe pensava com isso protegê-la dos assédios de seu padrasto, que já havia aliciado sua filha mais velha. Mais tarde, seria a vez de a mãe de Leninha lançar mão de estratégia similar no esforço de contornar os percalços de abuso e privação extremos a que estariam todos expostos assim que seu marido não mais pudesse, ou não mais se sentisse suficientemente obrigado, a prover e proteger a filha.

Numa fase em que as coisas nos tempos do "fundo do buraco" pioram muito, todos passam por grandes turbulências. Por motivos que não deixa claro, certamente na tentativa de resguardar certas idealizações que construiu para si, transparece o fato de que seu pai já não trabalhava para o sustento da família como antes, tendo parado inclusive de pescar como costumava fazer para alimentar os oito filhos. Numa situação extrema como essa, a única tarefa passa a ser a busca desesperada de meios para a satisfação das necessidades primárias mais urgentes. Em termos práticos, a consequência é que cada um se vê obrigado a lutar por sua sobrevivência. No caso de uma família em que resista ainda algum grau de comprometimento normativo da mãe para com os filhos, como foi o caso de Leninha, os filhos mais velhos se dispõem a trabalhar para ajudar no sustento dos mais novos, enquanto as mulheres devem lançar mão dos meios que têm para ao menos sustentar a si próprias. Para tanto, as alternativas são frequentemente duas: a mais fácil e rápida, porém arriscada, é a alternativa do casamento, o que significa estar sob a proteção de um homem que terá, por sua vez, plenos direitos na exploração de seu corpo, tanto para o trabalho quanto sexualmente. A segunda alternativa é a troca do único trabalho que sabe oferecer, por moradia e alimentação, na casa de alguma família que, não estando desestruturada como a sua, possa se interessar em lhe acolher, momento em que muitas dessas meninas passam à situação de "agregadas". Antes de conhecer Carlinho, aos 16 anos, Leninha já havia passado pelas duas situações alternativas.

Dos 13 aos 14 anos Leninha viu-se casada com Zeca, um homem que não tinha endereço de moradia, nem mesmo um barraco, já que era queimador de fornos, prestando serviço em olarias na vigília da queima de carvão. Ele sempre era obrigado a dormir no local de trabalho, ao lado dos fornos. A queima de forno de carvão pareceu à Leninha ainda pior que a lida do canavial a que esteve acostumada desde a infância. O motivo de essa vida lhe ter parecido uma alternativa viável pode ser inferido do que admite vagamente sobre o fato de seu pai não mais trabalhar, não havendo, pois, nem comida em casa, nem proteção às crianças contra abusos, como podemos talvez inferir do fato de sua irmã ter sido mãe aos 11 anos. Sendo assim, Leninha conta sobre como sua mãe fora apelidada de "alcoviteira", por motivo das ocasiões em que levava as filhas aos bailes e jogos de futebol para exibi-las e oferecê-las. Sua busca, na tentativa de driblar a urgência das necessidades, era a de encaminhar suas filhas como lhe parecia ser o melhor possível. As que tivessem mais sorte conseguiriam arranjar "um marido bom".

Nesse contexto, um marido é bom quando, além de oferecer proteção contra a posição vulnerável ao ataque arbitrário de quem quer que tenha oportunidade, incluindo aí seus familiares, ou, como se diz popularmente, quando, além de protegê-la da situação em que se encontra tal como "toco de cachorro mijar", ele mantém com a mulher uma relação dentro de certos limites favoráveis, o que significa a atitude de frear os impulsos egoísticos mais agressivos. Assim, um marido é "bom" quando consegue proteger a mulher dos altos riscos de violência, inclusive aqueles oferecidos por ele mesmo.

Dentre as irmãs com menos sorte, das que não conseguiram arranjar maridos bons, Leninha cedo descobre que a proteção de Zeca já não lhe oferecia mais ganhos que perigos. Isso porque o fato de "pertencer" a um homem, apesar de diminuir o leque de oportunidades de ser atacada por muitos, não diminui a vulnerabilidade em si, que agora se fecha no domínio da relação conjugal. Leninha não teve sorte e, na convivência com Zeca, além de trabalhar em condições muito piores que antes, continua a passar muita fome. A situação se deteriora radicalmente na fase em que "Zeca só tomava cachaça", tendo o alcoolismo aumentado em muito o perigo, a frequência e a intensidade de agressões e maus-tratos que sofria. Um pouco envergonhada em me confessar isso sobre sua vida, Leninha deixa escapar parte da dramaticidade do quadro, admitindo que, para sair de tal situação, a de extrapolação dos maus-tratos, ela teve de fugir.

Leninha foge, aproveitando a visita de sua mãe, para aceitar a oferta que conseguira para que vivesse e trabalhasse como agregada numa casa de família da cidade. Se não conseguiu arrumar um "marido bom", o treino longo para o trabalho doméstico é o que pode servir a Leninha como um meio de sustento. De fato, essa segunda alternativa, mais difícil e rara, é menos arriscada. Assim, a chance de encontrar bons patrões não é certa; contudo, mesmo o pior patrão ainda ofereceria a Leninha a satisfação de necessidades primárias e a garantia de sua integridade física, coisa que lhe faltava naquele momento.

Em situações extremas, o desejo mais imediato é o alívio das necessidades mais prementes. Contudo, o mais importante nessa nova fase na vida de Leninha é que, muito mais que uma diminuição no grau de intensidade de seu sofrimento, a condição de agregada traz em si uma mudança qualitativa no tipo mesmo do sofrimento, agora encerrado num espectro de expectativas antes inexistentes ou fora de quaisquer possibilidades reais e práticas de consideração. Como veremos, a saída da condição de esposa semiescrava ao lado de Zeca para a condição de agregada no seio de uma família estruturada traz em si uma ampliação dos horizontes dentro dos quais Leninha vê a si mesma, assim como os outros com quem se relaciona. Daqui em diante, veremos como a vida dela passa a ser crescentemente marcada por um antagonismo entre novas expectativas e velhos limites; entre certas expectativas subjetivas de ascensão social e o déficit flagrante de suas possibilidades objetivas para efetivamente ascender.

A natureza dessa mudança qualitativa nas condições objetivas da vida de Leninha pode ser primeiramente considerada se pensarmos no que significa na vida de alguém o ganho emocional imediato que é sentir-se seguro em estar permanentemente afastado de viver em meio à tensão constante que é a experiência cotidiana das privações extremas e dos abusos contínuos. No mínimo, o que se abre com isso é um espaço em sua imaginação para desejar coisas antes impossíveis ou muito remotas. Quando chegou ao lar de sua nova família, a primeira coisa que fez dona Lídia, sua patroa, foi comprar-lhe roupas, já que os trapos que usava não eram próprios nem para o serviço doméstico dentro de sua casa.

> Eu larguei ele porque minha mãe que me tirou de lá; eu não tinha roupa pra vestir; aí eu virei e falei assim, vô pidi a minha mãe... aí chegou lá minha mãe pegou roupa emprestada pra mim vim pro centro, aí foi onde que eu comecei a trabalhar na casa de dona Lídia. Aí comecei a trabalhá, dona Lídia me levô na loja, me comprô um monte de ropa. Eu fiquei toda bunitinha!

Para Leninha, a sensação de se ver "toda bunitinha" era algo novo e maravilhoso. Nos tempos do "fundo do buraco" só vestia "roupa ganhada"; suas calcinhas eram de saco de arroz e seu apelido, "Buraca", por andar sempre com calças muito esburacadas. Acostumada aos trapos encardidos de carvão, Leninha percebe os contrastes de seu próprio comportamento em relação ao dos membros da família. Percebe que certos eventos raros em sua vida, como tomar banho e vestir roupas limpas, eram hábitos cotidianos rígidos. Com sua patroa aprendeu a costurar para si as roupas que via nas revistas; na cozinha, a variedade e a fartura de alimentos davam um novo sentido ao ato de cozinhar – o apetite expandia-se agora mais para além do estômago, incluindo o paladar.

Agregada ao seio da família burguesa, Leninha conhece um modo diferente de ser humano. Acostumada a se sentar no papelão para comer a boia na latinha de goiabada, impressionou-se muitíssimo ao se deparar com o "aparelho de jantar" usado todos os dias, quando se sentava à mesa de refeições com toda a família. Esse mesmo tipo de deslumbramento foi também captado por Florestan Fernandes, há sessenta anos, em sua pesquisa sobre a integração, na maior parte dos casos, a não integração dos negros libertos à sociedade de classes:

Um dos sujeitos das histórias de vida, que vivia com a mãe e a irmã "ao Deus dará", relata o deslumbramento que sentiu, por volta de 1911, ao passar a viver, aos dez anos, na casa de um italiano. Viu, então, "o que era viver no seio de uma família, o que entre eles (os italianos) era coisa séria". Gostava porque "comia na mesa" e podia apreciar em que consistia "viver como gente".[1]

Desses tempos em diante, Leninha se verá em situações que permitirão e mesmo forçarão a um grau de autonomia antes impensável. Agora é possível ir a bailes com amigas – não havendo o perigo constante do abuso, as mulheres podem se dar certas liberdades, como a de se divertir nos clubes. Mas, com o passar do tempo, Leninha virá a descobrir que muitas dessas maravilhosas possibilidades que pareciam estar se abrindo a ela, como a de namorar um rapaz burguês, não eram, contudo, reais possibilidades. O aumento de consciência que Leninha passa a ter de si mesma em sua nova condição a leva a uma crescente compreensão de que sua liberdade é antes formal do que objetiva. Ela percebe os limites para a realização de suas novas expectativas, impostos pela condição em que se encontrava no seio daquela família. Percebe os limites dados por aquela condição que nós conhecemos como sendo a do agregado, que é formalmente livre, contudo existencial e objetivamente dependente, uma vez que tudo que deseja e passa a desejar não pertence a si, mas sim a essa família, que, como constante ameaça, pode lhe dar e tirar de acordo com as circunstâncias.

Assim, Leninha percebe que suas novas expectativas e desejos jamais poderiam ser considerados de mesma importância, legitimidade ou urgência que as necessidades e o conforto das irmãs a quem era somente agregada. Como se lembra, o dinheiro para ir ao dentista aparecia

---

[1] Florestan Fernandes, *A integração do negro na sociedade de classes*, São Paulo, Ática, 1978, p. 300.

sempre muito tarde. Após três semanas com muita dor, chegando a adoecer de febre, "aparece" aquele dinheirinho para ir ao dentista. "Mas e se fosse a filha dela? Ela ia deixar assim?" Leninha entendia melhor agora o que significava sua posição e condição como agregada à família. Desse modo, apesar de comer à mesa com os talheres, percebe que sua posição não é tanto a de quem está sentada à mesa com a família, mas a de quem está sentada junto à mesa, pronta para atender às ordens de serviço. Ganhar tecidos para costurar as roupas da revista parecia o máximo para quem nunca tinha experimentado um vestido antes. Contudo, isso também foi o máximo que ganharia; percebia que os perfumes e maquiagens eram artigos exclusivos, coisas caras que suas irmãs não podiam lhe emprestar quando se arrumavam juntas para o baile. Aos bailes mais bonitos, Leninha nunca podia ir, pois para esses não tinha um vestido adequado como os de suas irmãs. Leninha percebe que os rapazes burgueses que as paqueram jamais se dirigem a ela, ou melhor, jamais se dirigem a ela do mesmo modo que às suas irmãs. Com estas, os rapazes vinham em casa se apresentar à família e namorar na sala na companhia dos pais. Já com ela, a irmã-agregada, não queriam compromisso sério e sempre iam embora quando Leninha insistia em querer se comportar como as outras com quem tinha aprendido o que é namorar como "moça de família".

Mesmo fazendo o que podia para se parecer com as suas "irmãs" e se comportar como elas, Leninha via cada vez mais até onde poderia ir com esses desejos e expectativas. Analfabeta aos 16 anos, começa a perceber que diferentemente do "fundo do buraco", onde não ter leitura é um fator indiferente para quem tem que queimar forno de carvão para sobreviver, nesse novo mundo os rapazes burgueses só respeitam as moças de família que têm estudo, são educadas e têm bom gosto. Para Leninha, o lugar de agregada guardava muito pouco espaço para cultivar romantismos: enquanto observava sua "irmã" mais velha escrevendo cartas de amor para o noivo, ela lamentava "jamais ter se esforçado o suficiente"[2] para aproveitar a oportunidade que teve de estudar. Enquanto observava a "irmã" que punha a foto do noivo em cima da mesinha de cabeceira bem ao lado da cama, Leninha desembrulhava os trapos encardidos sobre os quais dormia num cantinho qualquer da casa, fora do quarto das "irmãs".

Após ter aprendido a admirar e desejar as liberdades e os benefícios desse modo de vida burguês, Leninha vai percebendo também tudo aquilo que, em sua condição de agregada, a afasta irremediavelmente da vida com que agora sonha. Com o passar do tempo, foi tendo mais e mais contato com novas possibilidades de realização pessoal ao mesmo tempo que compreendia, também cada vez mais, que a sua condição de agregada não lhe permitiria essa realização. Nesse sentido, a consequência mais funesta de sua condição está no fato, também implícito na noção de agregada, de que a sobreposição dos papéis de serviçal e membro postiço da família faz com que não haja para Leninha espaço para uma vida própria. Não havendo diferenciação entre o que era o tempo de trabalho e o que era o tempo para si, fica indefinido o tempo de sua vida que deve doar para essa família. Tal indefinição do tempo é, por sua vez, uma consequência do caráter também indefinido da relação do agregado com a família: entre metade "irmã" e metade serviçal, a posição de Leninha era indefinida quanto à possibilidade de satisfação de suas necessidades e desejos; de acordo com as circunstâncias, nada lhe era de fato garantido.

De modo mais preciso, isso significa que a entrega da mão de obra se confunde com a entrega de seu ser e de sua vida como um todo. Assim entregue, Leninha compreende que jamais poderia alcançar aquilo a que mais almejava: a construção de uma esfera íntima. Esse dado fundamental

---

2 Sobre o modo como a estadia na escola cumpre antes de tudo com a função de incutir nas pessoas da ralé estrutural a sensação de serem os responsáveis pelo destino de classe que lhes é secularmente imposto por condições de existência social inarredáveis, ver o capítulo 6, escrito por Lorena Freitas.

está implícito na noção de agregada, uma vez que é essa mesma condição o que lhe impõe os limites à realização dos novos sonhos que ela mesma engendrou. A dor causada pelas interdições que obrigam ao abafamento de desejos e necessidades faz crescer os sentimentos de humilhação e revolta. Esse é o momento em que essas meninas-agregadas costumam se "rebelar" e tomar novos rumos. Leninha se vê compelida a romper com sua condição de agregada e, para isso, o meio que procura é novamente o casamento.

Como podemos agora comparar, essa saída tem para Leninha interesses e expectativas muito diferentes das que tinha sobre seu primeiro casamento com Zeca. Leninha agora sabe dos benefícios que tem uma moça burguesa que namora feito "moça de família" e foi assim, se comportando tal qual uma moça de família, que Leninha conhece Carlinho numa festa do clube, onde começam a namorar: "Aí eu namorei Carlinho serinho, mas serinho mesmo, só assim, ganhava só beijo e mais nada; três pra quatro meses, eu namorando e querendo contá pra ele [que não era virgem], mas eu tinha vergonha..."

Da vida de casada de Leninha podemos relembrar o tipo de relação mercenária a que Carlinho a submete, se preciso por meio de agressões. Como nos conta Leninha, essa situação se estabelece desde o princípio, com ela sempre "botando tudo dentro de casa". O fato de ser analfabeta a deixava sempre numa situação muito vulnerável de dependência, o que muitas vezes dispensava qualquer agressão. Contudo, diferentemente dos dias atuais, em que Leninha enxerga com revolta e indignação o fato de Carlinho ser um "gigolô explorador", naqueles tempos, pelo contrário, Carlinho lhe pareceu ser a própria chave do paraíso: "Ahhh, ele era o homi que eu sonhava, ele era o homi que eu queria ter." Assim, a exploração não lhe parecia tão ruim, já que, naquele momento, precisava de Carlinho como um meio para suas realizações. O que via em Carlinho era, portanto, a possibilidade de se realizar na dimensão de sua esfera íntima. Apesar da exploração sofrida, sua nova condição lhe permitia ter vida própria. Das coisas que mais lhe deram alegria nessa nova fase, Leninha fala com entusiasmo sobre os móveis de seu quarto de casal:

> Ah, mas eu fiquei muito boba; era muita alegria; não tem esses jogo de quarto que tem, como é que chama? Um jogo de quarto branco; a cômoda tinha os dois criadinho, a cômoda com espelho, aquele guarda-roupa imenso. Foi muito bom!

"Ajuntando-se" com Carlinho, Leninha teve a oportunidade de viver, como mulher do caseiro, numa casinha já toda mobiliada e alugada para o casal pelo dono da propriedade. Um lar de verdade e que era dela, com todas as coisas com que sonhava usufruir naquele momento. O que mais a encantava era essa possibilidade real e concreta de ter as coisas que queria. Consumir através do esforço do trabalho lhe dava a sensação de dignidade, ou, como ela mesma diz, sensação de "honra": "Menina, olha, aí como você sabe, não sei ler, não sei escrever, mas sei ganhar o meu dinheiro; é muita honra, né não?"

Passando do chão e dos trapos encardidos para a cama com móveis combinados, Leninha finalmente consegue alcançar o patamar de dignidade que antes lhe era negado todos os dias. Ela alcança a dignidade do produtor útil, e dos prêmios e troféus que são frutos do seu trabalho, pois através dos salários poderia agora planejar consumir um dia aquilo que ainda não podia ter no momento. Apoiada na estratégia que virou tema de mais um dito popular nascido diretamente na ralé – "depois que inventaram o crediário, pobre pode tudo!" –, além de dormir na cama, agora Leninha também poderia planejar alcançar mais conforto e um pouco de diversão: "Eu fui comprando tudo; aparelho de som, televisão." Desse ponto em diante, Leninha se joga de cabeça numa espécie de saga por conquistas na qual compromete o presente e grande parte do futuro de sua vida com os vários carnês multiplicados em várias prestações, às quais Leninha lança mão para poder consumir: "Ah, eu adoro prestação; eu compro, compro, compro mermo; eu não tenho medo de comprar; é só assim que eu tenho as coisa." A relação de compulsão em consumir gera por sua vez a necessidade compulsiva também com uma rotina de trabalho que sustente o padrão de consumo que lhe empresta a sensação de dignidade.

Para conseguir cobrir todas as suas expectativas de consumo, agora somadas às expectativas de consumo das duas filhas e contando ainda mais com a exploração de Carlinho, Leninha muitas vezes é obrigada a pegar duas faxinas para o mesmo dia, chegando a trabalhar por quatorze horas. Quando pega só oito horas de faxina, aproveita o tempo que sobra para lavar e passar roupa para fora, ou para cozinhar a comida da semana que deixa congelada para algumas famílias. Enquanto trabalha, oferece às famílias as revistas de revenda de cosméticos: "Esse dinheiro cai certinho." De cada casa que faxina, sai levando todas as latas e garrafas pet que um dia trocará na reciclagem: "Juntando bem, dá um bom dinheirinho."

Chorando, Leninha tenta agora reformular a direção dos novos problemas, dificuldades e limites implícitos em sua nova condição e aos quais tenta resistir:

> Porque até mermo eu que sou uma tapada! Até mermo eu que sou uma jumenta; que eu não fui no colégio, e tem coisa que eles fica rindo de mim, que eu falo errado; mas eu vou levando, sabe por causa de quê? Porque eu falo assim: eu boto a mão no bolso, eu puxo e tem dinheiro; e meu marido ficou três ano e meio desempregado... Mas aqui em casa não faltou um dente de alho, eu fui mulé pra sustentar essa casa, em roupa, em calçado e até cueca pro meu marido, eu fui mulé e sou até hoje, porque eu sou um pé de boi pra trabalhar.

Para ela, o problema aparece da seguinte maneira: apesar de ser analfabeta, ou "uma jumenta", luta pelo seu valor através da afirmação de suas qualidades que segundo ela merecem ser admiradas: "O povo fica doido comigo, mas sabe por causa de quê? Porque eu sei trabalhá, eu sou ligera, eu sou esperta, eu sou direita, cê pode deixar qualquer coisa da senhora aí... Então, isso é difícil."

Leninha se vale da afirmação ostensiva da meritocracia (a mesma ideologia que a condena por ser analfabeta e empregada doméstica e possuir modos "rudes") para afirmar seu valor através dos critérios pelos quais se vê pautando seu trabalho e sua vida. Como vemos, até a exploração que sofre de Carlinho parece se transformar aqui numa virtude para Leninha. No fundo, ela se agarra com todas as forças à ideologia do *self-made (wo)man* para tentar afirmar sua dignidade. É pelo fato de ser não só analfabeta, mas destituída do *habitus* que confere respeitabilidade social às pessoas na ordem capitalista, que Leninha se apega com todas as forças à ideologia do homem (no caso, da mulher) que se faz a si mesmo (no caso, a si mesma) pelo trabalho árduo. Assim, ela pode transformar a sua necessidade (a de trabalhar duramente) em virtude. "Quanto mais eu trabalho, mais eu tenho vontade de trabalhar, pra comprar o que eu quero, e pra apontá a eles quem eu sou."

A última fala revela ainda que esse esforço de autoafirmação pautado na ideologia do *self-made man* se articula com o principal meio que Leninha encontrou para tentar obter reconhecimento social: o consumo. Quando diz "apontá a eles quem eu sou", ela imagina a afirmação de sua dignidade principalmente perante as classes médias para quem trabalha e que representam para ela o modo de vida mais digno. Para mostrar a todos quem era, Leninha trabalhou em muitas diárias para promover sua última grande realização: a festa de 15 anos de sua filha mais velha. Antes que alguém lhe pergunte, Leninha faz questão de listar para que todos ouçam os números investidos na festa, pagos com o suor de seu trabalho digno e honesto:

Dez garçom; quatro saco de batata, quinze caixa de skol; geente, o tal dos, é como? Cogumelo? Gente aquilo é muito caro demais; só no cartão foi novecentos reais de compra; o tal do medalhão, eu não posso nem ver. Eu fiquei louca. A tal de batata com... sabe como? O salgado foi servido com foguinho embaixo do salgado. Foi muito chique, eu chorei muito.

O momento mais esperado e importante da festa foi aquele em que os pais iam fazer a homenagem a sua filha. A homenagem de Carlinho foi um presente bem caro: coberto sobre a mesa, a filha descobre o computador. Ninguém se surpreenderia em saber que Leninha seria a única a trabalhar por todas as prestações desse presente; contudo, ela preferiu deixar que todos pensassem que Carlinho é que estava dando. "É que eu achei assim que não ia pegar tão bem, né?" Por sua parte, Leninha se contentou em homenagear sua filha com uma declaração pública de seu amor de mãe. Ela achava que seria muito bonito; mas nunca havia feito algo assim, nem sabia como fazer. Por isso pediu a uma de suas patroas mais "bondosas" que lhe redigisse uma carta narrando os sentimentos que poderia ter se ao menos soubesse como expressar.

Chegada a hora de declarar sua homenagem, Leninha segura o papel na frente de todos. Lá estão escritos os versos que ela mesma pretende declarar, ali no microfone, na hora da homenagem. Infelizmente, justo quando se preparava para começar a ler seus versos, Leninha se sente tomada de uma emoção tão grande que a impede de ler. E foi por isso (e não pelo fato de que nem sequer sabia ler) que pediu à patroa bondosa (que não por acaso estava ao seu lado) que lhe fizesse esse favor. "Eu me saí bem. Eu me saí muito bem."

O caso é que Leninha, tendo passado por todas as experiências de aprendizado e de abertura de horizontes que retratamos aqui, não deixou de levar inscrito em seu corpo o seu legado de classe. Não apenas o analfabetismo e a escassez do vocabulário, mas o modo de se expressar;

não apenas as lembranças amargas de sua infância agreste, mas o modo de ser agreste que se originou ali. Os "gostos", a capacidade de atribuir sentido à experiência estética, seja com a música, com a literatura, com o sabor dos alimentos ou com os móveis da casa; o "amor" compreendido não apenas como desejo e manifestações esporádicas de afeto, mas como um tipo específico de relação entre duas pessoas em que o desejo e o afeto estão relacionados ao reconhecimento do outro enquanto um ser cuja existência é em si algo digno de cuidado. Todas essas faculdades, que não são dons naturais, embora aqueles que os experienciam tendam a acreditar que sejam, foram privadas a Leninha por seu modo de vida. Nessa situação, o consumo surge para ela como o meio pelo qual é possível gerar para os outros e para si mesma a aparência da vida que ela está fadada a não viver.

É preciso exercitar nossa sensibilidade através do esforço intelectual proposto aqui para percebermos que o consumo dos bens é para Leninha a única instância visível do modo de vida que ela pôde observar ao longo de sua trajetória e desejar para si. Leninha não é dotada das *disposições*, daquelas espécies de "dons naturais" que determinadas classes de pessoas possuem graças a processos de socialização esquecidos, que conferem às pessoas as aptidões cujos efeitos ela deseja: prestígio e reconhecimento. Não tendo essas *disposições*, Leninha não pode praticar e compreender esse modo de vida que confere às pessoas prestígio e reconhecimento; as qualidades incorporadas envolvidas com o modo de vida são invisíveis para ela. O que é visível é a prática do consumo através do qual aqueles que possuem os "dons naturais", construídos por processos históricos esquecidos, exercitam e vivenciam as suas qualidades tornadas intrínsecas, "individuais".

Há uma espécie de ilusionismo no domínio dos bens culturais, tal como surge para uma pessoa na condição de Leninha. Toda a classe média com a qual Leninha tem contato mais estreito nas figuras dos patrões é como que feita de ilusionistas fazendo "truques" muito sérios; extraindo, a partir de processos obscuros, de uma série de objetos mais ou menos caros, efeitos maravilhosos que ela deseja produzir também para si mesma. O drama de Leninha há muito tempo não é o de "pôr o que comer em casa", mas o de tentar, com todas as forças, imitar o "truque" das classes médias. É o drama de quem quer ser reconhecida como "gente", mas que para se afirmar enquanto gente conta apenas com a possibilidade de, como vimos há pouco, afirmar sincera e contraditoriamente que é "um pé de boi pra trabalhar", ou então com a tentativa de consumir os bens, os tais instrumentos mágicos com os quais as classes médias produzem eficazmente efeitos de prestígio para si.

A reconstrução que empreendemos aqui buscou o fundo de realidade que torna inteligíveis as contradições e as incoerências daquilo que é imediatamente aparente na vida de Leninha. A compreensão da miséria é a melhor forma para redimirmos o outro das nossas reações preconceituosas. Essa também é a melhor forma para escapar à glorificação do oprimido, ao discurso politicamente correto que define "preconceito" como toda forma de articulação, como a proposta aqui, da dor moral, não apenas material, à qual milhares de "leninhas" são submetidas cotidianamente. Nada mais cruel com essas pessoas do que a aparente generosidade de afirmar que elas simplesmente têm as suas formas particulares e autênticas de realização humana que são irredutíveis a qualquer hierarquia que as situe no polo objetivamente oprimido da sociedade. Um dos aspectos da experiência de quem vive sob condições como as de Leninha parece ser uma tendência a não articular com clareza e consequência a sua própria condição, pelo simples fato de que essa condição encerra uma realidade intragável para essas pessoas. Nenhum ser humano suportaria viver da verdade de tamanho desvalor social objetivo. Nessas condições, vive-se de uma recusa verdadeira à verdade.

CAPÍTULO 2
A MISÉRIA DO AMOR DOS POBRES

Emmanuelle Silva
Roberto Torres
Tábata Berg

Faz parte de nossa mitologia nacional acreditar que o "brasileiro" é mais acolhedor, afetuoso, sensual e, consequentemente, mais generoso no amor do que os outros povos – o mito da brasilidade foi desconstruído por Jessé Souza na primeira parte deste livro. Em conformidade com todas as nossas virtudes, supostamente decorrentes da "plasticidade" herdada de Portugal, teríamos uma capacidade ímpar de nos entregar de "corpo e alma" nas relações eróticas. Essa "vantagem congênita" na afetuosidade e no erotismo é uma qualidade humana que faria da desigualdade e da pobreza no Brasil questões secundárias para a "boa vida". Imerso numa cultura que se acredita fundada em laços particularistas de afeto, o brasileiro pobre, mesmo quando privado de trabalho, de futuro e de reconhecimento no "espaço público", é visto como alguém inabalável em sua capacidade de amar e ser amado – enfim, de ser feliz e realizado no "espaço privado" das intimidades amorosas.

Essa é a visão que nosso mito nacional reflete no modo como as pessoas, inclusive as miseráveis, veem a si mesmas no seu dia a dia, constituindo tanto o "senso comum" de cada classe como aquele compartilhado por elas. E é essa visão que se encontra reforçada em grande parte das explicações científicas sobre a sociedade brasileira, como a conhecida oposição entre "casa" e "rua". Nesse tipo de oposição, a ideia de que as derrotas e aflições do "mundo da rua", sobretudo no trabalho, não interferem nas chances de realização do "mundo da casa", sobretudo no amor sexual, acha na ciência uma poderosa instância de legitimação. Ora, pedir que um miserável desempregado e sem perspectiva de futuro ou uma jovem mulher que aposta toda a sua vida no sonho do amor romântico abandone a crença ingênua de que, apesar de todas as humilhações sofridas em outras esferas da vida, a esfera erótica não lhes fecha as chances do amor é, sem dúvida, exigir uma atitude sobre-humana dessas pessoas. É pedir que elas abandonem todas as ilusões que ainda restam para legitimar as suas próprias vidas – para que lhes faça algum sentido levantar todo dia da cama e prosseguir vivendo.

Mas o que dizer da ciência? O que cabe a ela fazer diante de todo esse sofrimento, cuja tragédia chega ao ponto de suas vítimas terem que naturalizá-lo e esquecê-lo enquanto sofrimento? A função do cientista, principalmente do cientista social, é a de honrar o privilégio de elaborar um pensamento sem viver o sofrimento e o drama cotidiano da miséria material e simbólica, começando pela coragem de abrir mão das ilusões que só as pessoas imersas nessa miséria precisam para continuar vivas, para explicar as condições sociais objetivas que levam a tamanho sofrimento. Em vez de ser o povo que "dá a outra face", como na mitologia do brasileiro acolhedor, generoso e indulgente (daí ser capaz de evitar os conflitos!), o brasileiro da "ralé", quando visto com a lucidez crítica da sociologia, é aquele despossuído de todos os pré-requisitos para a generosidade do amor, ficando apenas com o amor da renúncia, o das mães que usam o próprio corpo como filtro para retirar da agressividade que sofrem em casa (e na rua também) algum afeto para os filhos, na tentativa de livrá-los do destino de seus pais. Como se pode ofertar a "outra face" quando se é impedido de possuir sequer uma; quando a "face", desde a infância, nunca foi alvo de carinho e afeto? O drama do amor dos pobres chega a limites onde a impossibilidade de saber amar ratifica e justifica a punição afetiva imposta às mulheres tanto pelos homens como por elas mesmas.

Neste texto, falaremos das condições sociais e dos modos de vida que criam mulheres para uma luta desesperada pelo amor dos homens; uma luta que deixa já nas jovens garotas a experiência do "prévio desencanto das uniões para toda a vida", como descreve Carlos Drummond de Andrade no poema "Amar se aprende amando". Uma luta marcada pela recusa do afeto em se manifestar na face dos homens, seja para o amor romântico, seja para a amizade com as meninas.

Queremos investigar, na história de vida dessas garotas, como elas se tornam mulheres destituídas dos atributos para atrair a "face carinhosa dos homens", em que elas poderiam, em alguma medida, abrandar a tensão e o medo envolvidos numa identidade individual hipersexualizada, mas que, sendo absoluta, as escraviza num jogo ininterrupto de sedução e conquista no qual nunca deixam de ser objetos. Queremos investigar como a exclusão dessas garotas de quase todas as esferas de reconhecimento social torna a "esfera erótica" o puro "reino das necessidades", em que o sexo é radicalizado como um "valor de troca" muitíssimo sério, mas suficientemente desvalorizado para não atrair afeto dos homens; em que a sexualidade nunca é vivida como uma "brincadeira sem consequências mortais", e sim como "questão séria", "de vida ou morte", capaz de destruir a dignidade mínima que as garotas poderiam ter se fizessem um uso "mais inteligente" do seu único bem; em que o suposto "prazer típico" dos pobres, a válvula de escape do sexo que ainda restaria aos desprovidos de outras fontes de prazer, se mostra para as mulheres um dos mais amargos desprazeres.

Jane, órfã de mãe há dois anos, traz na respiração ingênua e eufórica de seus 16 anos, e em cada olhar aflito lançado da janela de seu quarto em direção ao ponto de ônibus, o desejo ansioso pela presença do pai – ela o confunde com homens parecidos que desembarcam, numa ilusão de ótica provocada pelo otimismo que nasce desse desejo e que pode nos enganar sempre que esperamos aflitos por alguém. Vivo e morando na mesma casa, o pai representa toda a ausência encarnada na presença corpórea. A mãe é a fonte de todo o seu fundamento moral, é presença e "firmeza". Sua ausência só é percebida quando a menina conjuga no passado os conselhos e o sofrimento da mãe causado pelo pai alcoólatra. A ausência moral e afetiva do pai deixou em Jane uma enorme carência nas relações pessoais e amorosas com os homens; seu grande desafio é evitar que o corpo meramente sexualizado seja sua única fonte de afeto com os homens. Mas os ensinamentos maternos, em sua maioria de fundo religioso, são a fonte de lucidez para valorizar um uso desvalorizado do próprio corpo. Os olhares públicos que ela reflete sobre si mesma no espelho não mentem sobre sua condição de menina pobre despossuída da "beleza selvagem", da "gostosura", um "troféu" de ascensão social no mundo dos homens. Esses olhares lhe são verdadeiros ao negar a possibilidade de subir de posição de classe com o casamento, tornando-se uma dessas "peruas" desesperadas tanto em manter quanto em disfarçar a hipersexualização do corpo.

Dina, namorada do primo de Jane, só menciona o pai na enumeração dos moradores de sua casa; em sua vida, a ausência do pai foi tão perfeitamente naturalizada que ele se tornou apenas um encargo numérico. Dina não consegue disfarçar a necessidade de fugir de seu ambiente familiar, idealizando ou esquecendo a tragédia de suas relações afetivas. A mãe só surge quando a menina é provocada pela entrevistadora, em meio a uma dor tão profunda e incontrolável que rompe com todas as suas tentativas de esquecer a ausência de "firmeza" encarnada no comportamento vergonhoso da mãe alcoólatra. Diferentemente de Jane, por não contar com a "firmeza" da mãe, Dina não pode ter nenhuma lucidez na utilização de seu único bem – o corpo. Para ela, o uso do corpo para atrair o reconhecimento masculino é tão desesperador que manter a atenção do namorado acaba sendo a única fonte possível de autoestima, quase nunca concretizada.

Mesmo que as duas tenham no corpo a fonte de atração masculina, e que o sexo seja degradante para ambas, Jane não é "gostosa". Baixa e magra, não consegue ser a personificação do desejo masculino. Sem aquela "beleza vulgar" que meninas pobres podem exibir do início da adolescência até os efeitos de uma gravidez malcuidada, ela nunca pôde atrair os homens com a demonstração insinuante de seus dotes físicos, nem ter as recompensas imediatas dessa atração. Quando vai se arrumar, Jane se vê no espelho sem poder imaginar como e onde alguém poderia ver nela algo além da "gostosura ausente". Não sabe bem o que fazer e o que usar para compensar essa "beleza rude" que lhe falta com uma beleza mais "sublime", quase privilégio das meninas "bem-nascidas" de classe média, lapidadas para a contemplação e não somente para o uso sexual. Não se lembra de nenhum homem – nem mesmo de seu pai na infância – que saiba contemplar esse tipo de beleza. Nunca teve nenhuma amiga que lhe passasse, desde cedo, os traços dessa que é uma beleza muito mais distribuída nos sorrisos, nos gestos delicados, com uma naturalidade que é sedutora sem se reduzir ao interesse "vulgar" de seduzir.

Ainda assim essa "desvantagem" na capacidade de atrair imediatamente os homens, ressignificada pelos ensinamentos maternos, é a sua possibilidade de manter relações que vão além da objetificação de seu corpo, e de constituir alguma intimidade, se não com os namorados, pelo menos com a família, com os professores, com as catequistas etc. Não foi agraciada pelos "deuses arbitrários do dom estético" com a qualidade ambígua da "gostosura" que, apesar de despertar o "interesse do outro", como todas as virtudes, todas as "qualidades humanas", desperta propriamente o interesse de dominar o corpo que é alvo desse interesse.

Não sendo "gostosa", sabe que não adianta rebolar para insinuar a bunda, e não sabe em que passo e em que ritmo seu corpo poderia sugerir outro tipo de beleza e despertar interesse. Sem a "beleza vulgar" das meninas "gostosas" com seus corpos tencionados para a sedução ininterrupta, Jane também é um peixe fora d'água nessa fatia do mercado sexual em que a candura das meninas "finas", somada aos seus dotes "espirituais", possui um certo poder de atrair os homens, ainda que o resultado não seja tão imediato como no caso do desejo sexual, sempre presente em qualquer relação romântica. O seu drama é encontrar um estilo de existir, de andar, de falar, de ver e de agir detalhadamente com as coisas e as pessoas ao seu redor que lhe traga um reconhecimento afetivo – que sempre envolve o corpo – além daquele produzido pela renúncia e pelo sofrimento; que a permita deixar de ser "firmeza" sempre e poder se "mostrar fraca" sem se tornar "dura", indo além das recompensas recebidas por sua mãe durante sua breve vida de renúncias.

O drama de Dina é diferente; sendo meramente "gostosa", a oferta liberada do sexo – "se você não fizer direito ou do jeito que ele quer... vem outra e faz" – nunca pôde suprir a carência afetiva com os homens que só uma relação de intimidade poderia trazer. Com ela, os homens fazem sexo sem afeto. A proximidade do corpo não rompe a rigidez que separa duas "almas", duas existências que, endurecidas, rompem a possibilidade de comunhão das fragilidades e dos medos que incomodam a todos nós, seres humanos.

Tanto Dina quanto Jane veem no baile funk um momento de êxtase, capaz de arrancá-las da monotonia de suas existências diárias – "dá um frio na barriga... dá uma adrenalina no coração" (Dina). As duas aguardam ansiosamente o final de semana, quando acontecem os bailes. A rotina semanal gira em torno dos preparativos para esse momento. É como fala o funk do MC Koringa: "Segunda, terça e quarta-feira aumenta o som, arrasta a mesa, cadeira e sofá. Que bom, chegou a quinta-feira! Véspera de sexta-feira pra gente zuá..." Finalmente, quando chega o tão esperado momento, quando os "bondes" e "galeras" vão se aglutinando a caminho do baile, seja no "fundão do ônibus", seja pelas ruas que dão acesso ao local da diversão, "a adrenalina no coração" anuncia o prazer de se "perder" na multidão.

A realização do amor, ao exigir uma "entrega de si", um enfraquecimento do "eu", suspendendo as "máscaras" de força e mostrando ao outro nossas fragilidades secretas, no fundo cria um "novo eu", mais forte e enriquecido por poder, como expressa bem a frase de Theodor Adorno, "mostrar-se fraco sem despertar a força". Após o baile, a fragilidade afetiva que Dina e Jane não podem encarar no amor, agravada no sexo estigmatizado e transferida para o momento de êxtase do baile, não alcança – ao final – um "perder-se sem se perder". A profunda tristeza que as toma quando as "luzes se acendem" é por intuírem que, ao final do "espetáculo", o "palco de suas vidas" permanece sempre vazio. E assim elas voltam para suas casas, para suas vidas, privadas de qualquer reconhecimento além daquela recompensa fugidia pela exposição do corpo instrumentalizado, para a espera permanente e cíclica do momento em que as luzes voltem a se apagar, e elas poderão, mais uma vez, e apenas por algumas horas, se perder. Como essas meninas chegaram ao ponto de só se realizarem no apagar das luzes e no êxtase coletivo da perda de "eus", cuja maior tristeza é o "acender das luzes"? Qual o modo de vida que as condena a mais imediata e fugidia das realizações humanas?

Jane, ao se lembrar da infância, o faz com um meio sorriso nos lábios, olhando fixamente para o chão. Sua mãe, durante toda a sua breve vida (ela morreu aos 39 anos), trabalhou como empregada doméstica, e não tinha tempo ruim, doença ou problema que a fizesse faltar um dia que fosse ao trabalho. Ela e a irmã ficavam com a avó materna, dona Aparecida. A imagem que guarda da avó, que faleceu um ano após sua mãe, é a mulher de braços fortes, com a blusa molhada e gasta, esfregando as roupas, uma por uma, em seu tanque de cimento. O avô, seu Chico, era "negociante". Móveis velhos, garruchas, animais... tudo ele vendia, comprava e trocava – "dava prazo a perder de vista". As "velharias", como sempre reclamava a mulher, eram o complemento pequeno e incerto do salário mínimo de sua aposentadoria. Ao falar com orgulho do avô de 86 anos, Jane tenta, mas não consegue, disfarçar a tristeza por saber que aquele velhinho contador de "causos", que aguarda ansiosamente a morte como confidenciou à neta – "Ah, esse ano eu acho que eu vou morrer, tô velho já, quero ficar perto da minha velha lá, quero ficar com ela..." –, quando jovem espancava os filhos e a mulher. Seu Chico dava continuidade aos maus-tratos que o pai de dona Aparecida a fazia sofrer desde a infância. Homem das mãos fortes, e do "coração duro", sempre a espancou, e ela nunca soube realmente o motivo. Só o tempo e a perda da força física puderam corroer a virilidade sádica e egoísta que fazia Chico submeter mulher e filhos aos seus caprichos e animosidades. A tirania que construiu sob a força e a expressão sempre inabaláveis foi ruindo com a proximidade da morte. E as doenças e a fraqueza física foram milagrosas em ressuscitar em Chico aquele "aconchego paternal" que Jane nunca encontrou no pai. Mas o olhar desolado da neta não esconde o medo de que, como a avó e a mãe, ela também caia nas mãos de um homem impiedoso como fora a vida toda o avô.

À noite, já em sua casa, assistindo à televisão, Jane e a irmã, sentadas no sofá, vivenciavam todo o abandono constante e diário do pai. Quando em casa (já que na maioria das vezes estava se embebedando em algum botequim das redondezas), ele agia como se elas não estivessem ali; nada era dito. Na hora de dormir, somente a costumeira bênção era proferida pelo pai. No mais, era como se não existissem mesmo. Por muitas vezes, ela pensa, quando o pai sai para encontrar sua nova mulher, em meio a uma angústia dilacerante, ser esta realmente a vontade dele: que ela e a irmã não existissem. Seu pai nunca foi a sua escola, nem ao menos nas festinhas de Dia dos Pais. Ele dizia: "Isso é uma bobajada, só serve pra arrancar dinheiro dos bobos." As únicas demonstrações de carinho eram quando, sóbrio o suficiente para não desmaiar na cama, mas ainda assim muito tonto, ele se sentava ao lado dela no sofá, afagava-lhe os cabelos e dizia-lhe "Filha, eu te amo" – sempre longe da mãe e em tom de uma confissão que só o álcool poderia arrancar de um homem enrijecido pela dureza da vida. A mãe tentava incansavelmente resgatar o marido. Eram encontros de casais na igreja, visitas de grupo de oração... quantas vezes não foi de botequim em botequim procurar o marido depois de um dia árduo de trabalho? Quantas vezes não mentiu para seus parentes sobre o marido estar ficando mais responsável consigo e com a família, na esperança de que ele mudasse seu comportamento em retribuição à generosidade da esposa?

Quando seu pai não estava em casa, Jane sabia, as noites seriam longas. Sua vontade era dormir o quanto antes para não vê-lo chegar. Mas, preocupada com a mãe, não passava do sono leve, e por qualquer barulho despertava, aflita, com o coração apertado e com um frio na barriga muito diferente daquele que sentia por causa do baile funk. Muitas das vezes tonto, com raiva de algum companheiro de copo ou revoltado com alguma partida de futebol, ele chegava gritando, brigando e quebrando as coisas que a mulher lutara tanto para comprar. Algumas das vezes nem mesmo voltava. Possivelmente bêbado demais, caía em algum canto, debaixo de alguma marquise. E eram nessas ocasiões, quando a aflição quase já se tornava um desespero de fazer o seu pequeno corpo tremer e gelar, que a mãe ia para o seu quarto e da irmã e contava a história de Jesus; era sempre a mesma história: ela diz que começava sempre com o nascimento, mas que só conseguia se lembrar da crucificação. "Era muita maldade", dizia ela, mas a mãe repetia as palavras de Jesus: "Pai, perdoa-lhes, eles não sabem o que fazem." E assim ela dormia mais tranquila, provavelmente confortada por aquelas palavras que diziam: "Ele não sabe o que faz."

Para irem à escola a avó arrumava os uniformes das meninas, sempre muito limpos e bem-passados. Desde cedo, Jane aprendera a cuidar de seus cabelos crespos e tirar deles, dentro do possível, todo o aspecto de descuido, de falta de asseio de um cabelo crespo, típico de um negroide. (Essa questão será tratada por Emerson Rocha em "Cor e dor moral: sobre o racismo na ralé", mais adiante neste livro.) Na escola, ela sempre obteve bons resultados. Considerada "aluna de primeira carteira", era querida pelos professores e colegas. A mãe e a avó se revezavam para acompanhar as reuniões e boletins escolares. Aos sábados ia à catequese e, por causa de sua "facilidade", quase sempre era escolhida para fazer alguma leitura na missa matinal do domingo. As histórias e orações ensinadas pela mãe, a regularidade do carinho das catequistas, o carinho dos avós – tudo isso permitiu a Jane uma trajetória menos dolorosa. Ainda que de modo bastante restrito, tinha acesso a atividades que a permitiam encarar a sua dor, avaliá-la de certo modo, não somente esquecê-la no êxtase do funk.

O olhar desnorteado que Jane consegue reorientar quando se apega à fé cristã na "salvação pelo sofrimento" – mesmo que esse apego não seja tão forte em todos os momentos e lugares, é um olhar absoluto em Dina. A sensação de uma vida completamente vulnerável à dor arbitrária, sem esperança de "salvação", se complementa no lar que nunca a protegeu das intempéries da natureza. A casa que só ganhou laje anos mais tarde era alvo fácil das chuvas de verão, quando "ao menos fazia calor". Colchão, roupas... tudo molhava. Pior mesmo era o inverno: o vento soprava pelas frestas e o jeito era se amontanhar nos colchonetes com os primos e os irmãos, rezando para a noite acabar. Aos poucos, a casa foi ganhando um pouco de massa e concreto aqui, um resto de tinta que sobrou de alguma obra em que um de seus tios trabalhava ali. Isso fez com que a casa se tornasse multicolorida. Depois foi a vez da laje, de um puxadinho – afinal, a família não para de aumentar — e, hoje, ela mora com toda a família (dezesseis pessoas), avó, tios, primos, mãe, pai e irmãos, em seis cômodos.

Em quase todos os fins de semana faziam churrasco: aniversário, feriado santo, jogo do Flamengo... qualquer coisa é motivo para festa. Mas, para Dina, a "alegria" que reunia a família sempre foi a razão de todas as suas aflições, pois ela sabia que a mãe se embebedaria mais uma vez, brigaria com todos, acabaria com a festa... e arrumaria um motivo, qualquer que fosse, para descontar sua ira nela e nos irmãos. O pai também se embebedava e ficava pelos cantos chorando, lamentando da vida, "parecia uma criança"; nada podia fazer. Muitas vezes, Dina viu ele próprio apanhar de sua mãe.

Estava na terceira série do ensino fundamental e não conseguia se concentrar; achava engraçado a professora repetir um milhão de vezes a mesma coisa — não se controlava e, quando se dava conta, já estava debochando da professora com os coleguinhas: "Ela num parece um disco arranhado?" A professora vivia mandando recados pelo caderno de Dina (ver quadro 1), mas, "esperta" (como se definiu), pedia para uma de suas primas mais velhas assinar — sua mãe nunca ia à escola mesmo, como poderia saber? Dina sentava-se na última fileira, junto dos meninos. Poucos eram os que ousavam fazer piadinhas de seus cabelos crespos sempre bagunçados; ela não deixava por menos: batia "como menino". Havia "puxado" essa qualidade da mãe, confessa ela.

QUADRO 1 – A ESCOLA

Quando a entrevistadora a faz lembrar das humilhações causadas por uma de suas professoras, Dina também não esconde a mágoa com a mãe pela falta de cuidados, que ela, por ainda não saber se limpar e se arrumar, exibia no corpo e que a fazia atrair ainda mais desprezo no ambiente escolar. A "tia", como todos chamavam a professora, não fazia esforços para disfarçar o incômodo causado por aquela "pequena insuportável" (era como se referia à menina), como se não bastasse ter que abraçar aquela figura (quase "bestial"): menina negra, despenteada, cheirando a urina (ainda fazia xixi na cama e sua mãe não lavava suas roupas direito nem lhe dava banho antes de ir para escola), ainda tinha que conviver com seu desrespeito e sua falta de disciplina. "Se ao menos fosse uma menina boazinha...", disse ela à diretora. No final do ano letivo, Dina estava reprovada, e pela primeira vez sua mãe foi à escola, com a intenção de brigar; afinal o que poderia a filha ter feito de tão grave para ser reprovada? Foi nesse dia que a professora pôde destilar todo o ódio que sentia por Dina, de uma só vez, já que durante todo o ano ela o fazia, em pequenas mas eficazes doses; era um comentário em sala de aula, um recadinho coercitivo no caderno ou apenas aquele olhar, aparentemente inofensivo, mas que demonstrava todo o desprezo que sentia.

Contou à mãe como era deplorável o comportamento de Dina, e que, além do mais, ela mal sabia soletrar as palavras; aconselhou a mãe, "piedosamente", a não bater na menina, pois só agravaria seus problemas. (Essa questão da má-fé na escola será tratada mais adiante por Lorena Freitas em "A instituição do fracasso: a educação da ralé".) A mãe, nesse dia, chegou mais tarde que de costume e, completamente bêbada e descontrolada, espancou a filha o quanto aguentou, gritando: "Se chorar, apanha mais!" Quando se deitou, Dina apertou o travesseiro contra seu pequeno rosto para que o choro não saísse, com medo de que a mãe ouvisse e voltasse. As marcas dessa surra ela traz no corpo, mas não em forma de cicatrizes visíveis a um olhar destreinado, e sim entranhadas em cada músculo enrijecido muito cedo e na pele, insensível aos toques mais suaves.

Um tempo mais tarde ela se apaixonou "de verdade". Agora as coisas eram diferentes: tornou-se alta, tinha ganhado corpo; coxa, bumbum, cintura fina, o que qualquer adolescente almeja, inspirando-se nas personagens de sua novela favorita – *Malhação*. Ela aprendera a cuidar de seu corpo e de seus cabelos, era desejada por todos os garotos mais velhos. Tinha 13 anos quando perdeu a virgindade, dentro de um carro velho; ela nunca esquecerá o pagode que tocava na rádio e que dizia mais ou menos assim: "Deixa acontecer naturalmente, eu não quero ver você chorar." Não aconteceu naturalmente, ela nem queria; só não podia perder seu "grande amor"; essa era a "prova de amor" que ele havia lhe pedido. Ele a deixou um pouco antes de sua casa, em uma rua deserta – tinha namorada e não podiam ser vistos juntos. Dina sentia um "aperto no peito", misto de culpa e medo; "ela foi fácil demais". Tinha vontade de chorar, de fazer como nas cenas de novela: entrar em casa aos prantos, bater a porta do seu quarto e não ver ninguém, ou até mesmo, quem sabe, uma mãe compreensiva batesse na porta do quarto para consolá-la. Mas como? Bateria a porta de que quarto? Sempre dormiu na sala com seus irmãos e primos. A mãe nunca a consolaria; provavelmente lhe daria uma surra por ser uma "vagabunda". Ela nem ao menos pôde chorar! Seu corpo parecia solto, mas permanecia encarcerado na impossibilidade de confissão das fraquezas.

Jane também perdeu sua virgindade aos 13 anos. Ela sempre sonhou com o "príncipe encantado", mas se conformou com o menino da oitava série por quem se apaixonou. Aconteceu na casa dele enquanto a mãe foi fazer compras. Ela também não queria; havia sido outra "prova de amor", sentiu a mesma culpa e o mesmo medo que assolaram Dina, mas, quando chegou em casa, ligou o som bem alto e foi chorar no seu quarto. A irmã chegou mais tarde, mais velha e experiente, e a consolou e aconselhou.

O menino não se tornou seu namorado depois, "era imaturo demais para entender essa 'prova de amor'", disse a irmã. Na verdade, ele era muito inexperiente para manipular as vantagens que poderia ter nessa "relação", e, além do mais, Jane era muito magra para despertar o interesse de um menino, "parecia mais uma criança". Esse não era o mesmo caso do amor de "verdade" de Dina: rapaz de 22 anos, namorando havia três, sabia bem como enredar as meninas com falsas promessas de amor; ela não seria a primeira nem a última que ele "levaria na lábia". Assim, durante onze meses, pelo menos, duas vezes na semana Dina saía de carro com seu "amor". E era sempre a mesma história: "Agora num posso terminar, minha namorada é muito frágil, não posso deixá-la!"

Dina dividia angústias e medos com a "melhor amiga", Cris. Apesar de ter aprendido a nunca "confiar nos outros", não contava com mais ninguém além dela. Depois de uma briga entre as duas, a amiga espalhou que Dina não era mais virgem e que ficava "dando" para um cara comprometido. Foi nessa ocasião que ela descobriu o quanto sua mãe "tinha razão"; sentiu a confirmação de todos os conselhos recebidos em casa (sempre aos gritos, sem muita explicação), que nunca havia compreendido muito bem.

Depois de seu "amor de verdade" vieram outros, todos em busca da facilidade. A "virtude" era o único bem que possuía, e ela a havia perdido. Tornou-se desmerecedora de qualquer manifestação de respeito, e a culpa, todos diziam, era sua, "que não havia se dado ao respeito".

Como transformar o sofrimento que é constitutivo da vida dessas meninas em "firmeza"?

Dina inicia seu relato dizendo: "Deus tem feito coisas na minha vida... eu tô namorando há 11 meses e tô feliz." Ela estava eufórica, enfim se apaixonara por alguém disposto a assumi-la. Todos os seus sonhos, anseios e expectativas estavam colocados nessa relação, mas, no decorrer da conversa, aos poucos, sem que se dê conta, surge a tragédia, que é o fio condutor dessa história: aos dois meses de namoro, Dina descobriu que o namorado é viciado em crack.

Foi no pagode que acontece no baile, entre um dj e outro, que ela conheceu Dieguinho. Ele a chamou para dançar, pôs a mão em sua cintura, murmurou alguma coisa em seu ouvido, que ela não entendeu muito bem – mas também não importava – e, no meio da música, a beijou... Os dois marcaram de se encontrar no meio da semana, em uma pracinha no centro da cidade. Foi quando ele se declarou – "Quando eu te vi no baile tive certeza de que tu era a mina que eu tava esperando" – e assim os dois começaram a namorar...

Era Dia dos Namorados. Eles estavam juntos há dois meses – Dina mal podia se conter – e era a primeira vez que passaria esse dia ao lado do "seu" namorado. Esperou notícias dele a tarde toda e nada. Pensou: "Ah, ele deve vir à noite para me fazer uma surpresa." Ela se arrumou toda, mas ele não veio. No outro dia depois da aula ela foi até a casa de Dieguinho e ele não estava. A mãe, descontrolada, disse: "Ele deve tá se drogando com esses marginais." Dina sentia vontade de chorar, mas não conseguia. Ela nunca pôde chorar, nunca aprendeu a chorar. Então colocou seu vestido mais curto, foi para o baile, bebeu duas doses de pinga com as amigas num bar do lado de fora e "desceu até o chão". Ela não sabia, mas, "sem perceber, seguia a mesma trilha" de sua mãe. Com ela aprendera a ser "dura", nunca "firme"; apesar de ter se entregado à relação, não pôde se fazer o amor necessário para que alcançasse pelo sofrimento uma fagulha de redenção que fosse.

O sexo "gostoso" era a recompensa que Dina garantia ao namorado pelas horas de abandono do crack. Ela continuava sem gostar de sexo, mas agora aquela culpa e a dor do início já não existiam mais – era só uma casca, ela nada sentia. Seus esforços para "prender" Dieguinho tiveram consequências: durante as entrevistas, ela descobre que está grávida. Não gostava de ir ao médico e ainda havia as filas do posto, mas dessa vez não teria outro jeito. A consulta é rápida, o médico pergunta a Dina se sua menstruação está atrasada e ela pensa: "Nem tinha reparado, mas fazia um tempão que não ficava menstruada."

O diagnóstico já estava feito: Dina estava grávida de pelo menos três meses e meio, o exame de sangue era só uma confirmação.

Sentimentos contraditórios a açoitam enquanto se olha diante do pequeno espelho do banheiro; do lado de fora, ela ouve os gritos da mãe brigando com sua avó e surge uma pequena e fraca chama de esperança: agora existe alguém que é só dela. Poderia fugir daquele inferno cotidiano? Aquela criatura indefesa que cresce dentro dela poderia arrancá-la da solidão e do abandono afetivo e material permanentes aos quais estava condenada?

Ela tenta olhar seu corpo, até então seu único bem, fonte de todas as suas expectativas e preocupações; sua barriga sempre tão definida, fonte de tantos olhares insinuantes, está se arredondando. Agora ela vê nitidamente, como uma dolorosa profecia programada para se cumprir: Dieguinho no baile olhando para as meninas de short curtinho e miniblusa que rebolam até o chão, e ela, barriguda, andando lentamente, só sendo percebida por aqueles que, comovidos com seu estado, oferecem um lugar no ônibus ou que se desculpam por terem esbarrado com alguma força. A raiva a domina e ela quebra um bibelô que sua tia havia comprado para enfeitar o banheiro.

Aos 16 anos, a juventude lhe foi roubada. No lugar da menina "gostosa" ficava uma mulher moralmente mutilada, a quem até a "firmeza", valor ambíguo das mulheres pobres, lhe foi negada. Assim como um dia foi para a sua mãe, também a ela estava sendo negada a possibilidade de se fazer "firmeza" na renúncia. Só lhe restava a "dureza" implacável do ressentimento por uma vida de privação. Não podia deixar de transferir para a criança essa privação que lhe foi imposta ainda tão jovem.

O desejo da mãe "em ver a família unida" se transferiu e enraizou tão profunda e perfeitamente em Jane que sua postura e sua forma de falar chegam a se confundir com as da mãe. Mesmo perdendo a virgindade aos 13 anos, depois da "primeira vez" ela só fez sexo com um dos três namorados que teve. Quando só "ficava", os "amassos" não chegavam ao ponto de uma excitação incontrolável, de fazê-la ceder, pondo abaixo a chance de "se valorizar para o rapaz". Possuía uma espécie de "cartilha" para lidar com as investidas dos rapazes, sempre jovens, dois ou três anos mais velhos do que ela, nunca homens mais experientes em "levar na lábia" as menininhas. Só com três meses de namoro é que ela aceitava transar. Atenta e observadora, a mãe de Jane fez com que ela aprendesse a não "cair em qualquer historinha", a não confiar nos homens de modo ingênuo, diante de ofertas afetivas, promessas de "ficar junto" que exercem uma atração tanto mais forte quanto mais fraca e dilacerada for a afetividade das meninas na vida familiar. O "jogo duro" no sexo era sempre para testar o carinho do rapaz; para saber o quanto ele seria atencioso sem ainda ter a recompensa na cama. Sabia intuitivamente que a troca de sexo por afeto sempre era desvantajosa, e tentava maximizar, sem jamais fazer esse cálculo de modo consciente, o valor do seu corpo e dos prazeres que ela poderia dar aos homens para "prendê-los".

Jogando com as "preliminares", Jane testou a paciência de Felipe, seu último namorado, durante quase quatro meses. Priorizando os beijos, regulando os toques e carícias pelo corpo, principalmente aquelas mais suaves e tentadoras sobre os seios, ela tentava "convencer" o namorado de que valia a pena namorar mesmo sem ainda consumar o sexo e a objetificação do outro. Lutava em cada movimento e em cada respiração para insinuar em seu corpo um tipo de "prazer físico" menos dominado pela hipersexualização. Em cada encontro, em cada "amasso mais quente", estava em jogo defender esse corpo de uma redução, de um enquadramento por uma "alma sexualizada" que, absoluta, encarcera outras dimensões da existência que não podemos ignorar para sermos, mulheres e homens, realizados e felizes. No contexto em que vive Jane, quase ninguém consegue evitar a antecipação da ameaça de aniquilamento do corpo (o que todos, uma época da vida, haverão de enfrentar), principalmente as meninas reduzidas a um corpo hipersexualizado e de curta duração, marcado para morrer na primeira gravidez, com seus efeitos deformadores sobre a "gostosura". Em qualquer momento arbitrário, o sexo pode se transformar numa gestação que quase sempre transforma meninas "gostosas" e cobiçadas em jovens mães descartadas por seus maridos e candidatas ao abuso de todos os homens. Mães e avós, além de muitas amigas de Jane e Dina, que já se tornaram mães, exibem em suas vidas sofridas por causa da desvalorização do corpo o "exemplo" do que essas duas meninas não podem deixar de imaginar como o *futuro possível* de suas próprias vidas, ainda que tenham uma visão e um discurso fragmentado sobre ele, dizendo uma coisa e fazendo outra – como Dina, que não usava anticoncepcional e dizia não querer engravidar.

A "qualidade da carne" desperta o apetite masculino para o encontro puramente sexual, em que a posse da "carne gostosa" ignora as "qualidades do espírito", ou seja, as qualidades morais e cognitivas que exibem as mulheres confiáveis e inteligentes, possíveis parceiras dos homens. Só que no "campo dos possíveis" de Jane é mesmo impossível encontrar alguém que dê valor a esse tipo de mulher, a não ser pelo caminho de renunciar à própria sexualidade, tornando-se a imagem e semelhança da Maria católica. Todas as mulheres mais velhas, inclusive sua avó, constituem para Jane esse "campo dos possíveis", como exemplo incorporado do destino coletivo de mulheres que, para não ser estigmatizadas como "putas", "safadas" e "vagabundas", precisam se transformar em "santas sofredoras", que abrem mão não apenas de sua sexualidade como de toda a sua felicidade mundana.

O jogo em que se envolve o corpo de Jane de certo modo gira em torno dos olhares, para que parte do corpo eles se dirigem e onde podem se fixar. A falta de "gostosura" lhe trouxe a desvantagem de não despertar os olhares para o "corpo sexualizado", principalmente para a bunda, alvo preferido do olhar viril dos homens de todas as classes. Mas trouxe também a chance de construir uma autoimagem diferente de todas as meninas, suas amigas, que vivem a sexualidade como única forma de atrair e manter a atenção dos homens. O olhar que Jane luta para despertar nos homens, buscando a virtude possível de uma menina pobre que não pode ver no sexo a "promessa fácil" de realização na vida, é o olhar que vai de uma face a outra; que mostra reconhecimento afetivo e não só desejo sexual; porque a face é a dimensão do corpo que reúne os melhores atributos de uma relação não instrumental. Jane, porém, luta pela "face carinhosa dos homens", pela recompensa afetiva de ser olhada e de ter a presença desejada como alguém que não é só sexo – "Se ele for carinhoso, você fica mais tempo, senão já parte dali pra outro" –, sem ter herdado a experiência da percepção do que seja um homem desse tipo e de onde e como encontrá-lo.

Dina e Jane têm em comum a "seriedade" da vida sexual. Nenhuma delas pode fazer sexo sem "consequências mortais". Não apenas o risco constante de uma gravidez indesejada e não planejada, mas antes de tudo o risco do estigma de meninas "fáceis" e "vagabundas", estigma que se constrói e circula nas fofocas, em que, na maioria das vezes, são as próprias meninas que cuidam de construir e administrar as informações sobre o valor e o desvalor de cada uma no mercado das trocas sexuais. A "firmeza" que Jane parece ter herdado de sua mãe é, com relação à vida sexual, a habilidade de "se dar o valor", "jogando" com a escassez do sexo, numa situação em que o desvalor de ser mulher pobre condensa todas as desvantagens da dominação masculina, pois é produto da ressignificação da dominação de gênero pela dominação de classe. Nesse sentido, ressignificar é se apropriar simbolicamente, conferindo às coisas um novo sentido histórico, porque redefine a função na legitimação da dominação social de todo tipo. A lógica da ressignificação, por ser socialmente construída, não rompe com as relações de poder que implicam sempre e em todo lugar a regulação não discursiva de todo discurso.

O drama de Dina a faz delirar no romantismo justamente porque a possibilidade de seu "príncipe encantado" chegar escapa ao "campo dos possíveis" que ela herda das mulheres de sua classe, onde não há ninguém "de carne e osso" que testemunhe a chegada desse príncipe. Jane vive o mesmo drama, só que de fato ela é mais realista do que Dina. Sabe que o "príncipe nunca vem" e se conforma com isso em vez de, como a outra, apostar alguma coisa na ilusão do amor sem fronteiras capaz de superar os destinos de classe dos amantes. Jane, no fundo, tem o "prévio desencanto das uniões para toda a vida", a não ser que essas uniões sejam à base de uma renúncia cuja medida exata ela só vai saber nas mãos de seu marido. E, para legitimar sua posição de sofredora e renunciadora, Jane busca na figura e no exemplo de mulheres como sua mãe e sua avó a redenção celeste pela atitude altruísta de filtrar o sofrimento que penetra a pele em alguma forma de afeto capaz de livrar os filhos das consequências mais sofríveis da violência que elas sofrem em casa.

O sonho irrealista de Dina sobre o amor romântico mostra que quanto mais distante estamos de realizar os nossos desejos, em todas as dimensões da vida, mais tendemos a delirar sobre a possibilidade de realizá-los, drama expresso de forma belíssima por Bourdieu em sua frase: "É como se nada fosse realmente impossível enquanto nada é possível." Reduzida ao corpo hipersexualizado, Dina não é nada na dimensão propriamente "afetiva" das relações eróticas. Não possui aquela beleza simbolicamente diferenciada da beleza puramente "carnal", que é a "gostosura". No campo das relações eróticas, a mera "gostosura" é a "arma dos fracos" por excelência. É a arma cuja força é a de transformar as mulheres em objetos bastante atraentes e desejados pelos homens, mas incapaz de suscitar neles uma disposição para o "abandono do eu" junto de suas amantes, ou seja, o abandono da vontade de dominar e submeter que constitui todo o prazer sexual que os homens buscam nas mulheres. Desperta o interesse do outro, mas apenas o interesse instrumental do outro em conquistar, aproveitar e exibir sua conquista.

A intolerância estética de parte da classe média, que a pequena burguesia se fadiga para imitar, ao rotular de "meloso" e "exagerado", até mesmo de "vulgar", o romantismo desesperado que leva essas meninas a uma identificação com essas poesias "marginais", ignora que tal "identificação tola" é fruto da negação constante de qualquer forma de afeto, que eterniza a infância na medida em que a frustra continuamente. O reconhecimento negado por meio da privação familiar de afeto e segurança ontológica torna-se uma disposição compulsiva para enxergar afeto em caminhos que estão fechados para a afetividade, como Jane enxergava o pai em outras pessoas no desembarque do ônibus (ver Quadro 2). Para essas meninas, "andar de mãos dadas" é a ritualização pública de um afeto masculino que sempre é motivo das mais angustiantes dúvidas e desconfianças. A grande maioria das meninas de classe média, sobretudo as de capital cultural legitimamente burguês, não sabem o que é essa angústia porque já naturalizaram a conquista do afeto masculino, recebido desde a infância por seus pais. Essas meninas "bem-nascidas" não podem compreender o drama de uma menina como Dina, expresso na letra do "funk melody", porque elas já contam com afeto suficiente para que as desilusões amorosas, que elas também não deixam de viver, não representem uma questão de vida ou morte. Por já se encontrarem libertas da mera "vulgaridade", não conseguem perceber a dor presente naquelas que se encontram aprisionadas nela, para as quais o amor romântico de um "príncipe encantado" é a única possibilidade, mesmo que delirante, de sonhar com uma vida melhor.

QUADRO 2

> O drama da prostituta Cabíria, no filme do italiano Federico Fellini, é um exemplo magistral dessa "eternização da infância" numa adolescência que se prolonga a vida toda como busca delirante e compulsiva pelo "príncipe encantado" capaz de salvá-la da vida de prostituta. Cabíria costuma se apaixonar pelos clientes que prometem afeto e casamento numa troca dissimulada pelo dinheiro que ela ganhava e por seus serviços sexuais e domésticos. Ela vive sempre a ilusão de que algum "homem santo" irá aparecer e crê nisso mesmo com as seguidas frustrações. Depois de deixar o "puteiro" para se casar com um desses homens, que tentou jogá-la no rio, como outro já havia feito antes, Cabíria desfaz sua rápida desilusão em um grupo de adolescentes apaixonados que, numa estrada escura de interior em uma noite de lua, faziam uma serenata.

No baile funk, toda a seriedade e o medo cotidiano pela ameaça de desvalorização de um corpo já desvalorizado assumem a forma de uma entrega coletiva, em que os corpos se encontram relaxados na "adrenalina" das batidas mecânicas do "tamborzão".

    O baile representa um momento para extravasar toda a ansiedade de uma vida cotidiana definida pela preocupação tanto em exibir quanto em regular com seriedade os dotes da "gostosura". Lá os seus maiores desprazeres são ritualizados – não se faz sexo (mesmo que aconteça em alguns lugares), mas se insinua sexo em cada movimento corporal –, conferindo a essas meninas um grau de relaxamento e um prazer fugidio, muito intenso, e que substitui, ainda que minimamente, o prazer negado nas relações sexuais. Enquanto o gozo livre de estigmas é algo da esfera erótica, na intimidade de um casal, e sujeito a uma relação que se fecha nessa intimidade e obedece aos seus ritmos, esse prazer intenso de se perder na multidão do baile é algo que se permite exatamente pela "não intimidade" da ritualização pública de um prazer que, na vida ordinária, é sempre vivido como desprazer. Confirmando a perspicaz intuição de Freud, a exibição ritualizada de um prazer ou realização é tanto mais necessária quanto mais esse prazer ou realização é negado a quem os exibe. O desprazer vem de que, na intimidade precária dessas meninas e rapazes, a "entrega de si" não suspende os estigmas da dominação do homem sobre a mulher, agravada pela dominação de classe.

No êxtase coletivo do baile se radicaliza a impossibilidade de uma conversação intersexual, de um diálogo, ainda que fingido, entre duas pessoas, capaz de criar uma intimidade entre elas. A regra é exatamente abolir esse diálogo e fazer da privação da intimidade na esfera erótica motivo de orgulho para os corpos que ali se encontram em exposição. Nesse ritual de inversão do sentido prático do sexo, a bunda é o que Victor Turner chamou de "símbolo focal" de uma operação simbólica pela qual o desprazer (sexo estigmatizado) que ela representa na vida erótica do dia a dia é substituído pelo êxtase em emular tal parte do corpo. No baile funk, o desprazer representado pelo prazer estigmatizado do sexo cotidiano é ritualizado como alívio do estigma, "distanciamento do papel", de modo que até mesmo os rapazes sentem orgulho em insinuar a bunda, numa atitude de certa identificação com as meninas. A expectativa de "comunhão", inexistente na intimidade entre eles, é transferida para o ritual do baile.

A "gostosura" é uma "virtude ambígua" dos dominados porque simplesmente reproduz, no corpo das mulheres, a objetificação produzida pelo olhar masculino. A "gostosura" é o corpo tornado corpo desejado e desvalorizado porque desejado como mero corpo. A dimensão afetiva da esfera erótica, como Max Weber já havia analisado, surge quando a relação entre homem e mulher se reveste de uma capacidade de julgar conferida às mulheres que torna os próprios homens alvo de suas avaliações, sublimando a natureza rude do desejo pela carne e criando a possibilidade de uma relação de reciprocidade entre "almas".

Para Weber, a sublimação da "maior força irracional da vida" – o desejo sexual – no erotismo é fruto de um cultivo consciente da "irracionalidade" do sexo em relações fraternas de complementaridade. Em sociedades pré-modernas, a "irracionalidade" do sexo nunca podia se desprender, ainda que de modo relativo, da reprodução dos signos de honra e *status*, inteiramente envolvidos no encontro carnal. Assim o sexo não podia se constituir em esfera autônoma, mais ou menos diferenciada das disputas de "vida ou morte" em que tudo era posto em jogo, sobretudo a honra masculina disfarçada como honra do clã, do estamento etc. Somente quando os diferentes códigos da honra masculina foram dando lugar ao "intelectualismo não militar" dos salões é que o encontro entre homem e mulher pôde se livrar da "tensão" e da "urgência" dos homens em objetificar as mulheres numa conquista puramente instrumental. Foi, segundo Weber, na "cultura dos salões", onde os homens podiam reconhecer uns aos outros para além da antiga honra militar e da conquista puramente objetificante das mulheres, sobretudo através do "capital cultural" derivado da intelectualização desse tipo de ambiente, que as mulheres adquiriram uma capacidade de julgar os homens numa relação em que a conversação intersexual ia sendo valorizada como força criadora.

A força criadora da conversação entre iguais, ao superar o monopólio da honra como forma de reconhecimento social entre os homens, abre caminho para que a relação entre homens e mulheres, socializados nesse "intelectualismo não militar", também possa ser pautada, em alguma medida, no "olhar face a face" de sujeitos que se reconhecem mutuamente. Os homens agora se interessam em gastar o tempo com as mulheres sem estar copulando com elas. E as "damas" já dominam critérios para julgar o desempenho dos homens, que agora vai se pautar na capacidade de conquistar o interesse destas sem apelo a nenhum código externo ao encontro entre eles.

Mas sem dúvida o desejo sexual não desaparece desse encontro. O que ocorre é a sublimação do desejo de modo que sua realização não represente mais a objetificação absoluta das mulheres, o que se confirma na possibilidade de que a conversação se mantenha mesmo com a não realização do desejo masculino. E é nesse processo de sublimação que se encontra toda a tensão e toda a possibilidade de variação da esfera erótica entre as diversas classes sociais de homens e mulheres.

O critério de uma esfera erótica efetivamente autonomizada e capaz de realizar suas virtualidades na vida humana é o grau de reflexividade sobre o desejo sexual que os parceiros conseguem manter. Nesse sentido, a tentativa de negação do desejo é o pior dos mundos, implicando autoengano e frustração para ambos os lados. O homem que não pode assumir o seu desejo está condenado a tentar disfarçá-lo em interesses falsamente sublimes com as mulheres, frustrando o prazer tanto do desejo carnal como do verdadeiro interesse sublime que só é possível em estado de relaxamento e realização com as ambições da carne. E a mulher enredada nessa "sublimação em falso" tenta se enganar sobre as "boas intenções" dos homens, frustrando-se a todo tempo com a verdade silenciosa da falsidade do reconhecimento sublime que recebe deles. O comportamento "coquete" analisado por Georg Simmel, longe de ser algo "natural" das mulheres, é fruto dessa relação em que a mulher insinua e disfarça "favores sexuais" para manter a atenção dos homens; atenção que ela não pode deixar de perceber como voltada para o corpo sexualizado, só se mantendo com o jogo bem-feito do "sim" e do "não" em que elas tentam adiar infinitamente a entrega de si.

No caso das meninas da "ralé estrutural", esse comportamento "coquete" é ensinado desde cedo pelas mães, ainda que de maneira inarticulada, como a arma mais "forte" entre as "armas fracas dos fracos" na luta desesperada para manter a atenção e a presença dos homens. Como para essas meninas o sexo é uma "questão de vida ou morte", é preciso sempre "se dar ao valor" tentando manter a escassez dos prazeres que os homens conseguem com elas. Por isso o "sexo livre" significa para elas não uma conquista, e sim uma degradação ainda maior. Quando cedem aos apelos da moda para liberar o sexo, como se fossem de fato livres para isso, desmonta-se todo o "regime de escassez" capaz de lhes dar uma segurança mínima na relação com os homens. "Se você não fizer, vem outra e faz", "agora o que eles querem é chá de cu" – assim se acham as meninas na disputa pela preferência sexual dos homens, brincando com o "jogo sério da vida" e criando uma espécie de "deflação" incontrolável do único bem que dominam para jogar com os homens. Esse "eco tardio" da "revolução sexual" entre as meninas pobres só pode trazer um falso relaxamento num contexto em que, em vez do diálogo sobre o corpo e a sexualidade desde a infância e na passagem para a adolescência, as mães são obrigadas a ensinar o jogo dissimulado com palavras e gestos, já que elas próprias nunca puderam relaxar e brincar com o sexo.

É certamente nas frações de maior "capital cultural" da classe média, muito diminuta no Brasil, que o sexo pode ser uma "brincadeira" e o desejo sexual assumido de forma mais relaxada e sem comprometer o valor social das meninas. São essas meninas "bem-nascidas", ao experimentar desde cedo um afeto seguro com os homens, que podem, com a incorporação de "qualidades espirituais" na escola e nos diversos ambientes de treinamento estético, ter o sexo como brincadeira, ainda que eventualmente se machuquem, como também ocorre em outras brincadeiras. São elas que podem viver a liberação sexual como conquista, sabendo que não precisam apostar nem defender a vida no sexo porque possuem outras fontes de afeto, como as amizades, e de reconhecimento social a partir dos estudos e da carreira profissional. Isso mostra que uma atitude reflexiva em relação ao desejo só é viável quando pode ser realizado sem que a "submissão na cama" represente degradação fora dela.

A liberação sexual só favorece uma relação de reciprocidade afetiva entre homem e mulher quando a socialização de classe (familiar) das mulheres trouxer como herança a experiência e a certeza de uma oferta afetiva independente de favores sexuais. Aí sim a fraternidade entre os amantes pode surgir de uma aceitação e de uma entrega mútua de um para outro, que implica, ao contrário de altruísmo, a possibilidade de desejos terem livre vazão, ainda que de modo assimétrico. Seria essa espécie de "devoção ao desejo do outro" que faria, como disse Bourdieu, o "milagre do reconhecimento recíproco" (ver Quadro 4) se instaurar na esfera erótica, criando naquele que tem seu desejo acatado a disposição milagrosa para retribuir, sem apelo a nenhum tipo de "obrigação moral", "imperativo categórico" ou qualquer outra coisa externa à esfera da livre troca de desejos, fraquezas, fluidos e gozos.

> **QUADRO 3 – AMOR: O MILAGRE DO RECONHECIMENTO RECÍPROCO**
>
> Nos termos da "teoria do reconhecimento", a experiência do amor, a começar pela identificação mimética entre as crianças e os seus provedores, é aquela em que a "abertura ao outro" dá-se do modo mais radical em comparação com as demais esferas (em vez de "fases", como propõe o filósofo Axel Honneth) de reconhecimento social. Enquanto no trabalho produtivo as pessoas são valorizadas ou desvalorizadas – questão tratada por André Grillo e Fabrício Maciel em "O trabalho que (in)dignifica o homem" – e na dimensão jurídica, pela atribuição de racionalidade subjetiva na relação com normas comuns – a questão jurídica será tratada por Priscila Coutinho em "A má-fé da justiça" –, na relação amorosa a expectativa de aceitação incondicional está baseada na quebra de convenções e no questionamento de normas com as próprias atitudes do corpo, na intimidade de duas pessoas. O amor teria,

> no mundo moderno, a prerrogativa de gerar a expectativa, e assim orientar a ação, de que os amantes aceitem o outro para além das normas instituídas, naquele sentido que Max Weber e Georg Simmel entendiam como a "pessoa por inteiro", com a "compreensão caridosa" de seus defeitos, inadequações e estigmas. É por isso que o amor romântico é comparado à promessa religiosa da "salvação" da alma, numa esfera pautada pela "antiestrutura", do "meu reino não é deste mundo", como teria pronunciado Jesus Cristo, ao pregar a "doação" do amor divino em detrimento de qualquer barreira ritual, como as que decorrem tanto do não reconhecimento como do reconhecimento imposto e vivido sistematicamente. O amante parece herdar o carisma do "irmão de fé" a quem podemos confessar nossos pecados, que agora são todo tipo de falha mundana que sentimos vontade de expor no conforto de uma relação a dois.[1]

Mas isso também não basta. É preciso que a própria relação de reconhecimento entre os homens seja de um determinado tipo para que a "submissão na cama" não signifique a degradação das mulheres. Do mesmo modo que, historicamente, a "conversação intersexual" só pôde se impor como força criativa quando os homens puderam superar a virilidade infantil da honra e buscar no "intelectualismo" uma outra fonte de valor entre eles, hoje somente os meninos que aprendem a definir seu valor para além da conquista e da exibição infantil das mulheres podem se interessar por mulheres como parceiras e amigas, sem precisar abrir mão do prazer que vem de uma certa "submissão" que elas oferecem na cama.

O longo processo da racionalização das esferas de valor no mundo ocidental, a cuja análise Max Weber dedicou a maior parte de sua vida, trouxe

---

1 Cf. Axel Honneth, *Luta por reconhecimento*, São Paulo, Editora 34, 2009; Max Weber, "Rejeições religiosas do mundo e suas direções", in: Max Weber, *Ensaios de Sociologia*, Rio de Janeiro, LTC, 2002; Georg Simmel, *Filosofia do amor*, São Paulo, Martins Fontes, 2006.

a diferença entre "corpo" e "alma" para o centro de todas as relações de reconhecimento em sociedades modernas como o Brasil. Em cada uma dessas esferas tal distinção fundamental foi ressignificada. Na esfera econômica do mundo do trabalho, possuem "alma" todos aqueles que se qualificam na perspectiva de um futuro e de uma carreira profissional, que constroem na raridade de seu desempenho a fonte de reconhecimento ao longo do tempo. Por sua vez, meros "corpos" são todos os que sobram porque fazem o que todo mundo pode fazer, cuja atividade não possui nenhuma raridade; o seu tempo é banal, podem ser facilmente substituídos, por isso não têm futuro.

Na esfera erótica, possuem "alma" homens e mulheres cuja companhia é desejada a longo prazo, para além do gozo imediato, quando a experiência mútua do "abandono e da retomada de si" cria o interesse no outro por saber-se nele uma fonte segura para mostrar nossas fraquezas e misérias; por ele ser, como disse Weber, a "compreensão caridosa das imperfeições naturais de todos os atos humanos, inclusive os nossos". Esse "interesse a longo prazo" constitui o que chamamos de "moralidade", não no sentido kantiano de ir além dos desejos, mas de desejar algo além do que se vê. Assim, a tensão entre desejo e moralidade na esfera erótica encontra sua maior virtualidade quando a entrega desejante de um para o outro na cama rompe o "prévio desencanto das uniões para toda a vida" numa cumplicidade afetiva que se promete para o "pianíssimo da velhice". Por sua vez, meros "corpos" são os que suscitam e realizam o desejo sexual do outro sem despertar nele tal cumplicidade afetiva, que, embora dependa em certo grau do desejo carnal, se projeta para além dele na expectativa de que o outro se prolongue como essa fonte de aconchego em que podemos abandonar nossas "máscaras" de força e mostrar nossas fraquezas sem suscitar rejeição (ver Quadro 4). Na dimensão afetiva da esfera erótica, o "amor ágape" da fraternidade universal do cristianismo é ressignificado em "amor como paixão", gerando um sistema de "dons" e "contradons" cuja lógica aponta na direção de um reconhecimento crescente das particularidades individuais na intimidade particularista de um casal.

QUADRO 4 – AMAR NÃO É FÁCIL!

Certamente, a conclusão de que determinadas condições objetivas de existência que moldam a vida de meninos e meninas desde as experiências da primeira infância tornam a vivência do amor romântico algo bastante improvável para certo tipo de pessoas é uma ideia que atinge em cheio a mais cara de nossas ilusões sobre a vida: a crença de que, apesar de toda a miséria e de toda a vulnerabilidade, as chances de se encontrar o amor não se fecham para o destino dos que vivem em um universo de privação. Acreditar que o destino de classe não fecha as portas do amor constitui sem dúvida o pilar da visão enganosa que a classe média tem da "ralé estrutural", com o efeito autoindulgente de saber que a privação de outras formas de realização na vida não é capaz de retirar a realização na intimidade de um lar, nas relações de um casal entre si e com seus filhos. Afinal, se o amor é mesmo a versão moderna e secularizada da busca pela salvação, oferecendo o que outrora prometia a religião com o reconhecimento pleno das singularidades de uma pessoa, o que há de mal na pobreza se ela não nos impede de amar? Se os pobres podem amar como todo mundo, a desigualdade em nada constitui empecilho para uma vida realizada.

Infelizmente, essa visão politicamente correta, destinada a esconder o sofrimento que a privação produz nas dimensões mais íntimas da vida, ecoa livremente na análise sociológica. Sérgio Costa é um que não escapa disso ao criticar a israelense Eva Illouz por achar que ela é etnocêntrica ao concluir que pessoas mais escolarizadas podem viver o amor romântico de modo mais autônomo e melhor.[2] Para Illouz (lido em Sérgio Costa), como certamente seria para Max Weber, a reflexividade define se uma relação erótica é apenas o resultado chapado dos padrões vendidos pelo cinema e pelas telenovelas ou se é a vivência nutrida pela assimilação "consciente e

---

2 Sérgio Costa, "Amores fáceis: Romantismo e consumo na modernidade tardia", *Novos Estudos – CEBRAP*, n. 73, 2005, pp. 111-124.

autoirônica" desses padrões por parte dos amantes.³ Illouz acredita que a autonomia da esfera erótica depende diretamente dessa capacidade que os amantes têm de ressignificar, em alguma medida, os seus próprios rituais de erotismo; capacidade que para ela tem a ver com o repertório de "capital cultural" para exprimir e formular os próprios sentimentos. Nesse sentido, as pessoas mais desprovidas de "capital cultural" tendem a assimilar de modo muito menos autônomo e crítico os clichês da indústria cultural, ficando reféns de um erotismo pastiche que caminha ao sabor do que está na moda.

Essa análise da socióloga israelense parece confirmar exatamente o que tentamos mostrar ao longo deste texto: que a realização em outras esferas de valor, como o reconhecimento no trabalho e o afeto recebido pelos pais, é condição necessária para que o amor romântico surja de um erotismo relativamente liberto da preocupação "de vida ou morte" com o sexo, e assim capaz de patrocinar uma atitude reflexiva como desejo. A qualificação de etnocentrismo feita por Sérgio Costa a Eva Illouz tenta negar a necessidade dessa diferenciação nas relações de reconhecimento social para a vivência do amor, buscando na "atribuição pelos atores de um sentido único, particular, mítico ao amor"⁴ o critério para definir a existência de uma esfera erótica autônoma e capaz de trazer realização aos amantes. Ora, não cabe definitivamente à sociologia dizer se as pessoas se amam ou não! Mas cabe a ela sem dúvida determinar as condições de possibilidade de qualquer experiência socialmente construída, como o amor, a amizade, a solidariedade de classe etc. O que faz Sérgio Costa ao eleger o "sentido atribuído pelos atores" como critério para definir sociologicamente o erotismo?

Nada além do que Bourdieu chama de "sociologia espontânea", ou seja, aquela que toma como explicação do mundo social as ilusões que as pessoas

---

3 *Ibidem*, p. 117.
4 *Ibidem*, p. 119.

formulam para legitimar sua posição no mundo, ajudando a esconder misérias, dramas e angústias que essas mesmas pessoas precisam esquecer para continuar vivas. Então, se uma menina como Dina, no auge de suas fantasias cujas razões analisamos aqui, diz estar vivendo um "verdadeiro amor", o que deve fazer a sociologia? Tomar esse discurso como explicação ou explicá-lo na relação com as condições de vida de Dina a fim de saber se essas condições permitem ou não o encontro provável com um "verdadeiro amor"? Ao falar em "múltiplas formas de amor", numa expressão aparentemente tão generosa, Sérgio Costa demonstra na verdade todo o etnocentrismo que – ele sim e não Illouz! – reproduz na análise. Acreditar que a ausência de "grupos ou laços primários" capazes de prover o senso de solidariedade e identidade[5] é uma possível fonte de formas "alternativas" de amor é a estratégia mais descarada de idealizar o oprimido, sugerindo uma disposição quase milagrosa de oferta generosa de amor quando as preocupações com a própria sobrevivência material e simbólica cercam a vida das pessoas. Sérgio Costa simplesmente esquece de considerar as condições de existência para a aprendizagem e a vivência do amor, presentes em sua própria posição de classe, projetando uma experiência própria de pessoas "despreocupadas" com sua sobrevivência material e simbólica na vida de pessoas efetivamente despossuídas da probabilidade de amar ao ser tomadas por esse tipo de preocupação. Quando pensa nesses "amores fáceis", ele ignora que todo tipo de amor, ao exigir uma "entrega de si", pressupõe sempre uma "segurança de si" por parte dos amantes.

Inseguro e privado quanto a esse reconhecimento, o corpo hipersexualizado é aquele no qual os signos e as indumentárias do desejo sexual tornam-se absolutos em relação a qualquer outra fonte de atração e

---

5 *Ibidem*, p. 123.

reconhecimento. Nessa condição, radicalizada em dramas como o de Dina, as próprias meninas investem toda a sua libido na busca e manutenção do corpo sexualizado: "Quero tá bonitona... tudo em cima... se não tiver um filho até lá ter um corpinho na moral ainda" (Dina, antes de engravidar).

A perspectiva de futuro para essas meninas se esgota na conservação desesperada desse corpo sexualizado. E assim a ameaça de decadência é vivida desde cedo, já na passagem da adolescência para a fase adulta, em que muitas delas se tornam mães, e a manutenção "espontânea" da "gostosura" fica comprometida. Essa aflição com o próprio corpo é o contrário do relaxamento que se pode obter em relações eróticas em que, também por se ter um corpo sexualizado sem ser reduzido à sexualização, e por isso mesmo fonte de aceitação e acolhimento de um modo mais seguro, a perspectiva de futuro não se encerra nos limites rígidos do enquadramento sexualizante.

A virtude ambígua da "gostosura", ao radicalizar a prisão da condição feminina ao "dado estético", mostra que ser meramente um "corpo", no sentido de não oferecer nenhum "bem efetivamente raro" para estabilizar uma expectativa de futuro, é a condição de quem perde em todas as esferas, seja na do trabalho produtivo, seja na das relações eróticas. Nas relações eróticas entre as meninas e os rapazes da "ralé estrutural" urbana, a hipersexualização confere às mulheres a pior condição. Ainda que os rapazes tentem, muitas vezes com a melhor das vontades e das intenções, praticar o romantismo com as meninas, isso representa, para eles, um "risco" muito grande na luta pelo prestígio entre seus pares; há outros rapazes que estão lá para chamar de "otário" aquele que se recusa a enganar e a "levar na lábia" mulheres que são só corpo, e que se acostumaram a sê-lo de um modo tão forte que não podem desperdiçar o seu poder de conquista, numa típica "profecia que se autorrealiza", a ponto de trair o investimento romântico do namorado e confirmar o preconceito funesto de que em "mulher não se pode confiar". O sexo, que nosso mito nacional sugere como fonte de prazer para o povo que não encontra realização em outras dimensões da vida, constitui para as meninas e seu corpo o mais amargo dos desprazeres; é nele que elas experimentam o sofrimento máximo de não poder se realizar em outras dimensões do ser.

CAPÍTULO 3
A DOR E O ESTIGMA DA PUTA POBRE

Patrícia Mattos

> *À parte o fato de que a queda é, de ordinário, mais grave quando a interessada não tem mais à sua disposição os encantos que lhe permitiam comprar a vida in dulci jubilo, a sociedade se mostra curiosamente muito mais indulgente para com essa prostituição mais refinada (por certo capaz de se arranjar globalmente bem melhor do que a prostituição de rua e de bordel) do que a prostituição de baixo nível, a qual, no entanto – supondo-se que haja pecado nisso –, é muito mais sancionada pela miséria de sua existência do que a primeira. A atriz, que nada tem de mais moral do que a mulher de rua e, talvez, até se revele bem mais calculista e vampiresca, é recebida nos salões de que a prostituta de calçada seria expulsa por cães.*
>
> G. Simmel

Simmel, no final do século XIX, já apontava uma série de questões sobre a prostituição que se mostram até hoje bastante atuais. A começar pelo desprezo que desperta nas pessoas em geral ou, nas palavras do próprio Simmel, na "boa sociedade". Ser pobre e prostituta, vender o corpo por dinheiro, como se faz com qualquer mercadoria, repugna a "boa sociedade" por evidenciar a fragilidade de seus valores mais nobres. Aos olhos da "boa sociedade", a prostituta é repulsiva por intermediar o campo dos afetos explicitamente através da relação monetária, do dinheiro, ainda que implicitamente esse seja um elemento também presente em qualquer relação afetiva, embora nunca admitido. Corajosamente, Simmel coloca o "dedo na ferida" e expõe, em poucas palavras, como a troca de sexo por dinheiro atinge todas as classes sociais, estando por trás do "contrato" entre homens e mulheres, ainda que a "boa sociedade" tenha que criar a prostituta como o "bode expiatório" para não ser lembrada do que ela realmente é. Condena-se a prostituta por ela reverter toda a hierarquia de valor dominante fundada na família, na contenção e disciplina dos desejos. É isso que irá lhe dar o caráter de "delinquente".[1]

Provavelmente, não existe tema mais perpassado por estigmas, enganos e preconceitos do que este. No mesmo tempo que é repulsiva, também é fascinante, como diz Charles Taylor em uma passagem de seu clássico *As fontes do self: a construção da identidade moderna*. A figura da prostituta fascina por ser a promessa de intensidade sexual e satisfação imediata e ilimitada do desejo masculino. Com ela, a separação entre ativo e passivo, entre sujeito desejante e objeto de desejo, que está por trás da construção

---

1 Mesmo que a prostituição no Brasil não seja considerada uma atividade ilegal, isto é, não há lei que proíba uma mulher de trocar favores sexuais por dinheiro, ela é associada como numa relação de "contágio" a crimes como lenocínio e furto. É isso o que legitima que a polícia faça operações como a "Copabacana" e a "Barrabacana" realizadas nas praias de Copacabana e da Barra da Tijuca, no Rio de Janeiro, que tinham o objetivo de encaminhar prostitutas, travestis e meninos de rua à delegacia para serem cadastrados sob a justificativa de reprimir a desordem urbana nessas regiões da cidade. Um outro exemplo dessa ligação entre prostituição e delinquência, que está presente nas mais diversas formas da vida cotidiana, foi uma lei promulgada pelo município de São Sebastião do Cai, no Rio Grande do Sul, que estabelecia a obrigatoriedade de submeter as prostitutas a exames periódicos de HIV e DST de 90 em 90 dias e a apresentação e divulgação pública desses resultados, sob a alegação de que as prostitutas constituem um grupo de risco. Apesar de essa lei ter sido declarada inconstitucional (*ver* apelação civil n. 2000.04.01.031627-9/ RS) por violar uma série de direitos individuais, vale ressaltar a recorrência desse tipo de discriminação e preconceito sofridos por essas pessoas cotidianamente.

social das subjetividades masculina e feminina, fica manifesta. Talvez por isso o estigma social contra a prostituta expresse, de modo aberto porque estigmatizado, toda uma violência simbólica dirigida, de modo velado e nunca admitido, às mulheres como um todo. Enquanto os homens da ralé, quando tachados como "delinquentes", são sempre "ativos" (ladrões, bandidos e traficantes), isto é, praticam as ações criminosas como sujeitos de sua própria vontade, a designação mais comum de delinquência feminina está ligada à passividade, à utilização de seu corpo para servir à vontade de outrem. O homem delinquente é, ainda que de forma ambígua, reconhecido em seu meio como viril, forte, corajoso, destemido, enfim, detentor de todas as virtudes ligadas a um "código de honra", enquanto a mulher delinquente é vista e julgada apenas de maneira negativa como "mulher de vida fácil". A mulher delinquente, assim como as mulheres em geral, é identificada como passiva, tendo como sua principal "arma" o seu corpo para a satisfação alheia.

A prostituta representa, ao contrário dos ideais românticos, um tipo de sexualidade predominantemente pulsional, ligado exclusivamente à satisfação dos instintos, à separação das almas. Em vez do reconhecimento de necessidades mútuas, o que se espera da prostituta é a "sabedoria" de sempre se saber objeto, instrumento do desejo masculino. Ela representa a "suspeição" do mundo dos compromissos e obrigações morais, que está por trás do contrato pré-reflexivo, inarticulado, melhor dizendo, do "consenso intuitivo" que rege as expectativas de comportamento entre homens e mulheres.

Foi a percepção da ambiguidade de sentimentos que essa figura incita que norteou algumas indagações centrais da pesquisa sobre a prostituta como um dos tipos femininos mais comuns da ralé. Afinal, a prostituição no Brasil é muito maior e muito mais generalizada do que se costuma admitir. Ainda que sua apreensão estatística seja difícil, por motivos óbvios como profissão estigmatizada, sabe-se que em certos países europeus, como Alemanha, Espanha e Itália, a "brasileira" é quase sinônimo de prostituta. Neste texto, será contado o drama de mulheres que vivem sob esse estigma social. O desafio a que me proponho é mostrar como essa tensão é vivida pelas próprias prostitutas, isto é, como as condições materiais e sociais precárias de existência constroem subjetividades precarizadas, com baixa autoconfiança e autoestima, que irão cumprir o seu destino inexorável de viver uma vida "sem saída", sem reconhecimento social. O que se procurará deixar evidente, ao contrário do que pretendem as abordagens "politicamente corretas" sobre o assunto, é que a profissão de prostituta não é, na maioria dos casos, uma escolha propriamente dita dessas mulheres. Essa escolha, como diz Pierre Bourdieu, é apenas aparente, constituindo-se, na verdade, em uma "escolha pré-escolhida", na qual as prostitutas são influenciadas a orientar sua conduta a partir de alternativas previamente definidas pelo contexto de vulnerabilidade e precariedade do seu universo familiar.

O intuito é o de buscar reconstituir os sentidos das ações dessas mulheres para além das narrativas conscientes que elas fazem sobre sua própria vida. Inspirada em Bourdieu, assim como todos os autores deste livro, pretendo reconstruir os "fios invisíveis", melhor dizendo, as cadeias sociais que fazem com que as prostitutas "joguem um jogo cujas regras ignoram",[2] que as levaram a desenvolver as disposições necessárias ao exercício de um papel humilhante e desvalorizado. Em outras palavras, o objetivo do texto é mostrar como se constrói socialmente a prostituta, que condições sociais e que modos de vida produzem e reproduzem um tipo humano excluído e estigmatizado.

O que há em comum na história de vida das mulheres entrevistadas é um tipo de socialização familiar disruptivo, que irá impedir a transmissão afetiva de valores como disciplina, autocontrole e pensamento

---

2 Pierre Bourdieu, "O camponês e seu corpo", tradução de Luciano Codato, *Revista de Sociologia e Política*, n. 26, 2006, p. 92

prospectivo, num contexto familiar marcado pela ausência da figura paterna e pela presença de relações instrumentais de todo tipo, a começar pela frequência e naturalização de abusos sexuais sofridos na infância por essas mulheres. Além da carência, em qualquer medida significativa, de conhecimento resultante de um capital escolar incorporado, essas mulheres em sua infância nunca foram percebidas como "um fim em si mesmas", como crianças com desejos, sentimentos, aspirações, medos e angústias que necessitavam de cuidado, proteção e afeto. Será a falta dessa "segurança afetiva" que irá reproduzir um exército de "perdedoras", sem qualquer chance na competição social por recursos escassos. Essa falta de uma "economia emocional" marcada pelo autocontrole não produz apenas pessoas banidas da função de trabalhadoras úteis, o que constitui a base do reconhecimento intersubjetivo da dignidade, mas também impossibilitadas de desenvolver uma dimensão expressiva de sua existência, para além dos clichês sociais, dos modelos sociais que chegam a elas como "modelos prontos", *prêt-à-porter*.

Flávia e Marluce são dois tipos ideais entre dezenas de prostitutas entrevistadas por mim no Rio de Janeiro entre 2006 e 2008.[3] O tipo ideal, como nos ensina Max Weber, é a seleção dos aspectos mais característicos de um papel social de modo a enfatizar os aspectos essenciais e a descartar os secundários. Sendo assim, seus dilemas, angústias, projetos, sonhos e expectativas, bem como a constituição de suas famílias e de suas relações afetivas, compõem a gênese de formas de pensar, sentir e agir comum a dois tipos muito frequentes de prostitutas entrevistadas durante esse período. Aparentemente bem diferentes, Flávia e Marluce, na realidade, compartilham um mesmo destino de classe. Ainda que Flávia seja sonhadora, sonhe com "futuros impossíveis", e Marluce pareça ser bem mais "pé no chão", isto é, possuir uma maior clareza em relação aos seus

---

3 No ano de 2008, foram realizadas também entrevistas com prostitutas em Juiz de Fora (MG).

limites e necessidades inscritos no campo pragmático, as possibilidades objetivas de uma caminham na mesma direção da outra.

FLÁVIA

Aos 25 anos, Flávia é uma mulher tipicamente "gostosa", ainda que já comece a perceber o início de um processo de decadência do próprio corpo, admitindo não ter mais o mesmo "valor" no mercado. Nos últimos tempos, conta com pesar ter engordado dez quilos em virtude do consumo cotidiano de bebidas e drogas, especialmente a maconha, que lhe dá uma "fome danada". Com pernas grossas, bunda grande, cintura fina, ela demonstra ter orgulho por algumas pessoas a acharem parecida com a dançarina Scheila Carvalho. A despeito de suas formas exuberantes, um olhar atento pode captar em seu rosto as marcas de uma mulher já madura e sofrida, ainda que ela anuncie no site em que oferece seus "serviços" ter apenas 20 anos, justificando tal atitude como necessária para a sobrevivência no mercado, pois "os homens preferem e valorizam as novinhas".

Flávia inicia a conversa contando que está "nessa vida" desde os 20 anos, apesar de um informante ter dito que ela começou a "ir para pista" aos 11 anos, quando fazia somente "boquetes" nos clientes, e a partir dos 12 anos teria efetivamente feito programas completos. Por não ter uma rotina estabelecida, assim como a maioria das prostitutas que não trabalham em boates ou casas noturnas, pode atender de dois a sete clientes por dia. O preço do programa varia de R$ 150,00 a R$ 200,00 por duas horas, dependendo do lugar onde o cliente viu o anúncio. Os anúncios no jornal são mais baratos do que os do site. Eventualmente, seu atual namorado, que no passado foi seu cafetão e hoje trabalha como motorista de táxi, lhe consegue uns "gringos" que ele "tripula". Nos momentos de folga, aproveita para dormir muito e se recuperar das longas noitadas regadas a álcool e drogas. Essa é a forma de esquecer de si mesma, que será uma de suas disposições de suportar a vida, sem ter que pensar propriamente nela, para não correr o risco de, em algum momento, "cair em si" e ver seu desvalor objetivo. Aliás, essa é a marca de sua vida, a falta de alternativas, o horizonte das "escolhas pré-escolhidas", que não lhe apresenta nenhuma saída. É por isso que sua narrativa oscila entre a fantasia compensatória e o ressentimento pessoalizado, conforme veremos mais adiante.

A princípio, Flávia constrói um idílio de sua vida familiar, que vai sendo desconstruído em meio a ambiguidades, contradições e lacunas de seu discurso no decorrer de nossos encontros. Pouco a pouco, se desnuda a realidade: a "família feliz" vai dando lugar à família disruptiva, desestruturada. O quadro pintado de aparente satisfação com sua infância até os 8 anos, período em que seus pais viviam juntos, vai sendo paulatinamente substituído pelo sentimento de dor, abandono, frustração, não reconhecimento de suas demandas afetivas.

Em sua fantasia, os infortúnios de sua vida só se iniciaram no período após a separação dos pais. Até então, tinha uma vida feliz, pai e mãe presentes e afetuosos, e boas condições materiais de existência:

> Ah, minha vida era maravilhosa. (...) Eu sempre tive tudo do bom e do melhor. Era supermercado do bom e do melhor, era restaurante, quando a gente podia ir; quando não podia ir, meu pai era um cozinheiro excelente. Só tenho boas lembranças.

As boas lembranças vão sendo esfaceladas progressivamente, e a dura realidade do abandono e da sensação de não ter ninguém para protegê-la vai aparecendo em momentos distintos de sua narrativa. O desejo do pai atencioso, presente, provedor, vai dando lugar ao pai ausente, desinteressado, que ela só irá encontrar uma única vez após a separação de seus pais. Com tristeza estampada em seu rosto, quando em nosso segundo encontro retomo o assunto da família e, como se tivesse se esquecido do quadro pintado anteriormente, surge o seguinte relato:

> Tenho lembranças ruins, porque meu pai era muito galinha, muito, muito. Então, ele traía a minha mãe. Às vezes, ele saía na sexta e voltava na segunda. E tava sempre traindo. Só ficava em casa quando ele tava doente. Ou então, quando era época de festa ou aniversário de alguém dentro de casa. Porque a maioria dos finais de semana, entre 365 dias do ano, meu pai tava na rua com piranha.

O mesmo pode ser dito em relação à sua mãe. Entre as duas existe uma relação de interdependência "pragmática". Flávia necessita de sua mãe para o cuidado de seus dois filhos pequenos (de 9 e 7 anos), no mesmo tempo que sua mãe necessita de seu dinheiro. A imagem da mãe trabalhadora e batalhadora, à qual ela é grata, é contraposta, em outro momento de nossa conversa, quase sem querer, à sua sensação de ser explorada por ela, que "a consome muito" com recorrentes pedidos de dinheiro excedente para as despesas cotidianas. A ambiguidade da imagem construída de sua mãe, entretanto, diferentemente da de seu pai, será uma constante em sua narrativa. Na tentativa de resguardar certas idealizações que construiu para si, Flávia não vacila em dizer que sua mãe é sua melhor amiga, fonte de sua admiração e exemplo de conduta: "Ah, minha mãe me cria até hoje. Eu tenho orgulho, sabe, disso. Minha mãe me cria, cria meus filhos. Posso contar com ela pra qualquer coisa."

No entanto, é com altivez, com um sentimento de dignidade, com aquela satisfação da pessoa que se "faz" sozinha, típica da ideologia do *self-made man*, que Flávia, contradizendo tudo o que dissera sobre se sentir cuidada até hoje pela mãe e nela ter total confiança, declara: "Eu sou assim, eu e eu, entendeu? Eu posso pegar aquela pedra, mesmo que eu não puder, mas eu vou dar um jeito de carregar ela. Hoje em dia, eu confio muito mais no meu taco do que no taco dos outros." Flávia acostumou-se a transformar, como diz Bourdieu, "necessidade em virtude". É seu pai que a abandona e não a procura, e ela diz que é ela quem não tem vontade de procurá-lo atualmente, e não vê razão para isso. Desde pequena teve a necessidade de se "virar" sozinha, não podendo contar com ninguém a não ser com ela mesma, e hoje afirma não precisar de ninguém, como se isso fosse uma escolha sua, uma qualidade ligada à firmeza de seu caráter. A "dureza", fruto do abandono e do descuido, se transforma em autonomia, em virtude moral.

É com naturalidade que Flávia introduz o tema da experiência de abuso sexual sofrida por ela dos 8 aos 10 anos, período em que sua mãe e ela moraram na casa da tia, irmã de sua mãe, com o marido desta e sua filha recém-nascida. Seu tio foi o seu abusador durante esse tempo. Ele molestava cotidianamente Flávia e sua prima, filha de outra irmã de sua mãe. Ao dar-lhes banho, enquanto sua mãe e sua tia estavam ausentes de casa, seu tio abusava sexualmente delas, como ela conta:

(...) tipo assim: conforme a gente tava crescendo, já tava tendo uns orgasmos. Conhecendo o corpo, como se diz. Uma criança de 5 anos já conhece o corpo. Ele ficava passando a mão e isso e aquilo e excitava a gente. Mas nunca aconteceu nada.

Mesmo que se recorde do abuso sexual como a lembrança desagradável dessa época, o interessante na reconstrução de sua história é que ela comenta o fato sem nenhuma emoção, sem expressar raiva, ressentimento, ódio, indignação, como se narrasse um fato que aconteceu com outra pessoa. É como se sentisse hoje a necessidade normativa de reprovação do ato, mesmo que na época lhe fosse totalmente ambíguo. De um lado, ela percebia que aquilo estava errado, que era algo escondido, para ser mantido em segredo entre os três; de outro, retirava, como confessou, um ambíguo prazer dessa situação. É aqui que podemos aventar a hipótese de que, para uma pessoa como Flávia, que sempre sofreu por abandono, por ser um "corpo esquecido", o interesse, ainda que sexual, de um adulto por ela pode, mesmo que contraditoriamente, ter gerado alguma espécie de satisfação, do tipo "alguém me percebe, se interessa por mim, eu não sou um nada, que passa imperceptivelmente pelas pessoas". A eufemização da gravidade do fato fica nítida quando ela conta que seu tio passava a mão nela, fazia sexo oral, mas que nunca aconteceu "nada", querendo se referir ao fato de que não houve penetração.

Flávia sabia intuitivamente que sua mãe não a protegeria caso soubesse do abuso. Foi essa sensação ontológica que a fez rejeitar veementemente a sugestão dada por sua prima de contarem o fato à sua mãe. Suspeitava que ela não acreditaria nelas e que ao fim e ao cabo não tomaria nenhuma providência. E foi exatamente o que aconteceu. Certo dia, sua prima engasgada "soltou" a frase bombástica: "O meu tio, ele tava passando a mão na gente." Apesar de ter-se mostrado indignada com o fato, ter dito que tomaria todas as providências, a história ficou esquecida, até que sua tia deu um flagrante no marido fazendo sexo oral em Flávia. Nada foi falado, o assunto "morreu", e elas foram procurar outra casa para viver. Nunca mais foi feita qualquer menção sobre o fato entre mãe e filha. Um acontecimento como esse, longe de ser inesperado e surpreendente para sua mãe, parece ser comum, um destino natural das mulheres dessa classe desde tempos imemoriais. Como se, para além da relação de interdependência material existente entre sua mãe e sua tia, houvesse presente nas práticas cotidianas da vida das mulheres da ralé em geral, conforme vimos em nossa pesquisa, a possibilidade muito plausível, e por isso "naturalizada", do abuso sexual por homens tanto de fora da família quanto da própria família. Isso constitui, assim, o enredo de uma história que se repete, que passa de mãe para filha como um legado, na qual as mulheres desde muito cedo aprendem efetivamente que devem ser instrumentos para a vontade de outrem, primeiramente, e, acima de tudo, na dimensão sexual. E aqui se coloca a questão: como se dá para as mulheres da ralé em geral o desmonte das relações afetivas com os homens e os filhos?

Dando lastro a essa hipótese, é na estrutura familiar que se inicia o aprendizado da instrumentalização de si mesma, do seu corpo e de todos os seus desejos e projetos e, por consequência, a instrumentalização dos outros, que constitui uma das principais disposições de Flávia. Essa disposição será atualizada e exercida na rua, quando ela me confessa, um pouco envergonhada, que, certa vez, aceitou a oferta de dinheiro feita por um estranho, enquanto esperava um ônibus, para que ela abrisse a blusa e levantasse a saia para ele.

É essa disposição à instrumentalização, depois naturalizada como autoimagem, que explica a sua incapacidade para articular discursivamente o sentimento de amor e vivenciá-lo na prática. Sem nenhuma ilusão em relação ao amor, que ela nem sequer consegue descrever em palavras, o máximo que se pode esperar das relações amorosas, especialmente entre homens e mulheres, é a "confiança". E "confiança", para ela, é que as pessoas não mintam umas para as outras e possam contar umas com as outras, em caso de necessidade. Confiança aqui equivale à ética "pragmática" e contextual de que fala Max Weber na sua sociologia das religiões: "Assim como você faz comigo, eu faço contigo."

No entanto, na prática, Flávia se permite umas "pequenas mentirinhas", quando julga ser necessário. Confessa não amar seu atual namorado, apesar de lhe dizer que o ama para manter certo "romantismo" na relação. O peso do estigma social sofrido é tão forte que Flávia é grata a seu namorado por ele aceitá-la como ela é e não fazer nenhuma pressão para que saia "dessa vida" – "Pô, só por ele aceitar o que eu sou, entendeu?" –, essa é uma das fontes de seu carinho e estima por ele. Flávia não hesita em dizer que sempre que precisou de seu namorado, ele estava lá, seja para lhe emprestar dinheiro, para pagar uma conta ou mesmo para lhe dar uma carona, levá-la ao encontro de seus clientes sem lhe cobrar a tarifa do táxi.

A ideia de que as pessoas numa relação amorosa não se põem umas às outras como algo externo, isto é, cada qual com seus interesses e suas coisas, mas que, ao contrário, elas se modificam na relação, lhe é totalmente estranha. Ela desconhece a possibilidade de que a fricção entre duas pessoas possa modificar as duas. Sua experiência de vida não lhe permite conceber esse aspecto positivo do conflito, como internalização e reconhecimento de alteridade, tendo o conflito, para ela, uma conotação exclusivamente negativa. Em sua vida e nas das pessoas próximas, vira e mexe as fricções descambam para a violência física. É impensável para ela que o conflito possa gerar esclarecimento, autoconhecimento, ressignificação da relação, isto é, uma resolução dialógica. Foi essa percepção que fez com que nunca pudesse, em suas relações afetivas com os homens, ter sido realmente sincera. Sempre havia uma dimensão do seu ser escondida, seja através de infidelidades sexuais, seja pela mentira com relação à sua profissão. Seus relatos sobre suas duas relações amorosas, com seus ex-maridos, não deixarão dúvida quanto a isso.

Aos 16 anos, ela engravida e passa a morar com João, que veio a ser o seu primeiro marido, pai de seus dois filhos. Como que num esforço para viver, pelo menos na dimensão do sonho, uma relação baseada em cumplicidade, companheirismo e diálogo, Flávia inicia sua fala sobre João dizendo: "Apesar dos apesares, ele me ensinou o mundo, me ensinou a vida, tudo, tudo." Entretanto, assim como aconteceu com a narrativa sobre sua família, a realidade vem à tona em entrevistas subsequentes, em que Flávia explica os motivos de sua separação. Queixa-se por João não gostar de sexo como ela, o que irá legitimar suas constantes "escapadas". "Ele era aquele cara, assim, que gostava de ir pra cama uma vez, duas por semana. Eu ficava excitada e não sabia o que fazer. Aí, eu procurava outros homens. Os próprios amigos dele, às vezes." Depois de quatro anos insatisfeita sexualmente, conta ter tomado coragem e pedido a separação. Como João não aceitava, ela se viu compelida a "dar uma escapada no meio da noite" propositalmente para que ele visse a traição. Ao chegar em casa, depois de ser chamada de "cachorra e piranha", levou uma surra, o que aliás já era esperado; afinal, é assim que ela aprendeu desde cedo que se resolvem conflitos, ao ver seu pai chegando bêbado e batendo em sua mãe. Vale a pena recuperar este relato: "Ele me levou pro quintal e me bateu muito, muito. Bateu nos braços, no corpo todo, no rosto. Não deu soco forte, mas deu muito tapa, muito forte. Deu vários tapas, me deu uma banda, pegou um pedaço de pau e eu saí correndo."

O conflito só se resolveu, e ela conseguiu finalmente se separar, quando sua mãe a acudiu e a levou junto com os filhos para sua casa.

Ao falar de Luís, seu segundo marido, único homem pelo qual diz ter sido apaixonada, Flávia esboça em seu rosto toda a sua mágoa e melancolia. Quando o conheceu, tinha 20 anos, já fazia programas e estava no auge de sua carreira. É com alegria que ela se recorda das novas possibilidades de consumo que lhe foram abertas e de seu novo papel social dentro da estrutura familiar. Ela "bancava" tudo para todos, para Luís, sua mãe, seus filhos e a família dele, que passava os domingos em sua casa em longos almoços, em que Flávia financiava tudo.

Apesar de pagar grande parte das despesas, "todos pensavam" que Flávia trabalhava efetivamente como babá, numa casa na Zona Sul do Rio. A sensação de ser explorada só era experienciada por Flávia com relação à família de Luís. Com sua família e com ele, ela vivia o "êxtase" do reconhecimento por poder bancar um estilo de vida confortável. Sem poder notar que a sua exploração vinha de todos os lados, Flávia não vacila em culpar a família de Luís pela sua desgraça. Foram eles que "descobriram" a sua profissão, depois de terem sido impedidos por ela de passar os domingos em sua casa, e denunciaram para todos os outros, inclusive para Luís. Ao saber de sua profissão, ele se mostrou "surpreso", ainda que tivesse um padrão de consumo muito acima do que os salários de mecânico e babá poderiam proporcionar, e disse não perdoar-lhe, o que o levou a abandoná-la.

Essa será, inclusive, a marca de sua vida – o estigma da prostituta, da pobre que ganha a vida "desonestamente". Em diversas ocasiões, ela sofre discriminação tanto de mulheres quanto de homens, independentemente de classe social. No entanto, será com sua mãe que a dramaticidade do preconceito ganhará as maiores proporções. É com ela que o conflito intraclasse referente à divisão entre pobre e honesta e pobre e delinquente ficará explícito. Precocemente, Flávia sabia que para ela havia duas "escolhas" profissionais possíveis, já que não concluiu nem o segundo grau: ser empregada doméstica ou prostituta. Esse parece ser, na verdade, o "leque de opções" que se abre para as mulheres dessa classe. Mesmo que sua mãe e ela sofram pelas mesmas razões – o não reconhecimento intersubjetivo, por não possuírem nenhum conhecimento significativo da cultura legítima incorporado ao corpo –, sua mãe, por ser empregada doméstica "honesta", tem certa superioridade moral em relação a Flávia, o que pode ser sintetizado por sua frase: "Sou pobre, mas sou honesta. Já fiz de tudo nessa vida, mas nunca vendi meu corpo." O estigma de delinquente para as prostitutas, que funciona tanto para desvalorizá-las ante as classes superiores quanto a sua própria classe, é tão poderoso e eficaz que Flávia demonstra ter orgulho quando diz que sua mãe nunca se prostituiu, que ela sempre foi uma "dona Maria, uma máquina, que sabe fazer tudo, lavar, passar, cozinhar". É esse o argumento usado por sua mãe para exprimir sua decepção em relação à filha, ainda que isso não a impeça de receber dinheiro de Flávia, pelo contrário. Hoje em dia, assim como acontecia antes, Flávia diz que ela finge não saber de sua profissão.

A tentativa de "sair dessa vida", que ela percebe como efêmera, chega a ser feita logo após a descoberta de sua mãe. Através de um cliente, Flávia conseguiu um emprego como faxineira de uma grande empresa. No entanto, como o salário era baixo, o trabalho duro, e ela não conseguia se entrosar com suas companheiras de trabalho, que assim como sua mãe faziam a distinção entre pobre honesta e pobre delinquente, e percebiam intuitivamente que Flávia fazia parte da segunda categoria, desistiu do emprego e retornou à prostituição. Aliás, a justificativa para tal retorno, assim como para a "entrada nessa vida", será sempre econômica. O que a move é a esperança de ter melhores condições de vida, de fazer uma poupança para poder sair "dessa vida". A justificativa econômica para a "escolha" da profissão será dada por grande parte das prostitutas entrevistadas. E, mais uma vez, a dimensão econômica das desigualdades sociais serve para recalcar, inclusive na perspectiva de suas vítimas, toda a gênese das condições sociais e modos de vida que produzem o desvalor social atribuído e vivido pelas prostitutas. O que fica de fora desse tipo de explicação econômica é exatamente todo o drama moral e existencial vivido desde a mais tenra idade por essas mulheres.

Sua expectativa de mudança de vida (necessária na medida em que vai envelhecendo e seu valor no mercado vai decrescendo concomitantemente com a proximidade dos 30 anos), por depender da acumulação de dinheiro, de uma poupança, vai ficando cada vez num horizonte mais distante. Mesmo que tenha um discurso que exalte o cálculo prospectivo, o planejamento da vida, sua prática cotidiana é totalmente distinta. Flávia admite em outro momento da entrevista, contradizendo todo o seu discurso sobre a necessidade de fazer poupança, especialmente para as prostitutas, que o impulso ou desejo mais difícil de ser controlado para ela é sua compulsão para gastar dinheiro: "Quando eu às vezes tenho muito dinheiro, eu fico impulsiva pra gastar ele. Eu acho que o dinheiro não foi feito pra ser guardado. Ele foi feito pra ser gastado."

A adesão de Flávia à ideologia meritocrática e às explicações economicistas, que descontextualizam as precondições sociais de todo sucesso mundano, de tal modo que ele possa "parecer" advir do milagre do mérito pessoal, aparece para ela como uma necessidade de "fugir" dos fatores que efetivamente determinaram a direção de sua vida. Como não pode articular as fontes de seu desvalor, pois isso implica a possibilidade de ser diferente, de "outros possíveis", e esta não está disponível para ela, Flávia usa o pano de fundo desse tipo de pensamento para julgar a si mesma e aos outros. Isso se confirma em diversos momentos de nossa entrevista. Um bom exemplo é quando ela não reluta em criticar as "prostitutas velhas", acima dos 30 anos, por não terem conseguido juntar dinheiro para poderem se "aposentar". Embora não disponha de uma narrativa sobre si mesma, exatamente porque inexiste a possibilidade de desenvolvimento de um horizonte de autopercepção, ela sofre os efeitos do não reconhecimento, mas não consegue articular suas fontes, a não ser de forma romantizada, se identificando com a cultura legítima, a mesma que a estigmatiza, ou agindo reativamente, expressando um ressentimento sempre dirigido a pessoas.

Ela sente que existem valores, a partir dos quais ela e todas as pessoas são julgadas, percebem umas às outras e agem. Sente a existência de uma hierarquia valorativa, ou seja, seus efeitos, mas não faz a menor ideia das distinções qualitativas que legitimam e reproduzem o seu não reconhecimento. É isso que a leva ingenuamente a reivindicar o respeito universal de todas as formas de trabalho, inclusive do seu. Nesse momento da entrevista, vem à tona todo o seu ressentimento, que, não podendo ser impessoalizado, já que é refém de todas as ideologias que legitimam a sua própria desgraça, ela pessoaliza, comparando-se comigo. Afirma não compreender por que talentos tão diferentes como os nossos – eu tendo talento para ensinar e ela para fazer sexo "mais gostoso" – não são reconhecidos da mesma maneira. E aqui nos deparamos, mais uma vez, com o círculo vicioso na vida de Flávia, o pêndulo entre ressentimento personalizado e fantasias compensatórias, que significa sua prisão num horizonte que a estigmatiza, mas que ela não compreende, condenando-a à eterna repetição.

Como não dispõe dos meios para "sair dessa vida", já que não possui nenhuma reserva de dinheiro, sua aposta é encontrar um homem que a "salve". Ao ser provocada por mim para projetar sua vida daqui a cinco anos, Flávia não vacila em dizer que se imagina casada, dona de uma loja de doces, vivendo com seus filhos e feliz. E o ideal de homem perseguido é aquele com quem poderá manter a relação de complementaridade e instrumentalidade que aprendeu, precocemente, ser a única possível entre homem e mulher. Sonha com um homem que irá protegê-la das intempéries econômicas da vida em troca do atendimento irrestrito de seu desejo sexual. Sonha viver uma intimidade, ainda que forjada pela relação instrumental. Enfim, almeja ser uma "perua" de classe média, sem perceber que a "perua", por seu privilégio de classe, contorna o estigma e pode ser escolhida também para ser mãe de uma família de classe média. O devaneio de Flávia é imaginar que o estigma é uma questão de escolha pessoal, como, aliás, pensam todos na dimensão do senso comum, e que ela pode se livrar dele como quem troca de roupa. Melhor dizendo, o estigma é "ela", faz parte de seu sangue e sua carne, o corolário de toda a sua história de classe, de todas as condições objetivas que presidiram a sua vida e que tornaram opacas para ela todas as suas disposições, seus esquemas de percepção e apreciação do mundo que irão diferenciá-la totalmente da "perua".

MARLUCE

Aos 37 anos, Marluce sabe que está no "limite" da idade rentável na prostituição. É por isso que, num esforço para esconder de mim e dela mesma a sua idade, diz ter 32 anos,[4] ainda que no site tenha que diminuir

---

[4] A entrevistadora descobre, apenas em entrevistas subsequentes, a verdadeira idade quando Marluce afirma que seu filho mais velho tem 24 anos e que ela o teve aos 13.

em onze anos a verdadeira idade, anunciando ter apenas 26. Negra, com cabelos longos e trançados, em seu rosto já podemos perceber, claramente, os vestígios de uma vida sofrida; seus olhos têm uma certa opacidade de quem já viu muitas coisas que não desejava ter visto; seu sorriso aparece com raridade, e sua voz tem um tom firme, de quem precisa parecer forte. O tempo todo procura manter uma disciplina de caminhar todos os dias na praia de Copacabana, onde mora com dois de seus quatro filhos num apartamento de quarto e sala, para manter a beleza de um corpo bem-modelado, mas já com as marcas de suas quatro gestações e de uma vida sem rotina.[5]

Marluce não se engana em relação à sua família. É com um realismo surpreendente que revela sua dor pela falta de amor e cuidado em sua infância. Tendo morado na Rocinha, a mais conhecida favela do Rio de Janeiro, até sua entrada na prostituição, sete anos antes, nunca conheceu seu pai, que abandonou sua mãe ao descobrir sua gravidez. Foi criada pelo padrasto, que a registrou como filha, e por sua mãe, junto com seus quatro irmãos mais novos. Ao se recordar de seu passado, Marluce não titubeia em reconhecer todo o abandono vivido. A única exceção a essa falta de amor e cuidado, cuja responsabilidade é atribuída a sua mãe, é sua avó. Ao falar sobre ela, seus olhos brilham, e fica evidente o reconhecimento da autoridade moral. Ela é descrita como o oposto de sua mãe – uma mulher corajosa, presente, justa e amorosa, que iria "segurar as pontas" quando a vida ficou dura demais, acolhendo-a algumas vezes em sua casa. Sem esconder a sua dor pela sensação de realmente estar só no mundo, Marluce comenta a morte

---

5 Marluce, diferentemente de Flávia, além de atender às chamadas de clientes pelo celular, costuma sair todos os dias para "rodar" em Copacabana em busca de clientes. Pode voltar à sua casa somente no outro dia, se o movimento na noite estiver bom, ou voltar antes da meia-noite, nos dias ruins. Seu número de clientes varia de dois a cinco em períodos normais, podendo ter variações para cima e para baixo, dependendo da época e das perseguições policiais contra a "desordem na orla".

de sua avó, poucos anos atrás. Sua mãe, entretanto, é descrita como omissa, distante e injusta. A mágoa de Marluce em relação à mãe vem à tona diante da comparação com a avó. Marluce chega à conclusão de que sua mãe não se interessava, não se preocupava com ela. Chega a dizer que, certa vez, sua avó lhe deu uma surra extremamente violenta e que nem por isso ela deixou de amá-la. Em sua visão, a mãe deve exercer sua autoridade, estando, naturalmente, autorizada a punir, caso seja necessário, com palmadas e surras. O que é intolerável, a seu ver, é ela ter delegado essas funções ao "tirano" de seu padrasto, que fazia as leis da casa ao seu bel-prazer, legitimando, dessa forma, todos os atos arbitrários dele em relação a Marluce.

Marluce não consegue se lembrar de nenhum ato de afeto de sua mãe para com ela. É com lágrimas nos olhos que me corrige quando, depois de vários exemplos dados sobre o seu abandono, eu lhe faço a seguinte afirmação: "Então, quer dizer, você nunca teve a sensação de ter sido protegida por sua mãe." Ela então imediatamente me diz, com muita ênfase em sua voz: "Eu não fui amada mesmo, ela nunca me deu atenção." Sem ter forças para levar a cabo toda a sua desilusão, Marluce, em outro momento da entrevista, acrescenta: "Às vezes, eu penso que minha mãe não gosta de mim, mas eu sei que gosta, entendeu?" Ao fim e ao cabo, é intolerável até para a "realista" Marluce admitir com todas as letras que sua mãe realmente não a ama.

Sua memória a respeito dos ensinamentos de sua mãe é sempre feita em comparação e oposição ao que Marluce faz com seus filhos, especialmente os dois que moram com ela atualmente. Ela parece compensar toda a sua experiência de "falta" materna na relação com eles. Com orgulho conta que os leva para passear, ir ao cinema, ao Corcovado, à Quinta da Boa Vista, além de acompanhar suas atividades escolares e extraescolares. Não cansa de dizer que eles são as pessoas mais importantes de sua vida e que procura ter com eles uma relação de carinho e autoridade. Comenta que tenta ser aberta ao diálogo e disciplinadora com seus filhos, aplicando-lhes castigos quando preciso, ao contrário de sua mãe, cujos ensinamentos restringiam-se a tarefas domésticas e a frases vazias de sentido. "Palavras ao vento", como quando lhe dizia para estudar se quisesse ser alguém na vida, sem, no entanto, jamais ter se interessado em saber sobre seu desempenho escolar, nunca ter ido a uma reunião na escola. Seus esforços se concentravam na propagação de uma espécie de "ética negativa" da sexualidade – "Se você der, eu vou te colocar na rua"; "Não pode beijar, não pode dormir com homem que você gosta".

Sem jamais poder articular conscientemente a situação da mulher da ralé, mas sentindo os efeitos da vulnerabilidade feminina nesse meio, onde sua mãe intui que a única chance de uma mulher ter um homem ao seu lado é a tática da "preservação" do corpo. Como mostram brilhantemente Roberto Torres, Tábata Berg e Emanuelle Silva no texto "A miséria do amor dos pobres", neste livro, a sexualidade para as meninas da ralé constitui um jogo de "vida ou morte", em que seu "bem" mais desejado, seu corpo, ao ser "tocado", desvaloriza sua dona, reduzindo-a a um "pedaço de carne", como várias outras no mercado sexual. Extingue-se, assim, a possibilidade de essas meninas serem percebidas para além de seu corpo e conseguirem efetivamente despertar não só o desejo, mas também o afeto masculino – ainda que ter um "bom" homem, para a grande maioria das mulheres da ralé, esteja muito distante do ideal romântico de um "encontro de almas", representando, antes de tudo, certa proteção contra os possíveis ataques físicos ou sexuais, num contexto em que mulher sozinha – como disse uma de nossas informantes – é "toco de cachorro mijar"; e, nos melhores casos, poder contar com uma presença masculina constante e usufruir do "prestígio" que essa condição proporciona em seu meio. Esse não será o caso da mãe de Marluce, como veremos.

Sua mãe, assim como a de Flávia, é e sempre foi empregada doméstica. Trabalhava em casa de "madame" na Zona Sul do Rio de Janeiro, o que absorvia o seu tempo inteiro durante a semana, estando em casa somente nos fins de semana. Como é de costume nas famílias da ralé, Marluce, por ser a filha mais velha, aos 8 anos já assumia a responsabilidade pelos serviços domésticos e o cuidado dos irmãos mais novos. À medida que foi se tornando "mocinha", Marluce começou a perceber os olhares furtivos de seu padrasto, que com o tempo foram ficando cada vez mais explícitos. Seu padrasto, porteiro de prédios também na Zona Sul carioca, saía para trabalhar às seis da manhã e retornava no final da tarde. Era nesse momento do dia que terminava a "paz" e começava o "inferno".

Depois de servir o jantar para os filhos, ele chamava uns amigos para beber e jogar dentro de sua casa. O olhar desejoso daqueles homens incomodava Marluce profundamente até o dia em que seu padrasto, bêbado, voltou para casa e tentou molestá-la, o que se tornaria depois uma rotina em sua vida. Mesmo conseguindo se desvencilhar das diversas tentativas de abuso sexual com gritos e ameaças de jogar objetos em cima dele, ela temia perder a virgindade com o seu potencial abusador. Esse perigo constante foi que a levou a se "entregar" para um colega, cinco anos mais velho, o que resultaria em sua primeira gravidez, aos 13 anos. Apesar de a principal motivação para a perda da virgindade ser o medo de seu padrasto e a sensação de que ela não suportaria o abuso – "Eu tava vendo que a qualquer momento ele iria ir adiante. Se ele me molestasse, eu me mataria" –, a competição com uma colega também teve um papel destacado em sua decisão. "E nisso, eu tinha uma colega que tava disputando ele comigo. E, como eu gostava muito dele, então o que eu fiz? Eu me entreguei para ele (risos)." Admite, assim como quem faz uma reflexão sobre seus erros e acertos, que não estava preparada para perder a virgindade. Como um resquício de um ideal romântico de entrega para o homem amado, que chega para ela como uma disposição para pensar que não tem relação com as disposições de sua prática, Marluce não vacila em confessar: "Só que eu gostava dele, mas não o suficiente, porque a mulher pode gostar, pode estar apaixonada, mas tem que ter o momento certo pra entrar na ativa, mas o meu medo do meu padrasto, entendeu?"

Seu padrasto, no entanto, não demorou a notar que a "mocinha" havia se tornado mulher, o que o levou a mudar de estratégia, já que não poderia tê-la, e a partir para uma "perseguição" declarada e feroz. Não eram raras as vezes em que ele vasculhava seu material escolar à procura de "cartas de amor", para saber a respeito dos seus pretendentes e "namoradinhos". Caso achasse algum "versinho" ou qualquer anotação de caderno que insinuasse algum interesse de Marluce por outro menino, não hesitava em jogar todo o material em cima dela e lhe dar uma "coça". Só para ilustrar a violência de suas ações, ele passou a controlar e conferir mensalmente os absorventes utilizados por Marluce. Como ela escondeu de todos sua primeira gravidez até os seis meses, viu-se obrigada a ter que realizar mensalmente a seguinte ação:

> Eu engravidei e escondi a barriga porque meu padrasto pegava e conferia se eu tava usando modess. Então, eu pegava o modess, entrava no banheiro, furava meu dedo e passava o sangue no modess pra fingir que eu tava menstruando porque meu padrasto conferia o modess e tudo.

É com raiva e indignação que Marluce rememora uma certa ocasião em que o "senhor pirracento", em represália ao não atendimento de seus impulsos sexuais, chegou ao ponto de rasgar parte do seu dinheiro com o objetivo de evitar que sua mãe comprasse um presente de Natal para a filha.

As brigas entre o seu padrasto e sua mãe costumavam terminar em reações violentas por parte dele. Sem compreender claramente por que sua mãe permanece até hoje com um homem que a maltrata, que já chegou a deixá-la com "o olho roxo", Marluce arrisca a explicação ingênua de que, a despeito de tudo, sua mãe deve gostar do marido. Sem poder levar até as últimas consequências o reconhecimento para si mesma das condições objetivas de fragilidade das mulheres de sua classe social, ela é forçada a aderir à "explicação subjetivizada e romantizada" por não ter como encarar de frente as necessidades dessas mulheres. Não conseguindo universalizar sua experiência, ela não consegue perceber conscientemente que num contexto marcado pela iminência tanto de abuso sexual quanto físico, de baixa contenção dos impulsos e desejos, ter um único homem pode ser melhor do que ficar vulnerável e exposta a vários.

O que há em comum na história de Flávia e Marluce é um mesmo pano de fundo relacionado à infância que não é circunstancial – ambas não contaram a suas mães sobre o abuso ou tentativa dele porque sabiam que elas não lhes dariam apoio. Anos mais tarde, já independente, quando toca no assunto com a mãe, Marluce vê confirmada toda a sua suspeita, quando obtém dela a seguinte resposta: "É melhor você ir embora, porque vocês não se dão bem, não se respeitam, que não sei o quê."

Diante disso, podemos levantar a hipótese de que existe uma competição "velada" entre mães e filhas da ralé, nunca admitida enquanto tal, impedindo vínculos de solidariedade entre mulheres que sofrem do mesmo "mal" – serem reduzidas, antes de tudo, a corpo sem alma. A dramaticidade dessa "trama" nefasta é que a angústia do envelhecimento e a certeza de mudança do objeto de desejo por parte dos homens, possivelmente, são as razões dessa disputa latente entre mães e filhas. Nos relatos das prostitutas e das mulheres da ralé em geral não encontramos em suas práticas, em suas relações afetivas com seus homens, a expectativa de um "encontro de almas". Se, por um lado, essa expectativa é uma das grandes fontes da ideologia do amor romântico,[6] por outro, quando vivida na prática pelos casais, quase como um "milagre", um privilégio de poucos, constitui a base de construção de uma dimensão expressiva da existência. Uma dimensão marcada pela ideia de "perder-se e achar-se no outro", de fusão de almas, que Max Weber em seu texto "Rejeições religiosas do mundo e suas direções" denomina de esfera erótica, que não se confunde com a mera sexualidade. O que está em jogo aqui não é o simples ato de fazer sexo, que potencialmente está à disposição de qualquer pessoa, mas é a realização de uma compreensão mútua entre os parceiros de suas necessidades e desejos, o que pressupõe uma relação afetiva, que pode ser articulada reflexivamente e vivida expressivamente. Na esfera erótica, a sexualidade funciona como uma "ponte" para a construção do reconhecimento mútuo. É aqui que parece residir a grande diferença entre as mulheres das classes média e alta e da ralé – as mulheres daquelas, ou pelo menos frações de mulheres daquelas classes, podem potencialmente ser reconhecidas nas duas dimensões centrais de sua existência –, a dignidade, mensurada primeiramente pela contribuição individual através do trabalho para a sociedade, e o expressivismo,[7] enquanto as mulheres da ralé estão condenadas ao não reconhecimento nas duas dimensões.

A partir do nascimento de seu primeiro filho, a vida de Marluce ficará cada vez mais difícil. Daí em diante, sem residência fixa, irá morar de favor

---

[6] Uma das principais fontes do expressivismo, da descoberta e articulação de nossa "natureza profunda", ou, em outras palavras, do "conhece-te a ti mesmo", contemporaneamente, está relacionada, de modo especial, à esfera erótica, ao descobrir-se no outro e com o outro. No entanto, assim como todas as outras esferas de ação humana, a esfera erótica é apropriada pelo capitalismo. Sentimentos e emoções amorosos passam a ser decodificados pela linguagem do dinheiro e de todos os objetos que esse signo abstrato pode potencialmente comprar. Ao ser traduzida pelo dinheiro, a linguagem da esfera erótica perde em sentido e significado, reduzindo sua complexidade à linguagem clichê, comum a todos, em que todos os sentimentos e emoções são estereotipados, perdendo, assim, todo o seu potencial expressivo.

[7] Ainda que formas expressivistas sejam, frequentemente, também nas classes média e alta estereotipadas e amesquinhadas a fórmulas de consumo superficial.

durante um tempo com a tia, depois com a avó, até retornar à casa da mãe e constatar a impossibilidade real de viver com ela. Marluce conta, com a sensação de força e satisfação de quem se fez sozinha, ter saído da casa de sua mãe só com a "roupa do corpo" depois de uma briga, transformando, assim, necessidade em virtude, ou seja, abandono em destemor e garra. Seu leque de alternativas de ocupação oscilará de entregadora de jornal, faxineira, babá até acompanhante, antes de começar a fazer programas há sete anos.

É trabalhando como faxineira na Prefeitura do Rio de Janeiro que Marluce irá sentir a linha tênue que separa uma trabalhadora "honesta" de uma prostituta. Além de fazer seu trabalho duro de faxineira, ela ainda tinha que "atender sexualmente" seus superiores. Um pouco encabulada, ela me conta que a senha para os atendimentos era a seguinte: "Menina, venha cá." A porta se fechava por quinze minutos e ela fazia um "boquete" de graça para seu chefe. Aliás, essa circunstância de empregos misturados com ofertas de serviços sexuais estava presente em várias entrevistas feitas com as prostitutas nesse intervalo de dois anos de pesquisa. Na verdade, ela troca a tirania familiar pela tirania do mundo. Na medida em que o tempo foi passando e esse tipo de medida tornou-se recorrente em sua vida, Marluce então se decidiu pela prostituição aberta. Aqui se coloca, possivelmente, o principal drama oculto, o "não dito" vivido pelas mulheres da ralé em geral – a probabilidade de serem exploradas não só como "massa muscular" para serviços pesados, mas também para fins sexuais não só dos homens de sua própria classe, mas de outra classe social. No fundo, não existe uma fronteira tão clara entre a mulher "pobre e honesta" e a "pobre e delinquente", como as mulheres dessa primeira categoria tentam, de maneira compreensível, desesperadamente demarcar.

Existem, obviamente, exceções para esse tipo de generalização. A partir do material empírico de nossa pesquisa, quando isso acontece, deve-se a socializações familiares bem-sucedidas. Entendam-se bem-sucedidas aquelas socializações que lograram construir nas meninas o sentimento de que elas são "um fim em si mesmas" e que não precisam instrumentalizar o próprio corpo para terem acesso ao mínimo de atenção do mundo externo. Dentre as jovens da ralé entrevistadas, saliento o caso de uma menina gari belíssima e "gostosa" que apresentava precisamente esse tipo de socialização familiar.

Ao comentar a abordagem da novela *Paraíso tropical* sobre o tema da prostituição, exibida no horário nobre pela TV Globo no ano de 2007, Marluce revela toda a sua indignação. Em sua opinião, o "motivo fútil" apresentado na novela para que uma moça, Joana, de classe média, entrasse na prostituição é injustificável. Depois de descobrir que sua família era uma farsa, que seu pai não era seu verdadeiro pai, Joana entrará na prostituição para pagar uma dívida a seu verdadeiro pai. Para Marluce essa motivação é definitivamente inaceitável, como ficará claro em sua fala:

> Meu pai biológico também nunca me criou e se ele vier amanhã ou depois e me der R$ 10 mil, eu não vou brigar com ele não, não vou rejeitar a grana dele. Isso não é motivo pra entrar na vida. Pra mim, a novela tá mentindo. Ainda tem aquela história do cafetão ficar batendo em prostituta. Não tem mais isso. Só se a mulhé quisé.

A indignação de Marluce se dá porque ela sente, ainda que não consiga articular claramente, que a novela reproduz um consenso de uma sociedade conservadora. A figura da prostituta para ser palatável tem que aparecer como uma "santa" capaz de autossacrifício porque a real instrumentalização, objetificação da figura da mulher jamais pode ser tematizada. É isso que a revolta sem que ela consiga formular. Como se motivos que a levaram à prostituição não pudessem ser apresentados como razão suficiente para sua "escolha".

Parece haver para Marluce, assim como para Flávia, uma única justificativa para o exercício de uma profissão tão marginalizada e dura como a delas – as dificuldades econômicas. Flávia sintetiza em uma frase sua revolta para com aqueles que têm a coragem de denominá-las de "mulheres da vida fácil" – "na minha profissão, haja boca e haja cu, todo dia, toda hora". Na fala, tanto de Flávia quanto de Marluce, está contada a experiência cotidiana do sofrimento por causa do estigma social. Para Marluce, é tão evidente a discriminação que ela chega a lançar o seguinte desafio:

> É como se você não fosse gente. Por exemplo, pra eu tê um cartão de crédito, eu falo que eu sou cabeleireira, porque seu falá que eu sou prostituta, eles não me dão cartão de crédito. Eu tenho tudo pra tê cartão de crédito. Eu um dia tenho vontade de preencher no formulário pra pedir cartão e colocá que eu sou prostituta. Só pra ver.

Marluce também assume que existe um acordo implícito entre ela e seus filhos, no qual o tema de sua profissão jamais é tocado, assim como ocorre com Flávia em relação à sua mãe. Na verdade, elas sofrem do mesmo "mal" que os homossexuais que ainda estão no "armário": todos sabem, inclusive sua família, mas existe esse acordo doloroso no qual, em virtude do preconceito, a verdadeira identidade da pessoa nunca pode vir à tona.

Apesar das várias semelhanças em sua vida familiar, a forma como Marluce lida com o futuro é distinta da de Flávia. Assim como Flávia, Marluce está convencida da transitoriedade de sua profissão. Quando fala sobre seus planos para o futuro, transparece em seu rosto todo o desejo de "sair dessa vida". Ela chega a dizer: "Ah, eu acho que eu ainda tenho uns quatro anos na prostituição. Eu já vou fazer 33 anos e eu não quero fazer 40 anos aqui nessa vida, de jeito nenhum. Muito antes eu tenho que sair." Ainda que possamos levantar a dúvida sobre a viabilidade desse plano, especialmente porque, como já foi dito, ela tem 37 anos, vale ressaltar que o único sentido dado por ela para estar na prostituição é a necessidade de criar seus filhos, o que a faz afirmar: "Porque daqui uns cinco ou seis anos, o Henrique já vai tá com 18 anos e a Luciana com 20 anos. Quer dizer, aí eu posso ter a minha vida. O meu objetivo já vai tá praticamente realizado."

Um ponto central que a diferencia de Flávia nas projeções com relação ao futuro é que Marluce não aposta na "sorte", numa mudança repentina do destino caída do "céu". Ela sabe que sem o segundo grau e um mínimo conhecimento de informática "você não trabalha nem de caixa de mercado", tendo, portanto, tomado a iniciativa de procurar um curso de informática financiado pela prefeitura do Rio de Janeiro e num "supretivo" para o ano que vem. Como tem, em sua família, irmãos e cunhadas que trabalham em hotéis, vislumbra como horizonte possível tornar-se camareira. Ou, ainda, trabalhar com artesanato, já que faz algumas bijuterias para auxiliar no orçamento doméstico; ou com costura, pois aprendeu na Rocinha a manusear a máquina industrial e a confeccionar biquíni.

Conta, ainda, ter uma poupança no valor de R$ 8 mil, que será usada, pelo menos em parte, para a realização da festa de 15 anos de sua filha, no próximo ano, expressando um desejo profundo de oferecer a ela o que não teve, a possibilidade de ter respeito por se "guardar" por mais tempo e construir um destino quiçá bem diferente do seu, podendo se casar com um homem que a ame. O reconhecimento de "mãe dedicada" e capaz de proporcionar à filha uma "festa dos sonhos" aparece com alguma frequência nas entrevistas feitas com as mulheres da ralé.

Um bom exemplo é o relato orgulhoso de Leninha, empregada doméstica e faxineira, de sua incansável busca por perfeição em todos os detalhes da festa de 15 anos de sua filha. O auge de sua satisfação acontece quando ela, analfabeta, chega até a simular a leitura de um texto em homenagem à filha, sendo impossibilitada de fazê-lo no momento, não porque não soubesse ler, mas por estar muito emocionada. Essa história está contada em detalhes no texto de Maria Teresa Carneiro e Emerson Rocha publicado neste livro, "'Do fundo do buraco': o drama social das empregadas domésticas". A esperança que assola essas mulheres é que um único momento de suas vidas pudesse lhes restituir algum tipo de reconhecimento social, propiciado pelo dinheiro investido na tão sonhada festa. Como se fosse possível apagar uma vida inteira de humilhações num instante mágico e purificador que, ao emular os rituais da classe média, pudesse também lhes restituir a estima e o reconhecimento que nunca tiveram.

As experiências de vida de Marluce, ao contrário de Flávia, já lhe mostraram a inviabilidade do sonho de ascensão social pelo casamento. Seus três casamentos não lhe deixaram dúvidas em relação ao que esperar dos homens. O enredo de suas histórias amorosas era sempre o mesmo – ciúme, desconfiança, traição e, em alguns casos, violência física. A título de exemplo dessa configuração, pegou uma vez sua prima, que vivia de favor em sua casa, na "cama" com um de seus maridos. Aliás, parece haver entre as mulheres da ralé uma disputa com sua "arma fraca", seu próprio corpo, pelos homens, criando, assim, um clima de desconfiança constante entre elas. É com a naturalidade de quem já viu o mesmo filme várias vezes que ela proclama a sua descrença em encontrar um homem que a tire da prostituição: "Nunca. Sabe, porque os caras nunca vão esquecer de onde eu vim, mesmo que eu saia da vida."

Para ilustrar a força dessa afirmação e sua nítida percepção sobre os limites objetivos impostos por sua condição de prostituta à realização de seu desejo de ter um homem ao seu lado, Marluce fala com pesar sobre o futuro de sua relação com seu atual namorado: "Eu tenho a sensação de que isso não vai longe, que, futuramente, vai detonar, igual ao outro." Além do ciúme comum a todos os homens com quem se envolveu, Marluce se ressente por seu atual namorado não assumir o namoro e só encontrá-la quinzenalmente. O que mais a perturba é o fato de ele, assim como os outros, ao encontrá-la, "querer ir direto para o motel", frustrando, dessa maneira, todas as suas aspirações de ir ao "teatro, cinema, escutar uma boa música num barzinho"; enfim, de ser tratada como sua namorada, alguém com quem se possa partilhar não só a cama, mas outras esferas da vida.

O entrelaçamento da trajetória de Flávia e Marluce acaba acontecendo, uma vez que ambas são presas da ideologia meritocrática que faz com que elas próprias imaginem a "queda" na prostituição como uma escolha. Na verdade, é produto de uma socialização familiar de classe que transforma as mulheres, antes de tudo, em instrumentos do desejo masculino, ainda que só algumas possam vender o seu corpo com sucesso no mercado sexual.

A impossibilidade de percepção da dimensão expressiva do amor, que constrói a maior parte do imaginário das relações entre os sexos nessa classe, já predispõe as mulheres ao papel de objeto passivo e sem vontade. É isso que leva, quase que imperceptivelmente, à seguinte forma de autopercepção, que se impõe, mesmo que de modo inarticulado e inconsciente: se eu nasci para ser abusada, por que não ganhar dinheiro com isso?

A prostituta torna-se uma espécie de "empresária" do próprio corpo, o que explica a influência de todas as ideologias liberais e meritocráticas que assumem como verdadeiras. Só para dar um exemplo emblemático, Marluce censura todo tipo de política assistencialista. Diz ser totalmente contra dar "cheque cidadão, bolsa escola, bolsa família, vale-gás" aos pobres porque isso é esmola. Vendo-se como uma "empresária" do próprio corpo, que para sobreviver é capaz de vender o que há de mais íntimo em si, pensa ser injustificável – com exceção apenas dos pobres do Nordeste – que os pobres não se "virem" por si mesmos. Ela não disfarça seu contentamento por já ter "feito de tudo na vida" e nunca ter precisado da ajuda do Estado. Como, no entanto, a manutenção numa vida de privação existencial e moral – ausência de autoconfiança e reconhecimento social – pressupõe um estilo de vida marcado por bebidas, drogas, falta de sono e sujeição a várias doenças, que constituem o cotidiano da "acabação", como diz Flávia, esse "capital corpo" tende a declinar e desaparecer rapidamente. Na realidade, todo o dinheiro ganho passa a ser imediatamente consumido pelas necessidades materiais e simbólicas (que se realizam especialmente no consumo). Isso revela, assim, as mesmas carências de disciplina, autocontrole e cálculo prospectivo, que impedem uma vida de poupança e um futuro seguro, tão almejados por elas. Não perceber essa construção social é não perceber a gênese e o destino comum de toda essa classe explorada como corpo, da qual a prostituta é a metáfora perfeita.

O AUTOENGANO DO "POLITICAMENTE CORRETO"

Em seu texto "A dupla carreira da mulher prostituta",[8] Claudia Fonseca apresenta os resultados de uma pesquisa empírica realizada com prostitutas pobres numa praça em Porto Alegre. A tese defendida por Claudia é a de que "a profissão de prostituta não ocupa necessariamente um lugar de destaque no modo de ser e de se ver dessas mulheres". Ela fez entrevistas com prostitutas pobres, que têm 40 anos e cobram aproximadamente R$ 15 por programa, atendendo, em média, dois ou três clientes por dia. O interessante no texto de Claudia é que, apesar das histórias contadas pelas prostitutas indicarem tanto a precariedade material quanto moral de suas vidas, a leitura feita pela autora desse contexto não dá enfoque a esses aspectos. Essa precariedade pode ser percebida em vários momentos dos relatos das entrevistadas: seja quando falam da "crise dos fregueses", sem jamais apontar o problema do envelhecimento; no preço do programa, que não ultrapassa o valor de R$ 15; ao contarem que alguns maridos ignoram a sua profissão e que, mesmo nas famílias em que é conhecida e

---
8 Claudia Fonseca, "A dupla carreira da mulher prostituta", *Estudos feministas*, vol. 4, n. 1, 1996, pp. 7-33.

publicizada sua profissão, quando novos integrantes começam a conviver no meio familiar, jamais se toca nesse assunto; na ausência de uma disposição planificadora na vida, de projetos a longo prazo; na instrumentalização presente nas relações com os homens; no frequente consumo de bebidas e drogas, o que serve, inclusive, como justificativa para não ter juntado dinheiro nos tempos de juventude, quando eram "gurias" e "ferviam" muito; na competição e na desconfiança presente nas relações entre elas; na aposta em futuro melhor através do "golpe do baú", que pressupõe encontrar um "velho otário" para sustentá-las, que imagina-se ser o homem preferido da prostituta ou até mesmo o único.

A questão que se coloca, então, é: por que Claudia, apesar de mapear um contexto de "queda", não o interpreta enquanto tal? A perspectiva usada por ela e por várias estudiosas do tema é a de combater o preconceito "relativizando" os valores intersubjetivamente compartilhados, que objetivamente condenam as prostitutas e, por que não dizer, os pobres em geral ao não reconhecimento, ao estigma social. O que essas abordagens se negam a reconhecer é a precariedade moral e a baixa autoestima dos indivíduos estigmatizados. O resultado disso é a "idealização dos oprimidos" feita por esses estudos, que não percebem que um dos efeitos da dinâmica do não reconhecimento desses indivíduos é gerar a necessidade de criar autoilusões e "racionalizações" para justificar a própria existência, a própria vida. O que não é visto nessas abordagens são as dificuldades objetivas que impedem não só a classificação social com suas vantagens econômicas, mas também o acesso a mecanismos simbólicos de autoestima e reconhecimento social.

A estratégia de "transformar necessidade em virtude", como notou Pierre Bourdieu e como temos visto nos estudos desenvolvidos neste livro sobre a ralé, é a característica principal das classes despossuídas, e o que constitui a disposição central da maneira de agir, pensar e sentir dos indivíduos da ralé. Admitir a própria impotência e limitação, como vimos em nossas pesquisas, é um recurso que não está disponível para todos os indivíduos e todas as classes sociais, especialmente porque pressupõe que se visualizem outras possibilidades de ser "gente", isto é, conceber-se de outra maneira, ser capaz de se autorremodelar. E isso requer tanto condições cognitivas quanto psicossociais que não estão disponíveis para os membros da ralé.

Que os indivíduos da ralé recorram à romantização da própria existência é compreensível, tendo em vista a própria necessidade de tal medida. Realmente problemático é ver esse autoengano confirmado pela ciência social, que tem como um de seus principais objetivos desvelar os mecanismos de dominação social. "Dourar a pílula", como fazem Claudia e outros estudiosos ao formular as possíveis explicações para as práticas sociais de suas entrevistadas sob a perspectiva de diferentes formas de sociabilidade, que devem ser respeitadas e reconhecidas, conduz ao obscurecimento dos conflitos sociais vividos, que passam a não ser percebidos enquanto tais, mas continuam a produzir e reproduzir efeitos nefastos para suas vítimas. Por desconsiderar que as hierarquias do mundo social não permitem o relativismo, esse tipo de abordagem "politicamente correta", ao exaltar as qualidades "ambíguas" das classes despossuídas ou da ralé, acaba contribuindo para deixar as coisas exatamente como estão. Isso funciona da seguinte maneira: as classes despossuídas não tem as mesmas disposições "burguesas", centrais para a participação nas principais instituições modernas, e servem como fonte de reconhecimento intersubjetivo, mas têm a sua própria singularidade, que, apesar de não lhes possibilitar a inclusão efetiva no mundo social através dos papéis de trabalhadores úteis e cidadãos, lhes garante uma forma diferenciada de ação no mundo. O caráter conservador desse tipo de abordagem é evidente: se as coisas estão boas assim, para que mudar? E assim continuam se reproduzindo os mecanismos opacos de poder que legitimam a manutenção do estigma social.

Em algumas passagens do texto, Claudia mostra como as disposições das prostitutas pobres são as mesmas das mulheres das classes populares. Um exemplo disso é a falta da disposição planificadora da vida. As prostitutas não possuem uma noção de carreira – ainda que se considerem profissionais, não conseguem desenvolver um planejamento de vida a longo prazo (fazer poupança, por exemplo). Não são raros os relatos do tipo "fervi quando era guria! Eu já ganhei muito dinheiro. Hoje, seria rica se não tivesse jogado tudo fora em drogas e bebida". Isso é explicado por Claudia sob a ótica da compreensão de diferentes tipos de sociabilidade presentes nas distintas classes sociais. Segundo ela,

> nas classes populares, as dinâmicas sociais, os contextos práticos são regidos pelo valor da reciprocidade, soando estranha, portanto, a ideia de poupança por estar relacionada a uma estratégia individualista de enriquecimento, rompendo com formas tradicionais de sociabilidade.[9]

Temos, aqui, um ótimo exemplo do que descrevi anteriormente. Apesar de reconhecer a existência de disposições para agir, pensar e sentir da ralé, Claudia não a vê como "falta" (tampouco como causa de sua precariedade) manifestada sob a forma de não aprendizado de disposições como autocontrole, disciplina, cálculo prospectivo necessários para a participação e reconhecimento no mercado competitivo como em qualquer instituição do mundo moderno. Em vez da percepção do mecanismo estratégico de "transformação de necessidade em virtude", típica de indivíduos que não podem assumir a própria precariedade pela falta de alternativas reais, Claudia aceita a versão necessariamente autolegitimadora da imensa maioria das vítimas de contexto hostil. Assim, faz-se uma releitura da falta de precondições objetivas para formas de condução racional da vida

---

9 *Ibidem*, p. 29.

como resultado de "escolhas" individuais livres e autônomas, como outras formas de sociabilidade. O pressuposto é o de que os membros das classes despossuídas possam efetivamente "fundar" por si mesmos, como um ato de "vontade", formas de reconhecimento social desconectadas de uma relação com as estruturas sociais com as quais estão envolvidos. O que se recusa nessa abordagem é o que todos os grandes pensadores (Max Weber, Karl Marx, Pierre Bourdieu e Charles Taylor) tentaram mostrar – que o capitalismo transforma todas as relações sociais, construindo e difundindo padrões de conduta, ligados, primeiramente, aos pressupostos do trabalho útil, do trabalho que contribui para a reprodução da sociedade em sua dimensão material e simbólica. São esses valores ligados ao trabalho útil que estão por trás do reconhecimento intersubjetivo, ainda que não sejam articulados e percebidos, e servem como pano de fundo de nossas ações e julgamentos de nós mesmos e dos outros. Claudia pretende ver a "humanidade" de todas essas prostitutas ignorando "o fato de que conceber a todos a 'humanidade' é o mesmo que excluir, sob as aparências do humanismo, todos aqueles que não dispõem dos meios para realizá-la".[10]

---

10 Pierre Bourdieu, *Meditações pascalianas*, Rio de Janeiro, Bertrand Brasil, p. 80.

Parte 2
Os homens da ralé

CAPÍTULO 4
O CRENTE E O DELINQUENTE

Emerson Rocha
Roberto Torres

A fé é o fogo de Deus que arde dentro de nós para tornar o impossível possível.

Mensagem de abertura do site da "Fogueira Santa"
da Igreja Universal do Reino de Deus

A esperança mágica é a mira do futuro própria daqueles que não têm futuro.

Pierre Bourdieu

O crescimento das religiões neopentecostais no Brasil geralmente é interpretado pelo senso comum como efeito da astúcia dos enganadores "empresários da fé" conjugada à tolice e à ingenuidade dos "crentes". O fato de a maior parte do público ser composta por pessoas pobres reforça esta impressão equivocada: afinal, quem não acha razoável a ideia de que essas pessoas serem menos instruídas as torna mais vulneráveis a "enganações"? A relação entre a condição precária de classe e a adesão à religiosidade neopentecostal, sugerida de modo irresistível pelos números, é interpretada de modo equivocado, com base na equação simplória entre nível de escolaridade e capacidade de discernimento crítico. Na verdade, a relação entre a condição de classe e a religiosidade dos "crentes" diz respeito a aspectos muito mais profundos; se deve a características muito mais radicais da existência dessas pessoas do que à suposta "burrice" ocasionada pela falta de instrução escolar. Na verdade, longe de ser a causa principal, a falta de conhecimento é, juntamente com a predisposição para a conversão mágica, um efeito de condicionamentos que remontam à totalidade do modo de vida dessa classe social.

Convidamos o leitor a acompanhar brevemente a história de Carlos que, aos 26 anos, vive uma vida de apostas. Assolado pela pobreza sofrida e privação do conforto, mas mais do que tudo pela vergonha dessa privação, o jovem quer acreditar numa possibilidade de ascensão social. Ao alto da porta do inferno, imaginou Dante estar escrito: "Antes, foram criadas apenas coisas eternas; eu, eternamente existo. Renuncia às esperanças, vós que entrais." Tais palavras expressam exatamente o que é, para Carlos, a sua própria condição social; algo que foi criado antes dele e que se lhe impõe como um "destino" que o impele a renunciar a toda e qualquer esperança. Carlos tenta lutar contra esse destino. Ele se recusa a perder as esperanças e encontrou na Igreja Universal do Reino de Deus (IURD) nada menos que o templo da esperança. O templo que promete, com todas as letras, "tornar o impossível possível".

Com um indisfarçável brilho no olhar, ele nos relata:

> Tem um testemunho de um cara, o cara passava fome, tirou a mulher de dentro da casa dos pais dela pra passá fome. E os pais dela ajudava senão o cara brigava. Aí, ele... novo, 32 anos, aí ele falou assim que pediu, que chegava lá e pedia comida pro vizinho. E os vizinho falava assim: "Ah! Mas nós tâmo num aperto tamém, mas tem umas banana no quintal aí,

se quisé pode pegá um cacho aí dentro." Comia banana pra matá a fome. Aí ele foi na Igreja... na época da "Fogueira Santa". Aí ele falou "mas o qué que eu vou..." Na época, um salário era 300 reais. Aí ele falou que tinha uma calculadora, que ele estudava, aí tinha parado de estudar. Aí ele falou: "A única coisa que eu tenho é isso." Aí ele pegô e vendeu... vendeu a calculadora e botou; fez o voto. Aí, quer dizer, aí já foi já... teve oportunidade de trabalhar com perfume. Aí, qué dizer, na primeira ele botou a calculadora, na segunda ele já botou um "Gol" zero. Na terceira ele botou uma "Cheroki". Na quarta, um apartamento. Hoje em dia eles têm casa nos Estados Unidos. Ele tem empresas espalhada por aí, negócio de perfume. Mostrou a casa dele. Tamém abençoada.

No testemunho que encanta Carlos, o fato de o primeiro objeto empenhado no propósito com Deus ser uma calculadora coincide curiosamente com o drama desse jovem pobre sem qualificação para o trabalho regular: ser despossuído do cálculo sobre o futuro como recurso para viver, para construir um modo de levar a vida, para se preocupar menos com as necessidades do "agora" e planejar as necessidades do futuro. Carlos não consegue adotar um plano de vida com o qual tenha chances de ascender socialmente. Afirma que pretende fazer concurso público, mas não consegue estudar. Alimenta a esperança de montar um negócio próprio, mas é incapaz de sustentar um plano e nele se focar ao longo do tempo. Numa semana diz que vai vender salgados na rua até montar seu próprio restaurante; na outra, pensa em gravar e vender CDs e DVDs piratas; depois começa a trabalhar de caseiro em um condomínio de luxo acreditando que conhecer alguém que se deu bem na vida poderá, sabe-se lá como, ajudar a seguir o mesmo caminho de sucesso.

Essas contradições patentes tornam difícil compreender o triunfalismo de Carlos com relação a sua própria condição de "convertido" pela religião. Se as esperanças que alimenta com a ajuda da religião não cessam de se provar irrealizáveis, por que alimenta Carlos um grande otimismo com relação a si próprio? Por inúmeras vezes, o jovem é tomado pelo "desânimo", como ele próprio diz. Porém, sempre que isso acontece, ele procura o templo e retira dos ritos mágicos a animação necessária para sustentar sua confiança. Sua relação com o futuro, e sobretudo o seu "ânimo" para sustentar uma relação com o futuro, são de um caráter intermitente e ambíguo. Mas exatamente por conta dessas contradições torna-se uma questão importante avaliar o que justifica o seu otimismo, aquilo que Voltaire define como "a mania de acreditar que tudo vai bem quando tudo vai mal". Veremos que Carlos é, de fato, profundamente "cândido" e "otimista" com relação ao seu futuro, mas que há algo de muito efetivo em sua reflexão sobre o próprio passado.

A FAMÍLIA

Num contexto de vida extremamente pobre, nem Carlos nem seus irmãos chegaram a passar fome, embora ela rondasse sua casa, estando presente na vida dos vizinhos mais pobres, dos quais naturalmente se esperava sempre a inveja e o "olho grande" diante do decreto arbitrário que condena alguns a uma miséria mais aguda que a outros. Na família de Carlos, a irregularidade do orçamento doméstico, mesmo nos momentos mais críticos, não implicava fome para os meninos. A chácara, onde hoje outras casas "sem reboco" foram construídas por parentes, era uma salvaguarda de inhame, banana, mandioca e, menos frequentemente, local em que as poucas galinhas punham seus ovos para substituir a carne, símbolo de distinção e dignidade entre famílias pobres. A precariedade do estilo de vida imprimido pela pobreza urbana era assim amenizada pelo "prolongamento" até a cidade do estilo de vida dos pobres rurais: o estilo de vida que retira diretamente da terra a subsistência e eventualmente alguma "fartura".

Esse mundo rural, no entanto, logo perderia seu chão. O mundo urbano, repleto de possibilidades atraentes, mudou a vida daquelas pessoas com novas expectativas que não poderiam ser saciadas através da terra. O ciclo vida-trabalho-vida mediado pela terra fora fatalmente substituído pelo ciclo vida-trabalho-vida mediado pelo dinheiro. A terra não podia se sustentar por muito tempo como a unidade de vida. As raízes do inhame e da mandioca perderam seu espaço para os rasos alicerces dos casebres que a parentela aos poucos foi construindo, todos movidos pelas esperanças da cidade. Cidade que constitui um mundo ainda pouco conhecido, pelo bem ou pelo mal, fonte de improbabilidades. Como o retirante de João Cabral de Melo Neto que "segue o próprio enterro quando migra do sertão para a cidade capitalista", a família de Carlos adentra o mundo urbano perseguindo esperanças e só aos poucos vai percebendo e compreendendo as dificuldades desse novo mundo.

Severinos são todos aqueles aos quais a cidade oferece sonhos, mas não oferece trabalho; aqueles nos quais a cidade mata o fio de esperança que ela própria criou. Toda a angústia existencial dessa vida severina passa por uma única questão que, embora possa parecer, nunca diz respeito somente à economia em sentido estrito: como ganhar dinheiro? Foi a falta de resposta a essa questão que levou Márcio, o pai de Carlos, ao desespero do provedor incapaz de prover. Sua impotência produtiva era ao mesmo tempo uma impotência moral contra a qual ele tentou lutar, durante certo tempo, por meio de uma postura rigorosamente reguladora:

> Teve uma época que meu pai, ele, tipo assim, ele controlava tudo. Eu ia correndo quietinho assim pra pegar café ele já vinha correndo, "opa, opa, opa". Aí ele pegava a garrafa e botava um golinho pra mim. Controlava tudo, sabe...

Nada mais distante de uma verdadeira disciplina do que esse controle não apenas compulsório mas também compulsivo exercido pelo pai de

Carlos, segundo o relato do jovem. Nesses momentos, Márcio era muito mais movido pela tentativa de fazer algo através do que pudesse afirmar para si mesmo estar exercendo a função de pai do que pelo fito de transmitir valores aos filhos. A principal questão em jogo não era ensinar uma "virtude" aos filhos, mas criar uma fantasia compensatória para lidar com o próprio sentimento de falha, de morte social. A privação, o só poder comer pouco, se explica pela simples carência de dinheiro. Mas aquela verdadeira compulsão pelo controle só se explica pela necessidade de se sentir "pai", de se sentir alguém que cumpre suas responsabilidades morais de provedor. O que tornava a situação daquele homem tão dramática não era só a fome, mas o fato de estar privado da própria condição de pai. Impotente, sem ter quase nada para dar aos filhos e nenhuma perícia para oferecer ao mundo do trabalho urbano em troca de dinheiro, Márcio fantasiava "prover" extorquindo do hoje a migalha do amanhã.

O exagero de Márcio, o fato de ele sobrecarregar a família com a própria necessidade de fugir da sensação de fracasso, gerava um clima tenso em casa. Ele era uma presença perturbadora. Carlos e sua mãe lhe davam cada vez menos ouvidos e cada vez mais explicitavam a impressão de que Márcio se comportava "feito maluco". Não tardaram as discussões por conta da "mania de controlar tudo" cultivada por Márcio e, de algum modo, embora isso nunca pudesse ser plenamente articulado, todos sabiam e sobretudo "sentiam" (percebiam intuitivamente) que o pobre homem se comportava assim para tentar não perder de tudo a confiança em sua própria condição de homem. Com isso, filho e esposa oscilavam entre a raiva e a pena pelo pai e esposo. Cida sentia mais pena; Carlos, mais raiva. E nada doía mais em Márcio do que o sentimento de piedade por parte da esposa. Nada lhe atingia a cambiante certeza de ser homem mais violentamente que aquilo. O pobre pai sentia o fracasso de classe da forma mais visceral, como um fracasso de gênero. "Dominado pela sua própria dominação", como diz Bourdieu, ele via sua condição ser posta à prova do modo mais decisivo na capacidade de ocupar a posição de gênero dominante, na sua capacidade para "conquistar", através de todo o exercício de poderes material e simbólico que essa palavra mesma sugere, uma mulher. O maior sofrimento de Márcio era a dúvida sobre a sua própria condição de "homem".

Com isso, toda a sua relação com a esposa e com o filho tornou-se especialmente ambígua. No mesmo tempo que o fato de a mulher nunca lhe "jogar na cara" a responsabilidade pela condição de miséria de toda a família era um sinal de "companheirismo", sua piedade indisfarçável fazia Márcio sentir ódio. A piedade em si é ambígua: ela mostra uma atitude compreensiva e "companheira", mas, ao mesmo tempo, atesta de modo irrefutável a atribuição de desvalor. Márcio tornou-se violento. Por algumas vezes chegou bêbado em casa ameaçando agredir esposa e filho. Eram momentos de reação furiosa contra a própria angústia, nos quais ele se voltava contra os principais signos do seu próprio fracasso: as pessoas que amava e inevitavelmente perdia. O álcool lhe dava um prazer, mas não a paz para senti-lo. A culpa por estar "se entregando" ao vício fácil atormentava o prazer que o próprio vício gerava. Márcio tentava se concentrar, faria algum plano aproveitando a inspiração do álcool, aquela conhecida sensação de relaxamento dos nervos. Mas o quê? Sem qualificação para o trabalho, como fazer para ganhar dinheiro? O fito de planejar cedia imperceptivelmente todo o espaço para sonhos e devaneios. Márcio imaginava o que faria se ficasse rico.

Mas quando o corpo não podia mais suportar a próxima dose, a sensação de impotência tomava conta. Do devaneio ficava a realidade da qual se quis fugir, e, das sucessivas doses, o cansaço do corpo e a evidência de ter se entregado ao prazer ilusionista do vício. Por duas vezes Márcio ameaçou bater em sua esposa e, arrependido, decidiu desistir de vez de ser pai. Continuaria bebendo, mas não perseguiria mais os filhos para poupar compulsivamente a comida e jamais ameaçaria a esposa novamente. Decidiu estar em paz com o fracasso, aceitá-lo. Mesmo pouco articuladamente percebia que todo o ódio vinha da não aceitação do fato de não ser um "homem". Aceitaria agora não ser "homem". Sem a esperança não haveria mais tanta dor. Que seria de alguém que, sabendo-se condenado ao sofrimento eterno, alimentasse ainda esperanças? Certamente perderia a sanidade. O aviso à entrada do inferno em *A divina comédia* é sobretudo um chamado à sanidade: "Renuncia às esperanças, vós que entrais."

A partir de então Márcio passou a dedicar todo o seu tempo aos bate-papos no botequim e a alguns biscates que conseguia na própria vizinhança. Serviços como capina e limpeza de terrenos, manutenção de fogões antigos ou geladeiras velhas (sempre que tal manutenção, na verdade, não passasse da troca de algum fio ou peça de reposição muito simples). Assim, Márcio podia sustentar a própria vida dedicada aos botequins e de vez em quando, como se diz, "fazer uma graça": levar um frango e um refrigerante para o almoço no fim de semana. Cida, que até esse período "pegava faxina", conseguiu um trabalho como enfermeira num hospital psiquiátrico para pessoas pobres, mesmo sem ter nenhuma qualificação. Pouco tempo depois, conseguiu o mesmo tipo de emprego em outro hospital psiquiátrico precário. Cida passou a trabalhar em dupla jornada para sustentar a casa, alimentando e vestindo filhos e marido.

De certo modo, a iniciativa de Márcio permitiu que a vida familiar prosseguisse em paz. Sem ser agressivo, mas, pelo contrário, bastante cordial com a esposa e o filho, o pai recebia sustento da esposa sem perturbar a vida dentro de casa. Cida se dispunha a sustentar o companheiro por outro tipo de recompensa que não o dinheiro: a segurança de ter um homem dentro de casa para defender a família de agressões por parte de outros homens e o próprio conforto emocional de ter alguém que, como ela diz, "apesar de tudo é muito companheiro e defende o filho". Cida diz que "você pode fazer tudo com Márcio, menos mexer com o filho dele. Aí ele vira o bicho". Certamente esse comportamento de Márcio tem muito do que Bourdieu chama de "transformar a necessidade em virtude", de fantasiar-se como um bom pai mitigando a consciência infeliz de sua própria condição de fracasso. Mas, nesse caso, existe ao mesmo tempo outro recurso psicológico que não é apenas um esforço sistemático pelo autoengano, mas sim uma tentativa generosa de retirar de condições precárias algum aprendizado. Poderíamos dizer: o recurso de retirar da necessidade a virtude possível. Em medida significativa, Márcio não apenas procura viver no autoengano, mas perseguiu o que talvez fosse a única possibilidade de fazer, em sua condição, algum bem à sua família: decidir não despejar sobre a esposa e o filho, sob formas violentas, a angústia pela sua própria condição de fracassado enquanto "homem".

A INFÂNCIA

A escola nunca foi um lugar que atraísse Carlos. Aos 10, 11 anos, sempre preferiu os jogos de rua aos estudos e às lições de casa. O quanto a escola pode parecer desinteressante para uma criança diante da possibilidade de diversão constante, todo mundo pode imaginar. O importante aqui é perceber o que leva determinadas crianças a optarem por um razoável grau de sacrifício em nome dos estudos. A ideia geral é a de que a própria escola oferece recompensas através do reconhecimento diferencial dado aos alunos segundo o seu desempenho. Há também quem acredite que uma criança de 10 anos já se dedique aos estudos movida pelo cálculo consciente de que dependerá disso para conseguir um emprego – uma atitude racional. Mas o que o longo processo de aprendizado no âmbito das ciências humanas nos diz é que o ser humano em geral, e principalmente as crianças, orienta suas próprias ações menos por cálculos racionais do que por vínculos afetivos, e que mesmo as ações que contam com o cálculo mais circunspeto e metódico são movidas por fins aos quais aderimos afetivamente, sem nenhum motivo demonstrável do ponto de vista estritamente racional. Por exemplo, mesmo um comerciante que vê na obtenção de dinheiro a finalidade última de sua própria existência não age de modo estritamente racional.

Aliás, talvez não haja no mundo nada mais irracional do que esse apego acrítico pelo dinheiro que marca o "espírito" da pequena burguesia. Essas figuras que enriquecem sem incorporar o conhecimento que legitima a riqueza no mundo moderno não são o exemplo do cálculo puramente racional como às vezes se imagina. Elas sofrem por motivos e perseguem questões que dizem respeito, em última instância, a demandas irracionais. Enquanto o autêntico burguês, o funcionário público ou o profissional liberal se sente legitimado em seus privilégios pelo fato de possuir "bom gosto" e o "espírito cultivado", a pequena burguesia não pode legitimar a sua obtenção de riqueza senão por meio da exaltação do próprio esforço pela obtenção de riqueza. A exaltação acrítica e aficionada da dedicação e esforço máximos ao trabalho, que é a principal marca do moralismo pequeno-burguês, é uma reação compensatória à carência que esses seres humanos possuem com relação a qualquer critério "espiritual" que legitime sua condição no mundo. São muitos deles que se encontram na Igreja Universal do Reino de Deus (IURD) não para lutar contra a delinquência e a miséria, como é o caso de Carlos, como veremos, mas por encontrarem ali um discurso que legitima, diante dos outros e para eles mesmos, a sua pequena riqueza.

Voltando à vida escolar de Carlos, sendo sensíveis à irracionalidade que define, sem nos darmos conta disso, a maior parte das nossas ações "racionais", podemos refletir um pouco sobre o que o separava de todas as crianças que optaram pelo sacrifício de dedicar-se à escola e que, por conta disso, contaram com melhores chances no futuro. Toda criança que frequenta a escola, inclusive Carlos, percebe muito bem que as melhores notas são algo admirado naquele ambiente. A questão é que, embora toda criança compreenda bem rapidamente que a escola favorece os que mais se dedicam às tarefas, isso por si só não é algo capaz de despertar o interesse. O importante não é saber qual comportamento a escola premia de modo a poder calcular como agir, mas o fato de desejar ou não o tipo de prêmio que a escola pode dar. Por que se torna importante para uma criança ser apreciada pelo professor, alguém a princípio tão estranho? Por que ter uma boa nota se torna uma coisa muito importante? Antes da capacidade da criança para conhecer o que ela tem que fazer se quiser "se dar bem na escola", vem a existência ou não de uma ligação afetiva com o aprendizado que a faça efetivamente querer "se dar bem na escola" e que a faça respeitar os professores como fontes de algo valorável. Em outras palavras, o único prêmio que a escola pode oferecer a quem "se dá bem" nela é a reafirmação de que se está indo bem. Desse modo, a escola só pode premiar e manter em seu quadro aqueles que já acham importante ir bem nela, ou seja, ela só pode ensinar alguma coisa a quem já aprendeu o principal. E esse *principal* vem mesmo do *princípio*: é a vida familiar prévia que o decide.

Na ausência da mãe absorvida por duas jornadas de trabalho, Carlos ficava com sua avó, que morava numa casa vizinha. Já debilitada pela idade, a avó não podia exercer o papel de vigilância não preenchido pela mãe, absorvida pelo trabalho, ou pelo pai, absorvido pela sua própria incapacidade. Solto na rua, principalmente a pipa parecia lhe despertar verdadeira paixão: durante as grandes temporadas, marcadas pelas épocas do ano em que se tem mais vento e também pelas férias escolares, passava quase o dia inteiro correndo por ruas e pastos do bairro atrás de pipas que tinham a linha cortada pela linha de outras pipas. Em pouco tempo, já era a vez de ele mesmo viver atrás de lâmpadas fluorescentes com as quais poderia fabricar "cerol fininho", o mais adequado para competir na brincadeira da "laçada". Carlos retirava dessa competição não apenas o prazer do divertimento, mas um sentido para a sua vida. Para ele, aprender a ser bom na "laçada" era algo muito mais importante do que se tornar bom na escola. Isso o preenchia com a sensação de satisfação existencial de ter se tornado um ser humano mais importante, dizia respeito às perícias que ia adquirindo nos jogos de rua.

Além da pipa havia também o videogame. E embora sua mãe tenha, como ela mesma me disse, "se esforçado muito para pôr um videogame em casa pra ele", Carlos sempre preferiu jogar numa locadora próxima. O menino passava a maior parte do seu tempo na rua, incluindo o horário das aulas, as quais ele geralmente matava: "Eu num conseguia ficar em casa não." Seu videogame foi logo ultrapassado por outros de melhor qualidade, mas, quando sua mãe mais uma vez se esforçou para lhe dar um novo, não foi isso que o fez deixar de preferir o videogame da locadora. O videogame por si só não trazia para dentro de casa todas as relações sociais que Carlos construiu na rua; não tornava a casa um lugar agradável.

O modo como vivemos, as relações dentro das quais passamos a nos compreender como um tipo específico de ser humano produzem em nós uma espécie de "segundo sistema nervoso", um *habitus*, um conjunto de disposições (de tendências) para sentir, pensar e agir que refletem esse modo de viver e essas relações. É muito importante perceber isto: a forma como a diversão na rua se tornou o ambiente mais relevante na vida de Carlos, o ambiente no qual ele passava quase o dia inteiro, significa que a diversão era mais do que uma esfera entre outras na vida de Carlos. Os meninos socializados mais de acordo com os moldes burgueses dividem não só o seu tempo, mas a sua vida entre relações íntimas com família, atividade escolar e diversão. Isso complexifica a formação da "personalidade" que se desenvolve a partir de contextos de interação social diferenciados. Significa mais oportunidades de constituir bases sólidas para o respeito e a estima socialmente concedidas ao indivíduo em constituição. Na escola, o conhecimento incorporado é o valor mais intensamente cultivado, mas ali também estão presentes, com espaços e períodos subordinados, os jogos, os esportes e as artes. Em outros espaços como clubes, escolas de música ou qualquer arte, ou mesmo na casa de amigos que por sua vez se dedicam a alguma dessas atividades, novas competências ou, mais raramente, talentos podem ser cultivados e, o principal, transformados em fonte de consideração social por parte das outras pessoas. Além de haver dedicação à escola, as atividades lúdicas se diferenciam, sendo algumas extremamente sofisticadas a ponto de conjugar diversão, exigência por disciplina e incorporação de novas perícias tão rigorosas quanto as da escola.

De forma bastante distinta, o que há no caso de Carlos é uma conversão da esfera lúdica (resumida a atividades pouco sofisticadas) numa esfera totalizadora da vida. Esse domínio de atividades, cujo traço comum é o fato de estarem voltadas para o divertimento, passou a ter quase que um monopólio sobre as experiências de socialização de Carlos. Uma vida vivida mais a cada dia do que dia após dia. As escolas (incluindo as escolas de música, de dança ou de algum esporte) encadeiam os dias dos jovens em uma sucessão evolutiva: dia após dia o aluno se vê caminhando para as novas lições, para o dia do exame, para o fim do bimestre, para o final do semestre e para o sucesso ou não ao fim do ano ou da temporada. Já na vida de Carlos os dias não se encadeavam de maneira tão rígida. O que se espera do amanhã é que ele seja uma repetição do hoje: novamente a pipa, novamente o pique ou, mesmo no caso de se trocar de brincadeira, novamente o tempo todo dedicado a uma atividade despreocupada. Uma relação com o tempo (e com a própria vida) pautada pela *imediaticidade*; o sentido do agora está sempre no agora. Não se faz nada hoje com base em planos para amanhã; no máximo, planos para o amanhã com base no hoje, algo como "soltar pipa amanhã de novo já que hoje foi muito divertido".

A ausência do pai e da mãe, e de qualquer elemento humano que tornasse a casa um espaço de vivências significativas, retirou de Carlos qualquer possibilidade de adquirir uma ligação afetiva com a escola. O menino nunca aprendeu com os pais nada sobre números e palavras, nunca conversou com os pais sobre curiosidades ou "coisas da vida", nunca foi efetivamente cobrado pelo sucesso ou mesmo pela presença na escola. Conversas a respeito do desempenho de Carlos nos estudos nunca foram parte da rotina da casa. Em nenhuma idade foi costume dos pais acompanhar ou pelo menos estar vigilantes quanto à execução das tarefas de casa por parte do menino. Nada que levasse a escola para dentro de casa e fizesse com que os laços de afeto da família promovessem uma ligação crescente por parte da criança com os estudos. Nenhum desses *habitus* – que só raramente engendram aquele verdadeiro amor pelo conhecimento que define a vocação dos cientistas que são sempre e em qualquer lugar do mundo uma minoria – elabora um sentimento de compromisso e de dever com relação aos estudos, o qual garante o sucesso das pessoas que "se dão bem na vida".

Naturalmente, tanto a mãe quanto o pai e também a avó debilitada alertavam Carlos de que ele teria que estudar para "ser alguém". A mãe, sobretudo, sempre lembrava que se sacrificava para que ele tivesse a chance de um futuro melhor e que por isso tinha a obrigação de se dedicar aos estudos. Porém, por mais que Cida fosse absolutamente sincera em seus apelos, suas palavras não podiam preencher o vazio de qualquer prática que efetivamente estabelecesse vínculos afetivos entre Carlos e os estudos. A defasagem entre o discurso e a prática de vida era tão aguda que Carlos abandonou a sétima série do ensino fundamental no meio do ano letivo e seus pais só foram descobrir isso ao término do ano, quando ele confessou sua evasão escolar ao ter de se justificar pelo fato de sua mãe estar ali na escola, matriculando-o novamente na sétima série e não na oitava. Para esse Carlos, não fazia muito sentido "ir bem na escola"; tratava-se de uma questão indiferente.

A ADOLESCÊNCIA

Aos 15, 16 anos, a vida de Carlos segue o mesmo ritmo. "Voltar a estudar sério" passa a ser uma opção cada vez mais improvável. Cada vez mais "velho" para a série em que está, fica difícil se identificar com qualquer modelo de aluno comportado. Os critérios de avaliação escolar reprovaram Carlos nas provas, mas não só nas provas. Como aturar piadinhas de colegas e professores por estar "atrasado"? Ele percebia que, se resolvesse entrar novamente no jogo, se decidisse dedicar-se aos estudos e perseguir boas notas, estaria dando crédito às próprias regras que o definem como um perdedor. Ele teria que aturar o sermão dos professores fazendo referência ao seu erro no passado sempre com um quê de sarcasmo e sadismo. Como se quisessem fazê-lo expiar pelo seu terrível pecado, na verdade extravasavam o rancor acumulado durante anos de fracasso diante de alunos indisciplinados e indisciplináveis; a raiva por aquelas crianças que tornam a sua vida profissional uma decepção, uma ocupação de segunda ou terceira categoria entre os profissionais do conhecimento: afinal, é sinal do pouco valor atribuído à sua condição profissional o fato de só terem conseguido se alocar num lugar onde lecionar é impossível. Nessas escolas de periferia, alunos e professores experimentam um no outro o sentimento de *não ser*. É isso que explica o verdadeiro amor que alguns desses professores dedicam aos seus "queridinhos", aos meninos pobres que pertencem a uma classe diferente daquela da maior parte dos colegas por diferenças que tangem não à renda, mas ao seu modo de vida familiar. Esses meninos "estudiosos" e "inteligentes" oferecem aos seus professores a experiência escassa do sentimento positivo de *ser* (de sentir-se positivamente realizado) na sua profissão.

Em nome de que Carlos insistiria em sua relação de *não ser* diante dos professores e dos poucos colegas dedicados? Em sua condição, seria muito mais razoável identificar-se com a própria figura do moleque "atentado". O moleque que "não tá nem aí" e que às vezes "fica bolado" e "sai mandando o professor se foder". Esse estereótipo lhe dava a oportunidade de uma identificação positiva com algo. Nessa "moralidade contextual"[1] articulada por uma armada de jovens igualmente desarmados para o sucesso escolar, Carlos encontrou a fonte para a afirmação de uma virtude ambígua. Ambígua porque a evidência da perda de qualquer perspectiva a longo prazo se impõe, chamando a atenção para o risco e a imponderabilidade da vida optada. Ambígua diante da evidência de que essa sua "virtude" não é considerada virtude senão nos horizontes estreitos do grupo, enquanto o sucesso obtido na escola e no trabalho garante o reconhecimento em todos os espaços e ao longo de toda a vida. Mas essa virtude, com toda a sua ambiguidade, era o que melhor se apresentava para Carlos.

Assim, a principal coisa que o garoto levou da escola foi a identificação com um estilo de vida refratário à sala de aula. Poderíamos dizer em termos gerais que: aos que foram condicionados pela vida familiar a um ritmo pautado pela imediaticidade e que não adquiriram em casa nenhuma ligação afetiva com o conhecimento, a escola oferece mais do que tudo um espaço para a articulação de um estilo de vida que a nega. A escola e a rua são um só no "segundo sistema nervoso" desses adolescentes. Por isso, Carlos conta que toda vez que decidia "assistir à aula direitinho", "as meninas" apareciam no portão, como um "capetinha pra atentar". A verdade vem de maneira irrefutável do entrevistado nesses momentos de descontração: como ele veria as "meninas" o tempo todo no portão se estivesse realmente quieto dentro de sala? Era o seu "segundo sistema nervoso" atuando pelo desejo incontrolável de estar fora de sala que o fazia ir até o portão buscar a "tentação" à qual ele próprio queria ceder. Tentações que são sempre novas na vida de um adolescente. Como se sabe, os jogos de rua já não são o bastante para um garoto de 15 e não mais 10 anos.

---

1 "Moralidade contextual" é um conceito de Jessé Souza.

E foi pelos 15 anos que Carlos trocou o videogame pelo baile funk e pelas "cachorras", a bolinha de gude na rua pelo bate-papo na esquina, e a correria atrás de pipas "laçadas" pela "correria" para passar umas "treta" e descolar um dinheiro. A exclusividade do lúdico na infância se transforma, com a chegada da adolescência, na exclusividade do hedonismo, um lúdico que já passou pela puberdade. São aquelas mesmas tendências a sentir, pensar e agir focadas na satisfação imediata, cultivadas em Carlos durante a infância, que permanecem aqui, só que agora aplicadas a brincadeiras mais excitantes e mais perigosas: "as cachorras", as brigas entre "facções", as drogas, as "correria" da bandidagem.

O importante a perceber aqui é que ele trocou de brincadeira, mas permaneceu o mesmo "brincalhão" de sempre. Não que não fosse agora "mais esperto" e "mais sagaz" para lidar com esses jogos um tanto mais perigosos; o caso é que ali permanecia o mesmo Carlos para o qual a vida não é senão uma grande diversão e uma repetição de apostas. O mesmo Carlos para o qual qualquer consideração sobre o amanhã dificilmente se impõe sobre o hoje, já que a vida é ela mesma um eterno hoje, ou melhor, um hoje que se repete e se amplia. Ali está a mesma relação com o tempo que não se pauta por uma perspectiva de extensão e duração, mas pela expectativa de se poder multiplicar infinitamente os instantes que pulsam ao ritmo dos "pancadões" do funk. A rotina de sair, conseguir um dinheiro ilícito e gastá-lo todo na mesma noite, depois voltar para casa e repetir isso no outro dia, e no outro, e assim indefinidamente com apenas algumas pausas na semana. Uma sucessão de momentos que não se encadeiam evolutivamente, mas que, em vez disso, querem sempre repetir no amanhã o gozo de ontem. As fitas de videogame se foram, mas restou delas aquele Carlos que jogando *Street Fighter* e *Mortal Kombat* se *habituou* a esse modo de vida pautado pela imediaticidade. Ainda ali, ao abandonar todos os jogos de sua infância, Carlos levava consigo aquilo que o videogame, a bola de gude, a pelada na rua e a correria por pipas um dia foram: certo *modo de vida* que agora, uma vez tendo determinado a socialização de Carlos, veio a se tornar o seu próprio *modo de viver*.

A GRANDE RESSACA

Como vínhamos dizendo, as novas brincadeiras de Carlos eram cheias de perigos. Seu hedonismo o acabou conduzindo a experiências muito desagradáveis. Pego com drogas, ele ficou três meses na cadeia. A presença da mãe nesses momentos parece ter sido fundamental para que a cadeia não o tragasse no modo de vida delinquente que reproduz com tanta eficácia. Cida visitou o filho assiduamente na cadeia e pagava R$ 50 todo mês para que ele não fosse obrigado a lavar as privadas das celas (ver quadro 1). Pouco tempo depois de sair da cadeia, o consumo cotidiano de drogas debilitou cada vez mais o organismo de Carlos até que ele ficou de cama, com hepatite. E, ao ficar adoentado, foi também a mãe que tirou férias no serviço para cuidar pessoalmente do filho.

QUADRO 1 – O PRESÍDIO E A ROTINA DA DELINQUÊNCIA

Na prisão, os sinais visíveis do rebaixamento social rondavam o corpo de Carlos. Havia um esquema muito bem-montado de privilégios e obrigações em que os próprios presos administravam a hierarquia que se cria entre eles. Ficar isento ou ter que realizar tarefas degradantes como lavar banheiros sujos e carregar água para as celas é o que vai sinalizar, na experiência de Carlos, quem é mais ou menos abandonado, quem é mais ou menos esquecido nos corredores da morte social.

No presídio em que ficou, o primeiro critério na atribuição de tarefas é a ordem de chegada na cela. O antepenúltimo deve participar do transporte de água para os detentos, o penúltimo limpa a cela e o último fica encarregado de lavar os banheiros, tarefa mais pesada e degradante. A torcida é sempre para chegar o próximo calouro. ("Aí vamo supor, os dois da cela. Eu tô no banheiro, e o outro na cela. Chega outro, aí empurra. Um sai pra água, eu que tava no banheiro passo pra cela, e o último passa pro banheiro.")

É a circulação que faz com que todos legitimem o estigma de quem faz o serviço pesado para os outros. É como a roda do carma da religião e do sistema de castas hindu. "Vai só empurrando", lembra Carlos. Mas há uma possibilidade de fugir desse círculo adicional de estigmatização desde o começo. Quem tem dinheiro tem a opção de pagar a uma outra pessoa para que ela faça o serviço.

Carlos conta que "tem um cara lá que não tem visita", e que, por R$ 50 por mês, aceita fazer a faxina ou carregar a água. Além da privação material, a ausência de visitas já demarca um grau de abandono necessário para que, naquele contexto, esse cara seja o bode expiatório dos demais presos na tentativa de "empurrar" o estigma do rebaixamento social. Carlos não fez nenhuma faxina; pagou todas. Com o pagamento, adquire também o direito de vigiar e advertir o seu "boi" ("lá eis fala 'boi'"), caso ele relaxe na tarefa assumida ("Você tem que ficar de olho, não pode deixar o cara, você tem que ficar de olho ali"). O próprio detento, vigiado e avaliado pelos funcionários do presídio, pela Justiça e pela polícia, aqui se torna também agente de vigilância e avaliação sobre outro detento que passa a lhe estar subordinado. Esse tipo de poder, analisado minuciosamente por Michel Foucault, é exercido por cada indivíduo que tenta fazer circular o estigma lançado sobre si.

Esse afeto concedido pela mãe nos parece ser o que evitou um agravamento do modo de vida delinquente de Carlos. A presença dela na cadeia já o separava dos pobres-diabos abandonados à má vontade da sorte naquele ambiente degradado e degradante. A mãe, em casa, preparando sopa quente todos os dias, já que ele esteve tão adoentado a ponto de só conseguir comer sopa, mais do que nunca separava Carlos dos hepáticos que perambulam pela rua, os quais já nem sequer vivenciam a doença enquanto doença, mas como um padrão normal de vida. Nesse momento em que o modo de vida hedonista que sempre fora marcado pela diversão e pelo gozo passou a ser marcado por dor e por sofrimento, a mãe esteve ali apontando para um modo de vida alternativo, "mais quieto", "mais sossegado", no qual não teria mais lugar aquele tipo de tormento. Cida estava ali apontando para outra vida não tanto graças aos conselhos, mas antes de tudo graças ao afeto concedido num momento de tão grande fragilidade por parte de Carlos.

Pondo as coisas de modo simples, o poder sedutor de um modo de vida completamente hedonista sempre é pelo menos um pouco abatido durante a ressaca. A prisão e a doença de Carlos podem ser imaginadas como uma grande ressaca, muito intensa, da qual a mãe soube se aproveitar para restituir uma ligação com o filho e, através dessa conexão, do filho para com um modo de viver mais disciplinado. A partir de então, o próprio modo de viver que Carlos adquiriu desde a sua infância passa a ser sinônimo de medo. A polícia, os rivais, a própria doença já eram medos no tempo em que ele vivia hedonisticamente, mas somente agora os vícios que adquiriu e a vontade de sair por aí "zoando tudo" serão eles próprios e antes de qualquer outra coisa objetos de medo.

O medo da polícia, dos rivais e da doença faz parte do próprio jogo do modo delinquente de vida. A especificidade do que passa a acontecer com Carlos após sua grande ressaca é que o seu medo passa a se referir não somente a esses elementos perigosos que são a polícia, os rivais e a doença, mas às suas próprias tendências e seus vícios que o induzem ao modo de vida delinquente. Carlos agora não tem mais os medos próprios da delinquência, e sim *medo* da delinquência. Seus medos agora se referem a um reino interior de emoções e impulsos que ele não deseja mais seguir e com os quais já não quer se identificar. Ele deseja agora ser outro Carlos e precisa encontrar o que fazer com aquele Carlos do passado.

A CONVERSÃO MÁGICA

Da mãe de Carlos fora também a iniciativa de interpretar o sofrimento e o fracasso vividos, as tendências e disposições que o faziam caminhar em direção ao "fundo do poço", como resultado da ação maligna dos "encostos" que a Igreja Universal se especializou em combater. O que revela o núcleo de realidade do mundo metafísico projetado pelos neopentecostais é uma relação entre os "encostos" e a sua vida concreta. O que são os "encostos"? O que é o "mal" que aquelas pessoas tentam combater?

Certamente, qualquer um de nós é capaz de reconhecer que nossa vida passada tem influência sobre o que somos. Mas esse bom senso não persiste muito nem é capaz de nos orientar o suficiente na prática do dia a dia. Geralmente, só reconhecemos essas tais "influências do meio" para logo depois falarmos do que somos ou deixamos de ser em termos de escolhas, de opções de caráter. É assim que nós nos compreendemos no mundo: como pessoas morais autônomas. E é dessa forma que, não raro, nos vemos às voltas com a intenção de ser pelo menos um pouco diferentes do que somos quanto a alguma questão: menos irritadiços, menos confusos, mais atentos etc. E isso nos deixa numa complicada situação: não costuma ser fácil conseguir essas modificações no nosso próprio modo de ser, mas, ao mesmo tempo, é sobre o nosso próprio "ser" que julgamos ter mais controle. Grande querela: se nós achamos que controlamos aquilo que somos, como podemos ser aquilo que não controlamos? Como reconhecer em nós, como parte constitutiva de nós, aquilo que não controlamos?

O que a Igreja Universal do Reino de Deus oferece a Carlos e a tantos outros "Carlos" é um recurso pelo qual o esforço para mudar a si mesmo pode ser levado adiante como se não fosse propriamente um esforço para mudar o "eu", mas sim uma luta contra forças exógenas que afetariam esse "eu". A análise psicológica pode ser compreendida como um exercício que procura viabilizar certa capacidade de controle e modificação do "eu" ao reconhecer no "eu" o que há nele de incontrolável, investigando as origens mais remotas e dificilmente acessíveis das nossas tendências e disposições. Trata-se de um recurso próprio a pessoas que foram socializadas mais nos moldes do indivíduo moderno, que compreendem a si mesmas como uma unidade fechada dotadora de sentido para a vida. Pessoas que se compreendem desse modo encontram na análise um exercício por meio do qual sua biografia singular é descoberta como a origem de conflitos internos e com o mundo. A ideia de autonomia individual é desafiada em seu próprio favor: descobrindo-se a si mesmo um ser determinado e não somente autodeterminado, o indivíduo se torna mais apto a fazer escolhas a partir da sua própria condição no mundo.

Por sua via, a religiosidade mágica neopentecostal deve ser compreendida como um exercício que também procura viabilizar a modificação e o controle do "eu", mas que faz isso ao classificar o que há de incontrolável no "eu" como oriundo de forças exógenas a ele. O exercício de reflexão sobre os próprios limites não é articulado como uma autocrítica que pode proporcionar um aprendizado mais rente ao que de fato define a condição humana no mundo, mas pelo recurso da atribuição de propriedades pessoais do adepto religioso a agentes exógenos. Combina-se a isso a localização de "bodes expiatórios" que podem ser responsabilizados pela mobilização da influência má dos "encostos". Esses "bodes expiatórios" são os vizinhos que sentem "inveja"; os "falsos amigos" que "botam olho--grande"; o "parente" que também "sente inveja"; algum inimigo que tenta prejudicar e pode ter feito alguma "macumba" com esse intuito – ou então o maior de todos eles, identificado com todo e qualquer mal que aconteça na Terra e sempre atuando em parceria com os outros agentes da inveja e do mau augúrio: o próprio diabo.

Carlos aderiu à Igreja Universal do Reino de Deus sob a influência da mãe e atribui o momento decisivo dessa sua resolução a um acontecimento por intermédio do qual Deus estaria querendo afastá-lo do tráfico de drogas: no dia em que ia chegar uma encomenda de cocaína, ele se atrasou uns minutos e ficou sem o produto. A disputa entre os demônios e Deus por sua personalidade vira o placar pela primeira vez. Foi aí que ele buscou na igreja a força que faltava para abandonar o hedonismo sem peias que até então havia sido o seu único modo de preencher o "vazio" que ele relata como fonte da sua angústia. Na igreja, toda a força que o vinculava ao caminho do crime, do uso de drogas e do estilo de vida hedonista vai ser percebida como ação inadvertida dos demônios. Expulsando e se protegendo dessa ação maligna, Carlos tenta lutar contra as disposições que adquiriu ao longo de todo um processo de socialização. Disposições que o haviam tornado "um fracassado na vida", prestes a se tornar um delinquente perigoso, um inimigo da sociedade.

O otimismo cândido que Carlos nutre com relação a um futuro que permanece incerto, ou melhor, certamente desfavorável, retira sua dose de plausibilidade desse avanço que ele realmente obteve com relação à sua condição passada. A "conversão mágica" que lhe enche de esperanças infundadas quanto ao amanhã o retirou efetivamente de uma situação extremamente arriscada no ontem. Carlos fala desse seu novo otimismo como uma "visão maior" do que a que tinha antes sobre suas expectativas e sua vida financeira. Desde que saiu do tráfico e voltou para a igreja, ele não tem fonte de renda e é sustentado pela mãe. Mas pode agora viver das esperanças com relação a uma ascensão pela via do trabalho regular ou do empreendimento autônomo. Este principalmente o seduz, e por nenhum outro motivo senão o de ser a esperança mais plausível. Como parou de estudar na sétima série do ensino fundamental, não lhe parece realmente possível retornar à escola e conseguir a qualificação necessária para a obtenção de um bom emprego. Assim, montar um negócio próprio é inegavelmente a utopia mais plausível para Carlos.

Na procura dessa via de ascensão, Carlos primeiro se preocupa em usar sua fé para enfrentar o que ele vê como uma possível causa do fracasso: a ansiedade e a insegurança. São sentimentos que deseja expulsar de seu "eu" com a ajuda diária da igreja. Ele não articula essas disposições como resultado de quem viveu e vive a possibilidade real e insistente do fracasso, mas sim como fruto das investidas de forças sobrenaturais e malfazejas, que podem e devem ser expulsas para não atrapalhar sua busca pela prosperidade. Aliás, é exatamente isto que diz a igreja: o medo e a ansiedade estão entre os principais sintomas de que uma pessoa é assediada pelos "encostos", os responsáveis pelos "caminhos fechados" e por "nada dar certo" para ela. Aos 26 anos, Carlos pode acreditar que a ansiedade, a insegurança e o medo não são efeitos da sua "personalidade",[2] que têm a ver com uma série de experiências de vida que vem acumulando desde a infância, mas sim da ação dos "encostos".

A luta contra tais disposições malignas é constante na vida de Carlos desde que ele passou a frequentar a Igreja Universal. Quando a experiência do fracasso é mais forte do que a promessa de sucesso é que ele mais precisa da cura espiritual para alimentar a sua narrativa de vitória. Nesta passagem fica bastante evidente o papel da cura no seu dia a dia: "O dia que me dá desânimo aí é que eu vô mesmo. Aí é que eu vô mesmo. Se eu tiver animado eu posso até faltar. Mas o dia que me der o desânimo é o dia que eu vou."

Como a fuga bem-sucedida da delinquência é o único triunfo efetivo que a conversão mágica lhe garantiu, para manter suas esperanças com relação ao futuro Carlos precisa sustentar para si mesmo que o insucesso e a total falta de ciência sobre qualquer meio pelo qual possa ascender socialmente não são senão frutos da ação inadvertida dos "encostos". Enquanto o fracasso puder ser atribuído ao "mal", a esperança permanecerá acesa. E um dos principais momentos nos quais a ação dos "encostos" ganha uma expressão concreta diante dos neopentecostais que, humanos que são, dificilmente sustentam uma crença cega sem um apelo irrefletido à visão é o ritual da possessão demoníaca.

---

2 O conceito de personalidade não possui rigor sociológico. Aqui a palavra é empregada para traduzir de forma aproximada para o linguajar comum o conceito de autorrelação prática. Cf. Axel Honneth, *Luta por reconhecimento*, São Paulo, Editora 34, 2009.

A performance da possessão desempenhada por algumas daquelas pessoas no púlpito encerra uma manifestação viva das forças malfazejas, concedendo aos presentes a oportunidade de se sentir envolvidos numa luta direta contra elas. O sentido do ritual nos parece ser o seguinte: a performance da possessão permite aos adeptos tematizar aquelas suas características pessoais que reprovam e que não querem reconhecer como suas. O que é fruto da "in-corporação" de um modo de viver específico ao longo de todo o processo de socialização é nomeado como fruto da incorporação de "encostos". Graças à semântica da possessão, o adepto pode se submeter a um "esculacho público" daquilo que ele mesmo é, sabe que é e não quer ser, sem que isso signifique sua depreciação pessoal direta. Afinal, são os "encostos" que estão ali nos rituais de cura para ser esculachados.

A fraqueza do "eu" cria a necessidade de um ritual coletivo para afirmar de modo estereotipado, por meio de uma exaltação da vontade e do otimismo, numa luta mágica contra o mal, uma onipotência do "eu" em face das condições que o enfraquecem. A humilhação concentrada no "encosto", como "símbolo focal"[3] da ação ritual de expulsão, permite a sensação de livramento de toda a humilhação sofrida no dia a dia. A abertura ritualizada do "eu" serve para instituir a crença na possibilidade de "limpar" o mal que está "dentro", incorporado nas disposições do *habitus* de classe. O enfoque no desânimo, que Carlos confessa ser sua maior preocupação, é o enfoque na disposição para se conformar ao destino do fracasso, ela própria criada pela vivência do fracasso. A ação ritual não deixa de ser, no entanto, uma confissão estereotipada do que não se pode tematizar no dia a dia, ou seja, o desânimo com esse destino de fracasso, esse prévio desencanto com a vida. O ritual de inversão toma o encosto como "foco" de todo esse destino maligno, imposto pelas disposições capazes de se conservar na "zona mais oculta dos corpos".

---

3 Victor W. Turner, *O processo ritual*, Petrópolis, Vozes, 2013.

Além da cura nas "sessões de descarrego", os testemunhos de sucesso também fazem da Igreja Universal um ótimo "ambiente de fé" para aliviar o medo, a ansiedade e a insegurança com relação à sua vida financeira. Carlos não esconde sua identificação com o final feliz das narrativas, em que uma pessoa faz o seu voto, apostando quase tudo que tinha na "obra de Deus", e depois tem sua fé honrada pelo "homem de branco", que a recompensa com enorme e rápida prosperidade. Na Igreja Universal, esses votos são feitos em um evento "extraordinário" conhecido como "Fogueira Santa". Nessa fogueira, em que o fogo de Deus se faz presente com toda a sua força por meio do Espírito Santo, alguns fiéis desafiam o poder divino doando bens de elevado valor relativo na esperança de ser recompensados com mais do que sacrificaram. As doações, depositadas em envelopes brancos, seriam levadas até o monte Sinai, onde o fogo de Deus seria reluzente como em nenhum outro lugar. Se o dízimo (10% da renda) é obrigação regular e ordinária,[4] na "Fogueira Santa" eles fazem um sacrifício a mais, um voto extraordinário, para que sejam honrados com a prosperidade que o Senhor promete já neste mundo (ver quadro 2).

QUADRO 2 – O PROPÓSITO COM DEUS

> Carlos conta que uma mulher, ao ficar em dúvida se faria ou não o sacrifício depois de ter apanhado um envelope para colocar o dinheiro, foi lembrada pelo pastor que o voto era com Deus, e não com ele ("Você não fez voto comigo não, você fez com Deus, você pode ir ao altar resolver... resolve com Deus aí no altar agora aí"). Imediatamente a mulher teria se dirigido ao altar, feito suas orações, e em seguida lançado o desafio: "Então nós vamos ver dia 17 se Deus é Deus mermo." Para Carlos, as atitudes do pastor e da mulher mostram como se deve usar a fé para vencer o mal e o sofrimento.

---

4 *Ver* anexo II, p. 441.

A perseverança na fé, a confiança de que Deus vai honrar o que foi queimado na "fogueira", faz com que Carlos também acredite poder dominar o "acaso" que separa sua atual condição da promessa de sucesso econômico e pessoal anunciada no testemunho que ele reproduz com satisfação. Tendo Deus ao seu lado, financiando sua "obra" e protegendo-se dos agentes malignos que trazem a doença, o desemprego, o desânimo e a destruição pessoal, ele estaria apto a vencer na vida, a fazer do acaso sua própria sorte.[5] Através da participação nas reuniões de cura espiritual, com a incitação constante à disposição de lutar contra o mal e o fracasso, Carlos vai construindo uma narrativa de vida em que a aposta na ventura da sorte se apresenta como a principal mira no futuro.

Nessa narrativa, na mesma medida em que os fracassos anteriores – com o tráfico de drogas e com a escola, por exemplo – são vistos como obras do demônio e de seus vários agentes, os propósitos de sucesso são projetados na adesão à obra de Deus, que representa cura e proteção contra o mal. Do mesmo modo que se deve "parar de sofrer" ("Pare de sofrer!" é a mensagem estampada nos templos e repetida incessantemente nos programas televisivos da IURD), curando-se do mal através das "sessões de descarrego", do uso dos objetos ungidos e do pagamento do dízimo, se deve também perseverar e acreditar na prosperidade do Senhor. O hiato entre a posição social em que Carlos se encontra e a promessa de sucesso e bem-aventurança que alimenta sua fé é justamente o que sua participação na cura religiosa tenta resolver. Tanto repetindo os testemunhos de sucesso "daqueles que permaneceram" como praticando a expulsão do mal que "está" em cada indivíduo, Carlos se recusa a renunciar às suas esperanças.

---

5 Em 2009, no site da Igreja Universal do Reino de Deus, estava escrito: "O Monte Sinai não é para aventureiros, nem para se tentar uma melhora de vida. [...] Mas para quem, apesar de não ter eira nem beira, está disposto a tudo por tudo. Jesus deu a vida dele em sacrifício por nós. [...] Se queremos conquistar a plenitude da vida que Ele nos oferece temos que sacrificar da mesma forma."

A evidência de que o sucesso é improvável é neutralizada quando todo o fracasso é compreendido como efeito da atuação do "mal".

O próprio sentido que a ideia de "fé" assume expressa essa luta contra a desesperança. Na visão religiosa proposta pela IURD, "fé" não diz respeito à adesão pessoal a uma série de imperativos "sagrados" que devem determinar a conduta do "fiel" no mundo. A palavra "fé", naquele contexto, designa o próprio otimismo do desejo, a confiança, reforçada através de todos os ritos, de que Deus pode trazer a fortuna, a sorte no futuro. A "fé" é a necessidade de contar com a sorte transformada na virtude do "propósito com Deus".

É preciso perceber que os propósitos irrealistas de ascensão social que Carlos apresenta não são mera ilusão irracional, nem singularidade pessoal. Esse tipo de ilusão é muito cabível a todo aquele que possui chances muito improváveis na competição social. Daí o fato de essa classe social ser sobrerrepresentada nessa forma de religiosidade. As apostas mágicas num sucesso econômico, feitas na Igreja Universal por camadas sociais que vivem sob o risco de ser rebaixadas ao "fundo do poço", são formas de lidar, assim como uma expressão da discrepância entre as expectativas subjetivas dessas classes e a baixa probabilidade objetiva de obter o sucesso esperado. Estas são, a um só tempo, a expressão da miséria real e a revolta contra a miséria real. Na verdade, a busca da sorte, de proteção contra o infortúnio dos agentes malignos é um fruto da percepção que os agentes têm da sua própria condição: a percepção de que o sucesso que esperam é bastante improvável. Já que suas chances objetivas na competição social são pequenas dentro de horizontes mais realistas, as esperanças são articuladas numa projeção mais ou menos irrealista acerca do (im)provável.

Como vimos anteriormente, a incapacidade de Carlos de manter o controle sobre os próprios impulsos e sua dificuldade com uma orientação prospectiva no tempo são disposições adquiridas ao longo de sua vida. Isso nos traz uma questão interessante: até que ponto a "conversão" religiosa significa uma modificação nessas disposições, nessa espécie de "segundo sistema nervoso" que todo ser humano adquire a partir de sua experiência no mundo? A mudança de comportamento equivale a uma mudança de disposições? Na verdade, não. O que vemos na "conversão religiosa" de Carlos são as mesmas disposições que ele adquiriu sendo remanejadas através dos rituais e das crenças mágicas em nome de um novo tipo de comportamento.

Esse remanejamento se dá basicamente por dois mecanismos: um é a frequência quase diária da participação nos ritos, a qual permite o avivamento constante do incentivo psicológico ao comportamento não delinquente; o outro é a já aludida confiança na roda da fortuna, na possibilidade da bem-aventurança num futuro extremamente incerto, que torna as altas ambições de Carlos "plausíveis" a despeito de seu caráter improvável. Se pensarmos com cuidado, veremos que a base desse procedimento de aposta consiste, rigorosamente, no mesmo modo de lidar com o tempo e com o futuro que Carlos desenvolveu desde sua infância numa vida quase que totalmente englobada pela esfera lúdica. O futuro não é planejado, a condução da vida dia após dia continua não obedecendo a um desenvolvimento linear. O futuro é apenas um horizonte aberto para expectativas otimistas. O mesmo ritmo de viver pautado pela imediaticidade e a mesma percepção do tempo de vida incapaz de conceber o futuro como um campo de possibilidades e impossibilidades *bem-definidas* são mobilizados na conversão mágica e no seu reavivamento constante. Os rituais e as crenças mágicas dessa religião são feitos para viabilizar um comportamento disciplinado para pessoas que não *incorporaram* (não tornaram tendências pré-reflexivas) as disposições da disciplina.

O apego afetivo ao prazer imediato que impedia Carlos de recusar a tentação de uma noite de diversão com cocaína, cerveja e mulheres só podia ser controlado se ele ficasse imune a esses convites e ao assédio diário de tudo o que está envolvido nesse ritmo e estilo de vida. Imunização que ele só conseguiu com a ajuda da Igreja Universal, depois de ter fracassado na tentativa de se estabelecer no tráfico. O ingresso na Igreja Universal significa o ingresso numa luta diária contra os efeitos corrosivos de uma condição social marcada pelo risco e pela total incerteza com relação ao amanhã. Efeitos corrosivos derivados da própria imersão cotidiana no prazer hedonista, pela qual Carlos tentava extrair o máximo de proveito dos momentos de diversão. Tais momentos se repetem no ritmo pulsante de uma vida que não se firma em nenhuma certeza de longo prazo.

E certeza de longo prazo aqui não significa um cálculo racional. Ela é antes sentida do que pensada pelas pessoas. Quando a vida familiar de uma criança é estruturada em nome da incorporação de conhecimentos e perícias complexas, ela é condicionada a sentir culpa pelas consequências futuras de suas ações imediatas. Para livrar-se da reprovação das pessoas que são importantes para ela (castigo moral) ou de retaliações que estas possam lhe impor (castigo físico), assim como para obter reconhecimento e recompensas (prêmios morais e prêmios físicos), a criança começa a "sentir" o futuro como fonte de eventos que ela tem que controlar a partir de ajustes no seu próprio comportamento no agora. O *sentimento* de culpa pelas implicações negativas no futuro do comportamento no presente assim como o *sentimento* de mérito com relação às implicações positivas são a verdadeira base do *pensamento* prospectivo. É esse *sentimento* de responsabilidade pelo futuro que Carlos não adquiriu. Ele *pensa* no futuro, mas *não sente* o futuro. O único tempo que não o imediato que efetivamente lhe toca o coração é o passado. Carlos sente o passado, o quanto sofreu ao ter seguido o caminho da delinquência. E tendo o afeto da mãe lhe concedido um incentivo psicológico eficaz para tentar trilhar outra via, o jovem busca na IURD o reforço à ideia de que aquele hedonismo sem peias não vale a pena. E para que Carlos acredite que essa vida passada não vale mesmo a pena, não basta a sua própria experiência de sofrimento. É preciso que exista uma possibilidade de prosperar no futuro. É preciso acreditar numa recompensa mundana.

Pondo de outro modo, mesmo sendo fonte de dor, o passado de Carlos é extremamente sedutor. Um jovem em sua condição não possui outras oportunidades de realização pessoal e obtenção de prazer que superem a vida hedonista que ele levava enquanto delinquente. Tudo em sua "conversão" precisa operar para neutralizar esse grande estímulo a uma "recaída" pela delinquência. A esperança no futuro opera nesse sentido na medida em que faz com que a opção pela volta ao hedonismo sem peias surja como a perda de um hedonismo mais farto e muito mais seguro que a "perseverança na fé" promete para o futuro.

Não estamos reafirmando aqui preconceitos contra os pobres referentes ao uso de drogas entre eles. Pelo contrário, trata-se de desconstruir outro preconceito: a apologia enganosa que afirma o hedonismo como a virtude dos pobres por excelência, como a sua vantagem na vida, como o seu "saber viver" todo especial em oposição às classes mais privilegiadas que, em contrapartida, tomadas por responsabilidades, acabariam "curtindo a vida" muito menos. Não é difícil perceber que são as classes mais ou menos privilegiadas que mantêm para si também esse privilégio todo especial do hedonismo; e isso porque as pessoas dessas classes, em sua grande maioria, possuem uma vida regulada, desde muito cedo, por vínculos estáveis com outras esferas da vida que não a lúdica. Essa regularidade da vida concede às pessoas dessas classes as características psicossociais necessárias, assim como incentivos constantes para conter o hedonismo dentro de limites, não permitindo que ele englobe toda a vida, conduzindo a pessoa a um extermínio mais ou menos breve. Este é o verdadeiro privilégio hedonista: fruir e experimentar as virtualidades e prazeres nele contidos, sem, contudo, ter a própria vida solapada por ele.

Como vimos neste texto, é isso que é negado às pessoas das classes em condição social precária. E quando tentam regular o hedonismo, para que ele não destrua as suas vidas, essas pessoas se veem na necessidade de fugir dele como se fosse uma obra do próprio diabo; não conseguem propriamente regulá-lo, mas apenas fugir dele, exorcizá-lo como um mal que se deve odiar. É muito comum os rapazes das classes sem privilégios que hoje levam um estilo de vida hedonista dizerem que pretendem viver até no máximo 50 anos. A relação afetiva com o tempo não ultrapassa o que se imagina ser o limite físico que vai privar esses jovens das baladas, do sexo, da glória imediata que a todo dia se tenta repetir. É a mesma coisa que se passa com meninas pobres com um estilo de vida idêntico que se vincula, por exemplo, ao funk e à ostentação de um corpo atraente que lhes assegura a "glória" diária na relação com os homens. É comum elas dizerem que não planejam o futuro porque não sabem se vão estar vivas até lá; ou, quando aceitam a ideia não tomam como referência nada que vá além de um corpo sarado e atraente que elas pretendem manter até quando for possível. *Esquecer o passado e apostar no futuro*, eis um modo de vida em que o presente imediato dita as regras.

A grande inovação da religiosidade mágica neopentecostal em relação a outras modalidades da religiosidade mágica popular, como as "afro-brasileiras" e o próprio catolicismo dos "santinhos", é o fato de ser mais "universal" (como fica explícito na IURD), de quase não oferecer restrições à adesão dos "fiéis".[6] O uso marcante da mídia para anunciar

---

6 Porém, dentre os vários círculos de fiéis e frequentadores da IURD, é muito significativa, nos cultos semanais, a exclusão de mendigos, vagabundos e todo tipo de pessoa que tenha a resignação com o fracasso estampada em seu corpo e em seu modo de vida. Cf. Jean-Pierre Dozon; André Corten e Ari Pedro Oro, *A Igreja Universal do Reino de Deus*, São Paulo, Paulinas, 2003.

e mesmo realizar o uso de "serviços de cura" demonstra bem esse caráter mais aberto e antissectário da Igreja Universal. O apelo aos atingidos ou aos que se encontram sob a ameaça dos "encostos" é sempre uma convocação individual e individualizante, que aviva tudo aquilo que possa ser percebido como sintoma do *fracasso individual*, sem referência explícita a qualquer tipo de pertença grupal. Todos os traços de uma experiência coletiva de infortúnio, que sempre têm a prerrogativa de aliviar o peso de uma experiência de fracasso puramente individual, traços de algum modo presentes nos laços de pertença típicos da religiosidade mágica "afro-brasileira", são dissolvidos no "discurso universalista", que oferece a todos os interessados, sem discriminação "étnica", as armas para lutar contra o mal.

Fica evidente que Igreja Universal interpela o indivíduo – "Ei, você! Pare de sofrer!" – para além de qualquer laço de pertença étnica, racial, proveniência nacional etc. Como, aliás, para além e em sobreposição até, a filiação religiosa de cada pessoa. Basta prestar um pouco de atenção nos programas exibidos na televisão e veremos o pastor dizendo: "Não importa se você é espírita kardecista, católico, umbandista... você está passando por um problema e nós podemos te ajudar." Ora, a IURD surge exatamente para aliviar o sofrimento típico do fracasso em sociedades modernas, legitimado pela competição no mercado, e vivido como *fracasso individual*. Mas esse individualismo na oferta dos bens religiosos (os serviços de cura) não significa que o neopentecostalismo iurdiano seja uma religião universal de salvação individual, como afirma equivocadamente o sociólogo da religião Antônio Flávio Pierucci (ver quadro 3).[7]

---

[7] Antônio Flávio Pierucci, "Religião como solvente: uma aula", *Novos Estudos*, n. 75, p. 126, jul. 2006.

QUADRO 3 – SALVAÇÃO FUTURA OU SOCORRO PRESENTE?

Segundo Pierucci, no Brasil atual, um dos aspectos mais salientes da "força social" que ainda tem a religião (não toda e qualquer religião, notar bem, mas sim um tipo determinado de religião) está justamente nessa sua capacidade estatisticamente comprovada de dissolver antigas pertenças e dilapidar linhagens religiosas estabelecidas.[8] Para ele, a maior prova de que o neopentecostalismo é uma "religião de salvação" é o seu enorme êxito proselitista entre os adeptos das chamadas "religiões afro-brasileiras", sobretudo o candomblé e a umbanda. Nas duas últimas décadas, viu-se uma impressionante migração desses adeptos para as igrejas evangélicas, com especial destaque para as neopentecostais como a Igreja Universal. Em sua análise, o "critério quantitativo" de reunir multidões de fiéis é tomado como fator explicativo de uma suposta "mudança qualitativa" na visão de mundo dos fiéis que, libertos das pertenças particularistas de suas antigas "religiões étnicas" pautadas na magia, estariam agora buscando a meta universalista e individualizante da salvação da alma. Pierucci não percebe a diferença entre o fato de a oferta de serviços mágicos tomar como unidade de demanda os indivíduos e suas aflições, *sofridas individualmente*, e o processo de conversão individual a uma doutrina de salvação, que se afirma unicamente quando *fins especificamente religiosos* do futuro podem se tornar mais importantes do que os *fins deste mundo* e do "agora".

O raciocínio de Pierucci opera um verdadeiro malabarismo dos dados empíricos, tentando retirar das estatísticas a precisão que falta no uso que faz dos conceitos. Essa imprecisão conceitual acaba buscando então nos números a fonte de legitimidade para a crença do senso comum liberal que, embora não assumida, é a base da análise de Pierucci: a de que a demanda pela "esperança mágica" é um "resquício" do passado pré-moderno, o qual as condições urbanas atuais tendem a superar com suas "religiões de salvação",

---

8 *Ibidem*.

religiões que, se aplicarmos o conceito com rigor, devem ser compreendidas como aquelas que estabelecem finalidades extraeconômicas que devem se impor sobre o comportamento econômico, o que não é absolutamente o caso do neopentecostalismo. Esse malabarismo dos números tira o foco de um dado que põe em xeque essa crendice liberal sobre o anacronismo histórico da religiosidade mágica em sociedades modernas periféricas, tida como "tolice" do passado, e cuja demanda desapareceria junto com a dissolução das "pertenças étnicas" de outrora: trata-se do considerável esvaziamento das "igrejas protestantes históricas", como a Igreja batista, cujas doutrinas, promessas e caminhos de salvação não puderam evitar que seus crentes também migrassem para o socorro espiritual das igrejas neopentecostais. Se a busca individual pela salvação da alma é a demanda que explica o crescimento evangélico atual, por que essas "igrejas protestantes", tradicionalmente ligadas à busca por meio da conversão do comportamento do crente segundo mandamentos éticos, encolheram tanto nos últimos vinte anos? Por que o "universalismo religioso" dessas igrejas, que anuncia a todos a "boa-nova" da salvação cristã, sem discriminação explícita baseada na "pertença étnica", não foi capaz, como foi a Igreja Universal, de esvaziar as "religiões afro-brasileiras"?

Essas são questões que Pierucci não levanta ao analisar as estatísticas sobre migração religiosa no Brasil, fazendo, como diria Pierre Bourdieu, a "confusão do que deveria separar" (o neopentecostalismo e as "religiões de salvação") e "a separação do que deveria relacionar" (a magia das "religiões afro" com a magia do neopentecostalismo).[9] Essa confusão analítica é incapaz de perceber que a dissolução das "pertenças étnicas" não rompe com as condições sociais e com os modos de vida que demandam uma continuidade simbólica entre a religiosidade mágica "afro-brasileira", assim como a católica dos "santinhos", e o neopentecostalismo do "otimismo" na prosperidade.

---

9 *Ibidem*, p. 127.

> O autor não compreende que o que há de inovador no neopentecostalismo é precisamente uma configuração rigorosamente moderna de pensamento mágico: uma forma de magia que toma o corpo como ambiente mágico no sentido de exercer sobre o "eu" uma influência disciplinadora, ou seja, uma magia que assume como meta os imperativos funcionais do capitalismo e que dá provas da sua eficácia simbólica. Para Pierucci, é como se o abandono dos signos sociais que demarcam explicitamente os "herdeiros exclusivos" da proteção espiritual fosse o fim de todas as condições sociais e dos modos de vida que fazem da "esperança mágica" uma necessidade para pessoas de certas classes e frações de classe (ralé estrutural e pequena burguesia), independentemente da "origem ou pertença étnica". Como sempre, a condição de classe é o fator ignorado por essa forma curiosa de "ciência" social praticada alhures.

Nas religiões de salvação, os indivíduos são interpelados a avaliar o passado, em que a salvação é a própria possibilidade revelada de superar essa dimensão da vida negativamente avaliada. É por isso que a religião universal de salvação individual é, acima de tudo, uma *doutrina ética de desvalorização do mundo*.[10] Quando a força de uma doutrina como essa arranca, com seu poder ético de solvência, as pessoas de seus laços primários e adscritos, o faz por meio de uma avaliação ética que desvaloriza esses laços, de tal modo que a condição inicial do convertido é tomada como tema de autocrítica e reflexividade. A prática dessa "ética de desvalorização do mundo" só é possível quando as condições de vida dos adeptos permitem um distanciamento das "urgências da vida" e logo da relação imediata com o tempo. Por isso, a busca da salvação pressupõe

---

10 Cf. Max Weber, "Rejeições religiosas do mundo e suas direções", in: Max Weber, *Ensaios de sociologia*, Rio de Janeiro, Ed. Guanabara, 1982, pp. 371-410.

uma perspectiva de futuro da qual a maioria dos adeptos da "cura mágica" do neopentecostalismo são despossuídos.

Todas as desgraças do indivíduo que adota a nova fé são percebidas como frutos de uma ação maligna arbitrária, que não pode ser evitada por uma condução da vida fundada em "valores religiosos" que, desvalorizando "este mundo", trariam uma arma racional de afastamento seguro do mal. A "abertura universalista" de que fala Pierucci não exige uma "avaliação forte"[11] que questione o valor dos bens socialmente desejáveis, criando a aspiração "religiosa" de transcendê-los e desejar bens mais sublimes. Ela é mágica, só que agora uma magia liberta de vínculos adscritos e pronta a aceitar a adesão de todos aqueles interessados em seu poder de cura. O "poder carismático" da Igreja Universal não está a serviço de um racionalismo ético-religioso que dissolve e transcende as demandas "deste mundo", e sim de um "racionalismo adaptativo", de caráter secular, que afirma a inexorabilidade dessas demandas e da forma de competir por elas. A conversão mágica nunca subverte valores e bens mundanos como o sucesso econômico na busca de um "novo" sentido para a vida do convertido.

QUADRO 4 – UM EXEMPLO DE "RESISTÊNCIA CULTURAL"

> O sociólogo marroquino Mohammed Chekroun, em uma análise da dinâmica social envolvida no recente *revival* islâmico em seu país, mostra brilhantemente como o trabalho de racionalização ético-religiosa pode canalizar o ressentimento com o risco do rebaixamento social em um sentido totalmente oposto àquele apontado pelos "serviços de cura mágica" que a IURD, aqui no Brasil, oferece às classes sociais ameaçadas por esse mesmo risco. Enquanto aqui o circuito de feitiços e contrafeitiços mobilizado no

---

11 Cf. Charles Taylor. "What is a Human Agency?", in: Charles Taylor, *Human Agency and Language,* Cambridge, Cambridge University, 1985.

> consumo desses "serviços" produz uma atitude reativa das classes ameaçadas pelo fracasso em relação àquelas em pior situação, no Marrocos, desde o começo da década de 1980, o mesmo contexto de mudanças econômicas e de riscos de rebaixamento social fez com que as classes médias dotadas de certo "capital cultural" rejeitassem o modo de vida e as demandas "deste mundo" a partir de uma aliança ético-religiosa que envolve as classes baixas mais radicalmente empobrecidas. Essa aliança produz, diferentemente do que ocorre no neopentecostalismo, uma solidariedade entre as classes ameaçadas pelo rebaixamento social e aquelas que já não puderam evitá-lo. O fator decisivo é a racionalização religiosa que rejeita e desvaloriza as demandas do mundo urbano, do consumo e da extravagância, em nome de uma nova "conduta de vida" baseada, essencialmente, na frugalidade ascética. Segundo Chekroun, essa conduta de vida funda uma nova relação com o mundo em todas as suas dimensões, produzindo o que Weber chamou de "ascetismo de fuga do mundo". Infelizmente, o autor não analisa criticamente os limites dessa "solidariedade" entre diferentes classes e o caráter reativo e reacionário da ética religiosa com relação à maior abertura ocidental quanto a temas fundamentais como a dominação de gênero.[12]

Mesmo apenas manipulando de outro modo suas antigas disposições ao incitar o sucesso e o reconhecimento social num "ambiente de fé", a conversão mágica dota Carlos de um novo *status* para fazer circular o estigma da delinquência. A principal rede de relações em que funciona essa "linguagem bumerangue" é a vizinhança. É para os vizinhos que se tenta mostrar os sinais da conversão religiosa que indicam a possibilidade de subir na vida. É a eles que também se atribui toda uma série de feitiços

---

12 Cf. Mohammed Chekroun, "Socio-Economic Changes, Collective Insecurity and New Forms of Religious Expression", *Social Compass*, n. 52, p. 27, 2005.

e trabalhos encomendados, responsáveis por dirigir os "encostos" contra essa possibilidade de ascensão. O fracasso que as forças do mal trazem ao acaso assume, na vizinhança, identificação com a inveja de pessoas conhecidas, que teriam o poder de transformar em azar a sorte de quem recebeu alguma graça.

E é assim que, desde cedo, os atributos indesejáveis do comportamento, as disposições incorporadas que o sujeito não pode controlar como quer são também projetados em forças externas que, por iniciativa de algum vizinho, resolvem atacar a vida de uma pessoa. O menino obediente que "cresce e começa a ficar perverso"; a menina quietinha que logo fica "levada para o sexo". Desde cedo, na vizinhança, a "linguagem bumerangue" da projeção mágica, principalmente pela boca de mães e avós, é o grande atrativo das famílias que desejam individualizar seus filhos atribuindo à maldade do outro o destino de classe que não arreda o pé.

As virtudes reativas do pobre honesto dependem muito desse mecanismo de projeção simbólica. A mulher e o homem honestos, os bons-moços de nossa ralé, não precisam apenas de um bode expiatório de vícios e degradações (o delinquente) para sentir orgulho de "não matar, não roubar, não beber, não se prostituir etc.". Também é necessário que esse bode expiatório seja apontado como fonte de toda a maldade que faz o modo de vida delinquente sujar, com seus traços característicos, a vida de quem ainda busca de algum jeito de se distinguir socialmente na e apesar da sua situação desvantajosa de classe.

Por isso a Igreja Universal sempre faz referência aos "amigos que te abandonaram na hora do sofrimento", "aos feitiços encomendados" por quem tem inveja de você. Ela cria recursos para uma narrativa de vida que permite fazer circular entre os vizinhos da mesma classe, expostos aos mesmos riscos de rebaixamento social, tanto o estigma como a culpa pelo fracasso e a delinquência. Não é à toa a importância dos vizinhos nas classes mais pobres. O discurso politicamente correto, hoje predominante no pensamento de esquerda, idealiza a pobreza, repetindo a maldosa ilusão de que justamente na privação as pessoas são mais solidárias, generosas e fraternas. A trajetória de Carlos, que de delinquente até os 23 anos passou, a partir da conversão mágica, a construir sua narrativa em oposição a todas as tendências que definiam sua vida, mostra exatamente o contrário disso (ver quadro 5).

QUADRO 5 – O MEDO DA DELINQUÊNCIA DIVIDE OS IRMÃOS

Aos 18 anos, quando já trabalhava com a venda de cocaína, Carlos sentiu em casa, na atitude de seu irmão do meio, o estigma da delinquência a que todos da "ralé" tentam evitar o contágio. Esse irmão, por oposição ao estilo de vida delinquente de Carlos, era soldado do Corpo de Bombeiros em Juiz de Fora. O conflito se deflagrou quando Nivaldo quis que seus pais forçassem Carlos a retirar de dentro de casa o pequeno estoque de cocaína que venderia. Chegou a sugerir um ultimato para o irmão: ou retira a droga, ou sai junto com ela da casa dos pais. Ao comentar o assunto em um bar perto de casa, Carlos lembrou que o motivo do irmão era o medo de que, caso a polícia apanhasse Carlos com a droga, ele fosse atingido pela suspeita de cúmplice, ou seja, pelo estigma de delinquente. Embora perceba as motivações, Carlos não consegue saber que essa motivação não é uma escolha, já que toda a sua revolta dirige-se à decisão do irmão em "entrar no seu caminho".

No contexto de sua vizinhança, a nova narrativa de Carlos não depende só de uma oposição abstrata a tendências e disposições com as quais ele não quer mais conviver: o desânimo com o desempenho individual no trabalho e suas recompensas e a aposta no hedonismo do dinheiro fácil, dos vícios e dos prazeres imediatos. A narrativa triunfalista de Carlos depende também da oposição reativa às pessoas identificadas com o modo de vida que ele próprio deseja apagar de sua biografia. Assim ela se volta contra aqueles que aceitam o fracasso. Todos os desanimados com a competição social, os mendigos, por exemplo, teriam aceitado o destino do mal. A luta contra o mal, percebida como uma luta contra a falta de esperança que seu destino de classe insiste em trazer, a despeito de todos os esforços, é codificada numa estigmatização dos miseráveis que desistiram de resistir a esse destino e perderam suas esperanças.

Quando nós, expectadores ou leitores bem-informados de classe média, vemos alguém como Carlos como um "tolo", somos nós que estamos caindo no erro de condenar a adesão religiosa à Igreja Universal do Reino de Deus como fruto de uma tolice supersticiosa. O que atribuímos à "tolice" é na verdade o efeito de uma trajetória de classe em que apostar nos incidentes do acaso é a única saída para lutar de alguma forma contra o "mal", contra o rebaixamento social que essas pessoas articulam como efeito de forças metafísicas. A ilusão de que "tudo pode acontecer" é apenas um recurso necessário para quem vive numa condição social em que somente a aposta na sorte pode manter viva a esperança na possibilidade de fugir do "destino".

É preciso que o leitor de classe média perceba qual a densidade real de se estar imerso na necessidade de contar com a sorte na vida, o que é muito diferente de buscar socorro mágico em momentos de incerteza, mesmo os de incertezas enormes como as despertas pela ideia de morte, uma incerteza imensa, mas que, na prática, não nos ocupa por muito tempo durante a nossa vida. É preciso perceber que uma classe inteira de pessoas é condenada a precisar diariamente de fantasias para lidar com a dúvida perpétua do amanhã que se abate sobre a totalidade das suas vidas. Só assim podemos ver de fato como e por que alguém como Carlos é presa fácil dos jogos de sorte e azar. Isso significa, muito particularmente, romper com a ideia de que "o" brasileiro em geral é afeito à magia e à superstição. Tudo bem que pessoas de classe média também frequentem rituais de cura mágica. Mas, normalmente, essas pessoas estudam e planejam seu futuro sem contar com a sorte desses rituais. Só em situações extremas, mas que são cotidianas na vida de milhões de "Carlos", alguém de classe média encontra na cura mágica o mecanismo principal para lidar com os seus problemas.

Assim, se há uma crítica a ser feita à "cosmovisão" dos neopentecostais, essa não diz respeito a nenhuma tolice supersticiosa do pobre e muito menos do "brasileiro" em geral. Ela diz respeito aos limites e contradições dessa religião enquanto pretenso "mecanismo de resistência" diante de uma realidade adversa. Ela diz respeito ao fato de essas crenças, ao fim e ao cabo, individualizarem o desânimo e a ansiedade socialmente produzidos, reafirmando de um modo muito agudo, justamente entre os mais desfavorecidos, a própria fé no mérito individual que legitima toda a desigualdade que se abate sobre eles. Mas não haveríamos de exigir daquelas pessoas, cuja condição de fragilidade esperamos ter exposto com clareza, a postura crítica e a visão clara que caberia a pessoas privilegiadas por melhores condições de vida assumirem. Não cabe exigir dessas pessoas a tomada de uma consciência que apenas revelaria para elas um futuro sem chances. Cabe exigir de nós mesmos a compreensão da condição dramática dessas pessoas e uma atitude de coragem que recuse tanto o moralismo politicamente correto que proíbe que se veja a miséria como algo não apenas econômico, mas também moral, quanto o conservadorismo tacanho que culpa o pobre por sua própria condição ao vê-lo como "tolo" e "idiota".

CAPÍTULO 5
O TRABALHO QUE (IN)DIGNIFICA O HOMEM

Fabrício Maciel
André Grillo

Todo dia um ninguém José acorda já deitado;
todo dia ainda de pé o Zé dorme acordado.

Marcelo Camelo

A maioria dos brasileiros, de acordo com uma visão predominante no Ocidente, costuma achar que "todo trabalho é digno". Mesmo que signifique limpar o chão que alguém sujou, ainda assim é uma atividade vista como mais correta e bonita do que qualquer forma de roubo ou desonestidade. Se o trabalho é mesmo central em nossa vida, como assim parece, este texto é um convite para uma reflexão sobre o que ele realmente é para uma parcela significativa dos brasileiros, ou seja, aqueles que possuem ocupações precárias, que chamaremos aqui de "trabalho desqualificado".

Para começo de conversa, podemos nos perguntar por que algumas pessoas "se dão bem" e outras simplesmente "se dão mal" no mercado de trabalho. Bem, o que normalmente quase todo mundo pensa sobre o sucesso e o fracasso nessa dimensão tão importante da vida é que isso depende da capacidade e do desempenho individual. Mas por que será que nem todas as pessoas conseguem trilhar um caminho bem-aventurado em nossa sociedade competitiva, apesar de todas precisarem enfrentar tal desafio? O que será que acontece na vida real de milhões de trabalhadores brasileiros e faz com que algo saia errado em sua tentativa de sucesso pessoal? Isso é o que tentaremos analisar a partir de casos verídicos, como os que veremos agora.

Alberto é uma pessoa visivelmente simples, de temperamento brando e pacato. Seu olhar fugidio, amparado em uma postura sempre cabisbaixa, esconde algo mais do que um jeito tímido. Lavando e vigiando carros em uma área bastante movimentada no Centro da cidade, onde mora, ele vem há dez anos sobrevivendo com sua família sem a segurança de um salário fixo. Depois de trabalhar em inúmeras cidades e em ocupações diversas, ele resolveu parar ali, naquele ponto movimentado do Centro, pelo menos por um tempo. Casado, aos 30 anos, mora com a esposa e dois filhos em uma pequena e humilde casa nos fundos do quintal de sua mãe, onde também vivem um irmão casado e uma irmã casada, algo comum num bairro de extrema periferia.

Sua aparência não pode negar sua condição de classe precária, muito menos sua inserção no mercado de trabalho desqualificado. Atravessar ruas movimentadas carregando imensos baldes transbordando água, espremendo-se entre um carro e outro ou entre as pessoas que passam na calçada, a fim de dar conta dos carros a lavar no tempo requerido pelos clientes, é tarefa cotidiana suficiente para a aquisição de um cansaço nítido em sua aparência.

Às vezes de boné, disfarçando levemente a face tímida e envergonhada, outras não, sempre de camiseta, bermuda e chinelo, ele porta geralmente um traje prático para seu tipo de trabalho. Seu andar meio desengonçado, balançando de um lado para o outro, deixa bem claro que não há lugar para preocupação com a postura em sua condição social. O corpo parece bem-treinado para se adaptar à imprevisibilidade do cotidiano de quem sempre foi descartado pelo mercado de trabalho qualificado. Sua fala prática e objetiva, sustentada por um tom de voz meio cantado, além de um jeito brincalhão e risonho exprimem bem a habilidade de "não jogar conversa fora", típica de quem sente na pele a verdade do ditado "tempo é dinheiro".

Todos os dias, por volta das 7h30, Alberto pega sua companheira de tantos quilômetros, uma velha bicicleta, e se lança nas ruas movimentadas de sua cidade em direção ao trabalho. Nesse horário, é fácil ver inúmeros "Albertos" tomando o mesmo trajeto turbulento, na mesma condição – lavadores, pedreiros, vendedores ambulantes ou, simplesmente, desempregados, procurando por algum improviso, como as "armadas de desarmados", dispostos a fazer tudo por não saberem fazer nada, identificados por Pierre Bourdieu em contexto periférico semelhante na Argélia.[1] Muitas vezes, ao chegar a seu ponto de trabalho, ele aguarda uma hora, quem sabe duas, pela entrada de algum trocado, e então toma sua primeira refeição no dia, às vezes um pão com mortadela, noutras um salgado. Contar com a sorte é normal em seu dia a dia. Na hora do almoço, o mesmo ritual do imprevisível por vezes acontece.

Seu bairro, bem afastado do Centro, é conhecido como um dos mais miseráveis e perigosos da cidade. A infraestrutura é péssima o suficiente para desafiar qualquer ideia de cidadania e dignidade. Sua casa, nos fundos do quintal de sua mãe, exprime um cenário predominante em seu bairro: o muro meio despedaçado, o portão velho quase caindo, a casa da frente um pouquinho melhor, mas não muito, o que sugere apenas uma diferença quantitativa no número de anos de esforço para acumular tijolos abrigados por um reboco fraco, feito de materiais baratos, que vai

---

1 Pierre Bourdieu, *O desencantamento do mundo*, São Paulo, Perspectiva, 1979.

sucumbindo gradativamente à força do tempo, sem contar com nenhuma restauração. Por fim, lá no fundo, escondida atrás da casa dos pais, está a de Alberto, tímida, dois cômodos, baixinha, o chão em nível um pouco abaixo do quintal.

A porta e as janelas, de madeira, malfeitas, são suficientes para cobrir os buracos de entrada e oferecer uma segurança mínima. Os móveis são simples e poucos, porém muito limpos e arrumados, pois a "dona da casa", sua esposa, que não trabalha fora, dedica todo o tempo ao lar e às crianças. O quarto é separado da cozinha por uma cortina, detalhe marcante de casas pobres, o que não permite privacidade à vida íntima do casal, mesmo porque os filhos dormem juntos no quarto. Os efeitos das disposições (modos de pensar, agir, sentir) incorporadas nesse tipo de ambiente mostram-se em toda a sua força, como veremos, quando se deparam com as exigências do "mundo lá fora", na escola e no trabalho.

À primeira vista, Alberto teve uma base familiar bem tranquila. Quando criança, reinou em seu lar uma relação harmoniosa, respeitosa e amistosa entre todos. Seu pai não bebia, tomava as rédeas da educação, e seu único "defeito" era controlar o comportamento dos filhos com "mão de ferro". Às vezes os pais brigavam, o que é para ele normal, mas nada compartilhavam com os filhos, que apenas percebiam algo estranho no ar. Uma curiosa ausência de detalhes sobre a mãe é marcante em sua narrativa, o que talvez se explique pela predominância firme e autoritária do pai em todas as decisões. Isso parece fundamental para a aquisição dos bons costumes que afirma portar e dos quais sente orgulho. Seus irmãos, também lavadores, um de 25 e outro de 23 anos, parecem não discordar de tal postura. Vejamos aonde isso nos leva.

"NÓS QUE DEMOS MOLE"

Esse cenário de harmonia muda quando Alberto pensa no rumo que sua vida tomou na escola e no trabalho. A explicação para o abandono prematuro da escola e a inserção desqualificada no mercado de trabalho parece muito clara: "Falavam pra eu estudar, pagavam até colégio particular pra mim, nós [incluindo os irmãos] que demos mole, agora nós temos que pagar as consequências." Aqui, a característica pessoal e o sentimento central que parecem definir todo o rumo tomado por sua vida se apresentam de mãos dadas: intenção e culpa.

O pacote pronto que recebemos em nossa educação formal familiar inclui, além do incentivo à educação, um comportamento socialmente considerado bom, digno e honesto. Com Alberto não foi diferente: "Nós dá conselho, 'ó, isto é errado, se *quiser* fazer nós não pode fazer mais nada' [se referindo à fala dos pais], aí fica na consciência deles, fica na consciência." A ideia predominante é que cada pessoa precisa querer aprender o que os pais aconselham, decidir por si mesma que aquilo é bom, o que depende de se compreender bem o que é ensinado, a fim de pôr em prática, como diz o ditado, "por sua própria conta e risco". Essa educação primária é fielmente reproduzida agora no lar de Alberto, conforme fala sua esposa com os filhos: "Se você crescer amanhã ou depois e aprender alguma coisa que não é certa você não vai me culpar." Assim, a ideia de responsabilidade pessoal se apresenta como a única fórmula de sucesso na vida.

À primeira vista, a família de Alberto é mais harmoniosa do que a maioria da ralé. Os pais viveram juntos até a morte do pai, não tiveram problemas com drogas e alcoolismo, nenhum filho ladrão e nenhuma filha prostituta. A preocupação com uma conduta honesta sempre esteve na ordem do dia: "Não mexe nas coisas dos outros, não desrespeite os mais velhos, não briga na rua, não mexe com mulher do outro, pede, mas não rouba." Diante desse quadro familiar minimamente organizado, que apresenta para os filhos um considerável padrão moral como único recurso familiar a transmitir e assim o único legado a seguir, levando em conta os poucos recursos econômicos e culturais, uma questão permanece intrigante. O que tirou Alberto e seus irmãos do caminho do sucesso escolar e profissional para uma inserção fracassada no mercado de trabalho desqualificado?

Vejamos a narrativa de famílias com poucos recursos econômicos e culturais. Parece que a moral é a única coisa realmente sólida que se tem a deixar como legado – isso quando se trata de uma família minimamente organizada como a de Alberto. Além de aspectos comuns de nossa moralidade cristã, ele recebeu mais instruções sobre o que *não deveria ser* na vida do que propriamente sobre o que *deveria*. Sua narrativa, assim, parece ser montada em relação comparativa a um tipo de gente considerado ruim por nossa moralidade, e não na expectativa de se tornar uma pessoa bem-sucedida na escola e no trabalho. Sua preocupação central deveria ser se afastar o máximo possível do tipo mais derrotado, aquele que lança mão da desonestidade e do desrespeito como formas assumidas de vida, tendo sempre muito claro de quem é a culpa de tais "escolhas". Assim, a narrativa do que "não ser", em vez do que simplesmente "ser", aparece como o traço mais marcante do legado familiar transmitido de pai para filho pelas classes carentes de recursos econômicos e culturais. As condições sociais aqui favorecem muito mais um jeito passivo do que ativo de se viver em sociedade.

Para ficar mais claro, devemos lembrar que todas as sociedades possuem metas sociais para seus indivíduos, que aprendem desde criança a julgar como boas, justas e corretas. Por isso somos o tempo todo avaliados pelas outras pessoas de acordo com nossa capacidade de alcançar essas metas. Assim, não é difícil entender por que famílias derrotadas nessa busca sentem que a única "opção" é tentar se afastar dos últimos lugares da "fila moral" de vencedores e derrotados. Em poucas palavras, tais metas sociais resumem-se ao sucesso pessoal no mundo do trabalho.

Essa dinâmica depende do funcionamento de instituições modernas, como a família e a escola, tanto para a reprodução de objetivos sociais considerados bons, justos, honestos e dignos quanto para o desenvolvimento de pessoas capazes de trilhar tal caminho. Trata-se de uma capacidade de autocontrole e cálculo sobre o futuro indispensável para o sucesso no mercado. É assim que "funcionamos" na sociedade do mérito. O que precisamos entender é por que certo tipo de gente (a ralé como um todo) não se enquadra no perfil privilegiado pela lógica da competitividade, bem como um outro tipo, que coincide em grande parte com o primeiro (a ralé delinquente), não se enquadra nos padrões do que é considerado honesto, moralmente limpo e digno. Nestes últimos casos, os considerados "delinquentes" de nossa sociedade são os ladrões, os traficantes, os vagabundos e as prostitutas. A narrativa do que "não ser" é reproduzida na repulsa e no distanciamento deles. De modo que a questão inevitável é: que "limbo moral" é esse, vivido por pessoas cuja trajetória consiste em uma luta constante contra um "rebaixamento", numa metáfora do futebol, mas jamais saindo da "zona de perigo"? Tal é a condição social de trabalhadores desqualificados como Alberto, que ocupam o último lugar na fila do que é considerado digno em nossa sociedade do trabalho.

Em determinado momento da vida, que geralmente chega cedo, essas pessoas sentem na pele que sua realidade de classe oferece apenas duas opções: o caminho "torto" do crime e da violência, como disse um vizinho de Alberto, ou a fuga constante desse caminho pela trilha do trabalho desqualificado, último da fila da dignidade. O motivo: a sociabilidade familiar não permitiu a aquisição das habilidades emocionais e cognitivas necessárias ao sucesso na escola e no trabalho. Esse é o drama moral que podemos ver em uma impressionante história vivida por Alberto e seus irmãos, no momento em que se encontraram no limiar entre a delinquência e a dignidade (ver quadro 1).

QUADRO 1 – DIGNIDADE OU DELINQUÊNCIA? UM PERIGOSO LIMITE

> "Uma vez, vindo do Rio, tinham roubado o posto [de gasolina] um dia antes, o cara cismou com nós, puxou a arma e aí abriu a mala e queria 'passar o cerol' [matar] em nós. É que o cara tava achando que foi nós que roubou o posto, e nós paramos lá pra arrumar carona, naquele dia foi Deus mesmo, se não nós não tava aqui contando essa história (...). Nós sentimos que nós ia morrer, o maluco com o maior pistolão na mão, o maluco sinistro pra caramba. Mas depois fui lá, quando eu trabalhava no lixeiro, comer um salgado, aí eu disse pra ele: 'Lembra de mim, que você queria matar nós? Eu não sou ladrão não, sou trabalhador', tava todo uniformizado. Bebi um refri, aí tirei a maior onda com ele."

O episódio exprime bem o valor que um emprego, mesmo dos mais desqualificados, exerce na vida de um trabalhador honesto: ele é o principal signo distintivo, a maior marca de sua condição de não delinquência. É uma proteção moral, uma espécie de colete à prova de maiores humilhações, sendo o fato de ser confundido com um ladrão a maior delas. Provar que não é um bandido, exibindo seu emprego, uniformizado, é uma "carteirada moral" fundamental para seu bem-estar e segurança e, ao mesmo tempo, um motivo de orgulho de quem pode provar que escapou do último lugar da fila em nossa moralidade: a condição de ladrão, no caso dos homens.

O fato expressa também a concepção de felicidade sustentada por quem vive limitações materiais, porém acredita ter feito a "escolha" mais digna e limpa. Ele se considera um cara "tranquilo", e a relação dessa avaliação pessoal com a condição de trabalhador honesto não é mera coincidência. Sua ideia de felicidade é intimamente ligada à sua noção de destino. Conforme definido por Francisco, seu vizinho, também lavador: "Nós não somos de família *diferente*. Cada família tem uma pessoa meio torta na vida, meio complicada, mas tem gente que, passa o que passar, não procura isso não." Em sua leitura fantasiada do mundo, sua vontade pessoal predomina sobre as condições sociais de sua classe. Sua fala reúne uma concepção de destino, bem-estar e felicidade bem confusa, em que existe vontade pessoal querendo prevalecer mesmo diante da incerteza do cotidiano.

A noção de "tranquilidade" é uma defesa diante do delinquente que não querem ser, cuja marca principal é a valentia e a agressividade sem limites do bandido. Isso é o que "segura" o trabalhador honesto, para não se revoltar contra sua condição de desqualificado e de privação material. Como diz Francisco: "Eu sou um cara muito tranquilo, eu não me revolto com pouca coisa não", com a voz altiva de quem tem orgulho de sua "escolha" e a certeza de que é a melhor. A escolha em jogo é entre a morte moral evidente, seguida da morte física, precedida por uma vida curta de poder e conquistas materiais, e a ilusão de uma vida moralmente digna, paralela a uma vida física de privações e justificada pelo valor inquestionável da dignidade, recompensada pela ilusão da vitória moral e da felicidade, por não se render ao caminho mais provável oferecido por seu destino de classe.

Apenas estar vivo, sem apelar para o roubo, já é visto como grande vitória. "Eu me sinto feliz um dia ganhando mais, outro menos; mesmo assim eu sou feliz, pra mim o que manda é eu estar com saúde, o resto a pessoa conquista" (Francisco). Assim, a felicidade se resume à sobrevivência e integridade do corpo longe da delinquência. Isso explica a saúde como prioridade. Conforme disse Alberto: "Nós somos pobres, mas temos nossa dignidade, nós são tranquilão." A dignidade significa simplesmente escapar da delinquência. A conduta tranquila precisa estar sempre associada à condição de trabalhador honesto e digno, pois é o melhor antídoto à conduta violenta e agressiva da bandidagem. Quando surge esse tipo de conduta entre os honestos, geralmente a culpa é atribuída à bebida, sendo uma tristeza um honesto ser contaminado pela delinquência.

Que a vida facilita mais para alguns do que para outros é algo claro para Alberto: "Desde que o mundo é mundo é assim." Porém, a fuga da delinquência é reativa, ancorada no medo de ser pior do que já é. Por isso, a esperança é a última que morre, mesmo porque é dela que depende a sobrevivência do corpo. Como diz Francisco: "Basta querer fazer alguma coisa, ter força de vontade." A verdade nua e crua é que não pode haver lugar para desânimo na vida de quem está, desde que nasceu, na corda bamba, na beira do abismo, onde um passo em falso significa se transformar rapidamente no que é mais repugnante em nossa sociedade: um delinquente ladrão e drogado. Mesmo assim, Francisco diz: "Com dinheiro no bolso ou não eu quero ser feliz." Sua concepção de felicidade parece resumir-se a sensações de alegria momentâneas. No geral, sobressai uma concepção fragmentada da trajetória da vida, típica de quem não teve, desde a infância, uma narrativa articulada, ou seja, um incentivo muito claro, para conquistas graduais. Assim, tudo pode explicar os fenômenos específicos de sua vida: Deus; o acaso – podemos escolher, mas não temos certeza de que nossas escolhas serão respeitadas. A verdade é que a "felicidade" e a disposição para enfrentar a vida têm sua origem no desespero contido de não descer mais um degrau em nossa escada do sucesso e do fracasso.

No entanto, o desespero é amenizado quando se olha ao redor, numa dinâmica em que se busca o tempo todo exorcizar o fantasma da miséria. Por exemplo, Francisco nunca tentou concorrer a uma casa popular oferecida pelo governo do estado do Rio de Janeiro, e sua explicação exprime bem a dinâmica de nosso sistema de classes: "Nós precisamos, mas, se você olhar pra frente, você vê que tem gente que precisa bem mais do que você ainda." Isso é a construção relacional do último da fila. Um "sacrificado", termo familiar à ralé, sempre conhece alguém pior do que ele, e assim agradece a Deus por seu lugar no mundo.

O pavor de descer para o primeiro degrau da delinquência, o do tráfico, no caso dos homens, com seu equivalente feminino na prostituição, ou mesmo para o segundo, o dos ladrões, é bem nítido diante do quadro de opções apresentado pelo cotidiano do bairro violento, cheio de "bocas" de tráfico, onde vivem. Muita gente usa droga lá, sendo a maioria da ralé, que consome as mais baratas como a maconha e o crack, e estes ainda são melhores do que os ladrões, segundo eles, não perdoados nem pelos traficantes. Afinal, os ladrões são, ao lado dos mendigos, os únicos que rompem completamente com os acordos morais da sociedade meritocrática. Mas o ladrão é ainda pior, pois sua postura vai além de um protesto mudo, chegando a agredir as conquistas materiais, em um gesto simbólico contra o valor moral de conquistas dignas. Por isso toda a preocupação desses rapazes se resume em não descer para o degrau do tráfico. Ser um ladrão, então, nem pensar.

Diante de tal quadro, ter um emprego fixo é sinônimo de tranquilidade. A segurança é bem mais do que material, como na história em que Alberto e seus irmãos foram confundidos com ladrões. Um serviço fixo, por pior que seja, assegura a não delinquência, oferecendo o mínimo para a sobrevivência do corpo e garantindo um bem-estar social para a alma, pois é a principal meta da narrativa do que "não ser". Só assim se firma um lugar no último degrau da dignidade, ou seja, na condição de trabalhador honesto, apesar de desqualificado.

"É UM POCANDO[2] A CARA DO OUTRO"

Precisamos lembrar agora que não só de narrativa vivem as pessoas. Se há um tipo humano, o disciplinado, que ocupa no mercado de trabalho os melhores lugares, é preciso pensar como as habilidades para tal privilégio são adquiridas na prática. Na verdade, a dimensão mais eficaz do aprendizado social é exatamente aquela que opera em nós sem que notemos. Trata-se de tudo que aprendemos espontaneamente, em nossa experiência pessoal, a partir de nosso corpo, como aprender a falar e andar, por exemplo, até habilidades mais refinadas, como saber se comportar em uma entrevista de emprego. Mais do que aquilo que escutamos, é na prática que encontramos (ou não!) o caminho do sucesso e, nessa inevitável jornada, o ambiente familiar é fundamental. Como ilustra bem a história de Alberto e muitas outras, se é na família que escutamos pela primeira vez o que é certo e bom, é também lá que sentimos na prática o que os "bons costumes" significam. E se uma família se encontra sempre na "zona de rebaixamento", não parece nada fácil, apenas com o incentivo comum a todos (ir à escola, não mexer em nada de ninguém, ter um trabalho digno etc.), romper a sutil, porém sólida, barreira do fracasso, ou seja, identificar a bifurcação que, logo no início da vida, quando adquirimos os aprendizados mais marcantes de nosso corpo, define em grande parte os caminhos do sucesso e do fracasso.

Isso é o que parece sugerir o tipo de aprendizado de classe vivido tanto por Alberto, em sua infância, quanto por seus filhos agora, uma vez que o espelho da vivência familiar não falha de uma geração para outra. É muito comum transmitirmos para os filhos valores e práticas semelhantes aos que adquirimos dos pais. Apesar de ser um homem educado e tranquilo, nem tudo são flores no comportamento de Alberto. Alguns

---

2 Rebentando, machucando.

de seus traços negativos vêm à tona apenas quando sua esposa entra em cena, apresentando reclamações acerca da relação do marido com a casa e com o cotidiano, que, à primeira vista, não mostram a dimensão das consequências para a educação dos filhos e para a perpetuação de um modo de vida desqualificado. "Eu fico em cima dele senão (...) *poca o coro*, chega de manhã" (referindo-se às noitadas de Alberto). "Tem até que falar que vai embora..." (referindo-se à chantagem emocional que precisa fazer na tentativa de mudar os maus hábitos do marido).

De repente, o bom pai preocupado com os filhos se transforma em mau exemplo. A principal herança que Alberto poderia deixar para seus filhos é algo que não está ao alcance de sua vontade: o legado da disciplina. Basta lembrar que seu razoável desempenho escolar na infância dependeu da disciplina rígida e de frágil comunicação da mão de ferro do pai. Quando este faleceu, a mola pressionada, ou seja, um corpo educado muito mais pela rigidez muda do que pelo entendimento e aquisição espontânea de habilidades, saltou ao encontro do destino reservado para os corpos que jamais puderam conhecer o autocontrole. A disciplina é a disposição corporal mais importante para uma boa inserção e um bom desempenho no mercado, pois sem ela é impossível a concentração exigida na escola, e com isso o desenvolvimento de habilidades emocionais e cognitivas que possibilitem interesse espontâneo pelos estudos. Isso aconteceu também com Francisco, cuja família destruída por um pai alcoólatra e violento impediu qualquer possibilidade de disposições para a concentração na escola. "Não me concentrava nas aulas, aí ó, fui repetindo [o ano letivo] direto, direto."

Mesmo assim, Alberto é considerado um bom pai e marido, pois a ausência de seu exemplo de disciplina jamais é percebida, uma vez que, no senso comum, o que vale mesmo é a intenção das pessoas. "Porque ele não é um marido que me deixa passar necessidade dentro de casa, nem meus filhos, tem amor muito grande por eles." A única coisa que falta na avaliação da esposa sobre ele é a regularidade para conduzir os assuntos familiares. De resto, ela está tranquila e satisfeita; afinal, ele não é um delinquente, tem um trabalho considerado "digno", se excede na bebida, mas não comete violência contra a família, ou seja, é apenas um rapaz de bem um pouco relaxado com seus compromissos, o que não é o pior mal para a ralé.

Parece que seu pai era um homem íntegro, que deu educação e exemplo, fazendo com que os filhos não se tornassem rebeldes agressivos. No entanto, o ponto em questão é que, ainda assim, mesmo se tratando de uma família tranquila e honesta, sem a marca generalizada do alcoolismo violento, faltou o essencial: um legado de disciplina e de intimidade e amor ao conhecimento. A sina se repete com Alberto e seus filhos agora.

Como se não bastasse, não se encontram na escola ares favoráveis à disciplina, pois lá estão os outros filhos da ralé, reproduzindo o comportamento adquirido em casa. "É um pocando a cara do outro dentro do colégio, pai já entrou dentro de sala pra bater em aluno (...) e eles chegam em casa tudo nervoso." Esse triste cenário apresenta em toda a sua voracidade o que é a escola frequentada pelos filhos da ralé: um encontro cotidiano de crianças emocionalmente destruídas. Se restava aos filhos de Alberto algum potencial emocional e cognitivo para a aquisição do autocontrole corporal, fundamental para o sucesso na sociedade do mérito, este foi rapidamente devorado pelo espírito de violência vivido na escola.

Como pode uma criança pôr em prática princípios morais, como o respeito e a honestidade, se quando chega a seu primeiro ambiente de socialização fora do lar logo confirma, da forma mais traumática possível, tingida de sangue, a lógica do "cada um por si"? E isso quando tal encontro com a verdade não chega logo em casa, como parece ter sido com Francisco. Como podem esses meninos conceder credibilidade ao que escutam de sua mãe, quando na prática logo sentem que o que prevalece é o contrário? Essa percepção da incoerência do mundo é o que logo cedo os coloca diante da bifurcação fatal que marca a trajetória da ralé: ser honesto ou delinquente.

    O quadro se completa com a total ausência de autoridade escolar sobre a confraternização do descontrole. Os agentes educacionais sucumbem diante das condições sociais, reproduzindo assim a má-fé institucional. "E o porteiro fica só olhando." A lógica educacional moderna não estimula o desenvolvimento de potencialidades individuais, mas funciona como um sistema de vigília e padronização muda dos comportamentos. Se o encaixe em tal sistema depende de um corpo domesticado, como notou Michel Foucault, não é difícil visualizar o choque de estímulos vivenciado por crianças emocionalmente destruídas diante de um contexto disciplinar estranho a seus impulsos. O resultado não poderia ser outro: um choque completo de sentido, um sentimento de desencaixe e de não pertencimento e, consequentemente, uma atitude violentamente reativa. Essa é a segunda grande barreira encontrada pelos filhos da ralé na adaptação ao mundo da disciplina, sendo a própria família a primeira.

    Diante de uma sociabilidade brutalizada, só resta o desespero de uma mãe quanto ao futuro dos filhos. Seu pressentimento de classe não esconde que a beira do abismo é logo ali, e que qualquer vacilo pessoal ou mesmo uma ironia do destino pode ser fatal. "Desejar" o caminho dos estudos para eles, sem ser o exemplo de tal "escolha", bem como ensinar a honestidade e a dignidade, é o máximo que pode fazer, quando percebe que o espectro do fracasso e do sofrimento ronda seus corpos diariamente. A despeito de ser honestos e tranquilos, ambos sentem que o destino luta muito mais em favor do fracasso que do sucesso de seus filhos. Esse é o panorama geral da experiência do que "não ser": o que não se *deve* ser é bem claro, mas o que se *pode* ser só pertence a Deus e ao acaso.

    Isso é inegável quando ela fala sobre seu maior medo quanto ao futuro: "Medo mesmo, do jeito que o mundo está aí, é que amanhã ou depois eles cresçam, virar um rapaz, e querer assim se envolver com drogas, traficante, e por aí vai, né." Em resumo, o maior medo consiste em ver os filhos rebaixados à segunda divisão da ralé, definida pela completa morte moral e, quem sabe, pela morte física em seguida. Alberto sabe bem o que é isso, pois sua infância não foi diferente. Se os filhos vão conseguir escapar do rebaixamento maior como ele até agora escapou, só o tempo pode dizer. "Aí é que eu não sei, né, aí tá nas mãos de Deus."

O conjunto de condições sociais e disposições contrárias à formação de um corpo disciplinado começa dentro da própria casa, espaço físico, moral e simbólico por excelência da construção dos hábitos mais espontâneos. Os meninos (um com 9 e outro com 7 anos) não possuem ainda um quarto separado, dormindo com os pais, que acreditam que os meninos nada percebem do que acontece na intimidade do casal. Como podem essas crianças desenvolver respeito pessoal e pelo próximo? Isso depende de uma disposição espontânea para a preservação da própria privacidade, bem como de saber identificar os limites que invisivelmente ditam a forma correta de cada passo a ser dado no mundo. Desde sua lembrança mais remota, esses meninos nunca tiveram um espaço estritamente pessoal.

Uma experiência ausente de autonomia pessoal possibilita uma atitude no mundo que não seja reativa, uma vez que tal experiência ensinou ao corpo todo o oposto de se controlar em seu próprio espaço, físico e moral? É possível, com isso, haver alguma noção de espaço moral equilibrada, algo fundamental para uma inserção valorizada no mundo do trabalho totalmente formatado pela disciplina e pelo autocontrole? Assim, os hábitos da indisciplina incorporados são o próprio fracasso já incorporado desde a mais tenra infância. Em resumo: indisciplina e fracasso são sinônimos, independentemente da vontade pessoal.

A infância de Alberto não foi diferente. Apesar de afirmar que seu pai sempre foi um sujeito bom, que lhe deu a devida educação e atenção, ele deixa escapar nas entrelinhas da narrativa positiva que faz de sua infância (na qual fantasiosamente ele nunca afirma claramente alguma falha ou defeito dos pais) que a condição material precária não permitia muito tempo para o convívio entre pai e filho. A família era grande, mulher e sete filhos, e o pai, que precisava trabalhar muito para sustentar tantas bocas, quase não tinha tempo para conversar com cada um. Alberto sabe muito bem que ele mesmo, com apenas dois, já não dá conta o suficiente do recado.

Mesmo assim, ele tenta passar à frente os valores morais recebidos, sem notar que o exemplo vivo de seu corpo disputa com cada palavra bem-intencionada que sai de sua boca a educação dos meninos, em cada gesto cotidiano. "Esses dias eu tava guardando areia e eles querendo me ajudar, 'deixa eu encher o carrinho, papai', 'enche aê' [diz Alberto], enchia de sacanagem [Alberto querendo dizer que eles estavam fazendo aquilo de brincadeira, quando na verdade a 'sacanagem' implícita aqui é que a 'brincadeira' está ajudando a definir o destino dos meninos] e trazia, 'é isso aí' [Alberto]. Falam que quer ser bombeiro, e eu falo que tem que estudar muito, eu incentivo." É gritante o choque entre o dito e o praticado, pois as disposições adquiridas pelos meninos, no contexto que mistura descontração e responsabilidade na sociabilidade cotidiana com o pai, são muito mais para o trabalho braçal do que para a intimidade com os estudos. Isso é bem claro para a mãe dos meninos:

> No meu modo de pensar, primeiro lugar eu falo, eu quero que vocês [os meninos] estudam, que é coisa que eu não tive, aprendam uma coisa boa na vida, pra amanhã ou depois você ter um emprego bom, porque ele fica sempre falando pro pai dele "Ah, quando eu crescer eu vou lavar carro que nem você".

Aqui fica claro na fala de um dos meninos qual disposição está vencendo a disputa por seu corpo.

A relação pessoal com o fracasso e com a indisciplina não é muito clara, e isso é fundamental para a reprodução da desigualdade. O que acontece é que todas as sociedades possuem explicações espontâneas acerca de sua história e de seu cotidiano, o que se pode compreender vagamente com a ideia de "senso comum". Todas as sociedades possuem explicações imediatas para a organização material e simbólica do mundo, conforme surge aos nossos olhos. Tais explicações imediatas podem ser entendidas como ideologias, ou seja, como conjunto de ideias facilmente acessíveis à consciência comum que, não treinada para olhar com mais calma e atenção para o funcionamento da vida cotidiana, se contenta rapidamente com a aparência de verdade, ou seja, com meias verdades, espontaneamente apresentadas por qualquer realidade social. Que ideologias são essas, bem como seu efeito enganador sobre nossa sociedade, o que significa, por isso mesmo, um efeito conservador, é o que podemos ver a partir de agora através dos olhos de Alberto.

"TEM QUE TER DIGNIDADE"

A primeira impressão que geralmente temos sobre o mundo é econômica. A má distribuição de renda é a primeira coisa que vem à mente quando se fala em desigualdade. Assim, é normal que uma pessoa comum, que provavelmente não parou para pensar muito no assunto, entenda seu lugar no mundo a partir dessa imagem imediata da sociedade.

Se a sociedade realmente contém valores resumidos em ideologias, ou seja, em compreensões aparentemente prontas, porém incompletas e superficiais sobre o mundo, parece que o trabalho é uma das mais importantes, pois é em torno de sua função organizadora que Alberto justifica nossa desigualdade. O que parece justo em sua visão não é apenas que todos ganhem dignamente seu sustento pelo suor de seu rosto, mas também que tenham oportunidades reais para fazê-lo, o que sugere não se tratar apenas de uma questão de desempenho individual, mas da dependência de algo externo à ação pessoal. "A pessoa sem serviço fica sem dignidade, tem que ter dignidade, fica dentro d'água [em condições precárias], tá doido, ter que depender de alguma coisa."

Enquanto fala de sua situação material precária, o sentido de dignidade (outro valor central) aparece diretamente relacionado à possibilidade de autossustento. Pedir algo ao próximo é o nível máximo de humilhação social, pois significa a incapacidade de fazer o mínimo exigido pelos acordos do mundo moderno do trabalho, uma vez que fica nítida sua incapacidade de provar que é útil para a sociedade. Não por acaso, ele acha que ter "condição" é central para ter respeito e ser tratado como igual a todos. O que é isso, se não um lugar social confortável proporcionado apenas por um trabalho valorizado?

Para Alberto, é a posse de bens materiais que prova a condição e o *status* de alguém. No entanto, ao falar de dignidade, surge seu verdadeiro sentimento. Ele se sente discriminado na condição de menos capaz de alcançar metas de consumo e um padrão de vida socialmente considerado bom, o que inclui não só a posse de bens materiais, mas todo um modo de vida, determinado pelo porte de um conjunto bem-definido de habilidades específicas, típico da lógica meritocrática do capitalismo em que vivemos.

Muitos lavadores de carro chegam a ser insistentes na oferta de seus serviços, numa luta diária pela sobrevivência. Essa situação é emblemática do nível de humilhação social a que esses homens chegam para tentar viver com o mínimo de dignidade que acreditam ser concedida pelo trabalho. Conforme nos diz Francisco: "O trabalho é essencial na vida do homem. Se a pessoa não tem um trabalho, pra mim eu não sou ninguém." O valor do trabalho digno é, assim, um critério fundamental para se considerar merecedor da vida.

Mas, para um desqualificado, a dignidade significa um desafio. Diante do fato cotidiano de que as pessoas geralmente não olham em sua face, Alberto diz: "Eu finjo que sou até invisível." Renunciar conscientemente à condição de visibilidade social é um limite que só ocorre quando se percebe, diante do outro, que sua condição não oferece nenhuma possibilidade para almejar aparecer. Isso é tão traumático e humilhante que só resta querer se esconder, quando não se pode competir com reais chances de vitória. Assim, parece que "perder de W. O.", como se diz no futebol,[3] dói menos do que perder de goleada.

Tal atitude de reverência aos vencedores é afinada com a noção de justiça em jogo.

> Porque a profissão dele é mais do que a nossa. Estudar é justo, porque estudando você já vai ter um serviço bom. Ele não tem culpa não, ele plantou o que colheu, no caso ele estudou, estudou, correu atrás na faculdade, pra ele conseguir aquilo ali, ele fez por onde pra conseguir aquilo [Francisco].

Aqui, fica claro o papel do conhecimento escolar na reprodução de uma hierarquia muito bem-definida: as ocupações relacionadas ao conhecimento escolar formal são valorizadas em detrimento daquelas restritas ao corpo. Ao mesmo tempo, a ideologia do mérito atribui aos vitoriosos o fato de terem cumprido o acordo de valorização dos estudos, omitindo como conseguiram fazer isso.

É fundamental aqui a conexão entre respeito, condição e dignidade. Ela é a prova de que uma posição privilegiada na hierarquia moral do trabalho é um critério central para que as pessoas sejam respeitadas, o que

---

3 Circunstância na qual um time não entra em campo para cumprir uma partida agendada, e assim a vitória é automaticamente conferida ao time adversário que cumpriu o compromisso de entrar em campo.

significa ser consideradas naturalmente pelos outros como úteis e de valor. Esse respeito é indispensável para o bem-estar pessoal, além de assegurar na prática os direitos e o respeito formal da cidadania.

Não é à toa o desinteresse generalizado dos desqualificados pela política. Como não puderam incorporar nenhuma autonomia pessoal, só resta esperar pelo assistencialismo, e isso principalmente na geração de empregos. Como tal expectativa é sempre frustrada, são compreensíveis sua insatisfação e seu descaso. Isso ilustra bem a condição de "tranquilos". Por serem corpos passivos desde a sua constituição familiar, essas pessoas tornam-se presa fácil da ideologia da brasilidade, que louva um comportamento descontraído e avesso a qualquer forma de conflito, mesmo que signifique o interesse pela defesa dos próprios direitos.

O poder da ideologia do mérito e do desempenho pessoal se reflete também na concepção sobre a política. A única maneira na qual Alberto consegue se imaginar dentro da política é como um super-homem que resolveria em um estalo de dedos todos os problemas dos pobres, num gesto nobre de boa vontade. É claro que é isso que ele espera dos governantes. O grande problema para a cidadania e a democracia, como consequência, é que a percepção da política é fragmentada ao nível individual. É impossível percebê-la como um assunto de construção coletiva.

No geral, o que precisa ficar claro é o seguinte: a sociedade do mérito pune severamente todas as pessoas que não se enquadram em seu perfil preferido, reservando para estas os piores lugares na hierarquia moderna do *status* e da dignidade. O que está em jogo, na verdade, sem que paremos para pensar nisso, é uma luta constante, entre todas as pessoas, pelo reconhecimento de seu valor prático na sociedade do trabalho. Por que apenas alguns conseguem provar esse valor e muitos outros não é algo que só podemos entender se admitimos que a dignidade do trabalho é apenas um rótulo genérico, e que na prática algumas ocupações são mais dignas do que outras.

Como já se pode ver, a construção dessa desigualdade é sutil. As ocupações braçais, que dependem muito pouco ou, na maioria dos casos, quase nada do conhecimento da escola, são estigmatizadas o tempo inteiro simplesmente porque podem ser feitas por qualquer pessoa. Assim, a pergunta que sempre é silenciada na cabeça de milhões de brasileiros, trabalhadores desqualificados, é: quem sou eu, que valor eu tenho, se posso ser substituído por inúmeros iguais a mim, caso abandone minha ocupação neste momento? Dito de modo simples, a resposta, também calada, é: eu sou ninguém em minha sociedade. Essa realidade também foi encontrada por Bourdieu no contexto da Argélia citado no início.

Nós gostaríamos de estar exagerando, cara leitora, caro leitor, mas infelizmente não é o caso. Uma prova simples disso sai da boca do próprio Alberto, quando conta o quanto fica contente com os clientes que fazem questão de cumprimentá-lo com um aperto de mão. É assim que um gesto simples de respeito entre pessoas iguais se transforma em um ato de generosidade por parte dos vencedores bem-intencionados diante dos derrotados. Sua falta de valor também é evidente quando ele relaciona uma concepção de desprezo com a desvalorização monetária de seu trabalho. O que está sendo dito é o seguinte: quando os clientes querem pagar uma quantia ínfima pelo serviço prestado, eles estão simbolicamente dizendo que aquilo é o quanto aqueles trabalhadores realmente valem.

Ainda assim, mesmo sentindo na pele sua desvalorização, Alberto, na prática, não discorda da realidade que o pune, apesar de não fazer a menor ideia disso. Afinal, ele sonha em mudar de vida, arranjar algo melhor e, quem sabe, até mesmo voltar ao seu antigo ponto de trabalho "tirando onda" com todos aqueles que um dia praticaram e presenciaram sua humilhação. Pensando ilustrativamente: se todos querem ter escravos, mesmo os próprios escravos quando libertos, como pode acabar uma escravidão? Ao sonhar sair de sua condição pelo mesmo caminho que o condena, Alberto reproduz, em seu próprio corpo, toda a lógica de nossa desigualdade.

Além de aturar as maiores humilhações, o trabalhador brasileiro desqualificado, no geral, precisa adquirir um jeitinho amistoso de ser, o "jogo de cintura" tão fácil de ver nos vendedores ambulantes, para permanecer ao máximo nos empregos temporários. Esse, na verdade, é um critério seletivo fundamental que parece contrariar um mito muito forte em nosso imaginário nacional: o de que o malandro, portador por excelência do peculiar jeitinho brasileiro, é o cara que consegue manipular, por meio de relações pessoais, as circunstâncias em seu favor. Aqui, o jeitinho aparece muito mais uma importante arma para a sobrevivência diante de um mercado de trabalho flexível, exclusivo e cada vez mais restrito e competitivo. A suposta virtude malandra é, na verdade, uma forma impessoal de se adaptar às necessidades cotidianas, em que geralmente não se pode contar com amigos pra salvar a própria pele, e isso principalmente quando não se tem nenhuma qualificação formal. Assim, parece que o malandro tem agora problemas modernos para resolver.

DIGNO OU DELINQUENTE?

O que acontece quando um trabalhador desqualificado fica muitos meses, ou até anos, sem conseguir emprego? Ou quando só consegue, vez ou outra, um "bico" esporádico, mas em uma frequência que não é suficiente para atender às suas necessidades básicas, digamos, de alimentação? Ou de alimentação da sua família?

Como nos diz José, um catador de lixo: "A gente fica dois, três dias sem comer... mas com filho, né, tem que ter comida todo dia."

QUADRO 2 – "COMER DO LIXO NÃO PODE, NÉ"

Dona Carmem é uma senhora de 62 anos, bastante simpática, com aquele ar de vó afetuosa, com a diferença de que puxa diariamente um carrinho abarrotado de lixo reciclável, visivelmente pesando horrores, pelo Centro da cidade, às vezes tendo que carregar na mão grandes quantidades de lixo que algum lojista a chama para buscar. Um dos entrevistadores esteve presente em uma ocasião dessas, se oferecendo para ajudá-la. Ele teve mais dificuldade do que a senhora idosa, mesmo carregando talvez menos peso do que ela; mesmo com menos que a metade de sua idade.

Assim, dona Carmem, sem ser perguntada por que começou no trabalho, nos contou a seguinte história: "Um dia os meninos que moram lá em casa [que não são seus filhos] encontraram uns frango no lixo. Aí vieram me perguntar se podia comer. Eu falei que não, né, comê coisa do lixo... aí eles insistiram, 'Ah, num tem nada pra comê'... mas eu não deixei. Aí falei com eles: 'Cês espera que eu vou dar um jeito.' Eu tinha ouvido falar que tinha uns depósito que dava dinheiro por papelão, papel, essas coisas. Aí no mesmo dia eu procurei e achei lá o lugar, aí me explicaram como é que era, o que é que valia, que as coisas tinha que sê separada, o papel tinha que tá limpo, papel higiênico sujo não pode, viu, minino, aí eu fui, no mesmo dia, já juntei umas coisas, levei lá, e já deu pra comprar um saquinho de arroz e um feijão. Aí levei lá pros minino, foi uma alegria... que comer do lixo não pode, né."

José trabalhava em uma fábrica de calçados. Mas a fábrica foi à falência. Os anos passam... José, apesar de muito dedicado ao trabalho, não consegue mais do que alguns bicos, aqui e ali, o que garante a comida de alguns dias, mas não de todos. Principalmente para seus filhos, que estão crescendo. José, então, engole a sua vergonha e enfrenta a opção que lhe resta: catar lixo reciclável.

O TRABALHO QUE (IN)DIGNIFICA O HOMEM

Geraldo é um típico "cachaceiro". Por muito tempo viveu de pequenos bicos, como ajudar na pintura de uma casa, e ocasionais empregos temporários, como ajudante de pedreiro. Isso quando aparecia. Não se dava o trabalho de procurar.

Sua mulher se cansa do marido que vivia bêbado e que raramente contribuía para a renda da família, além de ser um péssimo exemplo para os filhos. Ela conhece Josué, que a ajuda a expulsar de casa Geraldo. Este não tem parente que o possa acolher ou suportar. Vai ficando pela rua... Sem dinheiro, começa a pedir 50, 30, 10 centavos a quem lhe cruza o caminho. Quando consegue, não vai comer. Toma uma cachaça. Mas alguma hora ele tem que comer. Descobre, por acaso, um pequeno depósito, no bairro em que vagava, que compra lixo reciclável. Pega, então, um pouco de lixo seco na rua e leva ao depósito. Chegando lá, Mazinho, o dono, lhe informa o que tem valor e lhe manda separar o que dessas coisas ele encontrasse no lixo que tinha levado. Assim Geraldo faz. Enquanto a fome tenta apressá-lo, a embriaguez o retarda. Finalmente consegue acabar; então, Mazinho pesa os poucos objetos de (ínfimo) valor e lhe paga o devido. O suficiente para um pão e uma dose de cachaça. O pão tapeia um pouco a fome. Será seu alimento de alguns dias. O álcool tapeia, dentro do possível, o resto.

José é um trabalhador honesto e esforçado. Tem 48 anos e não aparenta muito mais. É casado há quatorze anos e tem dois filhos. Mora com sua família em uma casa bastante precária, de tijolos nus, em uma área de invasão. Cresceu em uma família bem-estruturada para os padrões da ralé, em que o pai viveu com a mãe até a morte, tendo ele boas lembranças da convivência com o pai, apesar de vê-lo pouco – pois "estava sempre trabalhando". Parece ter hoje um bom relacionamento com a mãe e os irmãos. Acorda todo dia às 4h30. Não toma café. Segue direto seu percurso de mais de uma hora de caminhada até seu ponto de trabalho, um elegante bairro de classe média. Costuma passar as manhãs remexendo no lixo, e as tardes separando os diferentes tipos de lixo reciclável. No fim do dia, sai com seu carrinho, tão cheio que chega a medir o dobro de sua altura, e enfrenta o tumultuado trânsito da cidade. Um descuido pode lhe custar caro, como uma vez em que esbarrou de leve em um carro, o que fez com que, além de ser severamente repreendido, tivesse que desembolsar R$ 40, algo entre um e dois dias de bom trabalho. Assim, todo o cuidado é pouco aos que puxam carrinhos de lixo pelo trânsito da cidade (e que, além disso, têm de conviver com o incômodo que causam, principalmente aos motoristas, que precisam disfarçar esse incômodo, já que a atividade tem uma "função social importante", mas que, em uma ocasião como a mencionada, em que o incômodo parece se justificar, podem dar vazão a todo o seu "racismo de classe").

Ao chegar ao depósito de material reciclável, é feita a pesagem. O dono do depósito a que José leva seu lixo parece não ser muito confiável, sendo malquisto por ele e outros de seus colegas. O "português", como o chamam, teria o mau hábito de alterar o resultado da pesagem, coincidentemente sempre para menos. Ao perceber isso, José certa vez reclamou da atitude do português, exigindo que lhe fosse pago o verdadeiro valor devido; um tipo de atitude bastante incomum e inesperada para alguém em sua posição (como veremos mais adiante). Não obteve êxito, além de ser humilhado, sendo agressivamente acusado, entre outras coisas, de vagabundo.

Geraldo é morador de rua. Tem 43 anos, mas aparenta ter pelo menos 70. Também tem dois filhos, mas pouco os vê. Eles vivem com a mãe e o padrasto. Lamenta-se recorrentemente pelo fato de ter sido abandonado pela ex-mulher. Como é comum na ralé, não conheceu o pai e, apesar de falar da mãe com carinho, quase não consegue descrever nada de sua relação com ela. Por certo tempo, estabeleceu endereço fixo: o espaço entre a calçada e os portões de uma loja em construção (aparentemente parada). Lá, pôde ir juntando o pouco lixo que recolhia, esporadicamente, nas ruas próximas e, como de início era dócil e mais discreto, ganhava comida e algum material reaproveitável da vizinhança. Chegou até a ganhar um sofá, passando então a se ausentar ainda menos de sua habitação a céu aberto. Além do mais, segundo dizia, tinha que tomar conta do material que estava guardado na loja, o que justificava que preferisse ficar ali, onde "todo mundo era muito legal" com ele, em vez de ir para a casa que afirmava possuir, em um terreno com mais duas casas que alugaria, coincidentemente no mesmo elegante bairro onde trabalha José. Além disso, dizia tomar conta de um condomínio, orgulhando-se de mostrar a chave... mas era apenas um pequeno cilindro liso, com cabeça de chave. Também dizia que limpava alguns terrenos. Todos esses devaneios não são apenas loucuras sem propósito. Têm um fim bem claro, mesmo que talvez não para Geraldo, cujas condições objetivas de vida não permitem nenhuma expectativa subjetiva coerente. Só lhe resta fantasiar, mas sua fantasia acaba indo numa direção bem precisa, ou seja, mesmo estando sempre bêbado, quando não em seu ponto fixo, caído em algum canto, sendo raro conseguir entender alguma coisa do que dizia (e quando isso ocorria era pela manhã), ainda assim tentava, talvez sem perceber, passar a imagem do bom trabalhador.

Tal imagem, para os catadores, nem o trabalho árduo garante. Assim explica José o porquê do estigma que marca, como ele chama, a "classe dos papeleiros":

> Porque uns atrapalha os outros. Porque tem uns que trabalha certo, mas tem outros que não trabalha, né. Aí o que que acontece, as pessoas tudo já fica com um pé atrás, deve pensar... "Eu vô dá um negócio pra pessoa... vai tomá cachaça." Às vezes a pessoa chega com bafo de cachaça pra pedi material... você vê, por causa de dez, o resto...

Mas será que se todos trabalhassem "direito" os catadores seriam respeitados? E o que esse "mau comportamento" simboliza?

De qualquer forma, existe muita disputa. A desigualdade no Brasil é tão impressionante que aqui a gente tem muito miserável para pouco lixo, apesar da enorme quantidade de dejetos produzida. Isso faz com que o país seja o número um em reciclagem de latas de alumínio, e um dos países que mais reciclam no geral (95% das latas de alumínio são recicladas no Brasil. Os Estados Unidos, que são o segundo país nesse tipo de reciclagem, chegam a 91%. No Brasil, 40% de todo o lixo reaproveitável é reciclado.[4] Essa disputa cria uma atmosfera específica relacionada com a condição geral de insegurança e precariedade do trabalho. Há uma desconfiança geral entre os catadores, que costumam temer deixar seus carrinhos ou o material recolhido por mais que alguns instantes. E isso sejam os cachaceiros, sejam os mais regrados. Assim, José não costuma deixar o carrinho longe da vista, a não ser que alguém de confiança tome conta, pois é frequente o roubo de carrinhos entre os catadores (o que foi confirmado por todos com quem conversamos).

Ambos se preocupam constantemente com a possibilidade de que alguém lhes roube o lixo. José conta que às vezes percebe alguém de olho no lixo que separou, principalmente quando há algo de mais valor, como o cobre, a "coqueluche" dos catadores (tão valorizado que o próprio José, além de outros catadores, conta casos de pessoas que arrancam a fiação de postes para obtê-lo). Para Geraldo, era mais um motivo para não abandonar sua morada, com todo o seu material a vista. Porém, certo dia, um caminhão de lixo veio e levou tudo embora, pelo motivo que veremos logo adiante.

Outra fonte de insegurança é ainda mais imprevisível: o clima. O papel e o papelão não podem ser molhados, o que os torna inaproveitáveis.

---
4 *O Globo*, 20 jan. 2008.

Como quase sempre trabalham e separam o lixo a céu aberto, a chuva é um inimigo sempre à espreita. Certo dia chuvoso, José foi visto passando correndo em disparada, com seu carrinho lotado. Assim, quando mora na rua, o catador precisa de uma marquise onde ele e seu carrinho possam repousar seguros, sem medo da chuva. A não ser que a chuva seja acompanhada de ventania.

Geraldo pôde desfrutar, até ser "despejado", de uma marquise privativa. Mas esse "privilégio" não podia durar muito. A "invisibilidade" é inerente à condição de catador, seja regular (como José), seja irregular (como Geraldo), seja durante o trabalho, e mesmo durante o repouso, quando o catador é morador de rua. Nesse caso, quando se acomoda em diferentes lugares a cada dia, é mais fácil passar despercebido. Não é nada improvável que, ao estacionar o carro em frente a um carrinho de catador, por exemplo, não se perceba que tem alguém, às vezes até um casal, dormindo embaixo dele. Mas se "acomodar" todo dia no mesmo lugar é mais difícil de não se perceber, apesar de não ser tão improvável que, mesmo assim, isso ocorra, se o morador de rua for discreto. De fato, o catador e o morador de rua "desfrutam", "naturalmente", da invisibilidade de que necessitam. Não só eles, mas trabalhadores desqualificados em geral compartilham essa peculiaridade. Como disse Alberto: "Eu finjo que sou até invisível."

Como diz Pierre Bourdieu, os dominados acabam contribuindo para a dominação da qual são vítimas, pois seu corpo (através de seus gestos) aceita, espontaneamente e por antecipação, os limites (de classe) impostos – sem ser preciso recorrer a qualquer justificação racional para essa atitude (antes de se poder pensar o que fazer, o corpo já age). Não são necessárias as justificativas que os pesquisadores geralmente obtêm de seus entrevistados, que podem então parar para refletir por que se retraíram em frente ao chefe ou a alguém de outra classe. Podendo pensar, longe da "urgência" da situação concreta, é claro que irão pensar em um motivo racional, como a dificuldade de arrumar emprego. Mas isso não precisa ser lembrado no momento em que se retraem, sendo comum, espontaneamente, enrubescer, baixar o tom de voz, demonstrar ansiedade, desajeitamento ante uma situação a que se submetem, "mesmo contra a vontade e a contragosto, ao juízo dominante"[5] (ou seja, de que eles não são dignos de atenção respeitosa ou de ter a palavra, de interagir ativamente com seu superior no trabalho ou com alguém de outra classe sem agir como um delinquente).

O livro *Homens invisíveis*, do psicólogo social Fernando Braga da Costa, sobre o cotidiano dos garis da Universidade de São Paulo (USP), apresenta interessantes relatos nesse sentido. Os garis evitavam ao máximo o contato com os usuários, principalmente os professores da universidade. Muitos se incomodaram quando seu vestiário foi transferido de um lugar isolado, discreto e sem movimento, o "viveiro", para a sede da prefeitura universitária. No viveiro, se sentiam mais "à vontade". Também não gostavam de trabalhar perto do restaurante dos professores:

— Eles humilham a gente né?! Então é melhor evitar contato. Pra gente não ficar *reprimido*.
— Mas eles reclamam?
— Não. Eles nem olha na cara da gente. Mas é bom evitar, né.

Por que evitar? O seu emprego corre perigo se forem vistos? Por que simplesmente entrar em contato com alguém de outra classe pode ser visto como humilhante?

Podemos perceber nas entrelinhas da fala citada algo de peculiar à invisibilidade: ela não é uma indiferença. É como descreve Simmel, ao falar da "reserva" que os habitantes da cidade têm que desenvolver, em

---

5 Pierre Bourdieu, *Meditações pascalianas*, Rio de Janeiro, Bertrand Brasil, 2001, p. 205. Esse tipo de justificação racional é apresentada no livro mencionado no parágrafo seguinte.

função da multiplicidade exorbitante de contatos e estímulos a que estão submetidos no dia a dia. Essa reserva, a conhecida atitude *blasé*, raramente, como o próprio Simmel afirma, se constitui uma verdadeira indiferença, sendo em geral a manifestação de "uma leve aversão, uma estranheza e uma repulsão, que redundaram em ódio e luta no momento de um contato mais próximo" (contato colérico de que foi vítima José, como vimos, ao esbarrar em um carro). O modo de vida urbano, segundo o mesmo autor, não poderia ser mantido sem as distâncias e as aversões efetuadas por essa antipatia latente e esse potencial antagonismo prático.[6]

A questão é que chamar a atenção, ao menos no caso dos catadores (e podemos dizer, baseados no livro citado, também dos garis), quase sempre é algo negativo, fonte de humilhação, e com os catadores isso é ainda mais intenso. Pois como não estranhar um "farrapo humano" remexendo no lixo, em um local que ele nunca frequentaria a não ser para isso (ou para pedir esmola), sujando a paisagem de quem de outra forma não tem que conviver diariamente com a miséria, com sua feiura, se não fosse esse mecanismo peculiar da "invisibilidade moral"? Essa invisibilidade, como já apontado, não é um não perceber. Como diria o pensador alemão Axel Honneth, ela é mais um "olhar através" (*look through*); é perceber fisicamente a presença do outro, e, mesmo sem se dar conta, ignorá-la por completo; é decretar a não relevância social do outro.

Por conta desse mecanismo, o desqualificado, indigno de atenção, só se torna visível se for agressivo de alguma forma ou fizer algo que chame atenção, como um cachorro de rua, que só percebemos que está lá quando rosna ou late para nós, ou quando mexe no lixo e deixa tudo esparramado. Geraldo foi além da postura do cachorro quieto no seu

---

[6] As interações na cidade repousam em uma "hierarquia extremamente variada de simpatias, indiferenças e aversões", das mais breves às mais permanentes, sendo a indiferença muito incomum. Georg Simmel, "A metrópole e a vida mental", in: Otávio Guilherme Velho, *O fenômeno urbano*, Rio de Janeiro, Zahar, 1973.

canto. Ficou muito à vontade. Sentiu-se em casa: grande erro. Passou a pedir acintosamente comida a quem já tinha ou costumava lhe dar, ou dinheiro para "comprar um café". Não saía mais dali, provavelmente nem mais levando ao depósito o pouco lixo que juntava, já que foi acumulando uma quantidade cada vez maior dele. Chegou até a arrumar uma companheira para seu lar. Ficou difícil fingir que não tinha alguém ali. Logo, a situação foi relatada às "autoridades", e o caminhão de lixo fez seu lar evaporar. Geraldo não voltou mais.

Como mencionado, nem só para dormir na rua é preciso ser invisível. Afinal, quem quer ver a miséria estampada em sua paisagem cotidiana, quem quer encarar diariamente sua aversão (velada, ou não) pela sujeira e degradação? Assim, para um catador transitar pelos bairros dignos, mexer nos lixos burgueses, deve respeitar o acordo tácito da invisibilidade. Basta não chamar atenção que passará despercebido. Assim, o cidadão de classe média pode evitar seu incômodo, e o subcidadão que cata lixo pode evitar a humilhação. Ou melhor, deixá-la latente.

De fato, estamos sendo aqui muito esquemáticos para deixar claro o ponto. Evidentemente, um catador pode ter algum contato com alguém do meio em que trabalha, se esse catador for muito cordial e amigável, quase como aquele cachorro manso que se aproxima, receoso, na expectativa de alguma sobra. A cordialidade, tão ideologicamente celebrada como virtude do brasileiro, é o recurso adaptativo disponível ao catador que quiser minimizar o estranhamento que sua presença causa. Sua "aura" de ser potencialmente perigoso, ou talvez ostensivamente incômodo (no caso do catador que, afinal, pode ser um "cachaceiro chato"), a imprevisibilidade que aquele estranho de outro mundo (outra classe) traz consigo é assim atenuada (o que garante que a aversão não ultrapasse sua forma latente e que tenha que ser, de forma mais ou menos eficiente, "disfarçada"; pois quem quer admitir seu "racismo de classe"?). Quando mais familiarizado com sua presença, um lojista ou morador pode chamar o catador se tiver disponível uma grande quantidade de papelão ou outra coisa aproveitável para jogar fora, por exemplo.

Assim, José pôde desfrutar de um ambiente mais tranquilo por um tempo. Como sempre, separava o lixo no mesmo lugar, os moradores se acostumaram a vê-lo trabalhando todo o dia, sem importunar ninguém, sem demonstrar nenhuma atitude do "bêbado incômodo". José pôde, dessa forma, conquistar a simpatia da vizinhança, brincando amistosamente com um e outro que passava, sendo simpático com as crianças... tentando de toda forma ser reconhecido como gente.

De fato, ele tem uma personalidade bastante simpática e amigável, como poucos, o que permitiu que pudesse criar esse ambiente aparentemente mais tranquilo e humano, tentando driblar o estranhamento com muita habilidade. Mesmo assim, esse subterfúgio tem alguns poréns. Afinal, ele era mais restrito a um momento específico, em que separava os diferentes tipos de lixo reciclável recolhidos. Quando tem que procurar no lixo, o desconforto e a necessidade de ser invisível permanecem, mesmo em um caso como o de José, que confessa ficar meio de olho se tem alguém vendo quando ele está vasculhando nas lixeiras. Além disso, esse ambiente mais amigável é frágil, relativo e ilusório. Afinal, ele não deixa de ser o que é: um membro da ralé fora de seu lugar (fora de seu espaço social e moral). Frágil, pois incerto, já que a qualquer momento ele pode ter que abandonar o local de trabalho em que com muito esforço conseguiu conquistar alguma simpatia (o que não quer dizer que tenha conseguido superar a aversão), como aconteceu de fato com José, e também com Geraldo, embora por motivos diferentes.

Geraldo perdeu a "linha da cordialidade", deixou de ser como o cachorro manso que se pode ignorar ou até ter pena, jogando-lhe um resto de comida. Já José não precisou fazer nada. Como parte do pacto inconsciente da invisibilidade, a separação do material recolhido deve ser feita em local que não atraia a atenção. Quanto menos movimento e visibilidade no local, melhor. José costumava deixar seu carrinho e fazer a separação em um local em que ocorria a construção de um prédio, o que disfarçava a presença de suas coisas em meio à bagunça geral da obra e limitava o movimento no local, que já não era tão grande. Porém, bastou a fachada do térreo ficar pronta, apenas e justamente no canto em que ficava José, para o local perder a obscuridade que tanto lhe convinha. Quando uma obra acaba, todo o "entulho" tem que ser jogado fora, seja o entulho material, seja o humano, antes obscurecido pelo material. Assim, gentilmente aconselharam José a procurar um local mais tranquilo, pois "o movimento poderia atrapalhar o seu trabalho". Teve de começar tudo de novo em outro lugar.

Todo esse "malabarismo social", por um resultado tão frágil, só vem confirmar e reforçar nosso argumento sobre a coerção objetiva que sofrem os catadores para permanecer invisíveis.

Apesar disso tudo, ou melhor, por causa disso tudo, José tem princípios morais extremamente rígidos. Tenta, assim, se afirmar como um trabalhador digno, ter seu esforço reconhecido, lutando para se diferenciar dos "vagabundos e delinquentes", para ser visto como diferente deles. Isso o faz um defensor ferrenho da ideologia do mérito[7] e da culpa pessoal pelo fracasso: "Eh... muitas vezes que... a gente vê a pessoa assim... mendigando... tem que vê o que que ela fez... antes né. Às vezes cê acha que o cara tá ali, tá sofrendo, mais por quê? Porque ele já fez antes." Além disso, não titubeia em jogar o estigma para a frente, ou melhor, para baixo:

> É a mesma coisa eh... [que a pessoa] ti dá esmola. Ti dá dinheiro. Dinheiro assim eh... se pudesse assim... eh... [seria melhor] levá um lanche, dá um pão, do que cê dá dinheiro. Porque [se você der] dinheiro de repente o

---

[7] A ideologia do mérito "justifica" as desigualdades sociais ao obscurecer as precondições sociais para a aquisição das disposições necessárias a um bom desempenho no mercado, desempenho este atribuído a qualidades inatas.

cara vai, às vezes com um... ele vai levá pra casa, mas com outro não. Com outro vai tomá [cachaça]...

Temos, assim, uma luta diária em um meio hostil e tenso, de disputa sem peias, desconfiança (dos catadores entre si e das demais pessoas para com os catadores) e estranhamento, em que um leve esbarrão, por exemplo, pode custar muita humilhação e suor (como aconteceu, conforme vimos, com José). O que essa rotina faz à autoimagem e autoestima dos catadores que, além de tudo, independentemente do que sejam, ainda têm que conviver com o estigma de cachaceiro? Que, não raro, têm que lidar com a maior ferida possível, o não reconhecimento dos filhos, em verdade a vergonha deles, como nos foi relatado acerca de filhos que não cumprimentavam os pais catadores na rua, os chamavam de mendigos, e por aí afora? Isso em um meio em que não apenas são vítimas, mas também precisam de sua invisibilidade social e moral, o que lhes dá a garantia de passar "despercebidos", desde que não busquem chamar atenção. Ou que precisam, se quiserem que se perceba sua existência sem ser explicitamente humilhados (e isso apenas em limitado contexto e momento do trabalho), ter uma extrema cordialidade e facilidade de se comunicar, mesmo em um ambiente sempre, ao menos de forma latente, hostil; habilidade que, da forma como é preciso aqui, poucos possuem. E, temos de ressaltar, uma relação como a que José estabeleceu com a vizinhança de seu local de trabalho, mesmo com todas as ressalvas, é uma rara exceção, como pudemos constatar ao longo de vários meses de observação sistemática dos catadores e de sua inserção no meio urbano mais próspero.

Além disso, por que é como que natural ter uma vergonha velada por um trabalho honesto e pesado, importante em termos ambientais, tema tão em voga? Os catadores garantem, alguns talvez sem entender muito bem isso, que grande quantidade de lixo que ficaria até séculos poluindo o ambiente seja reaproveitada. Sabemos que eles só estão fazendo isso para garantir o mínimo para se manter, o que já deveria, em tese, ser suficiente para ser digno de respeito. Mas não é suficiente, sobretudo no caso dos catadores.

Mas por que, insistimos, um trabalho honesto pode ocasionar vergonha e humilhação a quem o pratica? Entre outras coisas, por ser um trabalho que qualquer um pode fazer, o que aqui é mais extremo, pois até um "cachaceiro bêbado" pode praticá-lo. Claro que não com a mesma eficiência e produtividade. Mas isso não interessa a todos nós, que compartilhamos inconscientemente os critérios morais da exclusão, que nos levam, "naturalmente", ainda mais no caso extremo e ambíguo dos catadores, a projetar sobre todos o estigma, que vai aqui além do desrespeito e descaso comum de que são alvo os membros da ralé. Como diz José: "Aí passa aqui perto de mim aqui, aí fala não, dá [atenção, material reciclável...] não, é a mesma coisa do outro [cachaceiro] lá... aí eles não para, pra trocar uma ideia, pra vê o que tá pegando, vê se é a mesma coisa ou não é."

Assim, a situação dos catadores é particularmente ambígua, já que sua forma de trabalho não garante que sejam vistos como não delinquentes, visto que delinquentes – vagabundos, bêbados da ralé, que perturbam a paz pública – podem exercer essa atividade (o bêbado de classe média, mesmo o que assim permanece o tempo todo, não é visto como delinquente; talvez como doidivanas, no máximo como "doente"). Daí a ambiguidade dos catadores. Afinal, como distinguir entre o bêbado que junta um pouco de lixo para comprar mais cachaça e o trabalhador regrado, que dá duro todo dia para sustentar a sua família, quando alguém está mexendo no lixo? Isso aproxima as duas narrativas aqui apresentadas intencionalmente em paralelo, para tentar demonstrar como elas, apesar de sua disparidade, se aproximam; como dois tipos humanos tão díspares podem, em algum momento que seja, compartilhar do mesmo estigma. Ambos são carentes das disposições (modos de sentir, pensar e agir) dos sujeitos percebidos socialmente como dignos, mesmo que um tenha um sentimento de obrigação moral para com o trabalho e o sustento de sua família, o que o torna um trabalhador esforçado que enfrenta todas as adversidades para colocar a comida na mesa, e o outro apenas "pensa" essa necessidade, mas não a sente (que ele tem a disposição de pensar que deve ser um trabalhador e provedor transparece de sua necessidade compulsiva de dizer que tem várias atividades, mesmo sendo claro para todos que ele não exerce nenhuma). Essa diferença não impede, nesse contexto de extrema precariedade, que ambos ainda possam ser confundidos com o mesmo tipo de pessoa.

Que fique claro que não estamos aqui fazendo algum tipo de condenação puritana e moralista afirmando que o problema dos moradores de rua ou dos cachaceiros incômodos seja o álcool. Esse tipo de afirmação é típica da fragmentação da percepção com a qual atuamos no cotidiano de nosso senso comum, que não faz ligação entre os sintomas de um problema, nem os remete a uma causa que não seja um essencialismo vulgar que atribui faltas e desvios de conduta a qualidades inatas. Entendemos que as condições precárias de vida, somadas a uma socialização que não contribuiu para que se criassem disposições que permitissem uma chance de superá-las, tornaram a cachaça a única companheira possível de Geraldo (e de tantos outros "Geraldos" espalhados por aí), seu único alívio e consolo pela derrota em uma luta que não lhe faz sentido algum, a anestesia dos ferimentos de seus "murros em ponta de faca", a bebida mágica que lhe permite caminhar em sonho por um mundo de possíveis, mesmo estando todo possível vedado para ele.

José teve uma família estruturada, não no sentido vulgar de ter pai e mãe durante sua criação, mas no sentido de que cumpriram o papel funcional requerido para uma criação "eficiente" dentro do possível para a ralé, e que consiste, como dito, na transmissão de padrões morais que irão permitir se opor à tentação sempre presente da delinquência, por meio do vínculo entre afeição e autoridade (obedecer à ordem não por obrigação, mas por dever). Isso se manifesta, entre outras coisas, pela união e pelo bom relacionamento que perduram até hoje em sua família, mesmo após oito anos da morte do pai. E, o que é mais importante, pela identificação de José com o pai, um ótimo exemplo de trabalhador esforçado e provedor regrado.

Além disso, José trabalhou muitos anos em uma indústria de calçados, um contexto de trabalho e socialização que contribui muito para a criação de uma disposição para o trabalho mais sistemático e constante (como demonstra Michel Foucault em seu clássico *Vigiar e punir*). Já Geraldo não teve experiência semelhante em termos de trabalho e, como dito, não conheceu o pai; ao que parece, sua mãe não teve como dar conta sozinha do processo de transmissão dos princípios necessários a uma conduta moral reconhecida. Não há o apreço do trabalho como valor, como virtude em si, apenas uso instrumental das possibilidades que aparecem. Se não é um bandido, é porque isso exige certas "habilidades", que nem todos da ralé (ou de qualquer classe) possuem. Entretanto, ele sente a valorização social superior dada ao trabalhador esforçado, mesmo não conseguindo agir de forma a poder alcançá-la. Nesse descompasso jaz sua tragédia.

O caso de Geraldo nos ajuda a perceber uma clivagem importante. Podemos distinguir entre duas formas de delinquência; uma ativa, outra passiva. No primeiro caso, temos o bandido; no segundo, o vagabundo, mas quando este é da ralé. O vagabundo de classe média não é delinquente, embora possa ser malvisto. Além disso, essa clivagem muda quando se considera a questão do gênero, como podemos ver no capítulo "A miséria do amor dos pobres". O bandido resiste ativamente à ordem estabelecida, insurge-se contra o que é mais sagrado em nosso imaginário social: a proteção à ordem, à vida e ao patrimônio. Principalmente o ladrão, que se rebela contra o maior símbolo do capitalismo: a propriedade privada. Já o vagabundo não se opõe à ordem, apenas desiste de lutar nela. Não deixa com isso de, só pelo fato da abstenção, simbolizar de certa forma uma afronta, ou uma mancha à ordem, já que expressa com sua conduta algo que é proscrito, impensável a quem não é desviante: que se pode não jogar o jogo (da vida em sociedade, de acordo com as regras socialmente reconhecidas de como se jogar, permanecendo para além das margens do estilo de vida limpo e digno). Claro, isso à custa do acesso aos bens produzidos pela sociedade e de qualquer forma de reconhecimento social, que se produzem e se distribuem nesse jogo. Quem se recusa a jogar poderá sobreviver apenas da forma mais precária e degradante. Mas, como vimos, essa "recusa" dificilmente é uma escolha.

CONCLUSÃO: UNS MAIS DIGNOS DO QUE OUTROS

Diante da especificidade das histórias de vida analisadas aqui, não faz sentido o teor genérico da ideia de que todo trabalho é digno. Mesmo com toda a peculiaridade desses trabalhadores desqualificados, enquanto indignos e invisíveis, a sociologia do trabalho atual (ver Quadro 3) e os dados oficiais sobre o trabalho no Brasil não conseguem mostrar por que nem todo trabalho é digno. Na verdade, os números oficiais na maioria das vezes atuam em sentido contrário, a partir de categorias classificatórias liberais que escondem a ralé.

QUADRO 3 – A DIGNIDADE GENÉRICA DO TRABALHO

Sobre a sociologia do trabalho no Brasil, a obra desenvolvida há anos por Ricardo Antunes é o melhor exemplo. Ele tem se posicionado corajosamente em um debate internacional afirmando a centralidade da categoria do trabalho para a compreensão dos dilemas do mundo contemporâneo, com o que concordamos sem nenhuma dúvida. Sua perspectiva é contra todo o relativismo implícito dominante na academia mundial contemporânea, tomada pela onda do "fim da história", "fim das utopias" e por um fetiche de uma suposta complexidade das variáveis sociais, em que a classe trabalhadora não seria mais o único e principal suporte de movimentos sociais, o que parece correto, mas que sutilmente traz no bojo a perda da centralidade do trabalho. Entretanto, sua análise do aumento constante da precarização e da fragmentação da classe trabalhadora resvala em uma sociologia voluntarista, quando acredita que tal transformação abre possibilidade para a tomada de consciência desses segmentos socialmente prejudicados. O que tentamos fazer aqui, de acordo com o que nos parece ser a marca da sociologia crítica, foi mostrar exatamente o que impede, na prática, tal tomada de consciência, ou seja, a naturalização e a legitimação da desigualdade no mundo do trabalho a partir da justificativa do mérito pessoal e da reprodução de modos de vida incompatíveis com as exigências do mercado, o que faz com que pareça normal e inquestionável, apesar de gerar indignação constante entre os mais prejudicados, o fato de uma minoria ser valorizada e uma maioria descartada no mercado de trabalho qualificado.

Ao apostar no valor intrínseco do que chama, em sua ontologia do trabalho, de trabalho vivo, ou seja, na ideia de que toda atividade ocupacional teria um valor potencial em si, Antunes não consegue perceber por que inúmeros tipos de trabalho vivo são considerados indignos exatamente por não terem nenhum valor em si. Ele não pode compreender como o trabalhador (enquanto corpo reprodutor de valores em forma de disposições) adquire sentido no mundo objetivo do trabalho, e por que precisa incorporar habilidades específicas que o permitirão ser considerado qualificado e assim socialmente valorizado. Ou seja, nenhum trabalho é digno por si mesmo, apenas por ser vivo e assim ter um suposto potencial de mudança do mundo. Isso é um engano de toda a ontologia do trabalho, que acaba contribuindo para a ideia de uma dignidade genérica dele.

Ademais, apesar de todo o mérito de um autor movido por interesses de esquerda dos mais genuínos, Antunes jamais tematiza como e por que existe e se perpetua uma ralé estrutural singular no capitalismo contemporâneo e especialmente no periférico. Apesar de perceber uma fatia de pessoas sobrantes do mercado de trabalho formal, ele se confunde ao conceituar tanto sobrantes qualificados quanto desqualificados como subproletariado. O que Marx via no século XIX como lumpemproletariado era uma massa sobrante com as mesmas qualificações daqueles inseridos na classe trabalhadora, um exército de reserva que poderia entrar no mercado a qualquer momento com as mesmas habilidades dos inseridos. Isso existe ainda hoje, mas é algo bem diferente da ralé, que é desqualificada, e Antunes parece compreender esta última junto com o lúmpen dentro do conceito de subproletariado, quando não faz distinção entre qualificados e desqualificados sobrantes do mercado qualificado.

A grande e fundamental diferença entre o lumpemproletariado de Marx e a ralé contemporânea é que esta não possui nenhuma qualificação incorporada para ingressar no mercado de trabalho qualificado, mesmo que de alguma maneira abrisse as vagas necessárias para isso. Desse modo, a perpetuação da ralé não pode ser explicada pelo simples fato de o mercado ter expurgado nas últimas décadas um número considerável de pessoas e não ter gerado novas condições para sua reinserção, tese amplamente aceita atualmente na sociologia do trabalho e da exclusão mundial. O teor sutilmente liberal dessa perspectiva se apresenta quando logo em seguida se pensa na solução: é preciso criar novas possibilidades de inserção, ou seja, novas oportunidades para quem está de fora.

É assim que jamais se questiona, como fizemos aqui, o que permite, na prática social contemporânea, que apenas algumas pessoas adquiram as qualificações necessárias para uma inserção digna no mercado de trabalho competitivo, mas faz com que outras muitas sejam uma ralé que mesmo

> diante das melhores oportunidades de trabalho não teriam a menor possibilidade de aproveitá-las. Só lhes resta improvisar alguma ocupação nas fatias precárias e desqualificadas do mercado, como mostramos neste texto. A incompatibilidade da ralé diante de oportunidades no mercado para as quais não está qualificada nos lembra um cenário muito bem-ilustrado por Gilberto Freyre em seu clássico *Sobrados e mucambos*, quando percebeu o espanto do nativo brasileiro, "qual menino deslumbrado diante da máquina do europeu". Simplesmente olha e não vê.

No caso dos dados oficiais, a Pesquisa Nacional por Amostra de Domicílios (PNAD) de 2005, por exemplo, distribui percentualmente os trabalhadores brasileiros nas seguintes ocupações:

Total: 87.089.976	%
Empregados com carteira	31,1
Empregados sem carteira	17,7
Militares e estatutários	6,3
Trabalhadores domésticos	7,6
Conta própria	21,6
Empregadores	4,2
Não remunerados	6,8

Podemos observar aqui a sutil omissão da ralé nesse tipo de classificação aparentemente bem-arrumado: logo no primeiro perfil, "empregados com carteira", não podemos saber quem é ralé e quem não é, ou seja, não podemos distinguir trabalhadores qualificados de desqualificados. Para que fique mais claro, alguém pode trabalhar com carteira assinada numa grande empresa, com vários direitos assegurados, enquanto outros podem trabalhar em uma pequena loja, com carteira, mas receber apenas a comissão pelas vendas, o que muitas vezes não alcança nem um salário mínimo, e assinar seu recibo de salário obrigatoriamente.

Quanto a "empregados sem carteira", também podemos encontrar trabalhadores qualificados, como representantes de venda, que não são da ralé, bem como desqualificados, que certamente são a maioria nesse caso. Por fim, o que nos parece mais confuso é o famoso "conta própria", ou autônomo, cuja classificação conta com a autodescrição do trabalhador. É muito comum encontrarmos, como pudemos constatar ao longo da pesquisa, pessoas que se definem dessa maneira tanto entre vendedores de classe média que possuem carros "populares" e casa na praia quanto pipoqueiros, vendedores de picolé etc. Para estes últimos, inclusive, soa muito mais confortável dizer que são autônomos do que assumir que trabalham em uma ocupação desqualificada à margem do mercado qualificado.

Quanto ao restante, "militares e estatutários" e "empregadores", certamente não são desqualificados, enquanto "não remunerados" só podem ser desqualificados. No geral, o que fica claro aqui é que os dados oficiais escondem a ralé atrás de categorias ocupacionais de teor liberal, uma vez que contam com a autoclassificação do trabalhador e com seu lugar em posições formais do mercado como "com carteira" e "sem carteira".

Esperamos que tenha ficado claro que a classificação "qualificado--desqualificado" é a única que compreende precisamente a hierarquia real do mundo do trabalho. Isso porque é a partir de condições sociais e acordos morais que valorizam diferencialmente os tipos de ocupações, privilegiando aquelas relacionadas ao estudo formal da escola e punindo as que podem ser executadas apenas com recursos físicos, ou seja, o trabalho braçal, que se define quem somos na sociedade do mérito.

Por fim, para que consigamos mostrar suficientemente a hierarquia entre as ocupações e por que algumas são mais dignas do que outras, é preciso deixar claro que os níveis de sofrimento e invisibilidade são distintos entre os desqualificados. Pudemos ver que os lavadores de carro, pela especificidade de sua ocupação não ser confundida com nenhuma atividade ilícita, ou praticada por pessoas de conduta suspeita, fornecem a sensação de ter escapado da delinquência, apesar de não poderem escapar do fracasso e da invisibilidade, vivendo a dignidade apenas como ideologia. Assim, qualquer ocupação que não se confunda com a delinquência vive o mesmo drama.

Pior ainda é a situação dos catadores, na escala moral da dignidade que define vencedores e fracassados. Podemos concluir que eles se encontram exatamente na linha divisória entre a (in)dignidade e a delinquência, uma vez que sua condição é ambígua diante dos olhos de toda a sociedade meritocrática, pois sua ocupação também é praticada por delinquentes. No entanto, todos os desqualificados compartilham da mesma sina: conformar-se à trajetória do que não ser, na medida em que esse é o horizonte mais provável que sua condição de classe proporciona.

Parte 3
A má-fé institucional

CAPÍTULO 6
A INSTITUIÇÃO DO FRACASSO
A educação da ralé

Lorena Freitas

Quando se pensa sobre o que falta para o Brasil deslanchar e se tornar finalmente o "país do futuro", todos nós brasileiros temos na ponta da língua a resposta: educação, é claro. Afinal, um país que não investe ou investe pouco em suas escolas só por milagre vai conseguir se tornar uma nação rica e desenvolvida. Esse tipo de pensamento é bastante justificável, uma vez que no mundo moderno a forma, por excelência, de ascensão dos indivíduos na hierarquia social é pelo conhecimento. Portanto, todas as expectativas são postas na educação de boa qualidade para todos.

Contudo, todos nós sabemos que a maior parte das escolas públicas brasileiras enfrenta graves problemas que afetam drasticamente o seu funcionamento, comprometendo seriamente sua função de promover a cidadania por meio da educação. Neste capítulo, nosso objetivo é oferecer a resposta à seguinte pergunta: por que as nossas escolas públicas, em sua maioria, falham quanto à assumida tarefa de oferecer aos jovens pobres de todo o Brasil possibilidades objetivas de subir na vida?

Através, principalmente, das histórias de dois desses jovens, Anderson e Juninho,[1] poderemos entender de que maneira dois fatores fundamentais,

---

1 Anderson foi entrevistado por Emerson Rocha, em 2008, na cidade de Juiz de Fora (MG). Juninho, por sua vez, reside na cidade de Campos dos Goytacazes (RJ) e foi entrevistado por Fabrício Maciel, em 2007. Os nomes apresentados neste trabalho não correspondem aos verdadeiros nomes dos entrevistados, foram trocados com o intuito de garantir a privacidade.

desorganização familiar e má-fé institucional, determinam trajetórias de vida marcadas pelo fracasso escolar e posteriormente profissional, em que o fracasso coletivo de toda uma classe se obscurece enquanto tal e aparece a todos, principalmente àqueles que o sofrem, como fracasso individual, responsabilidade pessoal de cada indivíduo.

INEDUCÁVEIS? ANDERSON E JUNINHO

Anderson é um rapaz de olhar baixo e tímido, com o sorriso hesitante de quem parece estar sempre pedindo desculpas por alguma coisa. Apesar da insegurança que deixa transparecer em seu tom de voz e nas respostas que parecem pedir a aprovação do interlocutor, Anderson gosta de conversar e se expressa com certa facilidade, a despeito dos erros gramaticais frequentes em seu vocabulário. Ao falar de sua vida e das coisas mais importantes que possui, ele não titubeia em citar a família, os amigos e a música como fundamentais para sua felicidade. A música parece ser a grande responsável pelo forte elo que possui com sua família, principalmente com o pai, seu Evaldo. Ele conta que desde pequeno se reúne com o pai e os tios para fazer música, e esses momentos sempre foram muito importantes em sua vida. Anderson faz parte de uma fração de classe que, apesar de ter em sua renda precária uma enorme proximidade com a ralé, se difere dela por possuir uma vida familiar organizada e um mínimo de conhecimento incorporado, além de uma percepção temporal ordenada em função de um plano de vida racional, dentro da lógica do cálculo e da previsão.[2]

Os pais de Anderson, seu Evaldo e dona Mara, foram capazes de oferecer aos filhos um ambiente familiar organizado, baseado no respeito mútuo, no afeto e no diálogo. Quando falamos de vida familiar

---

2 Pierre Bourdieu, *O desencantamento do mundo*, São Paulo, Perspectiva, 1979.

organizada, estamos nos referindo a qualquer configuração familiar constituída por pessoas capazes de oferecer uma situação de vida segura, estável e emocionalmente equilibrada às crianças. Uma família organizada (ou estruturada) não é necessariamente aquela em que exista a figura biológica do pai e da mãe, mas sim aquela em que as funções sociais de pai e mãe sejam preenchidas, independentemente do vínculo biológico com a criança. Isso serve para qualquer pessoa que cumpra a função de amar, proteger e cuidar dessa criança, garantindo um ambiente seguro e emocionalmente equilibrado, e que seja capaz de satisfazer as demandas afetivas e de construir a autoconfiança infantil. Esse tipo de estrutura familiar se contrapõe ao que chamamos de família desorganizada, que é o tipo de configuração familiar marcada pela desorganização da vida econômica e moral de seus membros. A família desorganizada é aquela que não consegue cumprir a função de garantir o desenvolvimento satisfatório da segurança afetiva entre seus membros, não conseguindo proporcionar aos seus filhos a segurança de "saber-se amado".[3]

Filho de mãe dona de casa e de pai mecânico, Anderson não teve em seus pais exemplos de pessoas cultas ou bem-sucedidas no mundo do trabalho. Sua casa sempre foi muito simples, mas muito limpa e organizada, e o pouco dinheiro que seu Evaldo recebia da oficina mecânica em que trabalhava era todo destinado à família, de forma que, apesar de levarem uma vida muito modesta e cheia de dificuldades, nunca faltou comida na mesa dos meninos. Dona Mara, apesar de ter terminado o ensino médio, jamais teve nos estudos uma fonte de reconhecimento e autoestima, o que a fez "escolher" se dedicar unicamente ao trabalho do lar e à criação dos filhos. Seu Evaldo estudou até a oitava série do ensino fundamental e nunca teve muita proximidade com os livros, mas, assim como a esposa, sempre os incentivou a se dedicar aos estudos, fazendo

---

3 Axel Honneth, *Luta por reconhecimento*, São Paulo, Editora 34, 2009.

o máximo que estava ao seu alcance para que eles tivessem sucesso na escola. E o máximo que seu Evaldo e dona Mara podiam fazer era vigiar as tarefas escolares dos meninos, regular seus horários para que tivessem um tempo reservado aos estudos e, o mais importante, sofrer com cada nota baixa no boletim, deixando transparecer para os filhos a alegria e o orgulho que sentiam quando eles iam bem no colégio, assim como a tristeza e a preocupação quando tinham dificuldades.

Esse componente afetivo que os pais direcionam à vida escolar dos filhos é decisivo para a grande maioria dos processos de aprendizagem bem-sucedidos. A partir das pesquisas realizadas, percebemos que a dinâmica da aprendizagem está pautada no seguinte processo: quando tem bom desempenho, a criança sente que é recompensada com o amor e a aprovação dos pais. Se ela sente que isso é algo tão importante para eles, passará a pautar progressivamente suas ações no sentido de receber essa aprovação sempre e mais. A criança que recebe reconhecimento e amor por ser boa aluna passará a ter os estudos como uma fonte fundamental para a sua autoestima, pois sabe e sente que as pessoas mais importantes de sua vida valorizam-na e reconhecem-na de forma especial por levar a sério sua vida escolar. Sente que essas mesmas pessoas se entristecem e sofrem quando ela não se dedica o suficiente. Esses pais são capazes de demonstrar importância social e simbólica ao que é escolar, de atribuir um lugar efetivo e valorizado dentro do seio familiar à criança que estuda. Essa carga afetiva que os pais transmitem aos filhos juntamente com a vigilância e os incentivos (principalmente aqueles que eles transmitem espontaneamente através de seus exemplos vivos) a favor dos estudos fazem com que, pouco a pouco, essas crianças transformem os desejos dos outros – que elas amam e com os quais por conta disso se identificam – em seus próprios desejos.

A relação que dona Mara e seu Evaldo construíram com os filhos já seria suficiente para criar nos meninos, se não uma paixão pelos estudos, ao menos um sentimento de dever e responsabilidade moral para com eles. Quando estudar se torna para nós um dever ou uma responsabilidade moral, estudamos não apenas pelo proveito que podemos retirar do estudo, mas porque acreditamos em seu valor, e isso nos motiva a estudar ainda mais porque nos convencemos de estar realizando uma ação boa em si, que nos tornará melhores pelo fato de a realizarmos. Isso mostra que os seres humanos são orientados não só segundo seu proveito próprio e pessoal, mas também pela necessidade que sentem sempre de cumprir obrigações morais. São, portanto, seres morais ou, em outras palavras, seres que não se regem só pelo interesse utilitário, mas que se orientam, e têm de se orientar, pelo valor próprio da coisa. Toda ação moral fundamenta-se em algo que o indivíduo impõe a si mesmo; nesse caso, fazemos uma coisa pela razão da coisa em si e, ao agirmos assim, temos de nos sobrepor à nossa própria natureza.[4]

Dessa forma, se o terreno que cultivaram não podia oferecer uma garantia de sucesso na escola, ao menos não era terreno infértil, como ocorre com a maioria dos filhos da ralé, em que a desorganização da vida familiar, marcada por descaso, abandono e violência, impossibilita um desenvolvimento cognitivo e emocional saudável das crianças. Assim, seu Evaldo e dona Mara apostaram na educação que deram aos filhos e teriam grandes chances de ver o seu sucesso escolar não fosse terem encontrado em seu caminho um obstáculo determinante, que nenhum dos dois jamais sonhara encontrar: a própria escola.

Hoje, aos 21 anos, Anderson não sabe ainda o que vai ser de seu futuro, mas diz que está pensando nisso e seu plano de curto prazo é começar um curso técnico na área de eletrônica. Anderson trabalha no galpão de uma revendedora de equipamentos industriais, onde separa as máquinas para ser entregues aos clientes, na maioria das vezes tendo que carregar as

---

4 *Ver* Wolfgang Schluchter, "A origem do modo de vida burguês", in: Jessé Souza, *O malandro e o protestante*, Brasília, Editora da UnB, 1999.

pesadas máquinas industriais em seus próprios ombros. Um trabalho que considera ter "caído do céu", principalmente se comparado aos que já teve e aos que seus amigos costumam ter. Ele diz que um diploma no curso técnico de eletrônica lhe garantiria a função de técnico de manutenção de aparelhos, um trabalho mais leve e mais bem remunerado do que o que atualmente exerce. E a vaga na empresa estaria garantida, pois foi o próprio patrão que lhe sugeriu o curso. Mas Anderson não tem pressa. Ele diz que está satisfeito com o seu "serviço" e, já que não tem mulher e filhos, pode gastar parte dos R$ 400[5] que ganha por mês consigo mesmo, uma vez que mora com os pais e apenas ajuda nas despesas da casa.

Ao olhar para trás, Anderson se lembra do tanto que já sofreu em sua curta "carreira profissional". Seu primeiro "serviço" foi aos 17 anos, quando trabalhou por quase um ano em uma pequena fábrica de sapatos de propriedade de um vizinho. Era uma empresa familiar, que contava apenas com o trabalho de Anderson e de outro rapaz, além do trabalho dos próprios donos. A função que Anderson exercia era conhecida como "jeleco", ou seja, a pessoa que trabalha fazendo os serviços menos importantes da produção de sapatos, como passar cola, por exemplo. O "salário" era calculado por dia e eles recebiam R$ 10 por cada dia de trabalho, o que no final no mês contabilizava aproximadamente R$ 250. Contudo, se o dia deles tinha hora certa para começar, não tinha hora definida para acabar. Sua jornada começava pontualmente às 7h da manhã e terminava apenas quando acabasse a quantidade de sapatos que havia sido estabelecida para aquele dia, normalmente às 19h ou 20h, embora esse horário fosse frequentemente estendido, sem que essas horas extras jamais fossem pagas. Além de não terem carteira assinada, não recebiam vale-refeição nem almoço ou lanche.

---

5 Em 2009, ano de publicação da primeira edição deste livro, o salário-mínimo era de R$ 465. [N. E.]

Quando surgiu a possibilidade de trabalhar como ajudante em uma marcenaria, ganhando R$ 20 por dia, Anderson não hesitou em abandonar a fábrica. Na marcenaria, o trabalho não era muito melhor, mas pagava mais, além do fato de ele trabalhar com horário fixo, de 7h às 17h. As condições de trabalho eram difíceis e perigosas, pois havia muita sujeira proveniente do pó da madeira e dos produtos químicos usados, além do peso que precisava carregar dos móveis que ajudava a fazer. Anderson lembra que tinha de usar máscara o tempo todo, pois havia muita poeira e era difícil respirar sem a proteção. Contudo, a máscara que usava não protegia nem metade do que deveria, visto que não havia no trabalho quantidade suficiente para trocá-la quando fosse preciso, o que o obrigava a ficar semanas com a mesma máscara, trocando-a apenas quando ela estava tão suja que já o atrapalhava.

Anderson permaneceu na marcenaria por sete meses até começar a trabalhar no galpão onde está atualmente. O emprego veio-lhe por meio de um conhecido que o indicou ao responsável pelo galpão. Este precisava de alguém de confiança a quem pudesse entregar a chave e atribuir a tarefa de abrir o lugar todas as manhãs. Como Anderson sempre foi um rapaz de boa família, disciplinado, honesto e benquisto, a tarefa lhe foi confiada prontamente. O fato de ter o diploma do ensino médio também determinou sua contratação, pois era exigência da firma que o funcionário tivesse pelo menos o nível médio completo. Dessa forma, dois fatores fundamentais garantiram a Anderson a ascensão de trabalhos desqualificados e informais para um trabalho registrado e menos desqualificado: o fato de ter tido uma família organizada e de ter, ao menos, terminado o ensino médio. Entre os menos favorecidos economicamente, o segundo aspecto nada mais é do que reflexo do primeiro, uma vez que uma vida familiar organizada é o fator definitivo para uma vida menos miserável tanto econômica quanto moralmente.

Foi o fato de possuir uma vida familiar organizada que garantiu a Anderson ir um pouco mais longe do que Juninho. Ao contrário de Anderson, Juninho, como a maioria da ralé brasileira, não teve a sorte de ter um ambiente familiar seguro e organizado. Seu pai, seu Jonas, trabalhava transportando frutas e legumes para uma firma, mas o dinheiro era muito pouco, o que obrigava sua mãe a trabalhar fora como faxineira. Mesmo assim, a vida familiar era marcada pela necessidade material permanente, pois seu Jonas era alcoólatra e gastava grande parte de seu dinheiro com bebida e diversão. Havia uma tensão constante no seio familiar: qualquer pequeno ato da mãe ou dos filhos poderia ser a gota de água que desencadearia a explosão de violência em seu Jonas. Juninho se lembra de sua infância como uma fase instável, oscilante entre momentos de calmaria, quando seu Jonas parava de beber por um tempo e se tornava um pai tolerante e indulgente, e de brigas constantes entre seus pais, da violência latente que era a presença de seu pai, ameaçador, uma bomba prestes a explodir e que eventualmente explodia, contra a mãe, principalmente, mas também contra os próprios filhos.

A miséria obrigava sua mãe, dona Luzia, a trabalhar o dia inteiro, e Juninho pouco a via. Nos momentos em que ela estava em casa era cuidando da roupa, da limpeza ou da comida. Além disso, agredida demais pela vida, era impossível para ela uma relação com os filhos pautada pelo respeito mútuo, pelo carinho e pelo cuidado. Seus próprios pais não souberam tratá-la desse modo, como então poderia ensinar aos filhos algo que jamais teve a chance de aprender? Ela nunca fora amada pelos pais como um indivíduo único que merece respeito e cuidados. Desde menina foi "entregue a si mesma" e muito cedo aprendeu a dureza da vida, tendo que aprender a "se virar sozinha". Apesar de nunca ter podido dar aos filhos carinho e compreensão, ela fazia o que podia para manter a casa limpa, para botar comida no prato e lhes ensinar a não "mexer nas coisas dos outros" nem se "meter com coisa errada". Foi a influência de dona Luzia que fez com que nenhum de seus quatro filhos, a despeito da vida que tiveram, caísse na delinquência.

Pais e mães da ralé, como dona Luzia, apesar da miséria econômica e moral que estrutura sua vida, também sonham com o sucesso escolar dos filhos. Eles sabem que estudar é importante e querem que os filhos estudem, por isso se esforçam para "não deixar faltar nada dentro de casa" e, dessa forma, fazem o que podem para que seus filhos tenham sucesso na escola e, assim, superem sua própria condição social. Mas no dia a dia o que eles fazem, sem perceber, é compartilhar com os filhos experiências de vida que na maioria das vezes não são favoráveis às exigências escolares. Ocorre então que os conselhos e incentivos a favor dos estudos não encontram um terreno fértil onde possam florescer, visto que esses incentivos não vêm acompanhados de exemplos concretos que os legitimem, uma vez que os próprios familiares possuem uma relação emocionalmente distanciada com o conhecimento. Temos, assim, incentivos a favor de um mundo estranho e oposto à intimidade familiar, um mundo que não faz parte da "vida de verdade" em que essas crianças estão acostumadas a viver, um mundo cheio de regras e valores que não compartilham e que não reconhecem como seus. O universo escolar não tem espaço na maioria das famílias da ralé, seja nas brincadeiras que exigem pouco domínio de si e pouco esforço intelectual, seja nas atividades nas quais pais e filhos podem compartilhar os raros momentos juntos. A história de Alberto contada no capítulo intitulado "O trabalho que (in)dignifica o homem" deste livro revela com perfeição o contraste entre o que os pais querem ensinar para os filhos e o que, sem se dar conta, eles efetivamente ensinam.

Assim, esses familiares costumam naturalizar o desinteresse e a indisciplina das crianças na escola, "porque criança gosta mesmo é de brincar", e a disciplina que os estudos exigem é vista como algo antinatural, pois vai de encontro à "liberdade natural" das crianças. Essa "liberdade natural" é, na verdade, fruto de um modo de vida que exige pouco controle dos impulsos e que, por isso, não prepara as pessoas com a disciplina e o autocontrole suficientes para um bom desempenho no mundo escolar e, posteriormente, no mundo do trabalho qualificado. Apenas os sujeitos que tiveram uma socialização capaz de desenvolver neles uma identificação afetiva com o conhecimento, concentração para os estudos, disciplina, autocontrole e capacidade de pautar suas ações no presente a partir de um planejamento racional do futuro são capazes de incorporar conhecimento para se inserir no mundo do trabalho qualificado e ser úteis e produtivos à sociedade. O sujeito "digno" é aquele que incorporou essas características que são fundamentais para a reprodução do sistema capitalista e que, por isso, passa a receber toda a valorização e o reconhecimento social. Os indivíduos que não se enquadram nesses princípios são desvalorizados perante os olhos de toda a sociedade, marginalizados e condenados a uma posição de cidadãos de segunda classe, "ralé", inúteis aos objetivos da sociedade.[6]

Assim, sem uma identificação afetiva com o mundo escolar que gere ao menos uma noção de dever e responsabilidade moral para com os estudos, sem disciplina, concentração e autocontrole suficientes para vencer as tentações dos prazeres imediatos em nome de uma recompensa futura, é muito compreensível que essas crianças prefiram se entregar aos prazeres imediatos que as brincadeiras de rua oferecem do que se inclinar a atividades que exigem habilidades que não lhes foram ensinadas e com as quais não têm nenhuma familiaridade. Qualquer criança desde cedo percebe qual é o comportamento que a escola reconhece e premia. No entanto, só aqueles alunos que reconhecem a autoridade do sistema escolar e já incorporaram a "disposição para o conhecimento" como parte fundamental de sua autoestima podem almejar os prêmios que a instituição oferece àqueles que conseguem cumprir as metas que ela impõe. E, como

---

6 Jessé Souza, *A construção social da subcidadania*, Belo Horizonte, Editora UFMG, 2003.

vimos, essa adesão afetiva ao aprendizado é fruto de uma configuração familiar capaz de transmiti-la como herança aos seus descendentes.

A vida familiar desorganizada definiu muito do que veio a ser a história de Juninho. Sem a confiança no afeto dos pais, ele não pôde adquirir confiança em si mesmo. Sem um ritmo regular de vida doméstica, sem um ambiente seguro e protegido, não poderia haver uma rotina para as lições de casa ou para a dedicação a qualquer outra atividade "espiritual" de cultivo a uma esfera expressiva como ocorreu no caso de Anderson com a música. O tipo de relação da família de Anderson com a música resume tudo o que faltou a Juninho: a transformação da casa num ambiente onde as pessoas articulam suas próprias emoções (dores, sofrimentos, alegrias) e adquirem assim um vínculo emocional com o uso da linguagem. Faltou a Juninho um espaço no qual a palavra fosse usada como recurso para a construção de relações de dependência e confiança mútua. Para ele, as relações familiares foram sempre de muita dependência e pouca confiança, e a palavra em sua casa era usada, quase que exclusivamente, para ferir e humilhar uns aos outros. Sua família nunca foi um lugar de cuidado e proteção; ao contrário, era fonte de medo e insegurança, pois as pessoas mais importantes em sua vida o agrediam constantemente, seja através das pancadas físicas, seja através do descaso e do abandono. Juninho lembra que a palavra do pai era lei em sua casa, e qualquer desrespeito era punido violentamente. O medo pautava sua relação com o pai, o que impossibilitava qualquer diálogo visando à compreensão das regras e das obrigações impostas, ou dos sentimentos que geravam nos membros da família. Aos 15 anos, a relação de Juninho com o pai se encerra dramaticamente: seu Jonas é assassinado durante uma briga de bar, quando, bêbado, agredira um colega de copo que revidara a agressão dando-lhe um tiro no peito.

Como não podia deixar de ser, as consequências de uma vida familiar completamente desestruturada desde cedo se fizeram sentir na relação de Juninho com a escola. Ele lembra que quando menino se esforçava para aprender, mas, por mais que tentasse, não conseguia: "Não me concentrava nas aulas, aí ó, fui repetindo direto, direto." Ele tentava fazer as lições, sempre sem ninguém para ajudá-lo, e não faltava à aula, mas ainda assim não conseguia acompanhar a matéria, e sempre lhe parecia que o conteúdo que a professora ensinava era muito mais do que podia entender: "Na primeira e segunda série, eu lembro disso, quando eu tava escrevendo e a professora apagava o quadro, e eu não acabei de escrever, eu até chorava. Eu baixava a cabeça e começava a chorar." As dificuldades na escola logo o convenceram de que o estudo não havia sido feito para ele, pois, por mais que tentasse, sempre era um esforço inútil: Juninho não conseguia aprender. O fato de os pais nunca terem se interessado por seu desempenho só favoreceu seu desinteresse progressivo: "Não falava nada pra incentivar a pessoa, 'cê tá perdendo de ano', 'não sei o quê', entendeu, não falava, aí a pessoa vai perdendo de ano." Juninho, já derrotado pelas dificuldades incontornáveis, transformou, por meio de um autoengano que adia a entrega ao desespero, essa derrota em escolha pessoal. Ele deixou de ir à escola para se divertir com os amigos pelas ruas da cidade e passou a justificar seu fracasso dizendo que ele é que não queria estudar, pois era melhor "aproveitar a vida" em vez de perder a juventude "enfiado" nos livros. Além disso, precisava trabalhar para ajudar nas despesas da casa.

    Depois de repetir três vezes a mesma série, Juninho foi aprovado continuamente, graças ao sistema de "promoção automática", até chegar à quinta série do ensino fundamental, quando, por ocasião da morte do pai, decidiu abandonar de vez os estudos para começar a trabalhar e ajudar a família. Depois de uma série de biscates, em que trabalhou como lavador de carros, "jeleco", ajudante de pedreiro, limpando caixas de gordura e capinando quintais, hoje, aos 25 anos, Juninho é vendedor ambulante no Centro da cidade, onde comercializa de tudo um pouco, de canetas, balas e chicletes aos CDs e DVDs piratas que vende atualmente. Não sabe ao certo quanto ganha, mas calcula que seu rendimento por semana deve estar em torno dos R$ 100.

Diferentemente de Juninho, vimos que Anderson teve um pouco mais de sorte na vida. Ele contou com a felicidade de ter uma família organizada, que fez com que se tornasse uma criança autoconfiante e segura do amor e cuidado dos pais, a despeito das permanentes dificuldades materiais que enfrentavam. Mas a qualidade da vida familiar de Anderson não foi o bastante para permitir que ele escapasse à má-fé institucional da escola. A dificuldade com a matemática e com a física, com o tipo de linguagem mais abstrata que ele não pôde desenvolver em seu lar, foi o suficiente para que a escola o castigasse com violência o bastante para fazê-lo desacreditar de si mesmo, das capacidades que sua família o tinha legado e as quais cabia à escola lapidar e desenvolver. A relação de Anderson com a música se deu de forma leiga e rudimentar, sem nenhum estudo teórico, o que não foi suficiente para desenvolver nele a possibilidade de operar o distanciamento do real diretamente percebido, condição da maior parte das construções mais abstratas. Assim, a capacidade de abstração que sua relação com a música lhe propiciou não foi forte o suficiente para que ele não estranhasse as disposições que a escola exige.

As dificuldades de Anderson poderiam ter sido superadas pela instituição escolar, que conta com uma infinidade de métodos educativos e pedagógicos para tanto. Contudo, não é essa a prática comum nas escolas públicas de todo o Brasil. Graças à má-fé institucional – que analisaremos mais detalhadamente adiante –, antes de enxergar as causas que determinam as dificuldades dos alunos, os profissionais da instituição escolar só veem os efeitos dessas dificuldades, tais como desatenção, desobediência, ausências, indisciplina, desinteresse e agressividade. Quando chegam a perceber que esses comportamentos são fruto de desorganização familiar, a escola, historicamente precária em sua maioria, muito pouco pode fazer a respeito, o que leva o problema a se arrastar indefinidamente até ser naturalizado, ou seja, visto como se fosse parte da própria "natureza" dos alunos. A prática comum é então punir e castigar aqueles que apresentam esse tipo de comportamento, encarado como consequência de uma escolha racional de cada um, não como efeito de uma condição de vida que não oferece as condições sociais objetivas para o sucesso escolar.

O primeiro grande incidente que desencadeou, nas palavras de Anderson, o seu grande "trauma" com a escola foi ainda aos 7 anos, quando sua professora de matemática, ao ver que ele ria de uma colega que caíra da escada, o apertou pelo braço e, gritando, o levou para a secretaria para ser castigado. Nessa época, Anderson já tinha dificuldade com a matemática, mas ele lembra que esse episódio agravou ainda mais o problema, pois ele passou a ter muito medo de sua professora: "Então eu vivia chorando; só d'eu ver ela entrando na sala eu ficava chorando." Na série seguinte, Anderson recorda que continuou tendo dificuldades escolares, principalmente graças a outra professora, dona Geiza. Diz que ela "cismava" com ele, embora não soubesse o motivo, já que, a despeito de sua dificuldade em aprender, sempre fora uma criança quieta e bem-comportada em sala de aula.

Visto que, dentro do sistema escolar, tudo que não se enquadra às normas de disciplina e bom comportamento é passível de punição, alunos como Anderson e Juninho são punidos o tempo inteiro por não se adequarem às normas escolares, mesmo quando o desajuste a essas normas é fruto de uma deficiência ou uma dificuldade que eles sozinhos não podem superar, como foi o caso de ambos. Devido a isso, a punição nessas escolas serve para castigar os "maus" alunos e reafirmar perante todos sua "incapacidade", atribuída à sua falta de vontade nos estudos, sua preguiça ou desinteresse. Assim, as avaliações corriqueiras postas em prática pelos agentes das escolas públicas medem as capacidades de cada aluno, permitindo ao sistema escolar levantar um campo de conhecimento sobre eles que serve para classificá-los, separando aqueles que se ajustam às exigências e têm bom desempenho, e aqueles que não se ajustam e fracassam, ou seja, os que podem ser úteis futuramente à sociedade e aqueles que estão fadados ao fracasso e às posições desqualificadas e pouco úteis.

É assim que se constitui uma rede de informações entre todos os agentes da escola a respeito de cada aluno, seja por meio das reuniões de conselho de turma, seja por meio das conversas informais do dia a dia. Assim vai se criando uma espécie de currículo que se adere como um estigma ao aluno, fonte de práticas que determinam e são determinadas por esse estigma. Tal rede de informações faz parte da vida institucional corriqueira da escola, e é graças a ela que os professores podem conhecer e já classificar os alunos antes mesmo de travar relações diretas com eles. Desse modo, podemos explicar a "cisma" que desde o começo dona Geiza tinha com Anderson, "cisma" que fez com que ele se tornasse continuamente vítima de humilhações e punições por parte dela.

Anderson recorda uma ocasião em que dona Geiza o chamou ao quadro-negro para resolver uma expressão matemática que ele considerava extremamente complicada: "Uma vez ela me chamou e falou 'oh, agora cê vai ter que resolver essa conta aqui e agora! Cê vai ter que resolver tudo. Cê não vai sair daqui sem resolver!' Eu fui fazendo, fazia errado, ela falou: 'Não é assim, faz a conta direito! Cê sabe como é que é a regra!'" Anderson lembra que não conseguiu fazer a conta, de forma que dona Geiza acabou por chamar outro aluno, falando com ar zombador que "é uma vergonha mesmo" na frente de toda a turma. Ele lembra que voltou para o seu lugar de cabeça baixa, com muita vergonha dos colegas, sentindo-se extremamente humilhado e incapaz: "Eu fiquei muito arrasado depois."

Mas as humilhações de Anderson na escola não acabaram por aí. Também graças ao sistema de "promoção automática", ele foi aprovado nas últimas séries do ensino fundamental, mesmo não tendo notas suficientes para tanto. Isso dificultou ainda mais sua aprendizagem, pois ele passava para as séries seguintes ainda sem ter aprendido o conteúdo das séries anteriores. Graças ao incentivo dos pais e da ajuda do irmão mais velho, Anderson conseguiu chegar ao ensino médio e já no primeiro semestre do primeiro ano mais um episódio cruel de má-fé institucional reforçou suas dificuldades escolares. Anderson conta que havia montado dois experimentos para uma "feira do saber" promovida pela escola, que consistiam em um circuito de um cofre eletrônico e um pedal de guitarra. Ele lembra que estava muito orgulhoso por ter feito sozinho o projeto. Contudo, no momento em que explicava a um grupo de pessoas e ao seu professor de física como elaborara o projeto, dona Eunice, sua professora de matemática daquele ano, parou e disse: "Aí, professor, fala pra ele que pra ele entender isso aí, antes ele tem que aprender matemática." A partir de então, o professor de física, de quem Anderson sempre gostou e se deu bem, passou a tratá-lo friamente:

> Aí, depois que eu acabei de tentar acabar de explicar ele, apesar desse momento horrível que eu passei, eu fui falando com ele, ele não olhou no meu olho mais, e depois no final, depois d'eu apresentar tudo pra ele, ele teve coragem de falar assim: "Estuda matemática!" Só isso! E virou as costas.

Ele conta que, com muito custo conseguiu terminar o ensino médio. No entanto, a série de humilhações a que Anderson foi submetido durante toda a sua vida escolar marcou profundamente sua relação com a escola e determinou os rumos futuros de sua história. Hoje, Anderson não se sente seguro para dar continuidade aos estudos, nem mesmo para fazer o curso técnico de eletrônica sugerido por seu patrão, que seria fundamental para a obtenção de uma colocação melhor no trabalho: "Eu tenho medo. Esse que é o problema, eu tomei medo, entendeu? Foi um trauma. Esse que é o problema, eu já não sei qual que é a diferença entre o difícil e o medo." Como não consegue ver que é a própria escola a responsável pelo seu fracasso, não resta a Anderson alternativa a não ser buscar em si mesmo as causas, pois, de acordo com ele, o papel da escola é mesmo o de selecionar e desenvolver os alunos "que têm a mente um pouco melhor". E ele, é claro, acredita que não se enquadra nesse grupo: "Eu não sou um desses. Minha memória é muito ruim, eu tenho a cabeça muito ruim pra guardar as coisa. Pra cálculos também eu tenho a cabeça muito ruim... Eu acho que eu tenho mesmo." A insegurança e o medo de Anderson são o resultado concreto e bem-acabado da má-fé institucional das escolas públicas brasileiras.

A MÁ-FÉ DA INSTITUIÇÃO ESCOLAR

Quando falamos de má-fé institucional, estamos nos referindo a um padrão de ação institucional que se articula tanto no nível do Estado, através dos planejamentos e das decisões em relação à alocação de recursos, quanto no nível do micropoder, isto é, no nível das relações de poder cotidianas entre os indivíduos que, dependendo do lugar que ocupam na hierarquia social, podem mobilizar de forma diferente os recursos materiais e simbólicos que as instituições oferecem. Para compreendermos adequadamente o funcionamento da má-fé institucional em ambos os níveis, é necessário reconstruirmos, ainda que brevemente, o desenvolvimento histórico da instituição escolar no Brasil. Feito isso, passaremos à análise da constituição da má-fé institucional no nível das microrrelações de poder ocorridas no seio de nossas escolas públicas.

De acordo com a educadora e historiadora Otaíza Romanelli,[7] a organização social do Brasil Colônia, fundada na grande propriedade rural escravocrata, possuía um caráter extremamente seletivo: apenas uma

---

7 Otaíza de Oliveira Romanelli, *História da educação no Brasil*, Petrópolis, Vozes, 2005.

minoria de donos de terras tinha acesso à educação, em contraposição a uma ralé composta por agregados e escravos condenados à exclusão. Além do fato de a educação ser privilégio de poucos, era ainda completamente alheia à realidade da vida colonial: sendo ministrado pelos jesuítas, o objetivo do ensino era oferecer uma cultura geral básica aos filhos dos senhores de terras, e esse ensino possuía um caráter autoritário, escolástico e literário, muito pouco afeito à criatividade, não interessado em qualificar para o trabalho e que em nada contribuía para modificar estruturalmente a vida social e econômica da Colônia. A independência política da outrora metrópole alterou muito pouco esse quadro: aos donos de terras juntou-se uma pequena camada intermediária, que ascendeu graças à urbanização, ao rudimentar mercado interno e ao crescimento dos serviços que o processo de independência política demandou.

Até a revolução modernizadora de 1930, que representou a intensificação e implementação definitiva do capitalismo industrial no Brasil, esse quadro mudou pouco. O caráter do ensino continuou fortemente seletivo e restrito às elites rurais e às camadas médias, numericamente insignificantes se comparadas à população como um todo que estava excluída do sistema de ensino. A partir de 1930, a intensificação do processo de urbanização, que tem na industrialização crescente sua principal causa, começou a modificar a demanda social por educação, introduzindo um contingente cada vez maior de estratos médios que passaram a pressionar o sistema escolar para que se expandisse, visto que o modelo econômico em consolidação gerava novas e crescentes necessidades de recursos humanos para ocupar funções nos setores secundários e terciários da economia. A partir de então, o Estado teve que, inevitavelmente, ampliar a oferta de educação. Contudo, essa expansão se deu em limites muito estreitos, ainda que seja significativamente grande se comparada ao período anterior. Enquanto em 1920 a taxa de escolarização da faixa etária de 5 a 19 anos era de 9%, em 1940 ela já era de 21,43%, subindo para 53,72% em 1970. Contudo, o alto grau de seletividade do sistema, consubstanciado em altíssimas taxas de repetência e evasão, "peneirava" a maior parte da população que nele ingressava, revelando a brutalidade da seletividade de nosso sistema educacional.

Na ordem social patriarcal, a educação se constituía em privilégio das elites, o que fazia desnecessária a ação estatal com vistas a fazer expandir o ensino público gratuito. Na ordem social burguesa que se consolidou em 1930, as classes médias em ascensão passaram a reivindicar o direito ao ensino médio gratuito, e as exigências mínimas por qualificação de que a indústria necessitava fizeram com que a expansão da educação às camadas populares se tornasse uma "reivindicação" da própria economia, principalmente no que se referia ao ensino primário e técnico. No mesmo tempo que a demanda efetiva por educação crescente pressionava o sistema para que abrisse suas portas, ele se fechava em si mesmo, acolhendo apenas uma parte da população e depois selecionando ainda mais essa parte privilegiada, através de seus métodos tradicionais de ensino e avaliação altamente segregadores, visto que seus critérios de avaliação eram baseados em uma educação livresca, acadêmica e aristocrática, medida pela capacidade de reter maior número de informações, vazias de significado para a maior parte da população que, como vimos na parte inicial deste capítulo, não possuía as disposições necessárias para se engajar afetiva e cognitivamente no mundo escolar.

Esse sistema de ensino beneficiava "naturalmente" as classes mais favorecidas, que possuíam as disposições (autocontrole, concentração, disciplina, cálculo prospectivo e sentimento de dever ou responsabilidade moral para com os estudos) para se dedicar ao estudo. Assim se dividia nosso sistema de ensino: de um lado, havia o ensino médio público (que era também ensino profissional) destinado, graças a sua seletividade, quase que exclusivamente às camadas médias e altas, que o viam principalmente como porta de entrada para o ensino superior. De outro, havia o ensino fundamental e o chamado sistema "paralelo" de ensino profissional (Serviço Nacional de Aprendizagem Industrial – Senai e Serviço Nacional de Aprendizagem Comercial – Senac). Este último era muito procurado pelas classes populares, pois tinham urgência para entrar no mercado de trabalho, e o sistema de ensino profissional "paralelo" oferecia uma educação de curta duração que proporcionava uma qualificação básica, suficiente para ocupar as ofertas de trabalho mais subalternas, que cresciam bastante naquele momento, mas que exigiam um baixo nível de qualificação. Como o acesso ao ensino fundamental gratuito era direito assegurado por lei a todos os brasileiros, a universalização de seu acesso passou a ser um dever do Estado, que tinha a obrigação de promover a sua expansão quantitativa a toda a população, assim como garantir qualidade e bom rendimento. Contudo, graças à enorme seletividade do sistema, poucos eram aqueles que conseguiam concluir o ensino fundamental, e menos ainda aqueles que ingressavam no ensino médio.

Romanelli apresenta dados fornecidos pelo Ministério da Educação (MEC) que revelam essa enorme seletividade. Dos 1.681.695 alunos que se matricularam na primeira série do curso primário em 1942, apenas 40,44% atingiram a segunda série no ano seguinte. Dessa mesma matrícula, apenas 15,5% chegaram à quarta série primária; 7,14% foram para a quinta série; e 3,44% ingressaram no primeiro ano do ensino médio. Os dados referentes a 1960 mostram a continuidade desse processo: dos 3.950.504 alunos que ingressaram na primeira série do ensino fundamental, mais de 57% não ingressaram na segunda série e apenas 14,41% foram para a quinta série do ensino fundamental. Vemos, assim, que a seletividade do sistema está, sobretudo, no ensino fundamental, justamente o nível considerado o da educação para todos.

Todas as medidas e ações do Estado a respeito da educação pública nesse período encerram o padrão de má-fé institucional a que nos referimos anteriormente. Apesar dos discursos e metas oficiais do Estado advogarem a favor do direito de todos à educação pública gratuita e de qualidade, não foi nesse sentido que se direcionaram as ações do Estado durante todo esse período histórico. As reformas acabaram por acentuar a dualidade do ensino, visto que, na prática, não ofereciam as condições objetivas que garantissem a realização dos progressos legais em favor da universalização da educação. Isso ocorreu porque, na realidade, todas as medidas estatais tiveram por alvo principal as classes médias, que foram os setores que reivindicaram a ampliação do ensino. Era grande o interesse dessas classes pela ampliação do ensino porque como a industrialização gerou uma mudança no mecanismo de ascensão dessas classes, que deixou de ocorrer por meio dos pequenos negócios ou do exercício por conta própria de uma profissão para se transferir para as hierarquias profissionais que se ampliavam tanto no setor público quanto no privado, era fundamental que se qualificassem para ocupar os cargos mais valorizados desses setores.

Algumas frações da classe baixa foram beneficiadas com a expansão do ensino primário e com a criação do sistema "paralelo" de ensino profissional. No entanto, fora essa pequena parte da população pobre, a grande maioria das classes populares foi excluída do sistema de ensino, visto que não se expandiu o suficiente para abarcar a maior parte da população. E muitos dos que conseguiam se matricular eram eliminados, como vimos, pela seletividade do sistema, que possuía elevados índices de repetência e evasão. Apesar desses números assustadores que mostram o baixíssimo rendimento do sistema em garantir a permanência da maioria esmagadora da população na escola, pouco foi feito pelo Estado para resolver esse problema.

Atualmente, temos um ensino fundamental praticamente universalizado. Em 2005, 97,4% das crianças brasileiras de 7 a 14 anos frequentavam a escola.[8] Contudo, ainda hoje temos que lidar com níveis altíssimos de

---

8 De olho na educação, "Boletim", 2005.

improdutividade, consolidados nas taxas que indicam o baixo rendimento das escolas públicas. Isso significa que a exclusão atualmente deixou de ser qualitativa e quantitativa para ser somente qualitativa: todos estão na escola, mas esses alunos não aprendem nem a metade do que é esperado.[9] Isso sem contar as taxas que medem o índice de repetência: elas demonstram que, em 2000, mais da metade (54,3%) dos alunos da quinta série do ensino fundamental estava acima da idade ideal para essa série.[10]

Esse descaso do Estado com a população carente pode ser compreendido se percebermos que as classes médias foram os "suportes sociais" das políticas de promoção do bem-estar do Estado, pois, uma vez que elas já estavam integradas ao mundo do trabalho e por isso eram úteis e valorizadas, foram as únicas que puderam reivindicar a intervenção do Estado nas questões "sociais". Como essas classes reivindicadoras já possuíam os pré-requisitos necessários (as disposições que caracterizam o sujeito "digno") que garantiram sua integração na sociedade capitalista competitiva, todo o aparato institucional constituído contou com esses requisitos como se eles fossem algo "natural" à constituição humana, não percebendo que eles são, na realidade, resultados de um processo de socialização específico a certas classes. Podemos compreender a grande

---

9 Podemos medir a improdutividade do sistema por meio das taxas que mostram que os alunos das escolas públicas aprendem muito menos do que o esperado. Uma pesquisa divulgada pelo Ministério da Educação investigou o percentual de alunos que aprenderam o que era esperado para cada série do ensino básico. Os dados relativos ao ensino de língua portuguesa apresentados no Saeb 2005, por exemplo, mostram que apenas 26,6% dos alunos da quarta série do ensino fundamental sabem o conteúdo adequado a essa série. O desempenho também é baixo na oitava série do ensino fundamental (19,51%) e na terceira série do ensino médio (22,6%). Em matemática, o cenário é ainda pior: 21,41% dos alunos aprenderam o conteúdo adequado para a quarta série do ensino fundamental; 13,04%, para a oitava série; e 12,79%, para o terceiro ano do ensino médio. De olho na educação, "Projetos, governança e estatuto", 2005.
10 Gilda Figueiredo Gouvêa, "Um salto para o presente: a educação básica no Brasil", *São Paulo em Perspectiva*, São Paulo, v. 14, n. 1, jan.-mar. 2000.

seletividade de nossas escolas públicas a partir da sua constituição como instituição que pressupõe esses requisitos, mas que, assim como todas as outras instituições modernas, também não percebe que eles não são "naturais" a todos os seres humanos, mas que exigem um tipo de socialização familiar específica para que sejam construídos.

Quando, porventura, aqueles sem os requisitos do sujeito "digno" tinham acesso às instituições escolares que não foram criadas para eles, não podiam se adequar às suas exigências, pois sua socialização não os equipara com as disposições exigidas. Por isso nosso sistema de ensino é historicamente marcado pelo fracasso em massa da ralé, que jamais foi vista pelo Estado como uma classe específica, já que, por ter sempre estado à margem das profissões valorizadas pela sociedade competitiva, não foi capaz de reivindicar do Estado políticas públicas que a beneficiassem diretamente. A consequência da não percepção da ralé como classe é a culpabilização individual de seus membros pelo fracasso de uma classe inteira. Uma vez que não consegue problematizar as condições sociais de produção dessa classe de "indignos", a instituição escolar, ao se deparar com aqueles que não possuem essas disposições que garantem a "dignidade" dos indivíduos, age operacionalmente, no dia a dia, de forma completamente destoante daquela que propõe oficialmente.

É nesse ponto que podemos inserir o segundo nível do padrão de ação institucional que ocorre no âmbito das relações de micropoder, ou seja, no nível das relações de poder entre os indivíduos que, dependendo do lugar que ocupam na hierarquia social, podem mobilizar de forma diferente os recursos materiais e simbólicos que as instituições oferecem. Assim, as relações corriqueiras entre os indivíduos dentro da instituição já são previamente determinadas pela posição desses indivíduos na hierarquia social. Podemos compreender melhor como se configuram essas interações com o exemplo das relações entre os operadores das instituições escolares e seus alunos. Basta nos lembrarmos da violência com que os professores de Anderson o puniram por não se enquadrar às exigências feitas pela escola.

Os atos dos operadores institucionais, tais como os que Anderson sofreu por parte de seus professores durante toda sua vida escolar, podem ser compreendidos se nos preocuparmos em considerar a origem social desses operadores. A necessidade desesperada e pré-reflexiva da pequena burguesia, por exemplo – a classe de origem de muitos desses professores –, de se distanciar de uma condição material de existência próxima demais à sua para ser indiferente, explica o ressentimento e o desprezo de muitos desses professores com seus alunos oriundos da ralé ou com todos aqueles que contam com a escola pública para superar ou desenvolver as disposições que ela exige para o sucesso e que por alguma razão não foram desenvolvidas na família. A ideologia do mérito serve ao propósito de autojustificar esse ressentimento não articulado: agora ele pode se travestir na indignação pequeno-burguesa diante da ralé que "não se esforça o suficiente" para ter sucesso, como eles próprios fizeram para adquirir o pouco conhecimento que possuem. Além disso, por oferecer condições de trabalho precárias – pouco investimento, baixos salários, pessoal mal preparado, falta de material, burocracia lenta etc. –, é a própria instituição a grande responsável pela violência simbólica que parte dos professores dispensa aos seus alunos: é o seu funcionamento precário que acirra a violência que muitas vezes os primeiros direcionam aos segundos.

Esse pertencimento de classe explica também a substituição do ressentimento pequeno-burguês pelo desinteresse e sentimento de impotência ou pelo envolvimento pessoal e engajamento político manifestados por muitos professores provenientes de frações de classe média, cuja maior estabilidade econômica não cria o ressentimento e o retraimento no ódio que muitas vezes o medo pré-reflexivo de ser confundido com a ralé gera nos pequeno-burgueses. Assim, há muitos professores sensíveis e bem-intencionados em nossas escolas públicas, que se esforçam para fazer um bom trabalho e se preocupam com o futuro de seus alunos. Contudo, eles próprios também são vítimas desses mecanismos institucionais que vão muito além de suas vontades; e, por maior que seja o desejo de alguns professores em mudar o funcionamento da instituição escolar, seus atos isolados nada podem contra a impessoalidade e a magnitude de um sistema que funciona de acordo com o consentimento, mesmo que não intencional, de toda a sociedade. E o que reina nas escolas públicas é um sentimento de impotência, mal-estar, desinteresse e desânimo coletivo, e os profissionais da educação não sabem o que fazer, pois, por mais que se esforcem, não conseguem lutar contra a força contrária que advém da própria instituição.

É à existência da ralé enquanto classe que, embora não seja percebida como tal, estrutura de fio a pavio a nossa sociedade que podemos atribuir o grande sucesso e alcance da má-fé institucional entre nós. Como compõe um terço de nossa população de 180 milhões de habitantes, podemos imaginar como as instituições são radicalmente afetadas pela sua existência massiva. Na escola, por exemplo, a existência em massa da ralé faz com que se nivele por baixo a qualidade do ensino. Imaginemos como deve ser difícil, mesmo para aqueles que possuem as disposições necessárias para uma aprendizagem bem-sucedida, conseguir aprender em uma turma em que a maior parte dos alunos não consegue se concentrar no que é dito pelo professor, conversa o tempo inteiro, não fica sentada quieta por muito tempo, não se empenha em estudar porque não vê muita utilidade no que é ensinado; e muitos não respeitam a autoridade dos professores. Além disso, estes últimos ganham mal e por isso precisam trabalhar em várias escolas para manter uma renda familiar mínima, além de ser desmotivados com sua profissão, pois não conseguem despertar o interesse dos alunos e por isso não se realizam profissionalmente. A escola, por fim, conta com poucos recursos para investir em infraestrutura, material e todo tipo de projetos pedagógicos, culturais e esportivos.

A crueldade da má-fé institucional está em garantir a permanência da ralé na escola, sem isso significar, contudo, sua inclusão efetiva no mundo escolar, pois sua condição social e a própria instituição impedem a construção de uma relação afetiva positiva com o conhecimento. Foi assim com Anderson e Juninho, dois resultados bem-sucedidos, embora diferentes, da má-fé institucional das escolas públicas brasileiras.

Anderson, após anos de frequência à instituição escolar, tem a sua vida completamente cerceada pelo medo e a insegurança que ela lhe legou. Ele sonha com a possibilidade de ter uma vida melhor, algo real e palpável, visto que materializada em um curso técnico, mas que ele "teima" em adiar indefinidamente. Sua vida familiar o equipou com o requisito fundamental para o sucesso escolar: disciplina, concentração e responsabilidade moral para com os estudos, resultado de sua ligação afetiva com o conhecimento, que faz com que ele o sinta como algo essencial em sua vida. É graças a isso que Anderson sofre tanto com a culpa de seu fracasso, pois sente e sabe o que perde com ele: o reconhecimento e a valorização social destinados a todos aqueles que possuem algum tipo de conhecimento incorporado. Seu sorriso envergonhado e seu olhar baixo deixam transparecer a dor e a tristeza que sente quando diz que seus pais desistiram de acreditar em seu sucesso: "Ah, incentivavam [os estudos]... eles sempre incentivaram isso muito. Mas chegou um momento em que eles desistiram de mim, do meu irmão não, mas de mim eles desistiram..." A violência simbólica engendrada pela má-fé institucional tornou inviáveis as chances de sucesso que ele trouxe de casa. A autoridade e o poder institucional materializados nos agentes institucionais, seus professores, e nas práticas corriqueiras, provas e todo tipo de métodos de avaliação foram mobilizados para punir e castigar Anderson pelas limitações as quais ele sozinho não podia superar.

O sofrimento de Anderson é qualitativamente diferente daquele que Juninho sente. Como ele nunca de fato se identificou com o mundo escolar – já que sua socialização familiar não foi capaz de equipá-lo com uma ligação afetiva com o conhecimento que fizesse com que se identificasse com ele e, por isso, passasse a considerá-lo algo essencial em sua vida –, Juninho nunca soube o que é sentir dever e responsabilidade moral para com os estudos. Como ele nunca jogou de fato o jogo escolar, como esteve na escola sem de fato *viver* a escola, não sente culpa pelo seu fracasso, pois esse sentimento pressupõe uma ligação afetiva com o conhecimento que nunca sentiu, pois não possui as disposições necessárias para saber e *sentir* de fato o que está perdendo com ele. O que Juninho sente efetivamente é uma terrível ausência, um enorme sofrimento por sair fracassado de um jogo que, apesar de não saber as regras, sente – através da imagem redutora e desvalorizada de si mesmo que toda a sociedade lhe devolve – que é primordial.

Juninho, como quase todo indivíduo pertencente à ralé brasileira, não tem ao menos a possibilidade de apostar em uma chance que não consegue levar adiante, como Anderson. A ele resta apenas o delírio, a fantasia irrealista de um dia ter uma vida longe da miséria e da precariedade, já que suas chances objetivas de vencer a competição social com algum sucesso são ínfimas. Embora Juninho saiba racionalmente – ainda que não sinta – que o único caminho possível para essa vida melhor que ele tanto sonha passa pela escola ("Estudando, eu estudando tem uma oportunidade de arrumar um objetivo melhor. O caminho é o estudo"), sente que para ele esse caminho está fechado. Não obstante, uma vez que a miséria se impõe como uma necessidade tão absoluta, a ponto de não deixá-lo vislumbrar nenhuma saída razoável, Juninho, assim como a maioria da ralé, mesmo sofrendo as consequências de viver sob condições de vida as mais desumanas possíveis – em meio à miséria material, à ameaça permanente de violência física e ao não reconhecimento social –, tende a viver seu sofrimento como sendo coisa habitual, componente inevitável de sua existência:[11] "Pra mim as coisa mais importante da vida

---

11 Pierre Bourdieu, *O desencantamento do mundo, op. cit.*

é se sentir bem, tá com saúde e não tá desempregado nem nada, fazendo meu biscatezinho, e eu tô feliz, eu toco minha vida assim."

Para Juninho e Anderson, o grande feito da má-fé institucional foi lhes mostrar o caminho por excelência do sucesso pessoal e do reconhecimento social em uma sociedade capitalista competitiva como a nossa, o conhecimento, apenas para fazê-los descobrir que as portas desse caminho estão irremediavelmente fechadas para eles. E pior: que se trata de um fracasso individual, e não de um processo histórico que reproduz uma classe inteira. Ambos *sabem* racionalmente que há valor no conhecimento; contudo, apenas Anderson possui a capacidade de *sentir* essa importância. Ele ao menos consegue dar forma ao seu sofrimento, sabe que advém de seu fracasso escolar e se culpa. Isso faz com que possa compreender melhor sua vida e lidar melhor com ela, na medida em que conhece as regras do jogo como partícipe, não apenas como observador alienado e delirante. Apesar dessa diferença entre os dois, o destino reservado a um é o mesmo reservado ao outro: a má-fé institucional atinge tanto a ralé estrutural, cuja miséria moral e material apenas encontra sua confirmação e institucionalização nas escolas públicas, quanto as demais frações da classe baixa que, apesar da renda precária, não deixam de ser contempladas com uma vida familiar organizada e com algum conhecimento incorporado. Estas últimas teriam alguma possibilidade de ascensão social, caso as escolas públicas não se encarregassem muitas vezes, por efeito da má-fé institucional, de também lhes fechar as portas a essa possibilidade.

> Eu acho assim, o meu sonho é... Eu queria... Se eu fosse pedir alguma coisa pra mim ter, se eu tivesse um sonho pra mim ter é que eu tivesse do nada um estalo e eu [ele estala os dedos]... Ficasse finalmente bom pra estudar [Anderson].

CAPÍTULO 7
"FAZER VIVER E DEIXAR MORRER"
A má-fé da saúde pública no Brasil

Lara Luna

O difícil não é evitar a morte, mas evitar que ela seja injusta.

Sócrates

Dificilmente alguém discordaria de que um dos maiores problemas sociais do Brasil é a precariedade da saúde pública.[1] O que facilmente nos aparece à primeira vista, a partir disso, é que, sendo nosso sistema de saúde deficiente, ele se torna um dos fatores responsáveis pelo nosso quadro de desigualdades sociais, advindo daí a noção de que esse setor (juntamente com a educação) merece investimentos prioritários por parte do Estado. Nenhum de nós refutaria a necessidade de investimentos em áreas como essas. Porém, essa convicção se equivoca ao inverter as causas de nossas mazelas sociais pelos seus efeitos: na realidade, a saúde está apenas reproduzindo o esquema de desigualdade que se perpetua por alguns séculos em nosso país. Sendo assim, desvendar o que está por trás da debilidade

---

1 Segundo pesquisa realizada pelo Ibope – Instituto Brasileiro de Opinião Pública e Estatística, em 2006, a saúde lidera a lista das áreas mais problemáticas do país na opinião de 43% de 2.002 entrevistados, em 143 municípios (pessoas com mais de 16 anos e de todas as classes). Desbancou emprego (41%), fome e miséria (31%), segurança pública (31%), educação básica (15%), entre outros.

dos seus serviços é uma forma de compreendermos algo importante acerca da nossa sociedade: que ela segrega e classifica seus membros de forma a valorizar uns em detrimento de outros, refletindo a lógica de operação de nossas instituições. Desse modo, o mau funcionamento de um setor público, como no caso da saúde, deve ser repensado tendo em vista seu "público-alvo" principal.

Não pretendemos enfatizar as falhas humanas que todas as pessoas, ao serem atendidas, seja pela rede pública de saúde, seja pela rede privada, são passíveis de encontrar. O objetivo central aqui é percebermos como as debilidades no funcionamento das instituições públicas de saúde se afinam com a desigualdade social, reproduzindo-a, o que significa que na prática elas contradizem os preceitos constitucionais pelos quais o Sistema Único de Saúde (SUS) foi criado, não favorecendo a proposta idealizada em seu bojo de propiciar cidadania inclusiva e igualitária. Ao contrário disso, a segmentação de clientelas entre a assistência pública e a privada, esta última formalizada pela regulamentação da assistência supletiva no final da década de 1990, evidencia a inviabilidade do ideal da saúde como "um direito de todos e um dever do Estado". Se o SUS já não é o "único" sistema em atuação, menos ainda será a sua aplicabilidade enquanto sistema de abrangência universal. Como veremos, a trajetória política de saúde no Brasil se caracterizou pela segmentação entre duas formas de assistência e, apesar dos avanços representados através da reforma sanitária, que desembocaram na criação do SUS e na crítica à mercantilização da saúde, o sistema de saúde brasileiro atual continua segregado, agora entre os serviços destinados aos "que podem pagar" pelo plano de saúde e aos que "não podem pagar".

Os problemas da rede pública de saúde em muito se enlaçam com a trajetória histórica das instituições e agentes da rede privada. Todavia, não pretendemos necessariamente delinear tal relação, mas demonstrar como o sistema público, frente às suas debilidades, é propício ao instaurar um padrão de má-fé institucional, entendendo isso como uma inclinação constante em abdicar das medidas ou ações que fazem parte oficialmente de sua competência.[2] Também tratarei como má-fé a forma de funcionamento dessas instituições públicas de saúde que expõem seus funcionários e pacientes a conflitos de classe a todo instante. Embora tais conflitos possam ser deflagrados na rede privada, no setor público, em grande parte porque é destinado aos que estamos chamando de "ralé", o conflito de classe torna-se latente, visto que em muitos casos são considerados "inimigos" da sociedade. É assim que o termo "fazer viver, deixar morrer", do filósofo Michel Foucault, é usado aqui de forma provocativa, com o intuito de esboçar como os efeitos perversos das debilidades institucionais significam mais que a falta de saúde, visto que incidem diretamente na vida dessa classe social.

AS POLÍTICAS DE SAÚDE DO ESTADO E A FORMAÇÃO DO SUS

No Brasil, a saúde, de alguma forma, sempre esteve atrelada à ideia de nosso atraso. No momento da República Velha, por exemplo, analisar a condição de saúde dos brasileiros foi um importante passo à construção da autoridade do Estado e também à formação de um ideal de nação. Nessa época estavam em voga teses negativas sobre a inferioridade climática e racial do país. Tampouco poderia se observar um sentimento de nacionalidade no povo. Assim, o grande tema dos movimentos intelectuais desse período baseava-se na construção da nacionalidade brasileira e na conformação de projetos nacionais para fortalecimento da presença do Estado em todo o território. Em decorrência desse interesse, os cientistas do movimento sanitarista e grandes nomes da intelectualidade no país

---

2 Sobre este tema *ver* Pierre Bourdieu, "A demissão do Estado", in: Pierre Bourdieu, *A miséria do mundo*, Petrópolis, Vozes, 2003.

reuniram-se em torno do projeto civilizatório que defendia a construção nacional do Brasil atrelada a políticas públicas em áreas como saúde e educação. Destacaram-se aí as intervenções sanitárias iniciadas no Rio de Janeiro e em centros urbanos do Sudeste, que se estenderiam às outras regiões, principiando o saneamento rural.

As doenças ganharam um destaque todo especial nesse momento, principalmente com o trabalho dos cientistas do Instituto Oswaldo Cruz, criado em 1908, propiciando a associação do Brasil à figuração de um "imenso hospital".[3] A partir de então, o principal problema a ser enfrentado para o progresso das regiões consideradas atrasadas não seria mais o clima ou as raças. O nosso atraso relacionava-se à doença generalizada, resultado do isolamento ou abandono das populações do interior pelo poder público. A imagem do brasileiro desprovido de condições mínimas de higiene, saneamento e consequentemente de saúde foi se disseminando pouco a pouco no imaginário social. Desse modo, o movimento sanitarista da Primeira República possibilitava a transformação da saúde em questão política e social, assim como uma questão primordial ao ideal de modernização do Brasil.

Entre 1910 e 1920, a autoridade estatal abrange o território nacional, criando as bases para a formação de uma burocracia em saúde pública, e assim a criação de um sistema nacional de saúde, com concentração e verticalização das ações no governo central, que se efetivaria após 1930. A política social adotada pelo governo de Getúlio Vargas é, portanto, tributária desse processo. Entre as principais mudanças na esfera institucional no seu governo está a distinção das ações públicas de saúde em duas vias de acesso. O Ministério do Trabalho, Indústria e Comércio (MTIC) fornecia assistência médica individual previdenciária aos inseridos formalmente no mercado de trabalho. Por outro lado, a criação do Ministério

---

3 Expressão do médico Miguel Pereira, citada por Nísia Trindade Lima em *Um sertão chamado Brasil*, Rio de Janeiro, Revan/IUPERJ-UCAM, 1999, p. 84.

da Educação e Saúde Pública (Mesp)[4] atenderia àqueles que não foram abrangidos pela medicina previdenciária, tais como os desempregados e os trabalhadores informais, a ralé propriamente. Os habitantes das zonas rurais, por não trabalharem em regime regular e não contribuírem com as organizações de seguro médico-social, recebiam assistência dispersa de algumas instituições de caridade ou de serviços oficiais. Com essas medidas, o trabalhador formal é explicitamente recompensado pelos serviços de saúde de maior qualidade, pois contribui para a expansão do mercado. Estava, pois, delineada a distinção institucional que marcaria as ações de saúde no Brasil durante décadas.

O período que vai da queda da ditadura de Vargas até o golpe militar em 1964 possibilitou um ambiente mais democrático. No entanto, permanecia a separação entre saúde pública e assistência médica. Seu grande marco foi a ideia de que a saúde é um bem de valor econômico, pressupondo investimento em "capital humano" como forma de permitir o progresso do país. Investir em saúde se assemelhava a assegurar possibilidades de desenvolvimento, assim como doença equivalia à pobreza.

No Sistema Nacional de Saúde do período da ditadura militar, o predomínio financeiro das instituições previdenciárias e a hegemonia de uma burocracia técnica agiam em favor da mercantilização da saúde. Por essa razão, a saúde podia ser vista mais nitidamente como um bem de consumo. O direito a serviços públicos de saúde continuava restrito aos trabalhadores formais que contribuíam com o Instituto Nacional de Previdência Social (INPS), deixando de fora os trabalhadores rurais e os urbanos informais. O Instituto Nacional de Assistência Médica da Previdência Social (Inamps), órgão do Ministério da Previdência e Assistência Social, criado em 1978, ficaria responsável por coordenar e financiar os serviços de saúde à população segurada pela Previdência Social.

---

4 Em 1937, é substituído pelo Ministério da Educação e Saúde (MES).

Ao mesmo tempo, houve grande expansão e reformas de inúmeras clínicas e hospitais particulares com dinheiro público advindo da Previdência Social. Isso se deu porque o Estado delegou ao setor privado grande parte das atividades de prestação dos serviços que destinava aos contribuintes da Previdência. Além disso, também favoreceu com recursos governamentais as empresas que, através de convênios, assumissem a responsabilidade pela assistência dos seus empregados. Dessa forma, a expansão das atividades privadas começou a se intensificar nas décadas de 1960 e 1970 devido aos estímulos da política de saúde desenvolvida pelo Estado, o principal comprador de seus serviços. A contrapartida disso foi o baixo desenvolvimento da capacidade estatal para produção de serviços hospitalares, por exemplo, o que fez com que o poder público dependesse do setor privado para expansão da assistência.

Esse período de nossa história foi então a expressão clara da delimitação entre duas formas de sistema de saúde, marcada por um caráter fortemente meritocrático: de um lado, a assistência médica individual atrelada à Previdência Social; do outro, ações de saúde de caráter coletivo destinadas à ralé. A primeira era financiada com recursos, na sua maioria, advindos das contribuições previdenciárias. À última eram destinados recursos orçamentários estatais, sempre escassos. Além disso, os serviços estatais de saúde pública eram caracterizados por um modelo de higienização da sociedade, tanto em termos de educação sanitária como da necessidade de controle de epidemias que poderiam acarretar prejuízos à economia do país. Esse tipo de serviço se destinava a moléstias consideradas "doenças de pobre", encobrindo apenas a atenção primária de saúde. Já o atendimento hospitalar ficava restrito ao apoio de segmentos filantrópicos da saúde e das organizações de ajuda mútua. Assim, até meados da década de 1970, a pobreza não era encarada como um fenômeno estrutural da sociedade, portanto não parecia uma questão social a ser apreciada pela agenda pública. Consequentemente, para a ralé, sempre se dispensava o menor cuidado.

Apesar de algumas conquistas do movimento sanitário – tido como movimento ideológico e de prática política – na contestação desse modelo liberal, apenas com a saída dos militares do poder os sanitaristas puderam efetivamente ocupar posições-chave nas instituições que gerenciavam a política de saúde no país. A convocação da VIII Conferência Nacional de Saúde, em 1986, é considerada o marco histórico mais importante no processo de constituição de uma plataforma e de estratégias a favor da democratização da saúde. Ali foram lançados os princípios da Reforma Sanitária e a aprovação da criação de um sistema único de saúde, que configurasse um novo arcabouço institucional, com a separação total da saúde e da previdência social. Dos postos do Executivo para a Assembleia Constituinte, grande parte das propostas do movimento sanitário foi debatida e aprovada através da Constituição Federal de 1988. Ficavam então estabelecidos os princípios e diretrizes do SUS.

O SUS é definido como o conjunto de ações e serviços de saúde – tanto promocionais, de prevenção, como de cura e reabilitação – prestados por órgãos e instituições públicas no âmbito dos três governos (federal, estadual e municipal), assim como de administração direta e indireta, e pelas fundações mantidas pelo poder público. Na sua base jurídica, a concepção de saúde é ampliada em relação à visão dominante que a ligava à doença. Agora a noção de saúde deveria se reportar a fatores econômicos, sociais, culturais e bioecológicos, no mesmo tempo que a produção de condições de vida saudável tornava-se um desafio do novo sistema. O Inamps é transferido para o Ministério da Saúde em 1990 e extinto em 1993, ao passo que, na lei, o novo sistema de saúde não faz mais distinção entre os segurados da Previdência Social e a "ralé". Pelo menos teoricamente, todos são abarcados pelo SUS.

O SUS se pauta em alguns princípios básicos, com destaque à "universalidade", entendida como o acesso ao conjunto de ações e serviços de saúde a todas as pessoas, sem qualquer tipo de discriminação. Também temos: a "integralidade", como consideração de todas as dimensões do processo saúde-doença, oferecendo prestação continuada do conjunto de ações e serviços visando à promoção, proteção, cura e reabilitação tanto de indivíduos quanto de coletividades; a "equidade", que busca priorizar a oferta de ações e serviços aos segmentos da população que enfrentam maiores riscos de adoecimento e morte devido a questões de desigualdades sociais que implicam desvantagens de renda, bens e serviços; e o "direito à informação", assegurando ao usuário a ciência sobre sua saúde, os riscos e os condicionantes que afetam a saúde coletiva. Os profissionais e gestores das instituições devem assegurar esse direito.[5] Além desses princípios básicos, temos a garantia de uma ampla variedade de serviços assegurada legalmente a todos nós, independentemente de quem somos e do que fazemos.

No entanto, como veremos, muitas pessoas encontram-se afastadas da possibilidade de gozar desses benefícios. Um dos problemas que costumam ser associados à ineficiência do SUS foi o impasse que o país viveu na década de 1990, com as crises fiscais, na Previdência e nos consequentes problemas de financiamento ao SUS.[6] A falta de mecanismos estáveis e efetivos para seu financiamento diante do aumento da cobertura e de suas atribuições permitiu seu menor alcance e efetividade, não apenas em relação ao volume de recursos, como também em sua forma de repasse do

---

5 Para uma análise das diretrizes organizacionais do SUS, em que se destaquem entre elas a municipalização da gestão dos serviços e ações de saúde, *ver* Cipriano Maia Vasconcelos e Dário Frederico Pasche, "O Sistema Único de Saúde", in: Gastão Wagner de Souza Campos *et al. Tratado de saúde coletiva*, São Paulo, Hucitec; Rio de Janeiro, Fiocruz, 2007.

6 Um bom exemplo disso é a dissolução da CPMF (Contribuição Provisória sobre as Movimentações Financeiras) em janeiro de 2008. Sua criação em 1997 teve intuito de disponibilizar uma nova fonte de receita para a política de saúde. Pouco a pouco, todavia, partes de seus recursos foram deslocadas para outros ramos da seguridade e outras áreas alheias à saúde.

governo federal para estados e municípios. Segundo Telma Menicucci,[7] isso é fundamental para o entendimento de uma "inviabilização sistêmica", pois, ainda que no discurso dominante os princípios do SUS não sejam negados, a atenção à saúde universal e igualitária não possui condições objetivas de se concretizar.

A autora ainda aponta para o fato de o movimento sanitário, após a promulgação da Constituição, no momento de implementação da reforma, ter perdido parte de seu vigor, visto que muitos atores e instituições aderiram a ele apenas como forma de contestação ao regime militar, em favor da expansão dos direitos sociais. Com a redemocratização, as diferentes clivagens entre eles se expuseram, não se conseguindo ter uma homogeneidade de propostas, como foi o caso de trabalhadores e sindicatos localizados nos grandes centros industriais no eixo Rio-São Paulo. Apesar de um apoio formal ao SUS, não havia grandes incentivos para um apoio efetivo a uma reforma sanitária levada às últimas consequências. Em sua maioria, tratava-se de pessoas vinculadas a planos de saúde empresariais, daí seus interesses mais imediatos não terem afinidade com a proposta igualitária e redistributiva do SUS. A própria Constituição, ao garantir a liberdade à iniciativa privada, sem, no entanto, regulá-la, consagrou a segmentação do sistema de atenção à saúde, algo que seria confirmado com a legalização da rede privada em 1998 através da formalização da saúde suplementar, como uma rede de serviços distinta e independente da pública.

Contudo, os usuários excluídos da rede privada, que vêm a ser o público-alvo do SUS, ora pela falta de recursos, ora pela inserção precária no mercado de trabalho, à margem, portanto, dos convênios empresariais,

---

7 A autora desenvolve um estudo sobre a relação entre a rede pública e privada de saúde no Brasil, vendo os tipos de constrangimentos que essa relação causa à conformação do SUS. Ver Telma Menicucci, *Público e privado na política de assistência à saúde no Brasil*, Rio de Janeiro, Fiocruz, 2007.

não demonstraram capacidade de mobilização para dar suporte à reforma. Como viemos demonstrando neste livro, as disposições da ralé agem contra um expressivo engajamento político, em boa parte por estarem ocupadas com a satisfação de necessidades prementes, restringindo sua capacidade de fazer planos prospectivos. Além disso, o pouco conhecimento que incorporaram torna-se verdadeiro obstáculo a ações articuladas e planejadas. Assim, mesmo tendo havido, durante a década de 1980, movimentos populares em saúde (Mops), que contaram com o apoio de profissionais e agentes de saúde, na maioria ligados ao Partido Comunista Brasileiro (PCB), eles demonstraram uma fraca mobilização política, com grandes cisões internas. O fato de os benefícios da reforma se vislumbrarem de forma dispersa e a longo prazo pelo conjunto da população é um ponto explicativo para sua não articulação efetiva em prol do SUS. Da mesma forma, como veremos a seguir, muitas das políticas públicas destinadas a essa população, por não considerarem a especificidade de suas disposições, não contemplam planos efetivos que sustentariam por muito tempo a melhoria na qualidade de vida.

AQUELES QUE DEIXAMOS MORRER

Gostaríamos de chamar atenção agora para outras dimensões do problema da saúde pública que são imprescindíveis ao entendimento da maneira como seus serviços alcançam os pacientes da ralé. Um passo primordial para isso é a percepção da desvalorização moral, social e política dos brasileiros que mais utilizam o SUS. Conforme demonstramos neste trabalho, é a falta de reconhecimento de sua cidadania que está implícita no tratamento desigual recebido pelas pessoas de outras classes. Para a visualização desse quadro, e nos atendo aos seus efeitos perversos na saúde pública, deveremos conceber a ação dos instrumentos técnicos que permitem garantir as relações de dominação, que acabam por subjugar uma classe inteira de pessoas e fabricar sujeitos debilitados em saúde, acometidos pelas intituladas "doenças de pobre", no mesmo tempo que privam pessoas do atendimento de qualidade que lhes é garantido formalmente em lei.

Vejamos na prática. No dia 20 de janeiro de 2008, o programa *Fantástico*, exibido todos os domingos na Rede Globo de Televisão, apresentou uma matéria bastante reveladora sobre o quadro da saúde do brasileiro da ralé. O grande mérito daquela reportagem foi indicar a existência de doenças esquecidas por todos nós, que matam mais de 5 mil pessoas por ano. E não estamos nos referindo à febre amarela ou à dengue, que alarmaram o Brasil nesse mesmo ano – chamando atenção de toda a mídia –, incluindo setores de classe média, com suas incidências inesperadas. Referimo-nos a doenças persistentes e mal combatidas, como a malária e a tuberculose.

Na reportagem do Fantástico, é divulgado que a tuberculose é quantificada em 75 mil novos casos no Brasil. A favela da Rocinha, na cidade do Rio de Janeiro, é um foco exemplar da doença, contando cerca de cinquenta novos casos todo mês. Em entrevista ao *Fantástico*, o coordenador da Campanha de Acesso a Medicamentos explica que essas doenças "são doenças da pobreza, literalmente. Então elas dependem de fatores como saneamento, boa alimentação ou acesso à informação". São justamente doenças típicas de periferias das grandes cidades e também das regiões mais remotas do Brasil, atingindo grupos desfavorecidos material e culturalmente. Além disso, segundo o secretário nacional da Parceria Brasileira contra a Tuberculose, Carlos Basília, a maioria das drogas que combatem a tuberculose data das décadas de 1940 e 1950, não havendo depois dessa época o desenvolvimento de grandes inovações medicamentais contra a doença. O esclarecimento para esse fato nos é dado pelo epidemiologista Eduardo Costa, da Fundação Oswaldo Cruz (Fiocruz):

"Não vale a pena investir em produzir medicamentos para esses grupos. Então, é uma doença que é negligenciada, e a grande indústria não se interessa em desenvolver produtos para ela."

Essas informações evidenciam a persistência de grandes contingentes populacionais apartados das intervenções da medicina e da saúde pública. Por essa razão, essas pessoas tornam-se presas fáceis de doenças que, com o devido tratamento, podem ser perfeitamente sanadas ou controladas. A realidade é que elas não possuem os meios para evitar a contaminação ou não sabem como fazê-lo e, principalmente, são mal assistidas quando adoecem, o que justifica a denominação de "doenças da pobreza". No entanto, muitos programas contra essas doenças não alcançam êxito, devido em parte ao fato de muitos pacientes abandonarem o tratamento. São pessoas que, além de não possuírem uma base formal de ensino e uma conduta de vida disciplinada, não dispõem de habitação saneada, fatores que acarretam o fracasso no prosseguimento das ordens terapêuticas. Em outras palavras, a não consideração das condições de existência dessas pessoas faz com que muitos programas estejam destinados ao fracasso.

Sabe-se que houve uma queda na incidência de difteria, tétano e coqueluche, assim como a erradicação da varíola e da poliomielite, e a interrupção do sarampo, durante a década de 1990.[8] Porém, enfermidades não imunopreveníveis como a doença de Chagas, febre tifoide e hanseníase ainda causam mortes ou atormentam a vida de milhões de brasileiros. Nós somos o país de maior índice de hanseníase (a antiga lepra) em todo o mundo, segundo Artur Custódio, do Movimento de Reintegração de Pessoas com Hanseníase, com cerca de 47 mil novos casos a cada ano.[9]

---

8 Ver José Carvalho de Noronha; Telma Ruth Pereira e Francisco Viacava, "As condições de saúde dos brasileiros: duas décadas de mudanças (1980-2000)", in: Nísia Trindade Lima; Silvia Gerchman e Flávio Coelho Edler (org.), *Saúde e democracia*, Rio de Janeiro, Fiocruz, 2005.
9 Essa informação foi dada pela reportagem. No Ministério da Saúde, temos uma estimativa de que, pelo menos em 2003, havia mais de 30 mil novos casos da doença relatados. Ministério da Saúde, "Casos de hanseníase", 2007.

A malária foi quantificada em 2006 em mais de 550 mil casos em todo o Brasil, estando na região Norte o foco principal da doença. Só no estado do Amazonas a doença teve mais de 185 mil incidências naquele ano.[10] Trata-se de *endemias*, doenças que ocorrem com tanta frequência em certas regiões que se tornam um traço constitutivo delas. A dona de casa Waldeniza da Silva, entrevistada pelo *Fantástico*, está grávida de seis meses e tanto ela quanto seu filho contraíram a doença: "Às vezes não passa nem um mês e já estou com malária de novo." A existência de acentuado número de pessoas atingidas constantemente por doenças cria um modo de vida tão peculiar que, para além das limitações de suas condições materiais e culturais precárias, são acometidas pela maior privação que o ser humano pode passar: a da própria saúde.

Mecanismos reguladores da vida, com pretensão de otimizá-la por meio de medidas preventivas em saúde e higiene da população, passaram a operar de uma forma geral a partir do fim do século XVIII nos países modernos[11] e, no caso do Brasil, como vimos, não foi diferente. O grande porém da nossa história foi o fato de a promoção da vida ter afetado mais eficientemente um grupo extenso de pessoas, deixando outro grupo, também extenso, negligenciado. Assim, o efeito das políticas públicas aplicadas no Brasil, por não tomarem como princípio a existência da ralé enquanto classe, acarretando uma maior eficiência quanto à apreciação de suas necessidades singulares – que diferem das necessidades dos trabalhadores que foram beneficiados anteriormente através da assistência via Previdência e de todos os indivíduos cobertos por planos privados atualmente (seja por meio de vínculo empresarial ou pelo acesso individual) –, é o de não contemplar suficientemente tais

---

10 Ministério da Saúde, "Casos de malária", 2007.
11 *Ver* Michel Foucault, *História da sexualidade I,* Rio de Janeiro, Edições Graal, 2005; *Idem, Em defesa da sociedade,* São Paulo, Martins Fontes, 2005.

demandas, o que implica negligência e manutenção de grandes contingentes populacionais apartados dos cuidados em saúde e, assim, de uma boa qualidade de vida. O efeito perverso de tal deficiência significa em muitos casos a própria morte.

Ademais, a vida desse contingente populacional geralmente só é levada em consideração, "tornando-se visível", quando existe o risco de suas endemias contaminarem pessoas de outras classes sociais. Basta atentarmos para o fato de que sempre que outras classes são atingidas por essas doenças, principalmente as de classe média e alta, elas se tornam alvo da atenção da mídia e fonte de comoção de toda a sociedade e das autoridades, que prontamente disponibilizam programas mais eficazes de prevenção e de tratamento, ainda que momentaneamente.[12] As implicações dessa realidade podem ser observadas nessas doenças "esquecidas" em vários cantos do Brasil e, sobretudo, nos incontáveis episódios de maus-tratos e descaso aos pacientes da ralé, muitas vezes deixados à própria sorte, como será tratado a seguir.

---

12 O sucesso do programa brasileiro de combate à Aids, embora destoante desse quadro, pode ser entendido nestes pressupostos. O Brasil é referência internacional no combate à doença, o que não poderia ter se dado se não houvesse a cooperação bem-sucedida entre órgãos governamentais, área acadêmica e organizações da sociedade civil (engrossadas pelas ONGs de pessoas soropositivas, em destaque a Abia, Associação Brasileira Interdisciplinar de Aids, fundada por Herbert de Souza, e o Grupo pela Vidda – Pela Valorização, Integração e Dignidade do Doente de Aids – fundado em 1989, por Herbert Daniel). Embora inicialmente tenha sido identificada em "grupos de risco", como no caso dos homossexuais masculinos, a Aids demonstrou se propagar sem discriminação alguma, fazendo com que a doença seja enfrentada como risco de tornar-se epidêmica, ou seja, de se alastrar na população como um todo. O fato de lidarmos com uma doença ainda sem cura, que mobiliza interesses de agentes e instituições diversas – com exceção dos planos e convênios privados de saúde, em que tratar paciente com esse tipo de doença torna-se oneroso –, tanto em nível nacional quanto internacional, possibilita que ela seja destacada no cenário da saúde pública no Brasil, podendo assim beneficiar os usuários do SUS.

O SUS NA PRÁTICA

Só teremos total dimensão de tudo que foi dito até aqui quando nos depararmos com casos verídicos de maus-tratos e negligência à saúde da ralé, a realidade nua e crua que cotidianamente pincela o quadro desonroso da saúde pública no país; relatos como os de Aline,[13] por exemplo. Ela está concluindo a faculdade de serviço social numa cidade do estado do Rio de Janeiro, mas para isso foi necessário obter um estágio que lhe oferecesse uma visão prática da futura profissão. Foi assim que, durante um ano e meio, Aline entrou em contato com o pronto-socorro do maior hospital público de sua cidade, que também atende a demanda de várias cidades vizinhas, sendo um hospital de emergência de referência na região.

Um dos eventos mais importantes que presenciou ocorreu quando conversava com uma paciente da ralé. A mulher havia se acidentado juntamente com o marido, ambos instalados no corredor do pronto-socorro; ela estava com o braço quebrado, enquanto ele havia imobilizado a coluna com um colete. No meio da conversa entre as duas, a atenção da mulher se voltou para um médico que passava para atender outro paciente. Como o colete do seu marido estava mal colocado, a mulher pediu ao médico que o olhasse e ajudasse. Assim, Aline prossegue contando:

> O médico gritava com o paciente: "Você tá vendo isso aqui? O colete é para imobilizar, I-MO-BI-LI-ZAR! Sabe o quê que é isso?" Ele falava gritando com o paciente. Aí ele [paciente] falou assim: "Eu sei, mas...". O cara não conseguia nem falar! "Eu sei, mas não sei como é que coloca! Você pode me ajudar?" [retruca o paciente, humildemente]. Aí fazia assim com força no colete [gesticula o movimento do médico]! O cara gritava de dor: "Tá doendo!" "É pra doer! Pra você aprender a não tirar do lugar!"

---

[13] A fim de preservar a identidade dos entrevistados, todos os nomes citados serão fictícios.

[médico]. "Mas eu não tirei!" [responde temeroso o paciente]. O cara não tinha como tirar o colete porque ele estava sem força nenhuma! E esse colete... ele explicou gritando, que não havia a menor necessidade, "o colete é pra imobilizar pra você não sentir essa fraqueza que você tá sentindo nas pernas. Você nunca mais vai andar se o colete não ficar no lugar certo, então você deixa ele aqui!"[14]

A esposa do paciente, tentando amenizar a situação, dirige-se ao médico:

"Então me explica pra quê que serve esse colete, como que ele deve ficar, que eu não vou mais chamar o senhor não! Você pode ficar calmo, é só me explicar como que coloca!" Aí ele falou com a mulher: *"Ouve o quê que eu tô falando! Você não tem que me..."* [o médico aos gritos]. Aí ela falou assim: "Mas eu tô ouvindo!" "Você não tem que falar que tá ouvindo e nem responder nada não, só tem que ouvir, cala a boca e escuta! O colete é pra ficar assim!" [mexe no colete com violência].

Esse momento foi particularmente tocante para Aline. Foi ali que ela se sentiu pela primeira vez de mãos atadas: "Você se sente muito impotente nessa hora! Não, porque eu estou aqui para garantir os direitos do usuário. (...) Cuidado humanizado é um direito dele, eu devia garantir isso, como que eu vou garantir isso?" Essa pergunta é pertinente. Por diversas vezes Aline a reproduz sempre se referindo ao sentimento de não poder fazer nada para ajudar os pacientes, justamente quando seu trabalho deveria assegurar seus direitos. "Olha, muito, mas muito raramente dava pra conseguir alguma coisa (...) que o usuário tinha algum direito garantido, depois de muita luta."

---

14 Ressalta-se que as falas do médico foram proferidas aos gritos.

O sentimento de impotência não se restringia, no entanto, a uma condição de estagiária, uma pessoa sem experiência, que não saberia agir em situações difíceis como a que aconteceu. Segundo Aline, as assistentes sociais, incluindo supervisoras de plantão, ou seja, assistentes sociais de longa data, compartilhavam do mesmo sentimento, sempre limitando suas ações diante das adversidades. Parece haver um medo comum entre elas de pedir uma informação ou ajuda a um médico, e mesmo aos auxiliares de enfermagem e enfermeiros em geral. Pedir ajuda pode resultar em tomar um "fora", ou algum tipo de constrangimento, muitas vezes na frente de pacientes e colegas de trabalho. Para Aline, a razão principal disso é o fato de buscarem resoluções para os problemas de pacientes, aos quais geralmente não se dispensa preocupação: "Trabalhar com pobre, com lixo humano, quem vai reconhecer isso, né? Ninguém quer!" Daí o fracasso na tentativa de fazer vingar os direitos dos usuários.

Em grande parte, demanda um esforço imenso batalhar pelo bem-estar dessas pessoas, pois uma tentativa nesse sentido luta contra a força de ações opostas. Tal força se traduz muitas vezes em "má vontade" de uns, em procedimentos burocráticos que dificultam uma transferência de setor ou de unidade hospitalar, em falta de leitos e também de material ou medicamento, na demora da visita médica ou da execução de exames, até mesmo do recebimento de seus resultados. Ações, portanto, comuns no cotidiano das instituições de saúde e que prejudicam diretamente o paciente.

Contudo, parece ficar implícito na prática que o importante é apenas salvar a vida do paciente; o resto é adicional e mesmo desnecessário. Não interessam as demandas sociais e psicológicas, já que o paciente nada mais é que um corpo que médicos e enfermeiros são pagos para tratar. Temos com isso uma noção animalizada sobre a vida e a saúde, algo que os princípios do SUS combatem. Mas, ainda assim, mesmo com a preocupação com a saúde num âmbito restrito ao corpo, ocorrem eventos que nem o mais bem-intencionado profissional pode contornar. Nenhuma contestação foi feita contra o ato de violência, explicitamente hostil e desumano, proferido contra o rapaz do colete. Permitir que uma pessoa tratasse outra de maneira tão desumana só seria possível quando todos os que assistissem à cena, mesmo que não apoiando a violência, se sentissem inferiores a quem a pratica (não sendo capazes de confrontá-la). Não é dizer, contudo, que não ficamos perplexos com a situação, nem que não a vemos como injusta, mas, quando todos se calam, todos acabam por consentir com a humilhação. Todos os expectadores acataram porque, no fundo, ninguém ali estava em condições de encarar aquele que agrega em si o poder maior de controlar a vida, e que, portanto, possui tamanha autoridade e prestígio. Ainda mais no caso de assistentes sociais, em sua grande maioria mulheres, o que por si só já é motivo de serem diminuídas em autoridade diante de profissionais masculinos.[15] Soma-se a isso o fato de grande parte advir de condições de vida humildes em comparação aos médicos, cuja maioria é oriunda de condições sociais privilegiadas. Assim, aqueles aos quais é delegada a vigilância sobre um tratamento "humano" não conseguem exercer, em muitas ocasiões, qualquer poder de vigilância sobre os médicos ou qualquer profissional com autoridade diante deles.

Em contrapartida, mesmo quando há toda uma boa vontade e um comprometimento com a profissão, os médicos acabam expostos a uma posição de grande responsabilidade. Se porventura lhes faltarem recursos médicos ou mesmo se forem sobrecarregados e pressionados demais – qualquer coisa que lhes alterar o estado físico e/ou emocional poderá atingir diretamente o paciente, mesmo sem qualquer intenção. Assim, em muitas ocasiões, a própria forma de funcionamento da unidade médica possibilita que a vulnerabilidade dos seus profissionais, ou das suas condições de trabalho, acarrete danos ao paciente.

---

15 Para maiores detalhes sobre o tema, *ver* Pierre Bourdieu, *A dominação masculina*, Rio de Janeiro, Bertrand Brasil, 2005.

Além disso, o funcionamento da unidade médica ainda favorece a ocorrência de conflitos entre os próprios profissionais da área, visto que a divisão do trabalho estabelece uma hierarquia entre as funções mais imprescindíveis a esse funcionamento e aquelas cotadas como menos necessárias, ou pelo menos não tão imperiosas. Assim, haverá maior relevância social para o trabalho que estiver no topo dessa hierarquia dos trabalhos mais necessários e tidos como os mais importantes, imprimindo ao trabalhador maior prestígio e *status* na área da saúde. Essa noção casa bem com a ideologia do mérito disseminada em sociedades modernas como a nossa, em que as pessoas que mais estudam, e com isso mais se qualificam profissionalmente, devem ser recompensadas com os maiores salários e prestígio. É por esse motivo que alguns médicos se ressentem com outros profissionais quando ganham o mesmo salário, como no caso dos assistentes sociais. Pode-se perceber certo desdém por parte de um deles, como na vez em que Aline lhe pede que explique à família de um paciente a razão de seu falecimento, já que ela não tem conhecimento técnico para isso e também porque seria uma atribuição dele. Em resposta, além de o médico dizer que não devia satisfações de sua conduta a uma "estagiária de serviço social", ele ainda diz: "Minha filha, já morreu, eu não tenho mais que explicar nada não."

Com essa atitude, além de desprezar a estagiária, o médico ratifica sua superioridade de classe, abstendo-se de cumprir com o princípio do SUS que assegura ao paciente a ciência do seu estado de saúde, e, no caso específico aqui, informar à sua família a razão do óbito. Sendo o médico que tratava do paciente a pessoa mais apta para explicar o acontecido, ele nega à família do paciente o direito da informação. Em outra ocasião, uma mulher reclama com Aline de seu marido ter sido operado sem ninguém ter lhe explicado o motivo. Esses casos se assemelham, pois sugerem que não é necessário explicar a morte ou a deliberação de uma intervenção médica quando se trata da vida ou saúde de um paciente "qualquer". Isso porque, na realidade, são pessoas sujeitas às decisões das classes dominantes em todas as dimensões e simplesmente pessoas que, para morrer, do mesmo modo que quando vivas, não precisam ser justificadas. O que está implícito na omissão da informação é, portanto, a falta de necessidade de explicar a morte de alguém cuja vida é insignificante diante dos olhos de toda a sociedade.

Entretanto, devemos nos posicionar criticamente diante de histórias relatadas sobre as práticas de violência e negligência contra pacientes sempre que essas histórias se enredem em torno da construção de vilões e mocinhos, na maioria das vezes figurados no mesmo agente: o médico. Quando não são heróis, as figuras de médicos carrascos e arrogantes alojam-se facilmente em nosso imaginário. Contudo, essa imagem ofusca a ampla dimensão dos maus-tratos, pois, além de colocá-la exclusivamente como uma questão de opressão da classe dominante sobre as dominadas não se percebe que a própria instituição incentiva o erro e a discriminação de todos os agentes. Também é fácil pensarmos que tais atitudes ocorrem de forma isolada, indicando mais a falta de caráter e de conduta ética de alguns em prejuízo da grande parcela de profissionais profundamente bem-intencionados, engajados no bem-estar do paciente, seja ele quem for.

Diríamos então que "o buraco é mais embaixo", como se costuma dizer, envolvendo inclusive as classes baixas, que mais se aproximam da ralé. Também através delas os pacientes estão sujeitos a sofrer um atendimento ruim. Ainda na fala de Aline, percebemos a prática de boicotes de auxiliares de enfermagem – que em grande parte pode ser considerada como da "pequena burguesia", enquanto classe que possui certo conhecimento incorporado, muitas vezes um conhecimento técnico sobre a prática de uma profissão, além de uma situação econômica mais confortável em relação à ralé – aos pacientes da ralé. Com tais atitudes, evidenciamos um conflito de classes entre as pessoas que, por estarem social e geográficamente perto da ralé, lutam para fugir de estigmas atribuídos às frações delinquentes da ralé, e pessoas que são enquadradas em tais estigmas. Dessa maneira, dispensar um tratamento pouco "humanizado" ao desamparado pela família, bandido, alcoólatras ou mulher de "vida fácil" é, ainda que não refletidamente, a forma mais comum que o profissional da pequena burguesia tem para assinalar um distanciamento em relação a esses estigmas e com isso a recorrente e desesperada tentativa de evitar seu próprio rebaixamento como pessoa.

Desse modo, o perfil de paciente que geralmente sofre mais com o mau atendimento e até com a discriminação explícita é aquele que, mesmo não estando ligado ao tráfico de drogas ou a qualquer tipo de ação ilegal, é associado à imagem de delinquente.[16] É comum ouvir a identificação desses usuários ligada a expressões pejorativas: "Aquele marginalzinho ali cheio de tatuagem aí ó. Aquela tatuagem de porta de cadeia", em vez de simplesmente dizer "aquele do leito nove", por exemplo. Trata-se, na maioria, de sujeitos baleados pela polícia, ou por um bandido ou traficante, nos confrontos dentro das favelas. A presença de uma simples tatuagem já suscita especulações, mesmo que a pessoa nada tenha a ver com o mundo do crime. Falas desdenhosas como "eu não ponho a mão nesse tatuado se não tiver luva!" são muito comuns e delineiam uma demarcação moral entre os pacientes, sendo esses "tatuados" o tipo de pessoa cotada como a mais inferior e degradante. Além deles, merecem desconfianças, e assim uma "diferenciação" no tratamento, os alcoólatras reincidentes no hospital e as mulheres ligadas à prostituição ou simplesmente remetidas à vulgaridade. Estas, como presenciado por Aline, muitas vezes são identificadas como "aquela *nigrinha*", indicando uma mulher sem pudores e estima social. O estigma que tais pessoas carregam proporciona-lhes o pior que

---

16 *Ver* artigos deste livro que fazem menção ao tema, como "O crente e o delinquente", de Emerson Rocha e Roberto Torres (p. 139), e "O trabalho que (in)dignifica o homem", de Fabrício Maciel e André Grillo (p. 181).

pode haver em termos de tratamento "não humanizado", porque é nesses casos que o medo, a repugnância e a ojeriza que causam nos outros nem sequer são disfarçados.

Não obstante, por meio também de atitudes aparentemente inocentes, o profissional da saúde pode destratar os pacientes, sem ele ser necessariamente um delinquente, como podemos constatar em outra história relatada por Aline. Havia então uma paciente da ralé com problemas psiquiátricos – o que por si só já é motivo para ser estigmatizada – que deveria ser transferida para uma unidade médica que cuidasse especificamente do seu caso. Apesar disso, a paciente permanecia na enfermaria onde ficavam pacientes politraumatizados, lugar nada apropriado para ela. Mesmo Aline buscando informações sobre sua vida, já que não havia sido identificada, nenhum outro assistente social ou psicólogo fez qualquer coisa em seu benefício, nem mesmo tentar transferi-la de setor. Aline chegou a providenciar sua transferência para uma unidade especializada, mas dependia de que as pessoas do plantão seguinte concluíssem o processo. Uma semana depois, para surpresa de Aline, a paciente continuava no mesmíssimo lugar. Tentando se comunicar com ela, coisa que os psicólogos deveriam fazer, Aline descobriu que alguns auxiliares de enfermagem a estavam tratando de modo negligente e frio, desconsiderando que sua situação exigia cuidados especiais:

> Ela falou que ela fazia xixi e não conseguia levantar. Ela pedia pra trocar porque ela usou fralda nesse período (...) [Auxiliar de enfermagem]: "Não, você fez xixi na roupa, agora você aprende, você fica aí com xixi!" Ela: "Não, mas arde, tá doendo!" Aí ela já estava até habituada, já conhecia várias pessoas lá, "não, ela falou que eu tinha que me acostumar. Aí eu prendia, eu não fazia xixi!" (...) Ela reclamava de dor, falava que quando dava injeção doía, falavam [para ela] que tinha que doer mesmo, que se fosse bom era sorvete, que não era remédio!

A paciente conseguiu finalmente ser removida do hospital quando, instalada no corredor do pronto-socorro, sofreu um "surto", em que pulava no chão, dando cambalhotas no meio de vários pacientes, gritando que sentia dor e que queria sair de lá. Foi apenas assim que ela obteve alguma notoriedade, resultando na sua pronta transferência para uma unidade especializada. A culminância desse evento crítico foi então a única expressão possível para seu sofrimento, para que pelo menos prestassem atenção. Foi apenas incomodando os outros que, ironicamente, ela conseguiu não ser mais maltratada pela indiferença de tantas pessoas ali.

Existem, todavia, auxiliares que são capazes de discutir com alguns médicos a favor dos usuários, como no caso de Regina, auxiliar de enfermagem que há cinco anos trabalha no mesmo pronto-socorro em que Aline trabalhou. Mas o que a deixa realmente aborrecida no ambiente de trabalho é quando algum acompanhante lhe pede satisfação sobre a saúde do seu paciente, mesmo depois de ela repetir várias vezes que apenas o médico pode dar um parecer da situação, pois tal conhecimento não faz parte de sua alçada. Muitas vezes o acompanhante se exalta, reclama do atendimento ou da demora do diagnóstico, justo com ela que está ali apenas para medicar o paciente. "Aí quando o médico chega, falta só beijar a mão do médico! Aí eu falo assim: 'Fala com ele, fala comigo não, fala tudo, repete tudo pra ele que ele que é o médico!'" Ou seja, com ela o acompanhante se exaltava e exigia providências; já com o médico, se mostrava humilde e solícito ao que ele falasse. Isso deixava Regina indignada; afinal de contas, era ela quem estava ali cumprindo seu dever, no mesmo tempo que era injustamente exigida na ausência do médico. E o médico, de difícil acesso, era engrandecido diante da atitude respeitosa ou, como se abismava Regina, diante da atitude de reverência por parte do acompanhante.

O pior é que aparecem constantemente ocasiões como essas em que a presença do médico se faz mais que necessária, e Regina não sabe o que fazer. "Cadê o médico?" tornou-se a pergunta recorrente dos acompanhantes, dos pacientes e da própria Regina. É assim que ela constata que "se fosse de morrer, morreria!", além do que "tem certos exames que é o médico que tem que ver, ele fica enrolando pra ver e a gente tá vendo o paciente afundando na frente da gente". Com isso, Regina muitas vezes conta mais com a ajuda dos acadêmicos de medicina, que assinam receitas em nome dos médicos responsáveis pelo plantão. Algumas vezes, ela mesma orienta alguns deles nos exames médicos devido à experiência que adquiriu observando doentes ali, o que nos chama atenção para o fato de o pupilo estar sendo supervisionado por uma auxiliar de enfermagem, não pelo médico responsável pelos pacientes. Além do mais, no período da noite, somente quando o caso é considerado de extrema urgência alguém pode se prontificar a pedir ajuda do médico que descansa no dormitório. Por essas e outras que Regina diz que "quem carrega o coro nas costas é a enfermagem! (...) Tá com a cara na reta de tudo, cara na reta com paciente, cara na reta com acompanhante, tudo primeiro a levar na cara é quem? É a enfermagem!"

A colega de trabalho de Regina, Dinorá, concorda: "Quem leva o hospital nas costas é o pequeno, o peão, é o técnico." Nessas falas de autovalorização, muitas pessoas transformam a sua necessidade de trabalho e a improbabilidade de uma maior qualificação profissional numa virtude. Aos 53 anos, Dinorá diz que seu tempo para os estudos já passou, mas nem por isso admite ser desrespeitada por qualquer pessoa que tenha estudado mais que ela. Apesar disso, foi humilhada num hospital particular por uma advogada, mãe de um paciente, porque a medicação de seu filho estava atrasada em alguns minutos. Além das agressões verbais contra a auxiliar de enfermagem, a advogada, tomada de fúria, jogou a medicação do próprio filho no chão. Para Dinorá, tal atitude foi inconsequente porque a mulher "não sabe a personalidade, que tipo de pessoa ela tá lidando! (...) A vida da pessoa tá na mão de quem? De quem ela tá xingando, que nem se dirigiu pra ela pra dar um boa-noite!" Diante da afronta da mulher, Dinorá se vangloria: "Se eu fosse outra mau elemento botava uma porcaria na veia do filho dela e matava o filho dela!" Como não é nenhuma inconsequente, menos ainda delinquente, e acima de tudo preza o discurso humanista (que prega o atendimento digno à pessoa, seja ela quem for), Dinorá tenta esconder seu ressentimento de classe, a dor da humilhação que sentiu e até mesmo o poder que tem em suas mãos de tirar a vida, na sua boa vontade para com o paciente, já que depois de tudo isso ela preparou novamente a medicação da criança. O que ela acredita é que, apesar da humilhação, é virtuosa pela força de seu caráter. A despeito de sua retidão, são casos como esse, em que alguém lhe impõe um "ar" de superioridade, que fazem com que Dinorá passe por momentos de desencantamento em seu trabalho: "Anulou aquele bem todo, aquele amor todo que você estava, jogou na geladeira!"

Embora Dinorá e Regina tenham vindo de famílias pobres e conquistado formalmente um espaço no mercado de trabalho, ambas sentem que não são devidamente reconhecidas pelo que fazem. Não obstante, elas sustentam um discurso humanista no tratamento de pacientes, e com isso levantam uma bandeira em prol de seu valor como pessoas. Acreditam que não fazem diferenciação no tratamento que dispensam aos pacientes, e isso seria a grande virtude de ambas. Não cabe a nós duvidar da boa intenção de cada uma delas. Na realidade, a boa intenção não é o que está em questão. Sabemos o quanto elas dão duro a cada plantão em que trabalham. Também fazem parte da má-fé institucional as condições estressantes a que estão condicionados os profissionais da área de saúde, ainda mais no caso dos auxiliares, pessoas que dependem de dupla ou tripla jornada de trabalho para ajudar a sustentar suas casas. Diante desse quadro, a postura mais "fria" do profissional em relação ao paciente torna-se algo até "natural", visto que trabalhar sob forte pressão e com tamanha frequência o embrutece facilmente. Desse modo, a própria instituição age contra o ideal de qualidade no atendimento, pois a todo tempo investe sobre seus profissionais uma carga de estresse que só pode prejudicar o andamento normal de trabalho e favorecer a manifestação de ressentimentos e possíveis erros.

O adicional maléfico para tal situação é então o próprio espaço de trabalho. Ali, naquele hospital público, como bem diz Dinorá, "é gente na maca, é gente no corredor, se bobear vai pendurar igual cabide!". Um lugar apertado, abarrotado de pessoas acidentadas e doentes, disputando espaço nas brechas de um corredor. Sem falar das vagas que as pessoas esperançosamente aguardam para obter o tratamento devido: o tão esperado "andar de cima", a promissora clínica médica ou pediátrica. Também ali em cima estão pessoas definhando e ocupando cada espaçozinho que estiver sobrando. Por isso mesmo o paciente que já está debilitado ainda se abate porque não pode escapar de assistir ao seu vizinho de maca morrer bem ao seu lado. Num ambiente como esse, qualquer debilidade tem o potencial de se intensificar por puro desgaste emocional.

O mesmo acontece com acompanhantes expostos a essa rotina maçante, que derruba o alento de quem quer que seja. Não é difícil se colocar no lugar deles, que por desespero acabam por importunar auxiliares de enfermagem que nada mais podem fazer pelos seus pacientes. "Eles tiram do sério qualquer um!", enfatizam Regina e Dinorá. Mas a própria Regina constata que se fosse ela no lugar de acompanhante faria o mesmo: "Aí a gente, depois, se coloca no lugar, no lugar da acompanhante, e se fosse um parente da gente, entendeu?" Ela reconhece que, de fato, "tem muita barbeiragem, como tem na enfermagem, tem na medicina também, né! Então você tem que ficar atenta, entendeu?". Mas por que desconfiar se há tantas Dinorás e Reginas, pessoas que dizem gostar do que fazem, sentir-se úteis e que tentam dar o melhor de si? Por que temer?

Alguns anos atrás, segundo Dinorá, trabalhar naquele hospital era muito ruim, pois a segurança dos profissionais não era garantida. Certa vez, Dinorá foi agredida por um acompanhante porque, ao prestar socorro a um paciente que enfartava, precisou bater em seu peito, conforme exigido nesses casos. O irmão do paciente, ao ver a cena e imaginando que fosse um ataque, socou Dinorá pelas costas. Ela revidou. E revidou outra vez quando uma paciente drogada a agrediu. Ela diz que nesses tempos "era todo dia sessão porrada! Era caindo no tapa". Profissionais da saúde batendo boca com acompanhantes e vice-versa tornam-se problemas pequenos diante desse quadro. De um lado, os profissionais despreparados para esse tipo de situação caíam no erro de revidar agressões de pacientes e acompanhantes; do outro, a falta de segurança a que estavam submetidos possibilitava conflitos a todo instante. A situação era de insegurança para ambos os lados. E quem tinha o dever de proteger e cuidar acabava cometendo o erro funesto de agredir, erro que nem mesmo para se defender deveria ser admissível ali. Toda a boa vontade fica, pois, retida na "geladeira". Mesmo crendo na humanização do tratamento, a falta de autocontrole de Dinorá falou mais alto.[17] Tudo parecia incentivar o erro e o descuido, e assim a própria doença e a morte.

Podemos perceber o papel fundamental desses auxiliares ao serem os agentes a intermediar o contato dos pacientes com médicos e outros profissionais, estando com "a cara na reta" em todas as situações. São pessoas que em muitas situações ascenderam da ralé ou das frações de classe mais próximas dela. Dessa forma, pode ser natural esperarmos delas uma atitude de solidariedade em relação a essas pessoas, se compararmos com os médicos, por exemplo. Porém, o que percebemos é que mesmo esses profissionais acabam muitas vezes por cometer "diferenciações" no

---

17 Muitas vezes a crença humanista no tratamento é contradita nas ações dos mesmos profissionais que a defendem. A crença não encontra condições objetivas de existência para se atualizar em formas de ação, ora porque o indivíduo não possui disposições para fazê-lo, ora pelo fato de a própria instituição incentivar a sua não aplicação. *Ver* Bernard Lahire, *Retratos sociológicos*, Porto Alegre, Artmed, 2004, pp. 332-334.

tratamento que dispensam aos pacientes porque a todo tempo a questão "classe social" aparece ocasionando algum tipo de conflito. Podemos vê-la no ressentimento dos auxiliares em relação aos médicos ou à família dos pacientes de classe média. É como se, nesses contatos, o seu próprio valor enquanto ser humano fosse posto em prova. Também podemos vê-la na atitude disseminada de discriminar pacientes ligados a práticas ilegais ou a qualquer ação que os rebaixe moralmente. Agindo dessa maneira, mesmo que não refletidamente, sentem reforçar sua dignidade como seres humanos.

Algumas pessoas como Aline acreditam que incentivar a humanização do atendimento dos funcionários através da educação continuada é uma saída possível para a saúde pública. Da portaria à direção, da recepcionista ao médico, todos deveriam participar de projetos de educação que estimulassem a criação de vínculos do profissional com os usuários, e que trabalhassem a autoestima e motivação do próprio trabalhador. Se as pessoas gostassem do que fazem, trabalhariam com mais prazer, e, em decorrência, o paciente receberia um melhor atendimento. Embora louvável, tal ideia não leva em consideração que a desvalorização dos pacientes da ralé é algo objetivo, que independe da boa vontade de alguns agentes envolvidos. No pronto-socorro do hospital em que Aline, Dinorá e Regina trabalham, ainda houve uma tentativa de implementação de um projeto nesse sentido. Seria, no entanto, necessário tematizar a existência da ralé enquanto classe social que possui disposições que lhe legam uma vida material e moral precária para poder tocar no cerne do problema do atendimento não humanizado de forma mais eficaz.

Além disso, os próprios interessados, a ralé, por suas condições objetivas, que lhes aprisionam numa eterna busca por remediar as necessidades primárias da sobrevivência, são "amputados" politicamente, ou seja, além de não serem enxergados enquanto classe social, não conseguem articular politicamente suas reivindicações por melhoria no atendimento. Por ironia da "lógica do mundo" moderno, é necessário já ser reconhecido e tratado como indivíduo portador de direitos para de fato conseguir exigir direitos e mudanças.[18] Uma pessoa que se habituou a não ser tratada como cidadã muitas vezes não sabe como reivindicar benefícios, que, apesar de lhe serem garantidos em lei exigiriam planejamento de ações, disciplina e autocontrole que ela não tem. Em outros termos, a arma contra a má-fé da saúde que a ralé em primeira instância deveria usar exigiria que não fosse ela mesma. Assim, um projeto eficaz de humanização deve em princípio tematizar esse drama. Apenas reconhecendo a sua existência em nossa sociedade é que será possível almejar projetos bem-sucedidos que, operando em rede, envolvam instituições e toda a sociedade na possibilidade de mudanças a médio e longo prazo.

Enquanto isso não acontece, as deficiências operacionais do sistema de saúde público, direcionado para os segmentos marginalizados da população, o fazem aparecer com pouca credibilidade diante da sociedade. Por isso é que Regina alerta sobre a necessidade de manter-se atenta a todo instante quando quer que ela ou um parente seu necessite do SUS. Mesmo ela, que possui uma forte ligação afetiva com a área de saúde pública e elogia a estrutura física do hospital no qual trabalha; mesmo ela, que conquistou "um lugar ao sol", afastando-se dos perigos de uma vida estigmatizada e degradante, de diversas maneiras se contradiz ao demonstrar o quanto não pode confiar na qualidade do atendimento que lhes dispensariam em um hospital público. E por qualidade de atendimento está incluída também a lentidão do serviço e da resolução dos procedimentos burocráticos tão comuns nessas instituições, e que fazem toda diferença entre a vida e a morte de um paciente. Assim, o esquecimento da ralé enquanto classe é reproduzido pelas falhas dessas instituições como "esquecimento" da pessoa. Nesses termos, o "SUS real", ao se distanciar do "SUS constitucional", reitera a desigualdade que retira da ralé o controle e o poder sobre sua própria vida.

---

18 *Ver* Pierre Bourdieu, *O desencantamento do mundo*, São Paulo, Perspectiva, 1979.

CAPÍTULO 8
A MÁ-FÉ DA JUSTIÇA

Priscila Coutinho

> *A lei não é a pacificação, pois, sob a lei, a guerra continua a fazer estragos no interior de todos os mecanismos de poder, mesmo os mais regulares.*
>
> Michel Foucault

Geralmente, as contradições da Justiça penal, assim como do sistema criminal, são compreendidas a partir da separação entre "Estado" e "sociedade". Dessa forma, quando pensamos no que é o direito, o pensamos como algo separado da "sociedade" e intimamente ligado ao Estado. Pensamos em papéis, processos, ritos, togas e burocracia, todos esses elementos traduzindo a autonomia da forma jurídica em relação ao mundo social. As partes comparecem para defender seus interesses ou prestar contas pela infração à norma, e o juiz, com base nas prescrições e princípios do sistema jurídico, produz sentenças. É como se a sociedade tivesse um funcionamento autônomo, num plano paralelo e abaixo do Estado e, quando ocorresse conflito, o Estado fosse chamado a olhar para baixo, interferir e dar a solução. Entendendo o direito dessa forma, seus problemas são reduzidos a questões particulares aos seus mecanismos de regulação, tais como leis pouco rigorosas ou atrasadas, processo lento, ineficaz e suscetível à impunidade, e burocracia pouco modernizada.

Essa é uma interpretação reducionista porque não é capaz de tocar nos problemas estruturantes da Justiça do país.[1] O direito sem dúvida possui questões especificamente operacionais a serem resolvidas, mas os desafios fundamentais não estão ligados a isso. Ao contrário, eles vão além porque são próprios do tipo de sociedade que essa Justiça regula. Neste texto, nos concentramos na tentativa de compreensão do direito penal porque acreditamos ser esse o subcampo jurídico no qual os problemas estruturais do país influenciam, de modo mais radical, a aplicação da norma nas dimensões material e processual. Ou seja, pretendemos demonstrar que os maiores problemas da Justiça penal não estão ligados a procedimentos retrógrados, ao excesso de leis, à má qualidade das leis ou à suscetibilidade à impunidade, mas ao fato de os conflitos de classe historicamente construídos na sociedade se estenderem ao Estado e à aplicação do direito penal, de modo a determinar a falta de alternativas à reprodução da desigualdade social pelo sistema criminal.

A partir da ideia de que as nossas instituições atuam com base num padrão de má-fé institucional (padrão cujas características e origens explicaremos melhor adiante e que tem a ver exatamente com a forma como a desigualdade social influencia radicalmente a ação do Estado), pretendemos responder a algumas questões primordiais para a compreensão dos absurdos e contradições presentes na prática da Justiça penal. Como explicar o descompasso entre o discurso de diplomas legais, baseados em princípios de valorização dos direitos humanos, e a prática que contradiz cotidianamente esses discursos? Por que essa contradição é reproduzida?

---

[1] A ciência do direito possui conceitos específicos expressos nas palavras "direito" e "justiça". Neste texto, essas duas palavras expressam duas ideias básicas, quais sejam, de conjunto de regras e princípios legítimos de regulação social e de instituição que aplica as normas estabelecidas.

Por que os aplicadores do direito, mesmo os que acham correto fazê-lo, não aplicam penas alternativas à prisão com mais frequência, já que nossas prisões não reeducam e desrespeitam sistematicamente direitos fundamentais? Aplicadores do direito são capazes de admitir o risco de vida a que está sujeito um adolescente numa casa de internação e, ao mesmo tempo, justificar a internação com o discurso da necessidade de ressocialização do sujeito desviante. Como um paradoxo tão flagrante pode ser dissimulado? Por que ele deve ser dissimulado?

A desigualdade social influencia a aplicação do direito penal tanto na interação entre os aplicadores do direito e os réus da ralé (sistematicamente submetidos à Justiça penal) quanto no nível mais propriamente institucional, ou seja, daquilo que diz respeito à própria forma que as instituições assumiriam durante a nossa história. Nesse primeiro nível, o da interação, a desigualdade se manifesta na diferença de classe entre o aplicador do direito e o réu da ralé, a qual determina, muitas vezes, a insensibilidade de classe por parte dos aplicadores mais conservadores. No segundo nível, verifica-se que a nossa histórica desigualdade construiu instituições que não consideraram as características de uma classe social específica e esquecida enquanto classe, a ralé estrutural. Essas pessoas, devido à socialização de classe, são, por um lado, desprovidas de características como disciplina e comportamento prospectivamente orientado e, por isso, não têm chances de inserção bem-sucedida no mercado de trabalho; por outro lado, devido a essa mesma socialização, adquirem disposições que guardam, como veremos em detalhe, afinidade com a prática delinquente.

A interpretação proposta neste texto será feita com base em entrevistas semiestruturadas com aplicadores do direito, as quais contribuíram para a compreensão de questões incorporadas na análise aqui construída. Baseamo-nos também nas audiências exibidas nos documentários *Justiça* e *Juízo*, ambos dirigidos por Maria Augusta Ramos. Descreveremos, na próxima parte do texto, algumas situações que demonstram o tipo de conflito instaurado no momento de aplicação do direito penal. Uma análise cuidadosa demonstra que o processo penal é orientado por conflitos e hierarquias próprios da realidade social, os quais determinam a escolha dos princípios e regras jurídicas usados na concretização do direito.

A LUTA DE CLASSES A PORTAS FECHADAS

Simone é levada até a sala de audiências. Ela cometeu um furto e estava internada numa casa de correção para meninas. Ela senta na cadeira reservada aos menores infratores, na frente da juíza e da promotora de justiça. A mãe da menina está presente na audiência. Seu pavor é externalizado por um choro contido.

A promotora informa a Simone que ela teria uma remissão, uma espécie de perdão da Justiça porque seu ato infrator foi de baixa gravidade e porque, como diz a representante do Ministério Público, "ela tem família". Simone pergunta: "E se eu não aceitar?" "Aí o processo prossegue", responde a promotora. "Aí eu volto pra lá? Eu não aceito", responde Simone; e justifica: "Voltar pra casa é pior." A mãe se desespera: "Não filhinha, por favor... nós vamos sair de lá... Sabe o que é, a gente briga de vez em quando, sabe? Coisa de mãe e filha. Eu criei minhas filhas sozinha, tenho que fazer o papel da mãe e do pai."

Ao dizer que prefere ficar na casa de correção a voltar para a família, Simone deixa os aplicadores do direito surpresos: "Mas isso não é normal", conclui a promotora, demonstrando sua perplexidade e, ao mesmo tempo, repreendendo a menina. A juíza opina: "Muito mimada, tá sendo beneficiada, pô. Muito marrenta! Não tenho estômago pra isso não."

A mesma juíza que se mostrou impaciente e insensível à história de Simone julga duas menores que roubaram a máquina fotográfica de um turista. "Pegaram a máquina do gringo por quê?", pergunta a juíza. Elas respondem que tinham que comprar leite para os filhos. A juíza continua: "Roubar os outros não tem justificativa nem por filho nem porque tá sem serviço. Tá sem serviço, vai procurar! Vocês são ladras? Vocês são ladras?" Elas respondem que não. "Tão tendo atitude de ladra!" Quando a juíza pergunta se elas tinham uma faca, as meninas respondem que não, e a magistrada, explicitamente irritada, responde com a face ruborizada e com a voz trêmula e estridente: "Vocês disseram: Senhor gringo, me dá a máquina, por favor?" Logo depois, repreende as meninas: "Que papel hein, as duas com filho. É esse o exemplo que vocês querem dar pros filhos de vocês? Não têm vergonha não?" Uma delas responde: "Jamais quero que meu filho passe o que eu tô passando agora." A juíza diz: "Tiveram, agora segura o pepino!"

O defensor pede que a juíza considere o fato de que não há condições adequadas na casa de internação para que as menores fiquem lá com seus filhos, que isso ofenderia os direitos tanto das menores quanto das crianças. Isso seria um desrespeito às normas constitucionais e do Estatuto da Criança e do Adolescente, já que devem ser priorizados, nos casos em que menores são envolvidos, a vida e o interesse do menor. A juíza responde: "[proporcionar] Condições adequadas pra elas e os filhos cabe ao Executivo, o Judiciário não tem nada com isso." E conclui: "Direito das crianças... eu tenho que ver o direito do turista de não ser importunado", e tenta legitimar com a mentira que integra retoricamente o discurso: "E a necessidade de reeducação de ambas, de não cometerem outro delito." A juíza sabe perfeitamente bem que casas de correção não reeducam e admite isso algumas vezes, como quando pergunta, ironicamente, a um menor: "Tá bom lá no Padre Severino?"

A forma como a juíza reage nas audiências acima relatadas é a articulação dos sentimentos da sociedade "amiga" com relação aos "inimigos". A não consideração tanto da desestruturação familiar como primeiro passo para a delinquência, assim como da consequência traumática desse tipo de socialização primária, demonstra a insensibilidade de um tipo de aplicador do direito aos dramas da ralé, insensibilidade que compõe e reproduz o *éthos* de parte da magistratura brasileira. Esse tipo de postura conservadora pode ser reproduzido porque ganha ressonância diante da sociedade. Como esta teme a delinquência e clama por medidas cada vez mais duras e racistas – no sentido amplo de racismo de classe –, essa magistratura "linha-dura" tende a se perpetuar como a carismática, no sentido de ser aquela que articula os anseios do seu público: dos que são por ela "defendidos" e por quem é preciso que se faça justiça.

A visão da sociedade cindida em "amigos" e "inimigos" é claramente demonstrada na fala de um magistrado entrevistado por nós. Ele opina sobre as condições da grande maioria dos presídios no Brasil:

> Tem que ser humanitário, mas não é humanitário [com relação aos presos] nesse auê de direitos humanos! Que os presos tão lá na cadeia em condições subumanas... e as vítimas deles? Eu vejo muitos direitos humanos de bandido, não sei o quê, não vejo ninguém falando das vítimas.

Apesar de conhecer teoricamente os direitos do preso e saber que, na prática, eles são cotidianamente violados, o magistrado mostra toda a insensibilidade aos absurdos enfrentados pelos detentos. A condição de "inimigo" supera em muito a qualidade de sujeito de direito.

A TEORIA QUE "FAZ A CABEÇA" DA ALA CONSERVADORA DA MAGISTRATURA BRASILEIRA

Muitas teorias sociológicas sobre a Justiça penal se baseiam na dicotomia Estado/Sociedade. O ponto de partida para esse tipo de análise é a afirmação de que a sociedade brasileira "herdou" a estrutura social colonial.

A MÁ-FÉ DA JUSTIÇA

Desse modo, a sociedade brasileira contemporânea seria "híbrida" devido ao fato de ser organizada por princípios coloniais, tais como a "apropriação particularizada do Estado", mas possuir instituições modernas, como mercado e Estado democrático de direito, os quais convivem com os princípios coloniais estruturantes. Essa tradição acadêmica afirma que a desigualdade social é "um dos princípios organizadores da sociedade brasileira, oriundo da sociedade tradicional dos tempos coloniais que, entranhado na estrutura social, organiza, com frequência, as relações nas instituições". Porém, como foi detalhadamente demonstrado por Jessé Souza na primeira parte deste livro, o personalismo, ao tratar das hierarquias sociais, em vez de operar com o referencial teórico ligado à classe, trabalha com a conhecida ideia de confusão entre público e privado. Afirma-se que a estrutura hierárquica brasileira é pré-moderna e, portanto, tecida por relações de pessoalidade. Desse modo, relações de amizade, influência, troca de interesses e favores determinariam a posição do indivíduo na sociedade e superariam princípios impessoais, como o da utilidade no mercado.

Segundo Roberto Kant de Lima,[2] antropólogo do direito adepto do personalismo, a justiça brasileira seria caracterizada por práticas cotidianas viciadas pela corrupção culturalmente construída e pelo formalismo processual excessivo que colabora para um clima de permanente ilegalidade oriundo de um suposto "espírito fiscalista" do império português. A solução do problema da Justiça no Brasil, segundo a melhor tradição da antropologia do direito, viria pela nossa libertação "dos prismas do colonialismo econômico e cultural, interno e externo". Para fazermos

---

2 Roberto Kant de Lima é um dos mais conhecidos antropólogos do direito do Brasil. Ver a concepção aqui exposta em "Por uma antropologia do direito no Brasil"; "Direitos civis e direitos humanos: uma tradição judiciária pré-republicana"; "Direitos civis, Estado de direito"; "Cultura policial: a formação policial em questão"; "Prevenção e responsabilidade ou punição e culpa"; "Juizados especiais criminais"; "Sistema judicial e sociedade no Brasil".

isso, deveríamos, segundo a assertiva de Kant de Lima, "aprender com a perspectiva antropológica e a valorização heurística das diferenças". O personalismo, além de não detectar os problemas viscerais da Justiça, trata aquilo que essa teoria chama de problemas fundamentais – formalismo processual e corrupção – como um problema derivado de nossos costumes pré-modernos, heranças da época colonial.

Há nesse tipo de análise uma incompreensão primordial que mina todas as possibilidades de um diagnóstico plausível: a não percepção de que a sociedade brasileira é estratificada por classes sociais, definidas não só pela renda, mas pela capacidade diferencial de incorporação de disposições e de conhecimento. E "não perceber", aqui, significa não perceber com conceitos. Certamente qualquer cientista social convicto do personalismo repetiria com todas as letras que o Brasil é uma sociedade de classes. A questão é que todas as explicações oferecidas por esses cientistas negligenciam sistematicamente o modo como a hierarquia de classe condiciona os fenômenos sociais. Essas explicações retiram sua capacidade de convencimento do fato de repetirem as imagens mais imediatas do mundo tal qual ele aparece ao senso comum, compartilhado por todos nós. O tipo de análise da realidade feita por Kant de Lima é muito similar à de alguns magistrados, notadamente magistrados da ala conservadora, como podemos perceber na fala de um juiz por nós entrevistado. Perguntamos quais são os problemas da Justiça, e o magistrado, assim como o antropólogo, atribui nossos problemas a uma herança colonial: "Tem problemas lá da base. Você tem que lembrar que o Brasil é um país que foi colonizado por portugueses, mas quem ficou aqui foi tudo bandido."

O grande prejuízo de uma teoria que reproduz o senso comum é que os conceitos, que deveriam ser fruto de um esforço racional para tornar perceptíveis coisas que não são perceptíveis ao olhar cotidiano, não possuem nenhuma sustentação rigorosa: o que é "espírito fiscalista"? Como esse "espírito" veio do Brasil Colônia aos dias atuais? Como a "herança colonial" se perpetua? Quais os encadeamentos históricos? Quais os encadeamentos conceituais que explicam os encadeamentos históricos? Nada disso é respondido pelo senso comum nem tampouco pelo personalismo. Nada disso é sequer questionado com rigor por essa teoria.

Ao tentar explicar os problemas da Justiça penal, Kant de Lima transporta o hibridismo público/privado e a comparação Estados Unidos/Brasil para o direito processual penal. O antropólogo afirma que o modelo da sociedade americana é o de "paralelepípedo" (base é igual ao topo), e o modelo da sociedade brasileira é o de "pirâmide" (base é diferente do topo). Diz o autor que na "sociedade paralelepípedo":

> Haverá escassez de recursos (...) mas os recursos não são raros, pois haverá recursos igualmente disponíveis a todos. (...) A desigualdade não é estrutural, mas resultado de trajetórias individuais e específicas, concebidas como fruto das escolhas de cada um, do exercício de sua liberdade.

Se os Estados Unidos são um país tão igualitário, quais poderiam ser seus problemas de criminalidade? A polícia, segundo Kant de Lima, no paralelepípedo estadunidense não é eminentemente repressora, como na pirâmide brasileira. Lá, a polícia é mediadora e conciliadora, segundo o antropólogo do direito. Por isso, ele propõe uma metodologia de treinamento para a polícia brasileira a partir dos princípios republicanos e igualitários nos quais se basearia a prática da polícia americana. Lá, diferentemente daqui, "a ação do Estado não repousa no Estado, mas no governo da coletividade". Aqui, a legitimidade da polícia "está associada a sua interpretação do que deseja o Estado para a sociedade, e não ao que a sociedade deseja para si mesma". Mas que Estado é esse, que tem "desejos" autônomos e "pensa" sozinho? Como ele pode estar separado da sociedade?

Gostaria, agora, de contrapor esse tipo de análise a análise do sociólogo Loïc Wacquant,[3] que fez uma ampla e rigorosa pesquisa sobre o sistema penal norte-americano. Wacquant defende que a redução do setor do bem-estar caminha *pari passu* ao incremento do braço penal, como os dois lados de uma mesma política. Nesse sentido, os Estados Unidos são "híbridos", uma característica tão cara aos personalistas para explicarem o Brasil. Híbrido não no sentido colocado pela tradição personalista, mas no sentido de possuírem um Estado que não é nem protetor, nem propriamente um "Estado mínimo". O Estado norte-americano é, segundo Wacquant, um "Estado-centauro", guiado por uma cabeça liberal montada num corpo autoritário. É liberal com respeito à quase omissão no que se refere à correção das desigualdades sociais, mas repressor com respeito às consequências dessa desigualdade.

Wacquant demonstra, de modo sociologicamente rigoroso, que os Estados Unidos se empenharam em métodos de diminuição da eficiência de políticas de bem-estar. As estratégias vão desde a estigmatização dos programas de políticas para pobres, por meio da associação desses programas ao movimento negro, passando pela redução da dotação orçamentária para políticas sociais e pela burocratização proposital e excessiva dos mecanismos de petição de auxílio social. Há, ainda, mecanismos mais radicais, como a extinção de políticas sociais sob a justificativa de que os pobres sairiam da inércia de suas vidas sob a pressão da extrema necessidade, como se, como diz Wacquant, a dependência patológica dos pobres fosse resultado de sua negligência moral. O sociólogo relata que a supressão da "General Assistance" retirou instantaneamente de toda a assistência cerca de 82 mil adultos, a metade deles indigentes negros que vivem na cidade de Detroit. Em 1994, o número de pobres nos Estados Unidos ultrapassava 40 milhões, 15% da população. Uma família bran-

---

3 Loïc Wacquant, *Punir os pobres,* Rio de Janeiro, Revan, 2003.

ca em dez e um lar afro-americano em três viviam abaixo da "linha de pobreza" federal.

Em contrapartida à agressiva política liberal, só poderia vir um avanço do Estado penal americano. Wacquant mostra que, em vinte anos (de 1975 a 1995), a população carcerária quadruplicou, e não pelo aumento da criminalidade violenta, mas pela extensão do recurso de aprisionamento dos "crimes de rua", como os "atentados à ordem pública" e crimes menos graves relativos à lei de entorpecentes. Não só o volume de condenados ao encarceramento mudou, mas também a duração da detenção. O sistema penal americano, segundo Wacquant, além de ter se tornado mais "duro", passou a fazer buscas mais amplas, já que as instituições policial e judiciária são usadas sistematicamente para coibir desordens cotidianas nas famílias e nos bairros pobres.

Voltando à interpretação da realidade criminal operada por Kant de Lima: como já afirmamos, ela está muito próxima daquela de juízes que chamamos de conservadores por terem uma visão de mundo que se afina com as ideias mais convencionais do campo jurídico e por serem muito permeáveis ao discurso do senso comum sobre as origens e a permanência da delinquência. Essa postura conservadora produz decisões e discursos com eficácia prática – já que magistrados fazem parte da elite do país, possuem prestígio e respeitabilidade social, e por isso seus discursos têm um poder de influência não só no campo jurídico e junto aos funcionários da Justiça, mas na esfera pública de discussão – que colaboram para conservar e legitimar a desigualdade social. Um magistrado parece conhecer muito bem a literatura personalista quando opina sobre a alta criminalidade no Brasil:

> Criou-se muito essa mentalidade aí de dar logo um jeito de melhorar de vida e ir logo pra Europa (...) aí a gente acaba herdando, isso ficou sedimentado na mentalidade das pessoas. Depois vieram outros elementos pra poder mudar... mas é muito difícil. Isso ficou arraigado na mentalidade.

Nossa pesquisa indica que o personalismo sustenta o discurso da ala conservadora da magistratura brasileira. Porém, há aplicadores do direito que de fato possuem uma visão diferente sobre a desigualdade e os problemas da Justiça penal. Começaremos a próxima parte do texto com a descrição de uma audiência do documentário *Justiça*. A audiência é presidida pelo juiz Geraldo Prado, e sua análise é especialmente adequada ao nosso tema, pois demonstra que os limites da Justiça penal ultrapassam o problema da insensibilidade dos magistrados. Mesmo quando réus são julgados por aplicadores do direito críticos, há enormes limites institucionais e estruturais à consideração da socialização do réu no momento de aplicação do direito.

POR QUE A PENA ALTERNATIVA NÃO É UMA ALTERNATIVA

Alan pesa 38 quilos. Tem o corpo de um menino de 10 anos, mas tem 18. Seu semblante pode causar pena, rejeição, estranheza, mas impede qualquer tentativa de lhe ser indiferente. É como se um dia alguma situação o tivesse deixado estupefato e sua face nunca se redimisse do assombro. Alan senta, levanta, caminha, olha, fala, responde às perguntas do juiz, vai para a carceragem da Polinter,[4] sai da Polinter com os pés tão inchados que parece ter elefantíase, entra no ônibus... Nenhuma ação é capaz de

---

4 Carceragem no Rio de Janeiro, onde os réus aguardavam, presos, temporariamente, em condições assustadoras, como mostrado no documentário *Justiça*. A carceragem da Polinter, desativada em 2006, foi construída em 1988, com capacidade para abrigar 400 presos, mas chegou a abrigar 1.680. Várias denúncias foram feitas quanto às humilhantes condições nas quais os presos eram obrigados a viver. Porém, a carceragem só foi desativada quando, após o episódio de uma fuga, em 2005, ficou provada a ameaça que o lugar representava à boa sociedade. Os presos foram redistribuídos para outras carceragens do estado do Rio de Janeiro, muitas das quais com problemas de superlotação. Dados do FENDH - Fórum de Entidades Nacionais de Direitos Humanos.

modificar seu semblante. Ele está sendo interrogado a respeito de uma suposta colaboração com o tráfico de drogas. A tia de Alan, que o criou, entra na sala de audiências e senta no lugar reservado às testemunhas. Ela está tão temerosa e incomodada que nem sequer consegue se recostar na cadeira e fica na beirada, pronta para se levantar de lá. O juiz pergunta: "A senhora é tia dele, né?" Ela responde: "Sou tia, criei ele desde 6 anos, que ele não tem pai e não tem mãe." Tem a respiração ofegante, como se sua pressão tivesse subido abruptamente.

Ela fala com muita dificuldade, parece apavorada, mas argumenta que seu sobrinho estudou até a quinta série. Tenta mostrar que ela o educou bem, apesar de ele ser asmático e atrofiado. Quando a tia de Alan fala sobre a condição física do menino, o juiz a interrompe e pergunta se ela sabe que o sobrinho fuma maconha. Ela responde que soube e que, por isso, "deu uma coça nele", demonstrando o que para ela é uma forma de amor e cuidado. A tia diz que um médico recomendou tratamento psicológico a Alan. A defensora pública, na tentativa de deslocar a atenção do juiz para eventos mais determinantes na vida de Alan do que o uso de drogas, pergunta se esse tratamento é necessário devido ao suposto uso da maconha ou se os problemas vividos por Alan na infância também demandam terapia. A tia responde "ah, isso já vem desde que ele perdeu o pai dele, perdeu a mãe dele, perdeu a irmã dele". O juiz corta novamente a fala da tia de Alan, sugere à defensora que ela não sabe responder a essa questão e diz, firmemente: "Certo, e sobre a maconha em si?"

A audiência de Alan é presidida por Geraldo Prado, juiz da ala progressista da magistratura brasileira, professor e autor de obras sobre direito penal e crítico no que se refere à necessidade de reforma do sistema criminal. O magistrado é sensível ao fato de as condições materiais de existência determinarem o destino dos réus que a ele são apresentados todos os dias. Porém, não pode orientar sua prática de aplicador da lei com esse pressuposto. Por um lado, porque não há instituições que possam, de fato, ajudar a mudar a vida desses réus, que já são condenados antes de se apresentarem ao juiz. Por outro lado, porque a única forma de proteger a sociedade, na qual não se incluem os seus inimigos – não apenas aqueles que sistematicamente atentam, como também aqueles que simplesmente se presume que possam atentar contra a vida e contra a propriedade privada –, é encarcerando aqueles que a apavoram.

Geraldo Prado é o tipo de magistrado que sabe do fato, e o leva em conta no momento do julgamento, de que as prisões ofendem frontalmente o princípio da dignidade da pessoa humana, e procura, quando possível, uma alternativa à prisão. Alan, por exemplo, teve sua pena privativa de liberdade (prisão) convertida em restritiva de direito (alternativa), pois Alan atendia aos critérios objetivos que autorizam a conversão: a condição de réu primário, por exemplo. Porém, é grande a chance de ele voltar a delinquir, já que as circunstâncias de sua vida levariam a isso, e então não haverá alternativa ao encarceramento.

Nessa audiência, assim como em quase todas, a infância traumática do réu é propositadamente ignorada. A tia de Alan não teve nem mesmo a oportunidade de contar como o menino perdeu a família. O juiz, intuindo, a partir da repetição das histórias que lhe chegam todos os dias, que a tia contaria fatos que, apesar de serem determinantes para que a prática de atividade ilícita tenha se tornado quase inescapável, não podem ser, na prática, considerados, a interrompeu e direcionou o depoimento para uma questão que poderia ser ponderada na decisão: o uso de maconha. Poderia ser ponderada porque esse não seria um fator determinante na história de vida de Alan, como o é uma infância desorganizada e brutal.

A consideração da infância dos réus, se levada a cabo sistematicamente, colocaria a instituição em xeque, já que quase todos que são réus têm a mesma história de desorganização familiar, infância marcada por algum tipo de violência e fracasso escolar. A segurança jurídica, então, é invocada como justificativa principiológica e técnica para a não consideração das particularidades do caso – particularidades que, no caso da Justiça penal, justiça por excelência da ralé, vira regra – e para o direcionamento do julgamento na mera adequação do fato ao tipo penal. A má-fé institucional esquematiza os ritos e a infraestrutura do sistema criminal de modo a não haver saída para o magistrado. Mesmo quando ele é sensível aos dramas a que está inevitavelmente submetida grande parte dos réus que ele julga, na maioria das vezes não há saída alternativa ao encarceramento quando se trata de um réu da ralé.

As chamadas penas alternativas à pena privativa de liberdade, comparativamente às penas de prisão, são muito pouco aplicadas para réus da ralé. Vários fatores fazem com que as penas alternativas não funcionem nunca ou quase nunca a favor dos infratores dessa classe. Do ponto de vista técnico, é muito fácil afastar a possibilidade de aplicação das penas alternativas para eles. Tendo sido a condenação por crime doloso, só pode haver a conversão se a pena de prisão não exceder quatro anos e se o crime for cometido sem violência e grave ameaça. Além disso, cabe ao juiz avaliar os "antecedentes", a "conduta social" e a "personalidade do condenado" para, posteriormente, decidir pela conversão da pena.[5] Mais de 34%[6] dos presos no Brasil foram condenados pelo crime de roubo. Como há grave ameaça ou violência, esse tipo de delito não pode ter a pena privativa de liberdade substituída pela restritiva de direito. Esse fato já diminui consideravelmente a conversão da pena de prisão em uma pena alternativa. Além disso, a reincidência em virtude da prática do mesmo crime impede a aplicação da pena alternativa, e é prerrogativa do juiz decidir pela substituição caso haja reincidência na prática de outros crimes. Há várias circunstâncias sociais que indicam a probabilidade de

---

[5] Esses são alguns dos pré-requisitos exigidos pelo art. 44 do Código Penal Brasileiro para a conversão da pena de prisão em pena alternativa.
[6] Julita Lemgruber, "Controle da criminalidade: mitos e fatos", in: Nilson Vieira Oliveira (org.), *Insegurança pública*, São Paulo, Nova Alexandria, 2002.

reincidência. No caso de Alan, por exemplo, sendo membro da ralé, está inevitavelmente mais vulnerável ao crivo da polícia.

Além de uma maior vulnerabilidade ao controle policial e da inegável falta de mecanismos eficientes de vigilância para cumprimento das penas alternativas, outros fatores explicam tanto a ineficácia desse tipo de penalidade quanto a "escolha" de parcela da ralé estrutural pela delinquência. A precariedade da socialização dessas pessoas impede a internalização de princípios normativos como dever e responsabilidade, sejam eles derivados de normas estatais (leis, sentenças) ou sociais. Um sujeito de direito não é criado pela lei, mas socialmente construído. A internalização de valores socialmente compartilhados depende de uma série de experiências, de um aprendizado no qual o interesse afetivo por reconhecimento incentive o respeito às normas.

A incorporação da noção de dever ocorre a partir de experiências nas quais o atendimento às regras, desde a infância, gera prêmios como admiração e respeito. Ou seja, saber, cognitivamente, da obrigatoriedade da norma é uma forma de percepção muito distinta da efetiva compreensão dos valores que subjazem à norma. Incorporar a norma de modo a fazer com que ela presida práticas, comportamento, é diferente de simplesmente sentir medo da sanção, que é consequência do não atendimento à norma. Ao contrário do que pensam os defensores do aumento das penas e da diminuição da maioridade penal, o medo ou mesmo o terror pela sanção não são os mecanismos psicológicos que levam à incorporação da disciplina.

QUADRO 1 – NA RALÉ, A LEI MORRE ANTES DO PAI

> A audiência abaixo descrita, de um parricídio, integrante do documentário *Juízo*, mostra como a teatralização de um direito penal construído para um tipo de indivíduo idealmente construído, e aplicado para aquele a quem faltam todas as disposições desse indivíduo, chega ao absurdo. As letras J, M e T simbolizam, respectivamente, as falas da juíza, do menor e da testemunha, mãe do menor.

J: Por que você matou seu pai? M: Ele batia na minha mãe, me batia. Chegava em casa doidão. J: Doidão de quê? M: De cerveja e de cachaça. J: Mas se ele tava dormindo ele não tava te batendo. M: Mas ele tinha me batido antes. J: Sua mãe tava dormindo do lado dele? M: Minha mãe tava dormindo em cima da laje. J: Sua mãe tava dormindo em cima da laje? Por quê? M: Porque ela não tava falando com ele.

Ela pergunta por que o menino estava acordado àquela hora. Cogita que o menino estava usando alguma droga. J: Tá arrependido? M: Tô. J: Tá sentindo falta dele? M: Falta não. J: O que seu pai podia te dar? M: Um pouco de carinho. J: Qual lembrança boa você tem de seu pai? M: Nenhuma. J: Ele batia no menino até desmaiar várias vezes? T: Sim, várias vezes. J: Várias vezes? T: Não, duas vezes ele desmaiou. Ele disse pra levar o menino no Miguel Couto. Mas o que eu ia falar quando chegasse lá? J: Enquanto ele te surrava, você apanhava, você procurou a delegacia de mulheres? T: Não. Porque ele me batia na minha cabeça e no meu ouvido, pra não deixar marcas.

J se dirige ao menor e finaliza: Pro resto da vida você vai se lembrar disso. Se você devia efetivamente fazer isso ou não... Essa pergunta eu vou deixar pra sua consciência. Você vai ficar marcado com isso. Qualquer decisão que eu venha a tomar aqui, vai ficar a marca com você e, por mais que você se sinta aliviado porque não vai ter mais alguém te surrando, não vai ser surrado pelo seu pai, essa marca não vai apagar.

A promotora de justiça, ao opinar sobre a pena de internação, justifica: "A motivação, apesar de não ter sido violenta, não é suficiente para excluir a medida de privação da liberdade. O pai tem a figura da lei e matar o pai tem um simbolismo forte demais. Por isso eu proponho a pena de internação."

Nessa audiência, a insensibilidade de classe e a visão fragmentada do senso comum casam muito bem com a justificação substancialista da promotora de justiça que, sem considerar a socialização do menor, marcada pela total

> ausência do pai enquanto autoridade e fonte de afeto e pela presença massacrante e aterrorizadora de algoz, opina pela pena mais grave justificando que a morte do pai simboliza a morte da lei, baseando tal conclusão numa pretensa erudição psicanalítica. Na verdade, a morte da lei, na vida do menor, não ocorreu quando ele matou o pai, já que, como argumentamos mais acima, a norma é internalizada pela mediação de um vínculo afetivo. Tendo sido torturado pelo pai durante toda sua vida, sem ter tido, em momento algum, a experiência de ter se sentido amado por ele ou por ele ter sido reconhecido enquanto sujeito de direito, a autoridade do pai como norma nunca existiu.

O *HABITUS* COMO FATOR CRIMINÓGENO

A relação entre condição de classe e delinquência é um assunto delicado porque envolto em questões concernentes a juízos morais. Geralmente o fato de haver maior frequência de um comportamento delinquente entre pessoas de condição de classe precária é usado em discursos pouco rigorosos e muitas vezes preconceituosos, que estigmatizam e culpabilizam os pobres pela sua pobreza. Por outro lado, há discursos relativistas que, diante da evidente relação entre condição de classe e probabilidade de delinquir, evitam qualquer resposta a essa questão. Meu objetivo aqui é explicar como e por que a condição de classe pesa sobre a probabilidade de delinquir. Veremos que, quando um ser humano vive submetido a determinadas condições, seu comportamento tende a se afastar muito daquele que nós, privilegiados por condições de vida muito mais favoráveis, consideramos correto ou normal (em oposição ao comportamento desviante).

O importante a ser percebido é que o *habitus*, o modo de vida, e não a "pobreza" – no sentido mais comum, que a reduz à renda – é um fator criminógeno. Não é simplesmente a falta de dinheiro para se alimentar ou se vestir um fator causador da criminalidade. Esse tipo de interpretação não é capaz de explicar por que muitas pessoas pobres são "honestas". Uma família de seis pessoas com uma renda mensal de dois salários mínimos e *habitus* precário é bastante diferente de uma família com o mesmo número de pessoas e com a mesma renda, mas que vive num ambiente doméstico estruturado, onde há respeito e ligações afetivas que proporcionam alguma segurança existencial e internalização de noções de dever e responsabilidade. Esse é o fator determinante, na grande maioria das vezes, para que o fracasso escolar leve alguns meninos e meninas à delinquência e leve outros a serviços desqualificados, mas "honestos". A correta abordagem "sócio-lógica" nos mostra, portanto, que não é a renda, mas o *habitus* um fator criminógeno.

As disposições constitutivas do *habitus* precário guardam afinidade com o tipo de comportamento que a vida delinquente exige. E é essa possibilidade de ser "bem-sucedido" em alguma atividade que leva, muitas vezes, à "escolha" pela vida criminosa. Na medida em que se tem uma vida marcada pela aguda carência de segurança existencial e material, o risco, o perigo e a extrema vulnerabilidade que condicionam esse tipo de existência colocam-se como uma desesperada tentativa de concatenação de algum significado para a vida, "transformando-se" em coragem e aventura. A necessidade é transformada em virtude, e a esperança de sucesso no presente e no futuro é ajustada às probabilidades objetivas desse sucesso.[7] A falta de alternativa confirmada pelo fracasso escolar leva à entrega à delinquência – traduzida em liberdade – como o único modo de vida em que o jovem

---

7 No texto "O crente e o delinquente", de Emerson Rocha e Roberto Torres (p. 139), que faz parte do presente livro, a "moralidade contextual" que legitima um comportamento disruptivo é lindamente analisada na história de Carlos. A escola, ao provar a inaptidão dele, estimula um tipo de comportamento que consiste na negação dos valores dominantes como meio de se defender da própria incapacidade de incorporá-los.

poderia construir uma identidade positiva, mesmo que positiva apenas nos limites estreitos de seu contexto de vida. O delinquente é o aventureiro, o "bicho solto" que não leva a "vida de otário" do trabalhador "honesto" da ralé estrutural. A linguagem do senso comum é invocada para legitimar sua falta de opção transformada em opção.

No contexto da ralé estrutural – em que a dominação masculina é ressignificada pela dominação de classe,[8] dadas as condições nas quais não há formas "sublimes" de afirmação da masculinidade, por exemplo, pelo desempenho de uma atividade profissional socialmente valorizada –, o envolvimento em atividades perigosas e que geram algum tipo de poder tem o signo da virilidade, o qual pode conceder a esses homens uma forma de reconhecimento.[9] O delinquente da ralé que consegue algum poder[10] ou que está em busca dele vive o delírio de ter uma vida aventureira, porém essa vida não é uma aventura.

A aventura é privilégio daqueles que possuem uma vida com um ponto central não localizado na excentricidade da aventura, ou seja, dos que têm uma história de vida com passado, presente e futuro inscritos nas condições de possibilidade do presente. A "aventura", para o criminoso da ralé, se encerra na totalidade de sua existência e por isso deixa de ser aventura para ser uma vida marcada pela falta de opção e pela precariedade. Precariedade na relação com o tempo, precariedade com relação aos

---

8 A ressignificação da dominação masculina pela dominação de classe é analisada de modo particularmente lúcido e instigante no texto "A miséria do amor dos pobres", de Emanuelle Silva, Roberto Torres e Tábata Berg (p. 67), que integra este livro.

9 Na maior parte das vezes, o aventureiro é o homem, já que a delinquência feminina é, por excelência, a prostituição, uma forma passiva de delinquência e, por isso, não se encaixaria na atitude "aventureira" – que é, por definição, viril e concede reconhecimento segundo o valor da honra. Em relação a essa discussão, ver texto sobre prostituição "A dor e o estigma da puta pobre", de Patrícia Mattos (p. 101), neste livro.

10 Carlos Eduardo, um dos personagens do documentário *Justiça*, conta à defensora pública como conseguiu, aos 14 anos de idade, um lugar de relativo poder numa região de tráfico no Rio de Janeiro: "Sofrendo muito, dando muito tiro em polícia... e vendendo, claro."

sentimentos e expectativas que só uma vida minimamente segura poderia estabilizar: esperança, pensamento prospectivo, controle do lúdico e senso de responsabilidade.

A dedicação ao crime é o que resta a muitos que sofreram violências recorrentes durante a vida e que por esse ou por outros motivos, que devem ser investigados em cada caso, não tiveram uma socialização capaz de efetivar a incorporação de disciplina para um trabalho "honesto", mesmo que desqualificado, e para o afastamento de atividades disruptivas. Somado a isso está o malogro em conseguir o autorrespeito e a estima social resultantes da incorporação de conhecimento. Após a escola ter confirmado o fracasso que determina seu destino desde a infância num ambiente familiar desorganizado, a luta por reconhecimento se coloca numa instância na qual suas disposições precárias se tornam virtudes. Em outras palavras, para muitos membros da ralé em busca de reconhecimento, o crime é o caminho mais atraente porque recebe de bom grado o seu corpo indisciplinado, "barato" e pobre de sentido: o corpo que vale pouco e que, por isso, pode ser colocado permanentemente em risco. Não afastamos a possibilidade de que uma pessoa que foi, de várias formas, violentada durante a vida e que passou por uma experiência de fracasso escolar se afaste de atividades delinquentes. Mas queremos demonstrar que essa não é simplesmente uma questão de escolha individual de pessoas essencialmente melhores. Queremos demonstrar o quanto a socialização em determinada posição e condição de classe é definidora de nossas escolhas e comportamentos.

Essa dimensão da criminalidade muitas vezes é desconsiderada mesmo por sociólogos críticos como Michel Foucault e alguns autores da criminologia de vanguarda, os defensores da teoria do etiquetamento[11] (*labeling*

---

[11] Para uma referência sobre as "teorias do etiquetamento" *ver* Alessandro Baratta, *Criminologia crítica e crítica do direito penal*, Rio de Janeiro, Revan, 2002.

approach). Esses autores põem toda ênfase sobre a produção política da delinquência, sobre a produção de estigmas por parte das próprias instituições que encarceram os estigmatizados. A teoria do etiquetamento opera com o substrato teórico do interacionismo simbólico, o qual explica a marginalização a partir de rotulações estigmatizantes. Porém, apesar do valor relativo dessa crítica, é preciso – para não cairmos na glorificação politicamente correta do oprimido, afirmando que o único problema da ralé estrutural é o fato de rotularmos essas pessoas como "ralé" e "bandidos" – analisar os processos sociais que conduzem efetivamente uma parcela considerável dessa população ao crime.

QUADRO 2 – O CINISMO DO ECONOMICISMO LIBERAL

O economicismo também procura diagnósticos e soluções para a criminalidade. É o tipo de teoria que "desvenda" o mundo a partir de conceitos econômicos. Acredita que pelo menos a maior parte do nosso comportamento é guiada por cálculos racionais conscientes com relação à maximização de interesses econômicos. Essa visão orienta as ideias de que o problema das nossas instituições se encerra na falta de recursos financeiros e, portanto, o crescimento econômico, por si só, resolveria todos os nossos problemas. As teorias economicistas aventuram-se por várias searas, mas a análise economicista que mais nos interessa é aquela referente às penas alternativas. Julita Lemgruber,[12] socióloga reconhecida e obstinada defensora das penas alternativas, tenta, com seu arsenal de estatísticas, gráficos e tabelas, provar o quanto a prisão nos custa caro. Usando conceitos da economia, tais como *cost-effective*, *cost-effectiveness*, *prison pays studies* e relação custo-benefício, segue criticando nossos modelos de segurança e política públicas. As tabelas e gráficos de Lemgruber mostram que 30% dos presos lá estão porque cometeram crimes sem qualquer violência ou gravidade. Julita argumenta

---

12 Julita Lemgruber, "Controle da criminalidade: mitos e fatos", *op. cit.*

que a relação custo-benefício não é vantajosa. E que seria mais barata a condenação a penas alternativas, já que elas têm a vantagem adicional de que, nos casos de prestação de serviços à comunidade, "adequando as habilidades do infrator às necessidades da comunidade, é possível obterem-se os mais variados serviços a custo zero, tanto na área pública quanto naquela de entidades assistenciais". Parece justo, principalmente sob o aspecto econômico, não gastarmos tanto dinheiro com prisões e conseguirmos mão de obra a custo zero.

O que a análise economicista não é capaz de perceber é que não há sustentabilidade política e social para que as penas alternativas atinjam seus objetivos declarados. E que, embora a relação custo-benefício da prisão não seja economicamente vantajosa, ela é sociologicamente necessária. O economicismo é mesmo muito sedutor; com sua lente, o mundo nos parece muito menos complexo do que é. Julita afirma que, "atualmente, já se tem clareza de que a pena de prisão é cara e ineficaz: não inibe a criminalidade, não reeduca o infrator e estimula a reincidência, além de separar famílias e destruir indivíduos, aniquilando sua autoestima e embrutecendo-os". Ora, essas críticas não são atuais, são feitas à prisão desde a primeira metade do século XIX! A prisão já nasceu, como forma de punição generalizada, tendo que ser reformada.[13] Sempre foi ineficaz quanto aos seus objetivos manifestos. Porém, sempre foi eficaz quanto aos seus objetivos velados. E por isso ela persiste. A prisão exerce, quase imperceptivelmente, uma importante função de controle social: organiza de forma seletiva a criminalidade. Não se trata apenas da punição de atos infratores, mas de uma reação institucional, não apenas consentida socialmente, mas socialmente desejada, contra um ser humano considerado nocivo à vida coletiva.

---

13 Michel Foucault, na obra *Vigiar e punir*, fundamental para qualquer estudo sobre delinquência, evidencia que a utilização das prisões como forma generalizada de punição foi, desde o início, criticada pela ineficácia em coibir a criminalidade e em cumprir o objetivo de ressocialização.

O ESTADO DA SOCIEDADE

A título conclusivo, gostaria de retomar algumas questões que permearam nosso debate, notadamente aquele com o qual começamos este texto: uma crítica à separação ingênua entre Estado e sociedade. Convido o leitor a uma breve incursão histórica a partir da qual poderemos perceber com toda clareza o modo como os dilemas e contradições do Estado brasileiro refletem contradições seculares da nossa sociedade. Mais precisamente, refletem as contradições de uma sociedade cindida por uma desigualdade de classe abissal. Todos nós sabemos o quanto o Brasil é um país desigual. Nosso objetivo é ultrapassar essa simples constatação óbvia e mostrar como essa desigualdade condiciona radicalmente a ação do Estado. Condicionamento este que tanto o senso comum quanto as formas ingênuas de "ciência" social que combatemos neste livro são incapazes de perceber.

A reconstrução histórica de alguns traços gerais na constituição do nosso Estado de direito[14] nos serve aqui para entendermos como a formação do Estado moderno no Brasil é parte integrante de um processo de mudança global de toda a vida social e do surgimento de um novo modo de ser gente. Essa mudança tem seu marco fundamental na quebra do estatuto colonial e importação de um padrão civilizatório baseado na expansão da ordem competitiva e na "generalização", minimamente necessária, do trabalho assalariado. Esse processo instaurou novos padrões de comportamento humano exigidos para a adequação ao novo contexto social, definido pela expansão do mercado capitalista, do Estado centralizado e de todos os seus arranjos institucionais dedicados à manutenção do padrão de vida urbano moderno.[15]

---

14 Florestan Fernandes, na obra *A revolução burguesa no Brasil*, explica a nossa peculiar revolução burguesa de forma particularmente brilhante e esclarecedora.
15 *Ver* Jessé Souza, *A construção social da subcidadania*, Belo Horizonte, Editora UFMG, 2003.

A MÁ-FÉ DA JUSTIÇA

O problema é que grande parte da população – as famílias de ex-
-escravos e sertanejos que deram origem à ralé estrutural – não atendia a
esses padrões e não foi considerada seriamente na elaboração dos projetos
que seriam levados a cabo por esses arranjos institucionais. Não foram
avaliadas a urgência e a importância de metas políticas no sentido de proporcionar aos grupos marginalizados condições para o desenvolvimento
das aptidões exigidas para o produtor socialmente útil. A falta de políticas
que interferissem nos processos de socialização primária produziu uma
divisão social que marca o Brasil até os dias de hoje.

O que determina essa divisão é a diferença de *habitus* (um conjunto de
características humanas socialmente adquiridas que define, em traços gerais, certo modo de conduzir a vida). Indivíduos socializados num contexto
de *habitus*[16] primário incorporaram as formas de pensar e agir necessárias
para alcançar qualificação profissional, autorrespeito e estima social por
desempenharem um papel valorizado na divisão social do trabalho. Por
outro lado, aqueles socializados num contexto de *habitus* precário não
tiveram os pré-requisitos mínimos para se tornarem aptos ao exercício de
funções sociais valorizadas. A igualdade de *habitus* determina, sem que
percebamos, as pessoas com as quais nos identificaremos (pela forma de
se vestir, de se portar, de andar, de falar, pelo conhecimento incorporado
etc.), ou seja, cria uma noção compartilhada de dignidade e uma rede
específica de solidariedade: a classe.

---

16 Jessé Souza, reconstruindo a teoria bourdieusiana de *habitus*, subdivide internamente
essa categoria conceitual em *habitus* precário, primário e secundário. Precário é o *habitus*
caracterizado pela falta das aptidões mínimas para uma vida com algum sucesso na sociedade
capitalista moderna; o secundário, por sua vez, reúne, além das disposições constitutivas
do *habitus* primário, disposições diferenciais delimitadoras, por exemplo, do "bom gosto".
Interessam-nos aqui primordialmente os *habitus* primário e precário. Jessé Souza explica
detalhadamente a subdivisão do *habitus* nas obras *A construção social da subcidadania*, *op. cit.*,
e no texto "A gramática social da desigualdade brasileira", em *A invisibilidade da desigualdade
brasileira* (Belo Horizonte, Editora UFMG, 2006).

A gênese do esquecimento da ralé como classe permite a compreensão dos pontos centrais para o funcionamento da má-fé institucional. O olhar crítico ao nosso passado mostra que, por um lado, todo um conjunto de pessoas se tornou uma classe caracterizada justamente pela falta das disposições exigidas pela nova sociedade e que, por outro lado, essa classe assim caracterizada não foi considerada enquanto tal pelas instituições. Nem mesmo num momento histórico posterior, no nosso "Estado de bem-estar social", implementado a partir da Era Vargas, houve projetos políticos elaborados na intenção de mudar a situação de classe da ralé. As mudanças estruturais e institucionais foram elaboradas para as classes trabalhadoras, as quais, munidas das disposições necessárias ao produtor útil e valorizado, puderam reivindicar e ter atendidas demandas sociais.

Como não há nenhum arranjo institucional preparado para intervir massivamente em processos de socialização primária (os processos nos quais o destino de toda ralé é decidido), resta ao sistema penal a tarefa de proteger a "sociedade de bem" daqueles que podem ameaçá-la e que, muitas vezes, de fato a ameaçam. A pressão social para que o direito penal seja a base normativa não da proteção de direitos fundamentais, mas de uma política de controle social, leva à frustração dos objetivos declarados do Estado de Direito e a práticas que, apesar de serem contrárias à proteção dos direitos humanos, justificam-se pelo discurso de proteção desses direitos.

No momento da atividade interpretativa, o juiz selecionará os princípios, normas e elementos do caso concreto que possam fundamentar uma decisão política e socialmente sustentável. Ou seja, são circunstâncias sociais bem-definidas que ditam a concretização da decisão. Por isso o princípio da segurança jurídica[17] e a consideração de

---

17 No contexto aqui analisado, o princípio da segurança jurídica se refere à necessidade de que as decisões judiciais atendam minimamente às expectativas sociais e às firmadas em decisões anteriores.

circunstâncias subjetivas que corroborem uma decisão condenatória e a aplicação de uma pena de prisão tendem a superar princípios como o da dignidade da pessoa humana (que impediria o encarceramento em instituições absurdamente inapropriadas), da "co-culpabilidade" (que pode ser considerado como causa de atenuação genérica da pena,[18] que leva em consideração a socialização que determina a delinquência, ou seja, o infrator só será culpável em razão das possibilidades sociais que lhe foram dadas), ou da vulnerabilidade (que, ao contrário de dividir a responsabilidade do crime com a sociedade, parte do pressuposto de que alguns indivíduos estão mais vulneráveis, por serem estigmatizados, à seletividade do sistema criminal).

As tentativas de consideração das condições materiais de existência que determinam a prática de crimes ocorrem de forma episódica e inarticulada. Um dos exemplos desse tipo de tentativa se deu em 2003, com a reforma do Código de Processo Penal, depois da qual passa a ser dever do juiz a consideração das condições de vida do acusado no momento do interrogatório. O problema é que, como vimos, não há como a intenção desse tipo de norma, inspirada pelo princípio da "co-culpabilidade", tornar-se efetiva na prática, ou seja, ser de fato ponderada com a mesma importância *a priori* de outras circunstâncias do delito, no momento do julgamento. Esse é o impensável da instituição: a orientação das práticas institucionais a partir da real ponderação das condições de vida da maior parte dos indivíduos concretos sujeitos à Justiça penal.

A análise da gênese das nossas instituições modernas demonstra que a existência de um enorme contingente de pessoas inadaptadas ao padrão civilizatório moderno e a ausência de metas políticas que, por meio de uma intervenção nos processos de socialização primária, possibilitasse o desenvolvimento das aptidões necessárias foram e são os pontos fundamen-

---

18 Essa possibilidade técnica é dada pelo artigo 66 do Código Penal Brasileiro.

tais para que se instaurasse um padrão de má-fé institucional que persiste até hoje. A má-fé institucional age de modo a legitimar o esquecimento da ralé enquanto classe e a punição de seus membros como indivíduos. O Estado de uma sociedade tão desigual quanto a nossa é um Estado que opera compelido pela necessidade de defender, sob formas mais ou menos veladas, a parcela amiga da parcela inimiga da sociedade.

Parte 4
O racismo no Brasil

CAPÍTULO 9
COR E DOR MORAL
Sobre o racismo na ralé

Emerson Rocha

ENTRE PESSOAS DE TODA COR

Lídia sempre soube que, no Brasil, diferentemente de países europeus e principalmente dos Estados Unidos, não é comum ver pessoas racistas impedindo que os negros entrem nos lugares, estudem na mesma escola ou morem na mesma rua. Se perguntada, responderia prontamente que, para ela, como negra, é melhor viver no Brasil do que em quase qualquer outro lugar do mundo. Ao mesmo tempo, a jovem não podia deixar de sentir certo desconforto quando se via envolta nesses pensamentos. E quanto a todas as humilhações que já sofrera? E quanto àquele embaraço de, em muitas situações, ser abruptamente lembrada, por uma espécie de incômodo interior, do fato de ter uma determinada cor? Uma das coisas que Lídia mais reparava em suas amigas e amigos brancos é que eles passavam a maior parte da vida despercebidos em relação a sua cor. Já ela se via constantemente enfrentando essa realidade, e muitas vezes, quando totalmente distraída se divertindo com as pessoas, algumas situações ou palavras faziam-na olhar para a cor dos próprios braços e se sentir como alguém um pouco fora do lugar. Um tipo de sofrimento bem íntimo, de sofrer-se calado.

Talvez pensando sobre esses sofrimentos íntimos ela pudesse compreender algo sobre o que é sofrer por racismo numa terra de pessoas tão multicoloridas. Provocada pelo pesquisador que a alfinetava com essas desconfortáveis questões que desencadeavam para ela tantas outras, Lídia decidiu pensar sobre a origem dessa inarticulada vergonha de ser negra sobre a qual ainda hoje ela tenta impor o seu próprio senso de dignidade e autoestima. Lembrou-se da escola, sua multicolorida escola, onde aprendera não apenas as primeiras lições de matemática, mas os primeiros jogos, as primeiras paqueras, os primeiros afetos, as primeiras amizades, os primeiros amores, as primeiras lições sobre a vida; onde se deparara com os primeiros mestres. Percebia que a escola fora mais que a escola; que muito da sua vida transcorrera ali, dentro e fora de sala, e mesmo fora dos muros. Lídia decidiu pensar sobre o que daquelas vivências ela continuou a levar, como me disse, "dentro do seu coração". E atenta às minhas provocações de entrevistador, revelou, naquele momento, uma aguda percepção intuitiva sobre fatos cruciais da sua história de vida.

Lídia sempre sentiu e agora se lembrava de que, especialmente entre as meninas, a beleza era e é algo muito importante. Um tanto embaraçada, ela tentava dizer o quanto o mundo é mais generoso para as "branquinhas", o quanto elas recebem mais olhares ternos e todos esses prêmios dados a quem já premia a todos com uma imagem do belo. Lídia nunca havia pensado tão pausadamente no quanto todo mundo flerta com as pessoas belas, reconhece-as, se porta como se estivesse predisposto a lhes dar algo. De como todos eram doces principalmente com Roberta, sua ex-colega de quarta série do antigo ensino primário, pele alva e olhos verde-água: as professoras agiam como se vissem oráculos naqueles olhos e naquela pele, sinais de algo muito bom, de um futuro feliz, cheio de favores por parte do mundo.

Lembrou-se também de Débora, a mais negroide das suas colegas: do quanto os meninos debochavam dela, do quanto qualquer acidente com ela era motivo especial de chacota: "a bruxa caiu"; "bem feito, estava pulando como uma macaca"; "vai pro circo, chimpanzé". Recobrava imagens muito vivas de como Débora andava pelo recreio toda acuada, querendo ser invisível, lutando para esconder-se num véu de vergonha.

Doía muito a Débora ser invisível, mas, como todas ou quase todas as vezes que aparecia era para sofrer deboches, passava a desejar essa invisibilidade, igualmente motivo de dor, mas de uma dor íntima, guardada para si, longe das troças vexatórias. Lídia deixa transparecer que se solidarizava com Débora menos por respeito do que por piedade. Sobretudo, sentia uma forte comiseração nas vezes que Débora, não se sabe por que, reclamava de estar com "a cabeça dolorida" (ver quadro 1).

QUADRO 1

> Ninguém pode nos contar qual a origem das dores de Débora, mas outro caso ao qual tivemos acesso parece sugerir uma hipótese bastante plausível. A menina Júlia, de 8 anos, certa vez foi surpreendida pela mãe diante do espelho do banheiro, penteando os próprios cabelos, extremamente crespos, com tanta força que fez com que o seu próprio couro cabeludo sangrasse. Embora não seja possível ter certeza, pode ser uma ação semelhante à origem das dores de Débora. Mais ainda, pode ser que Lídia guarde em seu íntimo essa mesma hipótese, sendo o motivo de ela ter comentado o fato ("a cabeça dolorida") quando falávamos de maus-tratos racistas.
>
> Ao longo da entrevista, o entrevistado traz à tona memórias selecionadas pelas emoções do momento. O analista é que faz o esforço para despertar essas emoções no sentido que interessa à investigação através da seleção dos temas. A menção às dores de cabeça de Débora quando falávamos de maus-tratos racistas pode sugerir que Lídia sempre tenha imaginado, dada a sua própria experiência problemática de mulher negra com cabelos crespos, exatamente um tipo de ação como a da menina Júlia como a causa dos ferimentos de Débora. Essa seria uma revelação dada por um sentimento e uma experiência compartilhados e, ao mesmo tempo, seria algo "irrevelável" ao entrevistador, já que implica tematizar uma dor e uma humilhação que certamente se pretende guardar a sete chaves.

Ouvir piadas sobre "pretos" e "macacos" era uma experiência que sempre doía em Lídia. E lhe doeu lembrar que, por várias vezes que havia negros, digamos assim, mais "pretos", presentes em alguma roda ou brincadeira, ela própria brincou com esses termos; já havia sido racista, como sempre ouviu dizer que alguns negros são aqui no Brasil. Sentiu-se um pouco compreendida quando eu lhe disse que é mesmo de esperar que uma criança, dada a sua fragilidade, aja desse modo buscando uma forma de *afirmar para si mesma que não é aquilo que é*, entre todos, motivo de piada; que era de esperar que ela buscasse a redenção proporcionada por estar na posição de ela mesma debochar do "preto", ou seja, distinguir-se.

Sua mãe não permitia que ela fosse às festas na casa de certos vizinhos, justificando a proibição com a assertiva de que seria "um pessoal muito bobo". Já havia algum tempo, Lídia compreendera que certos risos que os pais dessa sua colega de vizinhança davam olhando para ela eram motivados por piadas racistas. Foi com os olhos rasos de água e com um misto de vergonha e ódio que ela desabafou a mágoa que nunca se dissipou e que, garante, nunca vai se dissipar: lembrar e conceber que estava sendo humilhada enquanto inocentemente brincava com as outras crianças; que sua inocência não inspirou o mínimo de respeito por parte daquelas pessoas; que elas a submeteram àquilo quando não tinha condições sequer para saber a que estava sendo submetida, e muito menos para reagir. O choro lhe veio, indomável, quando tocou na humilhação que sua mãe certamente sentiu e que sustentou sobre os ombros, "como uma gigante", "como um teto" para protegê-la. Pensou na dor que os pais sentiram exatamente no momento em que disseram para ela que não fosse mais lá porque se tratava de "um pessoal muito bobo". Pensou em como seria estar na posição de inventar essa pequena mentira necessária e, talvez compreendendo um pouco do que é ser mãe, imaginava o quanto deve ter doído na "gigante" simplesmente imaginar a filha naquela situação e saber que por muitas vezes não poderia protegê-la da verdade.

Nos recreios e nas festinhas, Lídia geralmente não era paquerada, somente não era tão ostensivamente humilhada quanto Débora. Como negroide, nunca poderia figurar aquela beleza angelical que é reservada às crianças. Sua aparência era avessa ao "delicado", ao "puro", ao "macio", ao "alvo" da beleza infantil. Foi só com o chegar da puberdade, com o desabrochar dos aspectos eróticos da aparência feminina que ela começou a ser desejada. Fascinou-se com os efeitos atrativos que então despertava. Aquilo era uma nova potência, uma nova fonte de reconhecimento. Lídia desejava explorar essa potência ao máximo; agora era atraente e, sob aquelas condições, desejava se valer disso para obter reconhecimento, uma alternativa mais plausível que lhe figurava.

Foi uma escalada repentina. Muitos dos colegas de sua idade que desdenhavam dela agora eram os pobres adolescentes atormentados pela combinação do forte desejo com a dura impossibilidade de conseguir uma parceira. Ela, por seu turno, com o corpo amadurecido, estava no plano dos rapazes mais maduros. Podia sentir-se mais à frente ao ser desejada e flertar com os jovens já "equipados" com os signos de *status* que lhes conferia mais valor pessoal. Como se nota, não se tratava de interesses e cálculos meramente utilitários, mas de verdadeiros interesses existenciais. Aqueles jovens "mais velhos" encarnavam uma fonte de segurança quanto a ser uma pessoa importante: conquistar ou saber que podia conquistar rapazes de valor a preenchia com a sensação de ter ela mesma um valor pessoal.

Lídia foi tornando-se cada vez mais autoconfiante. Era agora mais ativa e descontraída e quase um centro das atenções nas festas. Pôde explorar e conhecer um tanto da vida através dos namoros, já que sempre soube e pôde escolher namorados "que respeitam", como ela diz. Apesar de num primeiro momento ser vista pelos atrativos estéticos mais diretamente ligados ao desejo erótico, mais como a "gostosa" do que como a "bonita", Lídia sempre fora uma menina estudiosa, disciplinada e reservada, o que não permitia que fosse reduzida à carne. Ela sabia que o jogo com os homens é duro e que o principal para se poder jogar bem é escolher bem com quem jogar. A sua dependência existencial dos homens nunca foi tão radical e arrebatadora que a impedisse de distinguir entre os homens "aqueles que prestam", que não iriam "esculachá-la", e aqueles que "não prestam".

Caso muito diferente era o de Alessandra, sua amiga funkeira. Alessandra costumava encarnar determinados papéis que Lídia considerava e considera muito degradantes. Oferecia-se a homens que "a esculachavam" e não manifestava capacidade de ver com algum distanciamento crítico o quanto estava se submetendo a situações muito ruins. Logo na adolescência, transava com vários "caras" que "tratavam ela como uma piranha", "falavam a quem quisesse ouvir" sobre detalhes das transas, que, enfim, "não a valorizavam". Alessandra realmente não tinha na vida muito mais do que os homens que conseguia levar para a cama e, para levá-los para a cama, não tinha muito mais do que o próprio corpo. Nunca gostou de estudar, nunca teve disciplina, nunca foi "bem-educada" – Alessandra não tinha muita coisa. Seu pai desaparecera no mundo, seu padrasto era violento, sua mãe, "sabe Deus por quê", se submetia sempre a relacionamentos com homens dessa estirpe e não tinha muita paciência para as reclamações dos filhos.

Entrevistei brevemente Alessandra e, perguntada sobre como eram as conversas com a própria mãe, ela me disse, com uma raiva que transparecia à medida que tentava dissimular, que sua mãe sempre respondia a ela e aos irmãos, quando faziam qualquer queixa sobre quase qualquer coisa, que eles estavam "chorando de barriga cheia". Alessandra nunca entendera isso pelo fato de que, em sua impressão, a verdade era que ela e seus irmãos nunca tiveram nada ou quase nada. Também não percebia que advinha dessa dureza incompreendida da mãe a sua própria dureza igualmente incompreendida, seu esforço autopunitivo para limitar as suas próprias expectativas de acordo com as suas possibilidades, para, tentando querer apenas aquilo que tinha, produzir para si a impressão de ter tudo aquilo o que queria. Alessandra também me disse, com a mesma raiva com a qual se queixara da mãe combinada agora com uma espécie de orgulho, que se alguém "encostasse a mão" nela ou nos irmãos, fosse um colega, fosse uma professora ou funcionária da escola, a mãe ou o padrasto desciam dispostos a "dá porrada" em quem fosse. Vida agreste, coração agreste.

Mas Lídia viveu outra realidade. Uma realidade bem mais generosa. E por isso podia ser bem mais generosa consigo mesma. Ela conta que sua adolescência foi "muito bem-sucedida", que ela "viveu muito", se "divertiu muito". Enquanto conversávamos, o racismo ia aos poucos se dissipando da sua narrativa sobre essa época. Nenhum sofrimento por racismo parecia marcar essa nova fase de sua vida. Até que, num terceiro encontro, eu lhe perguntei: "Então, nessa época, você realmente conseguiu esquecer que possuía uma cor?" Essa pergunta tocou bem em cima da ferida. Lídia lembrou-se daquele que foi, segundo ela, "um dos piores momentos" de sua vida. Foi quando gravaram a festa de aniversário de 15 anos de uma amiga sua. Lídia esteve presente, desfilando sua beleza toda especial, e o evento teria sido perfeito não fosse pela reunião que fizeram na outra semana para assistir às filmagens da festa. Quando se viu na tela da televisão, Lídia desabou a chorar: "Olha como eu tô preta."

Lídia havia efetivamente se esquecido do quanto é negra, mas sua cor é algo objetivamente inesquecível. Quem é branco se esquece da própria cor com a cumplicidade do mundo; isso reflete sobretudo o fato de estar à vontade. Já o negro, quando se esquece que é negro, é sempre contra alguma coisa, contra as forças que constantemente o fazem lembrar. De algum modo, Lídia condicionou-se a se ver diante do espelho sem reparar na sua cor. A imagem vívida no vídeo, de corpo inteiro e em movimento, recuperou essa realidade de modo impactante e insofismável. O quanto lhe doía ser negra. Lembrou-se de que numa escola particular onde estudara durante seis meses "numa época" em que sua família teve "mais dinheiro", duas colegas cuspiram no chão diante dela dizendo "sua preta", ato que havia esconjurado da memória.

Lídia ia reavivando velhos fantasmas, maiores e mais assustadores que aqueles que até agora admitia ter visto. Pois, até então, ela me contava dos acontecimentos racistas na escola onde estudara a maior parte da vida com certa aura de distanciamento semi-indiferente. Somente se revelou afetada com a história sobre os vizinhos. No mais, era como se não fosse com ela. Realmente queria e quer muito acreditar que nada disso é com ela, mas, às vezes, isso se torna impossível. Tocar no episódio da filmagem abriu um cadeado – mesmo o cadeado mais robusto abre-se muito simplesmente com a chave exata.

Para ela, não poderia haver melhor prova de que o Brasil é um ótimo lugar para se viver do que o fato de ser filha de um homem branco com uma mulher negra. Sua família multicolorida era uma prova viva de que vivemos muito bem todos juntos. Como uma pessoa branca pode dar uma prova maior de não ser racista do que aquela de se casar com uma pessoa negra, de ter filhos com ela e de criá-los? Certamente não deve haver maior prova. Mas e se mesmo a maior prova não for o bastante? E se certas memórias que Lídia mantinha trancadas no silêncio até bem pouco tempo tornam um pouco mais difícil se satisfazer com essa prova?

Ela queria encontrar a origem dessa vergonha que "traz no coração", dessa vergonha que a fez chorar diante da própria imagem, que a fez se achar tão ridícula. Queria encontrá-la em suas experiências de vida com os primeiros mestres, entre as primeiras amizades, com os primeiros afetos. Lembrou-se da escola e me falou longamente sobre o que aconteceu lá. Mas não é na escola que estão ou estiveram os primeiros mestres, muito menos os primeiros afetos. Muito embaraçadamente, ela passou a falar de algumas memórias que manchavam algo muito sagrado.

Na verdade, Lídia não queria falar sobre o racismo de seu pai, não queria falar que aquilo era racismo. Eram somente piadinhas e, no fundo, ele quase sempre abraçava as filhas como se elas não fossem, como se elas não fizessem, como ele dizia e diz, "coisas de preto". Eram somente alguns comentários sobre o cabelo, sobre a pele mais escurecida quando ela e seus irmãos passavam muito tempo sob o sol. Não era nada mais do que o uso meio exagerado do adjetivo "preto" para designar tudo aquilo que não tem a ver com a cor das pessoas: coisas como má educação, mau cheiro, falar errado, não estudar. Essas eram e são as "coisas de preto". Lídia percebia que no mesmo tempo que apreendia a não querer ter má educação, a não querer ter mau cheiro, a não querer falar errado, apreendia também a não querer ser negra.

Nem Luiz se considera racista. Sempre fez questão de dizer que aqui no Brasil não faz sentido alguém ser racista porque "é tudo misturado". Entre seus amigos de copo e de bar, vários são negros. No futebol de fim de semana, ele joga com negros; toca, abraça. Quando conversamos sobre o assunto, ele faz questão de lembrar que tem "nariz de preto", que sua bisavó "era preta". Na verdade, a vida de Luiz sempre foi muito dura. Trabalhando como pintor, sempre ganhou o bastante para o próprio sustento, mas não muito mais do que isso. Conheceu Lúcia no bairro. Ela era sua vizinha e, como diz, "não parava de olhar" para ele. Luiz a namorou, embora sentisse certa frustração por não ter conseguido conquistar Cláudia, uma "loira espetacular" que "se casou com um homem rico".

Diferentemente de Cláudia, que o tratava com desdém, Lúcia sempre o tratou "a pão de ló". Emprestava-lhe dinheiro e, embora fosse professora do que hoje é o ensino médio, ria-se com carinho da sua rusticidade; nunca o tomou por menos pelo fato de ter apenas até a oitava série do atual ensino fundamental. A própria Lúcia disse-me que "fez tudo" para ficar com o Luiz. Queria porque queria aquele homem. Travava batalhas com os próprios cabelos e chegou a evitar ao máximo andar sob o sol para ficar mais clara (ou o "menos preta") quanto pudesse. Conta que seus esforços para conquistar Luiz foram surtindo efeitos aos poucos. Demorou uns dois anos de amassos sem nenhuma espécie de compromisso ("nem namoro", diz ela) para conseguir "prendê-lo".

Luiz se apegou muito a Lúcia. Convenceu-se de que ela era a mulher ideal para casar e ter filhos, exceto pelo risco de virem ao mundo crianças "crioulinhas". Esse medo mais ou menos velado, tão grave que somente era expresso em brincadeiras, perseguiu o casal a cada gestação. Não apenas o casal, mas todos ao redor: "Será que ela vai herdar os olhos do pai ou os da mãe? E o cabelo?" No dia do parto, a expectativa que parecia ruir as pessoas por dentro de tanta ansiedade não era a respeito da saúde, mas da cor e dos traços da criança. "Será que vai puxar mais o pai ou a mãe?" Como se quisesse negar um sentimento de frustração, Lúcia afirma veementemente o quanto se sentiu "feliz e contentada" quando viu a filha Lídia recém-nascida, mesmo ela tendo vindo ao mundo bem escura. Como a mãe me conta, Lídia era "bem escurinha" quando nasceu, parecia que ia ficar ainda "mais morena" do que realmente veio a ficar.

Luiz está convicto de que esse embranquecimento de Lídia foi devido ao fato de sua mãe nunca tê-la deixado andar muito sob o sol. Ele comenta essa proibição que Lúcia impunha à filha como algo inapropriado, já que as crianças precisam estar à vontade para brincar e se divertir. Por ele, as meninas deveriam poder brincar em paz onde tivessem vontade, muito embora, sempre que Lídia chegava suada da rua ou do quintal, ele a olhasse de cima a baixo com um olhar de descontentamento semidissimulado e perguntasse se ela havia "pegado muito sol".

QUADRO 2

A fé no "rigor" estatístico dos "dados" muitas vezes nos faz esquecer que a pesquisa é insensível a tudo aquilo a que o pesquisador, no qual todos os conhecimentos e teorias efetivamente vivem e atuam no mundo, é insensível. Como pesquisas quantitativas não vêm verificando a frequência com a qual esse tipo de racismo doméstico ocorre entre nós, deve haver resistência para se considerarem cientificamente significativos muitos dos fatos que narramos aqui. Mas pode ser que o racismo doméstico seja, na verdade, uma dessas formas de sofrimento muito difundidas e comuns na nossa realidade, às quais, simplesmente, todas as instituições que produzem o saber oficial sobre a "sociedade" (os órgãos que encomendam a pesquisa e a sociologia que a produz) são insensíveis.

Conhecemos Márcia, que, mestiça escura, aos 28 anos, sofre da "mania" de parar diante do espelho e arrancar da cabeça aqueles fios de cabelo que ela julga parecidos com "pentelhos" (termo vulgar para os pelos das partes íntimas). "Mania" que só cessa sob a influência de remédios psiquiátricos. Embora para ela própria seja uma verdade intragável, sabemos que esse comportamento tem raízes profundas na depreciação que sofria do pai branco casado com uma mestiça escura. Talvez um minuto de reflexão, mesmo no nível de um senso já impregnado de certas categorias e percepções psicanalíticas, baste para imaginarmos o quanto "piadinhas de mau gosto" do pai sobre a cor e o corpo, em geral, da filha pequena podem afetar a autoconfiança da futura mulher, surtindo efeitos de nível até patológico.

Embora a estatística – principalmente pelo caráter superficial dos questionários que se vê obrigada a aplicar tanto por questões logísticas quanto pelo desconhecimento teórico que marca a maioria de seus aplicadores – não alcance esse tipo de fenômeno de maneira direta, encontra-se disponível pelo menos uma pista para imaginarmos o quanto esse tipo de maus-tratos pode ser corriqueiro: sabe-se que a tendência é que as mulheres negras só consigam

> companheiros de classe inferior à sua. Nessa situação, o ressentimento, ao mesmo tempo de gênero e de classe, por parte do esposo, engendrado pelo fato de estar com uma mulher superior a ele, pode levá-lo, quando mais branco ou mais mulato, a recorrentemente ferir a esposa e os filhos com a arma simbólica (de efeitos muito materiais) de que dispõe: o racismo.
>
> Ele usará o critério pelo qual é "melhor", como uma espécie de contra-ataque diante da sua inferioridade de classe. Precisa negar essa inferioridade que ele mesmo reconhece, por compartilhar da crença no mérito e na distinção individuais, mas não pode nunca admitir, ainda mais por ser "homem". Fazer piadas de mau gosto com a intenção de diminuir moralmente as mulheres da casa, as quais jamais pode admitir ser melhores que ele, certamente é um recurso para alguém desesperado em defender, diante dos outros e para si mesmo, a própria honra de "macho".

A disputa entre as irmãs pela atenção do pai muitas vezes assumiu a forma da competição entre qual era a mais branca. Lidiane, por exemplo, a irmã mais velha e mais negra, demorava muito no banho porque se esfregava compulsivamente com a esponja no intuito de clarear um pouco a própria derme. As irmãs riram dela no dia em que descobriram que, certa vez, ela usou água sanitária no banho. Não é preciso dizer por quê.

Lídia faz questão de não negar o quanto seu pai foi carinhoso com todas as filhas, um "poço de carinho". Abraçava, brincava. Isso tornava ainda maior a relevância da opinião do pai sobre elas. Elas faziam tudo por aquele olhar de encanto que ele lhes lançava quando estavam "bonitinhas". E faziam de tudo para não ver aquela decepção mal dissimulada. Principalmente, não apareciam diante dele despenteadas ou mal-arrumadas. Uma batalha constante com o próprio corpo. Elas tomavam certa consciência da dramaticidade da sua condição por conta de uma consciência dramática de seu próprio corpo.

Lídia não sabe por que sua mãe escolhera aquele homem, aquela situação. Por que escolher essa tensão constante diante do homem com o qual viveria o resto da vida? Por que se casar para temer por nove meses que a filha se parecesse mais com ela mesma do que com o pai? Por que tudo isso? Talvez porque a própria Lídia, agora, não esteja nada disposta a se casar com um negro. Talvez a razão seja a mesma que faz ser desagradável para ela imaginar um filho seu recém-nascido com a pele negra e não alva como a de todos os bebês que aprendemos a perceber como belos.

A COMPARAÇÃO COM OS ESTADOS UNIDOS E A DIFICULDADE PARA DESIGNAR O RACISMO BRASILEIRO

O debate sobre questões de difícil compreensão, quando levado a cabo de maneira correta, se norteia pelo esforço para definir de forma cada vez mais precisa aquilo que está sendo debatido. E embora hoje abundem as produções sobre a questão racial em nosso país, resta uma enorme ambiguidade quanto ao que é afinal o racismo brasileiro. A história de vida que o leitor acompanhou até aqui foi construída pelo presente autor com base numa série de entrevistas com duração de duas a três horas e numa observação, que durou dois meses, do comportamento de crianças de 7 a 11 anos numa escola de periferia da cidade de Juiz de Fora, em Minas Gerais. A composição se deu basicamente por uma série de "enxertos" numa história de vida real que me pareceu a mais apropriada para servir de base à construção da narrativa. O leitor deve estar, com toda razão, se indagando a respeito da validade científica de uma construção como essa.

Certamente não se trata aqui de depositar fé na crença de que inúmeros casos exatamente iguais ao de Lídia se reproduzem na vida da maior parte da população negra feminina do Brasil. Em outras palavras, não se trata de querer sustentar que essa história possua, em cada detalhe, uma representatividade estatística que pode não possuir; ou talvez possua, não importa. O objetivo aqui foi reunir de modo coeso uma série de fatos característicos do racismo brasileiro. Pensamos que, em vez de apresentar de pronto ao leitor a nossa análise teórica e fazer com que derivasse daí, juntamente conosco, o entendimento de um grande número de sutilezas sobre a questão racial, seria interessante convidá-lo a ter uma impressão viva dos tipos de dramas que tentaremos, com a ajuda de teorias e conceitos, tornar compreensíveis. A questão com a qual nos debatemos o tempo todo enquanto concebíamos essa forma de apresentar o argumento se referia a como transmitir ao leitor o aprendizado que obtivemos não apenas com os livros, mas com o contato refletido com o "objeto de pesquisa". Tentamos encontrar um meio para transmitir, com alguma justiça, a dramaticidade das condições de existência que só pudemos compreender graças a teorias.

Recorremos, no limite de nossa competência, a um estilo literário, já que a teoria, apenas por si mesma, não consegue expressar, ao leitor não familiarizado com o significado dos conceitos, essa dramaticidade. O nosso sucesso neste livro se medirá pelo quanto conseguirmos fazer com que o leitor perceba nas nossas análises não um discurso escolástico empolgado antes de tudo com o seu próprio brilho, mas uma linguagem especializada em tornar a condição humana inteligível.

A história de Lídia foi montada no sentido de induzir o leitor a certa sensibilidade diante da dramaticidade da experiência viva do racismo, a qual o cotidiano tende a fazer passar despercebida, e o silêncio envergonhado trata muitas vezes de esconder. O objetivo foi também o de manter intacta a ambiguidade da vida como ela é. Se a impressão da existência efetiva de racismo torna-se, ao longo da história, insofismável, a ambivalência de quem sofre e faz sofrer não encontra nenhuma solução forçada. Criar personagens simploriamente coerentes ("bons" ou "maus") para falar de experiências e visões que são incoerentes em si e entre si não é nada mais do que amesquinhar a vida, exercício que se vê, para ficar com um único e relevante exemplo, no maniqueísmo pouco refletido das novelas e da cultura de massas em geral. O esforço para retificar as ambiguidades anteriormente retratadas começa somente a partir de agora, com considerações de caráter mais abstrato. Tentaremos perceber a coerência das condições objetivas de existência social que condicionam todas essas incoerências pessoais. Isso significa compreender o que é o racismo, o que é gênero e o que é situação de classe, já que boa parte do que somos e acreditamos ser tem a ver com esses fatores. Mas antes de chegarmos a isso, proponho uma questão: por que em meio a tantas produções acadêmicas sobre racismo nunca chegamos a uma definição precisa acerca do que é o racismo "brasileiro"? Tentarei, então, apresentar brevemente de onde surgiu essa ideia de que há um racismo próprio do Brasil, único, singular, como tudo seria aqui nessa porção dos trópicos.

A noção de "preconceito de marca" proposta já há algum tempo por Oracy Nogueira é um bom ponto de partida para essa discussão. Esse conceito foi cunhado em oposição ao de "preconceito de origem", que seria próprio dos Estados Unidos. Enquanto lá o preconceito racial diria respeito estritamente a uma norma abstrata referente à origem étnica (um filho de negro é negro, mesmo que venha ao mundo com a cor da pele branca e olhos claros), aqui no Brasil já não seria uma norma abstrata e permitiria ao mulato claro e ao negro que enriquece "se passar" por brancos. Implicitamente, Oracy Nogueira tomou o sistema de castas racial instituído nos Estados Unidos como a definição do que é racismo e analisou o caso brasileiro em oposição àquele. Com isso, a análise do autor torna-se insensível à dramaticidade própria do tipo de discriminação racial visto como próprio do contexto brasileiro. O autor oscila entre a descrição dos insultos que apontam para a existência efetiva de racismo entre os brasileiros e a incapacidade para definir o "nosso" racismo como racismo propriamente dito, já que não se trata de um sistema de castas.

Convido o leitor a uma breve incursão pela gênese histórica desse tipo de comparação com os norte-americanos. Se hoje esse procedimento é, antes de tudo, um empecilho à compreensão do racismo entre nós, é preciso verificar o que o tornou tão importante. Qual é o sentido dessa comparação tão ávida pelo contraste? Por que ela não tem nada a ver com a ciência e com a compreensão da realidade e se tornou tão importante exatamente para a ciência entre nós?

Comparar o Brasil com os Estados Unidos sempre enervou as mentes preocupadas com o desenvolvimento histórico do nosso país. Isso porque aquela nação do "novo mundo" se tornou uma potência global, enquanto nós, um país comparável quanto à extensão e aos recursos produtivos, seguimos a marcha do subdesenvolvimento. Esse tipo de reflexão comparativa se aplicou à questão racial durante a primeira metade do século XX, quando o higienismo – movimento científico e político preocupado com as condições favoráveis ao desenvolvimento humano e para o qual a ideia de "raça" era o mais importante conceito – se apresentou como um dos encarregados de dar uma resposta para a questão da nossa singularidade, do nosso fracasso histórico. A noção de "raça", dotada então de alto prestígio acadêmico internacional, foi tomada como uma chave para a compreensão da singularidade histórica do Brasil e, logo, como questão-chave no que se referia ao "projeto civilizador" deste país.

Todas as questões concernentes à constituição de um modo de vida avançado passaram pelo crivo da raça: a disciplina, a religiosidade, a potência intelectual, a sexualidade – tudo isso foi interpretado como característica racial entre nós durante algum tempo. Com grande destaque, o tema do sexo assume uma grande relevância política com a entrada do Brasil num acelerado processo de urbanização em massa a partir da Revolução de 1930. Na medida em que um país se torna mais moderno e urbano, sua população passa a ser encarada como uma espécie de "raça" pelas instituições responsáveis por promover e regulamentar a vida coletiva. Todas as estatísticas, políticas de controle e de promoção da saúde procuram tanto identificar como causar "efeitos de conjunto" na população, como diz o filósofo social Michel Foucault, tratando-a, implicitamente, como se fossem verdadeiras "raças" que adoecem ou reverberam, que aperfeiçoam as suas forças vitais ou definham. A codificação racial desse tipo de regulamentação da vida urbana e moderna entre nós transformou o intercurso entre as "raças negra, branca e índia" um fator de *endemia*, de um mal que minaria por dentro a saúde da população. A ideia de degenerescência afirmava que a "raça negra" representava um risco à saúde física e moral da "raça" da população.

Com isso, no âmbito do debate acadêmico e político, nosso contraste com os Estados Unidos parece ter sido levado ao paroxismo quanto ao tema do intercurso sexual entre as "raças": embora a miscigenação fosse de fato muito menos difundida entre eles, o fervor de encontrar na miscigenação a razão para o nosso fracasso histórico em oposição ao sucesso norte-americano parece nos ter feito minimizar, pelo menos para efeito de análise, o fato de que lá também houve miscigenação. Os Estados Unidos preencheram a função de expressar uma espécie de caso ideal concreto de higiene racial em oposição ao caso brasileiro. Compreender o racismo deles era, na verdade, o de menos; a questão era construir um referencial para a ideologia higienista que via no intercurso entre as "raças" a chave para a interpretação do nosso fracasso histórico. Era ali que já se montava a ideia arraigada de que uma separação hermética entre duas castas atende, embora com a ocorrência de exceções, a uma definição cabal do racismo norte-americano e, posteriormente, que essa separação hermética de castas é o que define o racismo propriamente dito: uma higiene racial absoluta levada a cabo por cada membro da sociedade.[1]

Isso quer dizer que a nossa comparação com os Estados Unidos quanto à questão racial nasceu como método para a nossa comparação com eles enquanto "processos civilizadores" distintos. Uma definição específica de racismo foi erigida com base no caso norte-americano, mas muito mais orientada pela nossa necessidade ideológica de um referencial que contrastasse com a nossa realidade do que pelo interesse de compreender o racismo norte-americano em sua singularidade histórica. A comparação entre duas histórias assume a forma da comparação entre dois modos de lidar com "as raças". Quando o racismo perde espaço para o culturalismo, e a medicina, para a sociologia, no centro do debate sobre a questão social (inclusive a "racial") brasileira, algumas coisas mudam e outras continuam. A sociologia tomará a raça como fator biológico pouco relevante diante da "cultura"[2] e posteriormente como totalmente irrelevante enquanto

---

[1] Há análises bastante variadas que mantêm como aspecto comum a comparação entre Brasil e Estados Unidos com foco na irregularidade da higiene nacional entre nós em contra face ao sistema de castas norte-americano. Há análises que afirmam a virulência do racismo entre nós, como a de Carl Degler, que localiza a singularidade do racismo brasileiro como sendo a existência do mulato enquanto "válvula de escape". Há análises, como a de Oracy Nogueira, que percebem como nossa singularidade a redefinição do *status* "racial" pelo *status* de classe, mas que acabam por não distinguir analiticamente a "lógica da prática" — para utilizar a noção de Bourdieu — do que é propriamente racismo, restando de suas análises a afirmação tendencial implícita de que o racismo brasileiro é completamente subsumido no de classe. Há a análise de DaMatta, que em última instância dissolve o racismo brasileiro como sendo apenas uma semântica para a nossa suposta hierarquia personalista. O que todas endossam é a comparação nos termos da oposição *castas/continuum*, cujas limitações pretendo desnudar; limitações as quais não implicam, contudo, que tal oposição não corresponda a uma série de fatos e possua assim uma validade analítica que, no entanto, é menor do que a que se tem considerado.

[2] Em Freyre, assim como em Boas, a "raça" não perde todo o conteúdo objetivamente biológico. Na verdade ela subsiste, embora no quadro de uma análise que lhe retira todo o privilégio enquanto fator explicativo diante de fatores ambientais, entre os quais a cultura. Quanto a Boas, *ver* Vernon Williams Junior, *Rethinking Race*, Lexington, The University Press of Kentucky, 1996.

fator biológico. A sociologia culturalista de Gilberto Freyre também será a maior responsável pela inversão do valor da miscigenação: em vez de ser a causa do nosso malogro histórico e da nossa patologia social, será um sinal da nossa singularidade toda especial e positiva, da nossa afetuosidade, da nossa proximidade, da nossa "plasticidade".

Continuou, contudo, a função da comparação com os Estados Unidos. A miscigenação e a mistura ainda são a nossa especificidade, e aquele país, a nossa referência comparativa. A função que o caso norte-americano assume nas nossas análises é a de oferecer um tipo mais puro do que seria racismo. Eles nos dão a fórmula do que é um racismo logicamente coerente, e a questão para nós se torna compreender o desvio do caso brasileiro, o que faz do "nosso" racismo algo mais "plástico"; nossa higiene racial, menos rigorosa. É essa comparação com os Estados Unidos, cujo pendor para o contraste deriva historicamente da necessidade ideológica, que tornou o tema tão importante para a ciência entre nós, que me parece ser responsável pela nossa dificuldade para designar o racismo brasileiro.

DEFININDO O RACISMO BRASILEIRO

Uma comparação entre os resultados de pesquisas sobre a questão racial no Brasil e nos Estados Unidos revela que, neste último, a renda varia mais de acordo com gradações fenotípicas entre negroide e caucasoide do que se verifica no Brasil.[3] Esse dado é o bastante para borrar irremediavelmente a imagem fácil do racismo norte-americano, pois, se existe lá uma estrutura de castas, pelo menos não se pode tomá-la como explicação para esse tipo de discriminação. Como explicar com base no conceito de "preconceito de origem" – que define o racismo norte-americano como aquela higiene

---

3 Edward Telles, *Racismo à brasileira*, Rio de Janeiro, Relume-Dumará/Fundação Ford, 2003.

racial absoluta baseada na consanguinidade – um racismo que premia e pune variavelmente as pessoas de acordo com gradações entre o negroide e o caucasoide? Embora os Estados Unidos tenham construído um sistema de segregação racial que nunca existiu no Brasil, existe lá outro tipo de discriminação racial que se revela semelhante ao tipo de discriminação racial brasileira: um racismo que só pode ser compreendido em termos de um "*continuum* racial", característica que sempre se tentou ver como exclusivamente brasileira.

O fato de tomarmos como algo natural a ideia de que o Brasil é um país absolutamente singular e oposto aos Estados Unidos nos impede de seguir adiante exatamente aqui: o que fazemos geralmente é afirmar o quanto o nosso racismo é "distorcido", "camuflado" e "hipócrita" e não, como deveria ser, observar com calma o fenômeno e encontrar um modo de compreendê-lo. Como compreender o racismo que vimos gerar tantos sofrimentos na história de Lídia? Trata-se apenas de um ideal de beleza? Gostaria de colocar a questão de outro modo: um "ideal de beleza" é algo que deveríamos qualificar com um "apenas"? O caso é que tendemos espontaneamente a considerar tais questões algo de menor importância ao debater "questões sociais". Isso porque construímos uma ideia de "social" justamente em oposição a tudo o que é privado e íntimo. Então, como algo que diria respeito à vida "íntima", "particular", "privada" poderia ser levado a sério pela sociologia? Os sociólogos geralmente jogam para segundo ou terceiro plano a questão dos efeitos do padrão de beleza sobre a autoestima das pessoas; eles muito facilmente relegam o tema ao campo da psicologia que, para o senso comum (inclusive o senso comum acadêmico), seria o ramo do saber responsável por tratar desse tipo de questão.

Disso deriva a fragmentariedade da nossa compreensão acerca do racismo. Sempre se aborda o tema pela metade: a sociologia voltada para pesquisas quantitativas mede os efeitos do racismo sobre a renda das pessoas, mas não oferece uma interpretação para o fenômeno. Geralmente, nesses trabalhos, as interpretações são breves e fragmentárias; elas vêm como comentários sobre os números e escondem, sob o brilho desses números, a sua própria fragilidade. No entanto, a sociologia interpretativa é sempre limitada, como já foi visto, pela tomada implícita ou explícita do sistema de castas norte-americano como a definição do que é de fato racismo. Isso tudo enquanto a avaliação dos efeitos da preterição estética sobre a autoestima permanece um privilégio de pequenos estudos dirigidos feitos no âmbito da psicologia.

Assim se forma uma situação absolutamente contrária ao que é necessário para a compreensão do mundo: unidade do pensamento. O tema do racismo fica cindido em pedaços; cada "especialista sem coração", para usar a expressão de Weber, formula para si uma série de questões a partir de um fragmento da questão. Obviamente, todo o conhecimento é analítico: ele separa as questões e as hierarquiza; procura compreender as mais importantes e nunca é capaz de compreender tudo. Mas essa divisão e essa hierarquia nunca podem ser aquelas que o senso comum faz e que estão já arraigadas em nós graças a uma vida inteira de reflexão sem rigor. As divisões que a ciência faz devem ser fruto de uma reflexão rigorosa; elas devem ser analíticas, não fragmentárias. O tema da preterição estética, que é a chave para a compreensão do "*continuum* racial", permanece secundarizado nos trabalhos sociológicos apenas porque os sociólogos não se dignam a avaliar o mundo que envolve essa questão específica. Eles se conformam com a percepção do senso comum que divide o "público" do "privado", o "social" do "íntimo", a "renda" da "estética".

Porém, a despeito do conhecimento fragmentário, a estética é uma dimensão muito importante na ação humana e na dinâmica das instituições, que são sempre fruto da ação humana e que ganharam certa vida própria. O quanto o mundo de hoje não movimenta forças produtivas tão somente para criar os recursos necessários para que a aleatoriedade da sorte ou do azar de se nascer belo seja vencida pela modelagem dos corpos? Não falo só de cirurgias plásticas, que são um caso extremo, mas de toda a indústria dos cosméticos, das dietas, das mais diferentes técnicas, que formam os hábitos mais rotineiros e que permitem que toda uma classe de pessoas extremamente diversificadas geneticamente transforme também em condição "biológica" aquilo que é a sua condição social. Toda uma maquinaria é movida apenas para reunir nas mesmas pessoas aquilo que nós achamos *bom* (o conhecimento e o cultivo pessoal, por exemplo) e aquilo que nós achamos *belo*. O que dizer do pai de Lídia, que chama de "coisas de preto" a má educação e a falta de higiene? Essa é apenas uma forma específica de atualizar uma equação entre o ideal do que é *bom* e o ideal do que é *belo*; uma equação produzida graças à movimentação de um grande esforço humano, mas que aparece para nós como um dado da natureza. O *belo* é *bom*, e o *bom* é *belo*: a fé irrefletida e *habitual* (habitual no sentido forte, de algo incutido em nós pela experiência concreta no mundo), nessa equação, perpassa todas as nossas vidas.

É a partir desse fio condutor que o racismo que marca a nossa sociedade torna-se compreensível sem nenhuma ambiguidade. Todos ou pelo menos quase todos nós conhecemos o frio no coração que dá quando vemos uma pessoa loira de olhos azuis catando lixo na rua. Tomamos um choque ético-estético. A equação entre o *bom* e o *belo* mostra-se desafiada enquanto dado natural. Temos aqui a chave de todas essas experiências desconcertantes com o branco pobre e com o preto rico, com o *belo* que não é *bom* e com o *bom* que não é *belo*. A equação entre o *bom* e o *belo* conforma, no caso de todas essas experiências, o que Simmel chamou de "critério inconsciente do impacto estético". Os negros que ascendem de posição de classe, quanto menos mulatos e mais negroides, mais vivem "o corpo em desgraça", o drama existencial de ser em si um paradoxo, uma disfunção naquilo que nos parece a ordem natural das coisas. Esse é o drama que a noção de "embranquecimento" nos faz esquecer. O negro que enriquece não se torna um branco, mas rico *como* um branco. Seu corpo o deixa sob tensão; sua alma é branca, como diz o ditado popular, mas o corpo não. No paraíso (lugar de todas essas fantasmagorias que negam a carne, mas expressam sempre, de modo sublimado, indireto ou sub-reptício, anseios da carne) só haveria lugar para a alma desse negro.[4] Ele está na posição de quem luta contra forças que querem cindi-lo; como o pai e a mãe de Lídia quiseram cindi-la; como ela cindiria a si mesma; como sua irmã ainda criança tentou cindir-se à força de um banho com água sanitária; e a menina Júlia, pela força de um pente que lhe feriu a cabeça.

A *beleza* é produzida pela nossa experiência de vida situada no "espaço social" – no espaço que não é só físico, mas moldado historicamente por hierarquias e distinções sociais que se sedimentam geograficamente – e é também algo que constitui esse espaço. A *beleza* é preterida ao negroide em função da posição que os negros ocupam no espaço social, mas, a partir do momento em que é socialmente construída, torna-se um critério autônomo de julgamento. Nesse sentido, o racismo enquanto preterição estética deve ser compreendido não só como efeito estrito da posição ocupada pelo negro no espaço social (da sua classe), mas também como fator influente sobre a sua movimentação nesse espaço. Um sistema de castas como o norte-americano significa um esforço coletivo e sistemático para manter os negros numa posição determinada. O racismo menos politicamente elaborado, presente no Brasil e também lá nos Estados Unidos (uma das capitais de "mestiças oxigenadas", como se vê em qualquer videoclipe de hip-hop na MTV), não é, por sua via, caracterizado por impedir o movimento no espaço social por parte do negro através de um esforço político conscientemente coordenado. Ele se caracteriza,

---

[4] A antropomorfia física dos deuses é só a manifestação mais imediatamente tangível de sua antropomorfia moral. A brancura dos deuses e dos anjos expressa um ideal de ser humano que funde o bom e o belo de maneira insofismável.

antes, por reagir a esse movimento, gerando sofrimentos subjetivos toda vez que esse movimento contradiz a equação entre o bom e o belo que constitui uma verdadeira *doxa*, uma imaginação irrefletida do mundo que nos parece natural e autoevidente pelo fato de ter sido incutida em nós por processos de socialização.

Essa retratação autoevidente do mundo define e redefine coisas belas segundo princípios (*sublime, fino, delicado, puro, elevado, alvo*) que orientam a nossa reflexão sem eles mesmos nunca serem refletidos.[5] Nosso racismo impede o movimento do negro no espaço social na mesma medida em que a reação coletiva a esse movimento (a princípio permitido) provoca constrangimentos mais ou menos insuportáveis. O que se nomeia corriqueiramente como a hipocrisia do racismo brasileiro é fruto do fato de que, nesse tipo de discriminação, o racismo age menos antecipando o movimento do que reagindo a ele; ou seja, efetivamente ninguém costuma ser (no sentido de agir como) racista *até que* o negro se mova contra a *doxa* estética.

No entanto, para compreender satisfatoriamente o racismo, não basta analisar essa construção social de esquemas de percepção e apreciação que operam em prejuízo dos negroides. É preciso analisar o modo como esses esquemas são vividos pelas pessoas; a que necessidades eles atendem para quem ofende e o que eles provocam em quem é ofendido. É preciso compreender qual a diferença entre quem sofre racismo a partir de uma condição de classe de baixo *status* e quem o sofre estando em uma situação

---

5 Há também o que chamamos aqui, com base na teoria de Bourdieu, de *campos* estruturados pelo *capital estético* – o *campo* da moda, por exemplo —, que são os responsáveis pela produção especializada da *filodoxia* estética, da profissão de amor a essa *doxa*. A existência de uma dinâmica internacional nesse *campo* é evidência da dificuldade de uma solução estritamente "nacional" para a questão racial. Cada vez mais os problemas nacionalmente vividos são estruturados por uma dinâmica que ultrapassa as fronteiras nacionais, e exigem medidas que ultrapassam a alçada dos Estados.

de classe mais favorável, também o que difere da mulher para o homem. Comecemos por esta última diferenciação.

QUADRO 3 – A BELEZA NEGRA

Há aqueles negros que efetivamente inspiram um contato especial com o *belo*. Não se tratando dos casos em que se "belifica" pela aproximação com estereótipos positivos que vêm se construindo, por exemplo, a partir de determinados ramos de campos específicos como o reggae no campo da música, tende-se para casos difusos de uma beleza especial, incorporada pelos ramos mais especializados na filodoxia da estética hegemônica, como o é a moda, como um gênero de exotismo. A chave do caráter especial dessa beleza me parece estar no mesmo critério que Simmel identificou para o impacto estético das ruínas: a união harmônica de tendências contraditórias. Para Simmel, as ruínas mantêm seu caráter impactante enquanto retratam num único golpe de vista a presença, de um lado, da força humana que ergue prédios contra ou manipulando as forças da natureza; de outro, da própria força da natureza que, seguindo sua própria direção, desfaz aquilo que o homem fez contra ela numa espécie de revanche secular. Tão logo a ruína desmorone a ponto de não mais deixar marcas imediatamente discerníveis da ação humana construtora, ela perde o jogo harmônico de forças contraditórias que lhe faz impactante. O negro belo talvez retire sua especificidade especialmente impactante do fato de reunir harmonicamente, ou seja, num conjunto que dá a impressão de um todo e não de partes fora do lugar, traços marcantes da beleza caucasoide (expressos na contiguidade adjetiva do fino, suave, delicado) com a cor negra que invoca aquilo que não é sublime (o quente, o corporal, o rústico). O negro belo reúne, num todo harmônico, tendências que percebemos como forças opostas. Daí seu impacto especial, ao qual a moda procura menos ceder que neutralizar pela chave do "exótico".

É muito comum se ouvir dizer que, para a mulher negra, o sofrimento é "duplo"; "soma-se" ao racismo de gênero o racismo propriamente de "raça". O curioso a ser percebido é que a ideia rasteira de que os dois preconceitos "se somam" não explica nada sobre como uma coisa influi na outra, mas, pelo simples fato de se falar na soma entre dois termos, tomamos a assertiva como algo de muito próprio. O fetiche do número, da impressão de precisão oferecida de modo fácil por operações lógicas simples como a adição, nos seduz tanto que nos contentamos com frases que não encerram significado algum desde que invoquem a autoridade da matemática. Mas o que propomos aqui como uma hipótese mais compreensiva da relação entre racismo e gênero é que a maior redução da mulher ao dado estético em comparação ao homem torna-a uma vítima mais fatal da preterição estética. E não se trata aqui apenas de uma opressão exterior às mulheres, mas a algo que toca profundamente a construção da sua própria "identidade".

A estética é mais relevante na própria constituição, para usar o conceito do pensador alemão Axel Honneth, da *autorrelação prática* (o modo de conceber o próprio lugar no mundo: o quanto se é amável e por quem, o quanto se é apto e para o quê) feminina. A maior redução da mulher ao dado estético não é algo que permanece fora dela. Desde muito cedo na vida, a beleza é muito decisiva quanto ao afeto que pode ou não receber das pessoas importantes para ela: o pai, a mãe, os irmãos, os amigos, os professores. Isso faz com que elas deem grande importância a esse critério em sua relação consigo. Nós somos sempre para nós e diante dos outros, mesmo que as relações mais constitutivas que tivemos com os outros já tenham sido esquecidas no passado e que a carreguemos apenas, como disse Lídia, "dentro do coração". Trata-se aqui dos padrões de comportamento mais diretamente observáveis, como a postura do corpo, até padrões mais sofisticados, como os esquemas de percepção e apreciação do mundo (princípios do sentir e do pensar); esquemas que experienciamos como critérios que definem, por exemplo, o belo, o exótico, o feio, o ridículo. O racismo abate a mulher de modo mais radical se comparada ao homem porque o critério estético de avaliação social pesa de modo mais significativo sobre ela.

Quanto à relação entre racismo e situação de classe, podemos verificá-la de maneira insofismável na maneira como o modo de vida que define a classe social de uma pessoa é determinante na aquisição da autoconfiança, do autorrespeito e da autoestima (características pessoais inculcadas por um modo de vida favorável). Vimos há pouco que o fato de a *beleza* estética ser um critério relativamente mais relevante na constituição da autorrelação prática feminina faz com que o racismo seja mais virulento para as mulheres. O condicionamento de classe (compreendida não como a renda, mas como o *habitus*, o modo de vida) sobre a constituição da autorrelação prática também influi de modo decisivo sobre o sofrimento de maus-tratos racistas. O racismo sofrido no contexto da classe que estamos chamando provocativamente de "ralé estrutural", a qual não conta com os modos de sentir, pensar e agir próprios e necessários ao sucesso no ambiente competitivo moderno, implica sofrimentos subjetivos mais radicais se comparados ao sofrimento dos negros de classe média. Não se trata aqui de medir a dor moral das pessoas. Não se conhece uma escala que possa reduzir a uma mesma unidade de medida, de um lado, o sofrimento de um negro universitário que se sente vexado ao ser ostensivamente "encarado" por policiais quando simplesmente caminha com uma amiga ou possível namorada branca pela noite e, de outro, o sofrimento de um negro pobre que é efetivamente xingado de "macaco". Contudo, é possível perceber sociologicamente o quão determinante os efeitos do racismo são, de acordo com a posição de classe, no que se refere à constituição da autorrelação prática.

Assim, no que tange aos membros da ralé estrutural, que não possuem as fontes de prestígio e de dignificação humana próprias ao produtor útil e que, via de regra, tiveram uma vida familiar *perturbada* de modo a não ter adquirido *autoconfiança* (a certeza de si adquirida pelo simples fato de se ter sido tratada como um ser que possui valor em si mesmo), a depreciação estética tende a surtir efeitos mais radicais e decisivos sobre a autorrelação prática. Em outras palavras, se a pessoa não tem outras bases sólidas sobre as quais sustentar autoconfiança, autoestima e autorrespeito, a depreciação estética surte efeitos mais radicais sobre a sua autorrelação prática tomada como um todo. Não é possível saber se a dor moral dessas pessoas é "maior". A questão acerca do "tamanho" dessa dor nem sequer faz sentido. O que é plenamente passível de compreensão é que essas pessoas da ralé estrutural têm menores chances de superar o racismo, de sustentar uma autorrelação prática positiva a despeito da preterição estética – que nunca é só estética, mas existencial – na proporção em que nos veta, em alguma medida, acesso ao reconhecimento de outras pessoas pelas quais gostaríamos de ser reconhecidos. Tal é a distância entre Lídia e Alessandra que narrei já há algumas páginas: Lídia ainda recebeu afeto dos pais, ia bem na escola, e por isso é confiante o bastante para impor seu próprio senso de autorrespeito e autoestima contra os maus-tratos racistas que sofre dos outros e de si mesma. Ela pôde rivalizar com o racismo. Já Alessandra viveu sob condições familiares bastante precárias do ponto de vista do equilíbrio emocional e não tem a menor chance de sucesso na escola. Ela não tem muito de onde retirar vigor moral para rivalizar com o racismo (ver quadro 4).

QUADRO 4

Muitas jovens negroides da ralé estrutural se veem sem outra saída a não ser uma forma de autodepreciação muito aguda. Mesmo o funk atualiza um ideal estético com base no negro esteticamente viável (o mulato), uma vez que as pessoas que o produzem não escapam ao império da *doxa* estética.

Essa *doxa* se faz presente em toda a extensão do "espaço social", ou seja, impera sobre todas as pessoas, muito embora seja atualizada apenas de modo reativo por aqueles que se encontram em posição de desvantagem na hierarquia. Essa reatividade é muito bem ilustrada por todas essas reações que invertem, mas não subvertem, a ordem hegemônica como a afirmação de uma beleza "alternativa", que não esconde nem aos olhos mais rotos uma poderosa influência do ideal hegemônico, influência que nem ao menos foi percebida de modo refletido pelos atores da suposta contra-hegemonia.

Assim, é entre as negroides que se tende a encontrar, no âmbito do funk, alguns extremos de apelo sexual referentes à afirmação heteronômica de um intercurso mais ostensivamente sadomasoquista. Não se trata aqui de atualizar qualquer moralismo que condene as "taras" sexuais; nada contra as "taras". A questão é perceber, livrando-nos do etnocentrismo que marca toda forma de glorificação do oprimido, que não se trata ali de uma busca por maiores autonomia e liberalidade sexuais. Isso seria verdade no caso dos cientistas sociais de classe média que tendem a transpor para o "nativo" aquilo que o nativo lhes inspira por uma espécie de identificação pouco refletida.

Ali, entre aquelas jovens, encontra-se na verdade o esforço para descobrir qualquer critério de reconhecimento social que estejam em condições de preencher. Elas procuram, na afirmação de que estão muito dispostas a dar um "chá de cu" (e não só "de xereca") uma fonte para o reconhecimento social que lhes é negado, e não a realização de "taras" pessoais idiossincráticas. É isso que define a heteronomia da sua condição. Não apenas a sua condição de classe, mas a sua "feiura", que lhes tira qualquer chance de ser "princesinhas" e, ao fim e ao cabo, relega à condição de carne de terceira ou quarta categoria – deixa como único recurso para obter alguma forma de reconhecimento, para simplesmente ser tocadas, para simplesmente ver alguma relevância em sua própria existência sendo confirmada por outro ser humano – a oferta heteronômica do próprio corpo para a satisfação de "taras" diante das quais muitas das mais belas estão em plena condição de barganhar e/ou recusar.

Antes de terminar esta parte, resta dar conta de algo que a simples existência de uma *doxa* estética não explica a respeito do racismo. O que motiva certos exercícios de discriminação que ultrapassam a simples avaliação diferencial dos negroides segundo o ideal hegemônico do belo? O que motiva maus-tratos agudamente ofensivos? O que motiva determinadas pessoas a, mais do que viverem sob o império da *doxa* estética, utilizarem ativamente a desvantagem do negroide como uma arma simbólica (de efeitos muito materiais) contra essas pessoas ou algumas delas? Se o racismo não é mais um dogma politicamente defendido que *define* os "bons" (brancos) e os "maus" (negros) e *defende* os "bons" dos "maus", como explicar as afirmações de "orgulho racial" tão frequentes quanto difusas entre brancos e mulatos no Brasil? Como explicar o comportamento ostensivamente racista?

Pode haver muitas razões, mas todas ou quase todas terão uma característica comum: *o esforço para "tapar o buraco" de uma carência emocional através do racismo*. Tais carências podem ter origens variadas. No caso do pai de Lídia, vimos que a sua situação de marido inferior à mulher quanto à situação de classe fazia com que ele buscasse no orgulho racial uma fonte substitutiva de autoafirmação. Isso explica inclusive por que as classes de menor *status* são as mais racistas, fato constatado por diversos estudos. Não a sua pobreza em dinheiro, mas antes de tudo a insegurança existencial dessas pessoas diante de um universo de insígnias de dignidade humana e de nobreza cultural (conhecimento incorporado, gostos sofisticados), as quais elas preenchem pouco ou nem mesmo preenchem, faz com que busquem fontes substitutivas de autoafirmação. Algo semelhante acontece com o machismo: os homens são tanto mais dependentes da sua honra de "macho" para se autoafirmar como seres de valor quanto mais são carentes das fontes de reconhecimento referentes à situação de classe. No Brasil, essa dinâmica se verifica claramente na continuidade entre sexo e futebol na formulação de uma visão de mundo e de um *éthos* machistas que rendem, nos rituais do bar, da pelada de fim de semana e da ida ao estádio, reconhecimento social àqueles que aderem às manifestações dessa masculinidade peculiar.

De modo semelhante, o racismo ostensivo daqueles mulatos que querem acreditar ser brancos é movido pelo esforço para negar a própria condição de negros. O negro que essas pessoas ofendem na escola, numa festa ou em qualquer outra ocasião não é senão aquela negridão inadmissível que elas veem no espelho. Projeta-se o que se odeia em si mesmo numa figura frágil o bastante para que se possa exercer sobre ela esse ódio. Um policial negro que não aceita o fato de ser negro será certamente um dos mais aficionados em "dar duras" em jovens negros. Quando o Estado entrega a uma pessoa tão existencialmente insegura uma insígnia que de uma hora para a outra, como que num passe de mágica, concede um grande poder de violência e o peso de toda uma instituição para legitimar o seu exercício, ele (o Estado) está literalmente armando o racista.

A importância do conceito de *doxa* estética para a compreensão desses exercícios de racismo ostensivo, tão variados entre si, é que ela é a responsável por gerar essa fragilidade do elemento negro e também está na raiz de toda a não aceitação de si mesmo que caracteriza o negro racista, aquele negro que não teve pessoas que o amassem suficientemente, que reconhecessem suficientemente as suas necessidades e carências emocionais independentemente da sua cor e dos seus traços, e que, por essa carência, vivida na tenra infância, mas levada pelo resto da vida "dentro do coração", são tão pouco autoconfiantes a ponto de precisar do racismo como fonte substitutiva de autoafirmação. O negroide pode ser sempre o bode expiatório do mulato que não aceita não ser branco; a esposa "feia", do homem branco inseguro diante da superioridade de classe da mulher; o motivo de chacota de toda uma classe que nomeia como "coisas de preto" aquilo que são as suas coisas de classe, mas as quais é sempre confortável poder projetar, muitas vezes através de simples piadas episódicas, em algo externo – ou pelo menos externalizável, já que é sempre possível encontrar outro "mais preto" do que "eu". O negroide pode ser sempre o insumo para os mitos dos brancos que querem se imaginar não racistas e alimentam essa ilusão para si mesmos, reinventando, segundo o seu próprio gosto, o negro que desgostam; os brancos brasileiros que sempre preferem se autoelogiar pelo convívio com negros do que se autocriticar quanto às dificuldades e aos sofrimentos que marcam, sob a forma de sofrimentos mudos, esse convívio. Essa dor moral característica do drama do negro com o seu próprio corpo, dor que é sentida como íntima demais para ser política, precisa ser politicamente tematizada.

A INSISTÊNCIA NO ELOGIO ERÓTICO

Uma das ideologias mais nocivas à compreensão sóbria do dilema do racismo no Brasil é a mítica sobre o erotismo atribuído ao negro. A proposta de Moutinho em seu livro *Razão, "cor" e desejo* – a de considerar que os negros têm uma moeda de troca especial da "esfera erótica" – merece menção. A "análise" mistificadora se alimenta, no caso, da fragmentariedade do pensamento. A atribuição de dotes sexuais ao elemento negro (uma dessas "fantasias concretas", para usar o termo de Gramsci, que marcam o nosso imaginário social) não pode, como foi feito pela autora, ser compreendida como um contraponto à hierarquia entre corpo e "espírito" (natureza e cultura) que ordena nossa hierarquia social. Num exercício de prestidigitação teórica, a autora invoca exatamente a oposição entre natureza e cultura, analisando-a em dois eixos: o eixo normativo e o eixo erótico. No eixo normativo, o negro e a mulher são associados à natureza e, por conseguinte, postos em posição inferior na hierarquia natureza/cultura. Já no eixo erótico as coisas se invertem: ali a ligação do negro com a natureza o dota de maiores atributos sexuais.

O que me parece é que a autora acabou por reproduzir a própria confusão com a qual o mundo surge à percepção imediata deste. Basicamente, reproduz a percepção fragmentária que separa sexo e intimidade de política e normatividade, quando deveria resgatar o que liga essas duas dimensões da vida sem que nós percebamos essa ligação no nosso dia a dia. A separação dos dois eixos tem uma pretensão de conceito, mas é exatamente aí que a autora passa por cima de tudo o que deveria explicar. Não há validade analítica para o esquema proposto por ela em termos de um eixo normativo e um eixo erótico separados um do outro. A normatividade da oposição entre corpo e "espírito", entre natureza e cultura para a tradição francesa, perpassa todas as esferas; ela é em si o vínculo simbólico entre as esferas. Os "elementos de prestígio" sexual do negro devem ser compreendidos em relação de *contiguidade*, não de *oposição* ao que a autora quis chamar de eixo normativo. Esse "prestígio" é ele mesmo o desprestígio no que concerne às atividades do espírito, é a "virtude ambígua dos dominados". É importante perceber que a própria autora *descreve* isso, mas não oferece disso uma compreensão. É por não compreender o fenômeno que descreve que conclui cabalmente com a tese de que há uma vantagem a favor do negro na "esfera do desejo erótico". Embora o erotismo seja efetivamente uma esfera diferenciada do trabalho, a autora negligencia o fato de que existe uma hierarquia na disjuntiva entre o "normativo" e o "erótico". O normativo, que hierarquiza no valor das pessoas segundo a quantidade e a qualidade dos conhecimentos e perícias que elas incorporam, que as julga segundo o seu valor "espiritual", perpassa todas as esferas. Não apenas no trabalho, mas na própria "esfera erótica", as pessoas mais valorizadas enquanto dignas de reconhecimento quanto aos seus desejos e aflições singulares são as mais espiritualizadas.[6] A hierarquia que Moutinho quer isolar no eixo normativo define de fio a pavio a dinâmica na esfera erótica, separando aqueles que são tendencialmente apenas corpo a serviço do desejo do outro daqueles que dão ao mesmo tempo corpo e espírito, seres desejados sexualmente, mas também dignos de que a troca de prazeres sexuais esteja articulada ao desenvolvimento de uma intimidade e de compromisso.

---

6 Não vale a pena uma crítica sistemática do livro da autora, que exigiria uma reconstrução mais vagarosa do seu argumento. Certamente existem pontos altos no livro, nos quais ela comenta o dito "embranquecimento" como uma forma de opressão. Mas, ao todo, Moutinho procura manter a ambiguidade brasileira entre o racismo e a "democracia racial". Ela se apoia sobretudo em Peter Fry, para o qual, como nos diz a autora, "não se pode dizer que um seja mais real do que o outro [racismo ou democracia racial], tendo em vista que ambos são representações sociais, de fato contraditórias, que todavia orientam a ação social" (Laura Moutinho, *Razão, "cor" e desejo*, São Paulo, Editora da Unesp, 2004, p. 408). Primeiramente, definir o racismo como uma "representação social" já é o bastante para atestar a inépcia teórica dos autores. É com esse tipo de colocações frouxas, no máximo meramente descritivas, que o conjunto da obra consegue apontar para vários aspectos da questão racial, inclusive dando uma opinião muito sóbria de que a democracia racial não é só uma ideia vã, mas uma ideia que orienta algumas práticas, sem, contudo, organizar tais aspectos de maneira sociologicamente inteligível. Desde Marx, sabe-se que a realidade social possui aspectos contraditórios. Mas o dever da sociologia, também claro desde Marx, é o de reconstruir a coerência velada dessa contradição; a coerência que se revela apenas através da reconstrução teórica que organiza os aspectos e os hierarquiza segundo sua eficácia na orientação da vida prática. Nada disso é feito pela autora, que, ao longo de mais de quatrocentas páginas sobre a questão, não oferece uma definição pelo menos razoável de racismo; simplesmente descreve, ou seja, reproduz a ambiguidade quanto ao erotismo atribuído ao elemento negro; não define como classe e gênero interferem na dinâmica do racismo, muito embora afirme e descreva essas interferências; e sugere uma explicação bastante esdrúxula do embranquecimento enquanto um processo que atende à lógica do "canibalismo". Talvez uma mania culturalista de atribuir fenômenos sociais a "esquemas culturais" cuja condição de eficácia histórica sequer é posta em questão.

QUESTÃO RACIAL, A REFORMULAÇÃO MULTICULTURALISTA DO MITO DA BRASILIDADE E A SUA ALIANÇA COM O ECONOMICISMO LIBERAL

Como o leitor teve a oportunidade de apreender na leitura da teoria de Jessé Souza, o que chamamos de "mito da brasilidade" é a nossa narrativa sobre nós mesmos articulada por Gilberto Freyre e cujo maior ideólogo de ressonância na atualidade é Roberto DaMatta. Trata-se de uma interpretação do Brasil de cunho folclorista, enfocada nos costumes, que procura nos definir com base nas nossas "heranças" culturais da "matriz civilizacional" ibérica. Essa interpretação está vinculada à necessidade de criação e sustentação de uma identidade nacional brasileira. Nossas crenças de que somos mais "quentes", mais "amistosos", mais "etc." são traduzidas em termos de uma (aparente) teoria social. A noção de *cordialidade* é o conceito com o qual se faz essa tradução. Afirma-se que a singularidade do Brasil ante os Estados Unidos e a Europa é a "cordialidade" do povo brasileiro, nosso caráter mais emotivo e menos racionalista que seria (de alguma forma) transmitido de geração em geração desde a chegada dos portugueses.

Por muito tempo o mito da brasilidade entravou o reconhecimento amplo da existência de racismo entre nós: o mito da cordialidade e da mistura entre as raças sempre serviu para amenizar as considerações sobre o racismo brasileiro. A força política adquirida pelo tema da discriminação racial, proporcionada pelo aumento do número de negros integrados à sociedade de classes, ou seja, em condições de se organizar politicamente, nos deu uma vitória sobre o mito da brasilidade. A ideologia da cordialidade nas relações raciais brasileiras foi superada no âmbito do debate político. Desfez-se a névoa que o mito mulato docemente eugenista de Gilberto Freyre lançava sobre esse traço perverso da nossa sociedade que é o racismo. Hoje é um tanto constrangedor dizer que "não há racismo no Brasil".

Contudo, o multiculturalismo vem ganhando espaço no debate sobre as questões sociais brasileiras. Se o que tangia o preconceito racial no mito da brasilidade era (e em casos como o de Moutinho ainda é) a defesa culturalista da "proximidade racial" determinada pela nossa "cordialidade", o que acontece é que, embora esse discurso tenha perdido a hegemonia provavelmente de modo irremediável, o mito da brasilidade parece avançar no sentido de assumir uma nova forma. Em poucas palavras, o mito da brasilidade tende a assumir o tema do racismo inescapavelmente em pauta sob uma nova fórmula mistificadora. Vejamos.

Como o leitor também pôde apreender da leitura dos já citados capítulos anteriores, o que constitui o nosso mito nacional não são as ideias do mulato e da proximidade racial em si, mas o recurso a uma fantasia substitutiva na qual possamos nos imaginar enquanto um povo amável, digno do nosso amor coletivo para com nós mesmos, em contraposição a tudo o que nós próprios achamos grotesco na nossa sociedade, ou seja, sob o conteúdo do mito há a mitificação do conteúdo. No caso, trata-se da fundamentação do amor a uma visão fantasiada do elemento subalterno da nossa população. Um amor que contradiga – seja no carnaval, seja nas várias ressignificações do samba feitas pela classe média – a raiva, o medo ou a desconsideração que dedicamos a esse – elemento subalterno – no nosso cotidiano. O mito da brasilidade formulado por Freyre não radica na ideia do "mulato", mas na elevação em si, sob a forma do mulato, de tudo o que os brasileiros viam como baixo em sua própria realidade social.

Ao que se assiste hoje como uma espécie de *humor* geral entre os brasileiros é a substituição ou, no mínimo, a alternância do "mulato" pelo "negro marginalizado" como emblema de nossa fantasia compensatória. Toda uma mítica das favelas e de sua população como palco e elementos de uma forma de vida peculiarmente digna e bela a ser reconhecida e exaltada; isso no exato momento em que se acirra o nosso ódio social pela favela a tal ponto de se pensar em policiar e exterminar seus moradores com o exército ou variações de exército. Também o culto à criatividade do artista da favela que insiste a despeito de tudo em criar; o culto à simplicidade dos humildes que, a despeito de tudo, insistem em sorrir; todos esses cultos embalam o novo conteúdo da nossa mítica nacional que afirmará agora que o problema fundamental da população miserável brasileira é a falta de apreço pelas suas "manifestações culturais" específicas, e não a sua miséria. Da unidade integradora do mulato às diferentes manifestações de uma brasilidade multiforme que povoaria as periferias e os rincões do Brasil, chegamos ao multiculturalismo.

O argumento conclusivo ao qual eu queria chegar diz respeito à possibilidade de as denúncias contra o racismo no Brasil se alinharem ao novo formato multiculturalista do mito da brasilidade. É muito fácil cair no engano de interpretar o dilema dos negros não integrados à sociedade de classes como devido unicamente ao não reconhecimento de sua singularidade cultural ou simplesmente estética. É muito fácil interpretar o problema dos negros abandonados a condições precárias de existência social como um problema determinado antes de tudo pelo não reconhecimento das manifestações culturais de ascendência africana, por exemplo. Mas essa é a *situação específica dos negros já integrados à sociedade de classes*, os quais possuem conhecimento incorporado para ser reconhecidos em sociedade, mas que, no entanto, se veem não reconhecidos quanto à sua singularidade estética ou ainda "étnica" – no caso dos negros que se filiam a manifestações culturais de referência africana.

É de fundamental importância para os negros a adesão a pautas afins ao multiculturalismo: a questão da afirmação de uma beleza negra é o componente fundamental na política contra o racismo, e tal afirmação de uma estética envolve aspectos culturais variáveis como a música, a dança, a religião etc. Esse é o componente de luta pela autenticidade cultural objetivamente indispensável para os negros no Brasil. Mas a luta pelo reconhecimento de uma estética negra não necessariamente se vincula a uma exaltação mistificadora de especificidades culturais intranacionais cuja opressão seria colocada como o principal problema dessa classe especial de pessoas que temos chamado de ralé estrutural. Não se deve cair nesse engano porque essa classe social, antes de qualquer outra coisa, não conta com os pré-requisitos básicos para ingressar e obter êxito na luta por reconhecimento. Os esforços pela constituição de uma estética negra legítima que seja bastante elástica e bastante negra para não abarcar apenas negros mulatos é a pedra de toque para a superação do racismo no Brasil. Mas esses esforços não devem se alinhar com o multiculturalismo liberal que precisa ignorar a dimensão não econômica da desigualdade de classe, afirmando que o grande problema da ralé estrutural é o fato de não reconhecermos as suas "opções culturais" diferenciadas; como se entre "formas de vida" não houvesse nunca o melhor e o pior e, logo, como se o que há de melhor, ao nem sequer existir, não devesse ser partilhado.

CONCLUSÃO
A má-fé da sociedade e a naturalização da ralé

Jessé Souza

A pesquisa empírica que acabamos de ler foi toda construída de modo a permitir superar o discurso autolegitimador, que, aliás, é de todos nós, não apenas dos mais pobres, com relação à própria vida que cada um de nós leva. Como para seguir vivendo precisamos, antes de qualquer outra coisa, "legitimar" para nós mesmos e para os outros a conduta de vida que efetivamente levamos cotidianamente, seria simplesmente ingênuo e, ao fim e ao cabo, pura perda de tempo nos contentarmos em aceitar o discurso autolegitimador dos nossos informantes como a "verdade" sobre sua própria situação. É isso que fazem tanto os liberais quantitativos, como Alberto Almeida, quanto os "politicamente corretos", como Luiz Eduardo Soares. Como eles, pensa também boa parte dos estudiosos no Brasil e fora dele.

O argumento, "populista" de fio a pavio, que está na base desse discurso, é: "Quem pode saber melhor sobre a vida de alguém do que a própria pessoa?" O absurdo dessa tese pode ser percebido por qualquer um se a compararmos com outros exemplos da vida cotidiana. Certamente não passa pela cabeça de alguém pretender saber mais do que um médico quando se está doente. Apesar de a doença "acontecer no corpo do doente", este quase sempre não tem a menor ideia de como isso acontece e se desenvolve. Sem o médico, que estudou um bom tempo a interpretação de sintomas e o uso de exames clínicos, que apenas um técnico pode analisar e compreender, nenhum leigo pode se curar por si mesmo. Não passa também pela cabeça de nenhuma pessoa sensata, mesmo que saiba desenhar e tenha ótimas ideias estéticas, construir uma casa sem a ajuda de um arquiteto ou engenheiro que calcule pesos e suportes de modo a que o teto da casa não caia na cabeça de seus habitantes durante um animado almoço de domingo.

No entanto, no âmbito das ciências sociais, tal ingenuidade corre solta. Os próprios cientistas sociais são os primeiros a defender esse tipo de hipótese, haja vista Alberto Almeida e Luiz Eduardo Soares. Almeida não percebe qualquer diferença entre o trabalho do "marqueteiro" – com todo o respeito ao trabalho dos bons marqueteiros que conseguem prever o resultado de eleições e saber qual produto o público necessita sem achar, com isso, que estão fazendo sociologia – e o trabalho dos cientistas sociais. E ainda imagina que, apenas porque esses trabalhos são feitos em Chicago, isso seja um "argumento" a seu favor, ou pior, uma "carteirada" que dispense justificação. Esse tipo de raciocínio colonizado nem mesmo atenta para o fato de que pesquisadores críticos, que refletem sobre os pressupostos de seu próprio trabalho, são uma pequena minoria em qualquer lugar do mundo.

Já cientistas como Soares não conseguem ir adiante – não porque simplesmente confundem pesquisa de marketing com pesquisa sociológica, como Alberto Almeida, mas porque lhes falta um quadro teórico mais amplo que lhes possa permitir a contextualização dos testemunhos de seus informantes. A sociologia é uma ciência empírica. Nenhuma dúvida com relação a isso. Não existe conhecimento novo e original possível sem acesso às condições de vida das pessoas comuns como todos nós. No entanto, sem reflexão teórica que possa, antes de tudo, informar e dirigir a pesquisa empírica e depois reconstruí-la dentro de um contexto que refaça o mundo social de modo novo e surpreendente, é impossível um

CONCLUSÃO

conhecimento novo e crítico sobre a realidade que todos compartilhamos em diversos graus de opacidade. É esse desafio – reconstruir a concepção dominante, conservadora e superficial que o Brasil contemporâneo tem de si próprio hoje em dia – que propomos, a seguir, com base em nossa pesquisa empírica anterior.

A perspectiva da sociologia crítica dá muito mais trabalho, mas vale muito mais a pena. O tipo de pesquisa quantitativa que Alberto Almeida fez tem como pressuposto que o mundo é transparente para todos e que basta depois quantificar os resultados em tabelas. Essa visão superficial do mundo não é "ingênua". Ao contrário, ela "afirma" o mundo como ele é ao reproduzir todos os preconceitos que o mantêm tão desigual e injusto. Nesse tipo de pesquisa, a classe média sempre irá aparecer como campeã da racionalidade e da honestidade e dos valores do trabalho e do progresso. Não só porque a classe média tem acesso à informação e à cultura dominante "politicamente correta" e sabe "responder" aos questionários como o pesquisador "deseja" que responda, embora isso também seja verdade. O que esse tipo de pesquisa esconde e nunca discute é o "contexto social" dos entrevistados; é o que explica, na verdade, a diferença de suas respostas.

É isso que faz com que uma boa pesquisa empírica não possa ser separada de uma compreensão crítica sobre o mundo social. Só a recuperação desse "elo perdido" – perdido nas pesquisas quantitativas que se rendem ao mero "fetiche do número" – torna possível demonstrar por que as pessoas são obrigadas, por exemplo, para legitimar a própria vida, a construir uma compreensão fantasiosa sobre si mesmas. Foi a consciência desse problema fundamental que nos fez optar pela sociologia empírica "disposicionalista",[1] que nos diz que a realização de entrevistas sucessivas, as quais permitem desconstruir a autolegitimação da primeira

---

[1] Pierre Bourdieu e Bernard Lahire – este último foi um dos principais consultores de nossa pesquisa – são dois dos sociólogos que mais refletiram sobre essas questões.

entrevista, de modo a fazer aparecer as contradições, lacunas e tensões que habitam toda vida humana, é o melhor modo de recuperar a verdade que escondemos – todos nós, ainda que uns mais que outros – de nós mesmos e dos outros.

A "qualidade", também aqui, é muito mais importante que a "quantidade". É muito melhor entrevistar algumas centenas de pessoas várias vezes e de modo aprofundado do que entrevistar milhares de pessoas de modo superficial. Num caso, podemos ter surpresas na medida em que não sabemos efetivamente vários dos dramas que afligem pessoas de outra classe social que não é a nossa. A pesquisa empírica supre essa dificuldade e pode nos ensinar algo que não sabemos. A pesquisa quantitativa superficial, precisamente porque reproduz e duplica todos os preconceitos do mundo sem criticá-los, vai ter de volta apenas a confirmação da ideologia dominante que diz, por exemplo, que os mais pobres e oprimidos são mais pobres e oprimidos por sua própria culpa e preguiça (Alberto Almeida diria que por seu próprio "arcaísmo"). É isso que explica que não pode haver boa pesquisa empírica sem conhecimento da sociedade que se pretende conhecer. Daí também que a perspectiva crítica envolva mais trabalho, posto que tem de explicar em que tipo de contexto social as pessoas vivem, para que possamos entender por que elas se compreendem desse modo e não de qualquer outro modo possível.

Mas como "explicar" algo significa recuperar todos os elos causais de um fenômeno social sem deixar lacunas – é esse tipo de explicação totalizante que produz o "efeito de convencimento" no leitor atento –, "explicar" a desigualdade e a marginalidade brasileira significa recuperar, necessariamente, a discussão teórica acerca da ambiguidade constitutiva de toda sociedade moderna, que é se dizer igualitária e justa e ser, na realidade, desigual e injusta. Como não somos "marcianos verde-amarelos", compreender todo o processo de "fabricação dos privilégios injustos" sob a aparência de justiça e igualdade entre nós significa também compreen-

CONCLUSÃO

der todo o processo de fabricação do privilégio nas sociedades modernas como um todo.

O mundo moderno é geralmente compreendido como uma mudança radical em relação às sociedades pré-modernas tradicionais. Em parte isso é verdade; mas apenas em parte. Na questão mais importante, para quem quer compreender uma sociedade ou um modo de vida peculiar, que é a questão da forma como se "legitima a dominação social", a mudança é mais aparente que real. A "ilusão" que legitima a dominação social em todas as sociedades ocidentais ou ocidentalizadas é precisamente a ilusão da ausência de dominação social injusta. Não apenas no Brasil, mas em todas as sociedades ocidentais modernas, o nome dessa ilusão é o assim chamado "princípio meritocrático". As sociedades modernas não "dizem" que tratam todos os indivíduos de modo igual. O que elas "dizem" é o que dão a cada um – de acordo com seu "mérito". Essa é a definição de "justiça social" especificamente "moderna", como já vimos em detalhe no capítulo que abriu a segunda parte deste livro.

Na medida em que a "construção social", diferenciada por classes sociais, dos requisitos e pressupostos do mérito individual é tornada "invisível" – por exemplo, entre nós, pela hegemonia de ideias liberais que generalizam as disposições do indivíduo de classe média como se fosse algo "natural" e de nascença –, a dominação social moderna, tão injusta nesse aspecto quanto as dominações pré-modernas baseadas no sangue, pode se legitimar precisamente pela "aparência" de justiça. Esse padrão de legitimação da dominação social e política moderna não afeta apenas a "ralé" brasileira ou as classes inferiores em todas as sociedades humanamente imperfeitas do planeta. Ela abrange todas as classes sociais, inclusive as privilegiadas em alguma medida. É isso que explica que não exista uma "elite má" se reunindo na calada da noite para tramar maldades contra o povo. Ainda que privilegiadas econômica e socialmente, as classes dominantes, pelo acesso privilegiado ao capital cultural (classes médias) e ao capital econômico (classes altas), também sofrem os efeitos de uma dominação impessoal e sem sujeito que envolve a todos.

Perceber isso é compreender também por que a miséria das classes excluídas do acesso ao capital cultural e ao capital econômico é, além de econômica e social, também existencial e moral, ainda maior do que a miséria existencial das classes médias e altas, vítimas, por exemplo, de um expressivismo romântico transformado em mero consumo.[2] Perceber isso é compreender também de que modo sociedades modernas distintas podem variar no grau de injustiça social tanto no sentido econômico quanto no sentido existencial e moral, sendo todas humanamente injustas e imperfeitas. Desse modo, podemos compreender que existem sociedades mais ou menos injustas, o que é fundamental para o processo de comparação e aprendizado, ainda que todas sejam injustas em alguma medida, o que evita a admiração idealizada do "colonizado" acrítico que um pesquisador como Alberto Almeida – uma espécie de tipo ideal do liberal brasileiro – incorpora tão bem.

As sociedades modernas formalmente democráticas só podem se legitimar, portanto, se reproduzirem aquelas "fontes morais" que perfazem, como vimos anteriormente, a "dignidade" do produtor útil e do cidadão e da "expressividade" do indivíduo singular. Usando outros termos que não os de Charles Taylor, as sociedades modernas se legitimam se mantiverem a ilusão de preservar a "igualdade social" – o que equivale, como vimos, a "horizontalizar" o princípio da dignidade a todas as classes – e a liberdade individual de procurar a felicidade – que equivale a garantir as precondições de realização "expressiva" dos indivíduos. Esses são os dois pilares que mantêm a integração social de qualquer sociedade moderna, seja no centro, seja na periferia, como no caso brasileiro. E é por essas formas mais abstratas e mais gerais de legitimação do mundo moderno

---

2 Eva Illouz, *Consuming the Romantic Utopia*, California, University of California Press, 1997.

CONCLUSÃO

que se tem de começar para entender o caso específico brasileiro. Afinal, se não somos "marcianos verdinhos" pré-modernos, como imagina até hoje nossa reflexão dominante, é porque compartilhamos dos desafios de todas as sociedades ocidentais. As "questões" a que todas as sociedades ocidentais têm de responder são exatamente as mesmas; as "respostas" é que variam. Para entender a "variação" da resposta brasileira, é necessário compreender as questões a que procuramos responder. Só assim podemos nos comparar com outras sociedades e aprender ou não com elas.

Por que eu falo que a igualdade social (princípio da dignidade) e a busca de felicidade individual (princípio do expressivismo) são as duas questões centrais do mundo moderno? Não existem mais questões fundamentais? Por que apenas duas grandes questões e não três, quatro, vinte? Não se diz sempre que o mundo moderno é o mundo das possibilidades ilimitadas? Ora, a própria visão do mundo moderno como possibilidades ilimitadas é precisamente parte do processo de encobrimento/desconhecimento do mundo que permite legitimá-lo como o melhor dos mundos possíveis.

A ideologia mais importante que procura pintar o mundo moderno como palco de escolhas individuais ilimitadas é o liberalismo, hoje hegemônico no Brasil como nunca foi na história. Ainda que a defesa liberal das liberdades individuais seja hoje um pressuposto de qualquer sociedade verdadeiramente democrática, o liberalismo como visão de mundo falseia sistematicamente o mundo ao mostrá-lo como produzido por vontades individuais ilimitadas, como nas novelas e na política "novelizada". Mas o quadro das variações e possibilidades ilimitadas simplesmente não é verdadeiro, muito embora esteja em todas as propagandas de banco ou de carro, em telenovelas e programas de televisão, e em praticamente todos os filmes e livros que se tornam *best-sellers*.

Afinal, é isso que as pessoas "querem ouvir", e pagam, portanto, para ouvir o que querem. A "ilusão" das possibilidades ilimitadas é o que "nós todos", de todas as classes, precisamos e queremos ouvir para esquecer de nosso cotidiano mesquinho e humanamente limitado – ainda que essas possibilidades se reduzam a escolher em ser *personalité* no banco Itaú ou ser *prime* no Bradesco, ou escolher comprar um Corolla em vez de um Vectra. Na realidade, a transformação e o amesquinhamento de escolhas morais – no caso, a da busca da felicidade – em escolhas que se reduzem, todas elas, à expressão quantitativa em dinheiro, são algumas das formas principais de legitimação de todas as sociedades ocidentais.

O que explica, no entanto, que o Ocidente tenha produzido precisamente essas duas formas de legitimação moral e de dotação de sentido a toda a vida social e individual de seus membros está implícito no seu desenvolvimento histórico peculiar. Como diz o grande pensador alemão Max Weber, as "civilizações", como a ocidental, representam sempre uma "concentração unilateral" das possibilidades humanas. Assim como os indivíduos não podem realizar em uma única vida todas as possibilidades abertas para seu desenvolvimento, também as "civilizações" peculiares têm sua especificidade conferida precisamente por aquilo que elas "escolhem" como foco e concentração principal. Weber percebeu essa "concentração dirigida" e focada em poucos aspectos considerados essenciais para o processo de formação social e cultural de um "racionalismo" singular, ou seja, uma forma de perceber o mundo em todas as dimensões, peculiar a cada civilização. É por conta disso que falamos sempre em sociedades ocidentais ou ocidentalizadas, como a brasileira, neste livro.

Em relação à civilização ocidental moderna, Weber irá definir seu racionalismo específico como sendo o "racionalismo da dominação do mundo".[3] Esse racionalismo difere de modo profundo, por exemplo, dos racionalismos não ocidentais, como o da "fuga do mundo", típico da sociedade de castas hindu,[4] ou do racionalismo da "acomodação ao

---

3 Max Weber, *A ética protestante e o espírito do capitalismo*, São Paulo, Cia. das Letras, 2004.
4 *Idem, Die Wirtschaftsethik der Weltreligionen*, Tubinga, J. C. B. Mohr, 1998.

CONCLUSÃO

mundo", típico da sociedade tradicional chinesa.[5] O racionalismo da dominação do mundo vai ser definido por uma "atitude instrumental" em relação a todas as três dimensões possíveis da ação humana: o mundo objetivo e natural fora dele, o mundo social compartilhado com os outros e o mundo subjetivo de cada um. O homem ocidental moderno vai tender a perceber tanto o mundo exterior na sua dimensão natural quanto o mundo social que ele compartilha com os outros; assim como seu próprio mundo subjetivo interno, ao qual ele tem acesso privilegiado, enquanto dimensões "coisificadas", meros "meios" para a consecução de fins "heterônomos", ou seja, impostos a ele por esse tipo de organização social como símbolos de sucesso por excelência, tais quais poder e dinheiro.

O fundamental aqui é perceber a "ambiguidade" que constitui o Ocidente (e por extensão todos os seus produtos humanos). Essa ambiguidade está contida também em todas as configurações institucionais dessa civilização específica, como no mercado e no Estado, conforme já vimos. Assim como é precisamente a generalização da atitude instrumental que possibilita a competição capitalista sem peias e a partir dela a extraordinária produtividade material do capitalismo, sua "ambiguidade" maior reside na não percepção de qualquer virtualidade humana que não seja também instrumental. De que modo o mundo moderno, tornado autônomo e comandado de "fora" (por estímulos como dinheiro e prestígio monopolizados pelo mercado e pelo Estado) e de "dentro" (traduzindo suas necessidades na linguagem do dinheiro e do prestígio por distinção que todos almejam), reduz e amesquinha tanto o mundo social quanto o mundo individual?

Para o próprio Weber, esse amesquinhamento, que é de todas as classes sociais sob a égide desse "racionalismo" peculiar, se produz porque a atitu-

---

5 Idem, *Die Wirtschaftsethik der Weltreligionen*, Tubinga, J. C. B. Mohr, 1991.

de instrumental em relação ao mundo é generalizada a todas as dimensões da vida – não apenas, por exemplo, na economia, em que inegavelmente produz resultados positivos extraordinários. Assim, os filhos orgulhosos da cultura ocidental que se imaginam no ápice do desenvolvimento humano são percebidos por Weber como "especialistas sem espírito", que conhecem tudo do mundinho técnico e especializado do trabalho de cada um e nada do mundo lá fora, e "homens do prazer sem coração", que desconhecem suas próprias necessidades afetivas e saem em busca do primeiro e superficial pequeno prazer de cada dia.

Como se produz tamanha alienação e desconhecimento de si mesmo? Para outro grande pensador alemão do mundo moderno, Georg Simmel, não por acaso grande amigo de Weber, tamanho afastamento e tal alienação de si mesmo só são possíveis por conta do advento do dinheiro como equivalente e mediador universal. Como o dinheiro passa a ser o meio universal (o meio por excelência, na medida em que vai mediar todas as relações sociais), ganha-se a "impressão" de que sua aquisição já é em si o fim e o objetivo de todas as atividades humanas. Embora o dinheiro seja indiscutivelmente um mero "meio" – em si ele nada é, nem serve para coisa alguma –, como as próprias necessidades e desejos pessoais só são percebidos pelas pessoas por sua expressão monetária, ocorre um extraordinário empobrecimento de tudo aquilo que não é passível de ser exprimido monetariamente, como sentimentos, afetos, valores, convicções morais etc. A centralidade do dinheiro e do prestígio associada a sua posse tende a tornar mudo, imperceptível, incapaz de "articulação", ou seja, incapaz até de ser "pensado" e "imaginado" qualquer interesse ou valor humano não monetário ou não econômico. Ao mesmo tempo, é apenas o advento do dinheiro e da economia monetária, como o próprio Simmel não deixou de explicitar,[6] o elemento que permite a "possibilidade", ainda que não

---

6 Georg Simmel, *Die Philosophie des Geldes*, Frankfurt, Suhrkamp, 1991.

CONCLUSÃO

a certeza, de qualquer forma de desenvolvimento individual autônomo e independente de formas heterônomas de dominação pessoal.

Como não passa pela cabeça de nenhuma pessoa sensata eliminar o dinheiro e todas as relações sociais construídas a partir dele, o "destino" de todo indivíduo e da sociedade moderna é conviver e, na medida do possível, mitigar e limitar a ação tendencialmente universal e sob vários aspectos deletéria dessa realidade. Em resumo: nós, indivíduos "modernos", somos obrigados a conviver com a ambiguidade e com a contradição como nosso traço histórico mais peculiar, seja na dimensão existencial, seja na dimensão política. Qual a consequência dessa "doença" das sociedades modernas para a vida política dessas sociedades e para a vida afetiva das pessoas comuns? A filosofia social de Charles Taylor permite responder a essa questão de modo menos trágico e desesperado que Weber e Simmel. Aliás, acima de tudo, as reflexões de Taylor nos permitem "compreender melhor" a própria análise de Weber (e de Simmel) da tragédia do mundo moderno. Quando fala do "especialista sem espírito" e do "sensualista sem coração" como as figuras típicas do mundo instrumentalizado moderno, Weber está se referindo àquelas duas fontes de moralidade – dignidade do trabalho útil e expressividade da personalidade singular – que já discutimos como sendo o fundamento moral do Ocidente.

O "especialista" é a definição do trabalhador moderno, como Goethe percebeu mesmo antes dos grandes sociólogos da modernidade.[7] Por efeito da revolução protestante ascética, que depois também se espalha para os países católicos com intensidade variável, a noção de "honra" pré-moderna, que apenas alguns podiam ter – por exemplo, os generais nas vitórias "extraordinárias" no campo de batalha –, transforma-se na noção moderna de "dignidade" que qualquer trabalhador no desempenho de funções úteis e "ordinárias" do dia a dia pode possuir. O mundo do

---

[7] Essa percepção está no âmago dos seus romances de formação sobre os anos de aprendizado e de andanças pelo mundo de Wilhelm Meister.

trabalho cotidiano torna-se, observa Taylor com agudeza, como já vimos anteriormente, condição moderna de vida disciplinada e pacificada, na dimensão em que se trava toda a luta por respeito, reconhecimento social e distinção e prestígio social diferencial de todos os indivíduos e de todas as classes sociais. Foi somente, por exemplo, quando as classes trabalhadoras europeias, através de lutas sangrentas, mas também por processos de convencimento, lograram demonstrar que contribuíam, pelo menos tanto quanto a burguesia, para o progresso social de toda a sociedade (ou seja, apenas quando provaram que era também uma classe "digna" de indivíduos com "dignidade") é que, historicamente, direitos civis, políticos e sociais foram estendidos a essa classe social.[8]

Além do mundo do trabalho, a outra fonte possível de autoestima, reconhecimento e distinção social no mundo moderno é o que Taylor chama de "expressivismo", ou seja, a possibilidade de perceber, compreender e viver a vida de acordo com nossas inclinações emotivas e sentimentais mais íntimas. Quando se refere aos "homens do prazer sem coração" como figura típica da modernidade, Weber quer indicar a versão pastiche e caricata dessa busca de todo indivíduo moderno, quando a procura do conhecimento das próprias inclinações capitula em face de padrões de comportamentos. O sentimento de "dignidade", que o trabalho produtivo e útil proporciona, e o sentimento de "expressar", na vida que se leva, as profundezas emotivas que a biografia particular de cada um de nós constrói, são as duas formas modernas, como vimos, de se construir simbolicamente, de modo significativo, como indivíduo.

Rigorosamente, não "escolhemos", como defende a ilusão liberal politicamente nada inocente, como indivíduos, nenhum dos valores que guiam nossa vida. Essa, no entanto, é a ilusão mais generalizada do senso comum que comanda nosso dia a dia. No mundo cotidiano, em que vivemos

---

8 Thomas H. Marshall, *Sociology at the Crossroads*, Londres, Heinemann, 1963.

CONCLUSÃO

sem refletir, achamos que criamos nossos valores, que decidimos sobre nossas emoções e que cada pessoa é um mundo separado e autônomo. Essa ilusão é "objetiva" na medida em que as propagandas, as novelas, os filmes campeões de bilheteria e os livros best-sellers reafirmam esse tipo de ilusão narcísica e infantil todos os dias. É isso que torna "opaca" e não percebida toda a estrutura social e moral que comanda, no fundo, todas as nossas ações, nossas emoções e nossos sentimentos.

Outro dado que contribui para tornar essas realidades morais invisíveis é o fato de terem sido incorporadas muito mais por práticas sociais e institucionais opacas, as quais só podemos perceber por seu efeito e resultado, do que como "sentido explícito" na "cabeça" das pessoas. Assim, o princípio da "dignidade" do agente racional capaz de autocontrole é a base tanto da institucionalização quanto da reprodução cotidiana do mercado competitivo e do Estado centralizado. Contudo, a arte autêntica, a ciência crítica, a filosofia especulativa e, muito especialmente, o casamento e o ideal do amor romântico não podem ser compreendidos sem referência ao ideal expressivo de construção narrativa do sentido da própria vida. Quer os indivíduos tenham ou não "consciência" disso – aliás, quanto menor a consciência, tanto maior a eficácia –, nossa prática diária é construída a partir dessas duas realidades hoje institucionalizadas.

Precisamente porque as pessoas quase nunca têm consciência das "hierarquias morais" que guiam seu efetivo comportamento prático é que torna possíveis todas as formas pastiche – às quais Weber se refere como as formas dominantes na modernidade –, que, na realidade, "parasitam" e "pervertem" os potenciais de dotação do sentido moral autônomo à vida em condições modernas. Toda a *doxa* ou toda a "ideologia" moderna se constitui, necessariamente, como "aparência", ou seja, como "imitação" dessas fontes morais fundamentais, inclusive toda forma de aparente "compra" de distinção social e prestígio. O pastiche, a caricatura, a "compra" de prestígio só podem existir porque, ainda que de modo inarticulado e confuso, a "dignidade" do trabalho produtivo e útil e a "expressividade" das próprias inclinações emotivas agem como "pressupostos objetivos" de qualquer comportamento moral dotado de sentido.

Um exemplo concreto pode deixar claro o que quero dizer. É apenas porque a modernidade permitiu a renomeação e o enobrecimento das paixões (tidas antes como animalescas e incontroláveis) em sentimentos é que a "expressão" da realidade singular e emotiva de cada um passa a ter "validade moral" como algo desejável e valorizado por todos nós, independentemente de nossa vontade. Tornar-se uma personalidade sensível e sofisticada, o ideal de qualquer indivíduo das classes superiores na modernidade, só é compreensível sob esse pano de fundo histórico que possibilita transformar "paixões" (negativo) em "sentimentos" (positivo). É isso também, por exemplo, que permite a "tiração de onda" de pessoas que compram vinhos finos e caros e passam a noite discutindo pequenas distinções de sabores. Um grupo de amigos endinheirados só atravessa a noite fazendo isso porque não basta ter apenas dinheiro para se sentir "especial". É somente o testemunho recíproco do quão delicados e nobres seus "gostos" são que permite o sentimento compartilhado de superioridade sobre todas as outras pessoas rudes e comuns que tomam cachaça ou cerveja barata.

Esse exemplo pode ser facilmente multiplicado para praticamente todas as formas que têm a ver com a sensação de se sentir "especial", ou seja, "melhor" e mais "distinto" que outros por meio de uma carteira mais recheada de dinheiro. Todas elas servem a uma necessidade paradoxal: apesar de depender da conta bancária, necessitam ter a "aparência" de que não têm a ver com dinheiro, e sim com a "personalidade especial" de quem consome. Sem que conheçamos a "hierarquia valorativa" opaca e não percebida que guia todos os nossos comportamentos, dos mais públicos aos mais íntimos, estamos fadados a nos perder na análise superficial e conservadoramente apenas afirmativa do mundo que efetivamente existe.

CONCLUSÃO

A DIMENSÃO POLÍTICA DA DIGNIDADE E DO EXPRESSIVISMO

Duas consequências extremamente importantes podem ser retiradas do que acabamos de dizer. A primeira é a de que a modernidade ocidental simplesmente "possibilita" a construção simbólica de indivíduos moralmente autônomos e conscientes. O fato de os princípios da dignidade do trabalho e da vivência expressiva da própria vida terem sido uma construção histórica, resultado de processos de aprendizado coletivo peculiares ao Ocidente, não significa que todos os indivíduos tenham igualmente acesso a eles ou que ao menos qualquer forma de acesso real, não apenas "comprado" ou fantasiado. A segunda consequência é um prolongamento da primeira e refere-se ao fato de que essas fontes morais servem, especialmente nas suas formas "pastiche" e "caricaturais" dominantes, antes de tudo, para produzir e legitimar distinções sociais entre indivíduos, grupos e classes sociais.

É essa segunda consequência a mais importante para nossos propósitos neste livro. É ela que explica todo o processo social e opaco à consciência dos indivíduos – é essa opacidade que permite criar espantalhos, como "elite má" ou "Estado corrupto", para neles se jogar a culpa, que é de toda a sociedade – que produz, de um lado, incluídos e positivamente privilegiados, e, de outro, excluídos e negativamente privilegiados. Como essas fontes morais monopolizam todas as chances de autocompreensão dos indivíduos como seres humanos dignos de valor e de apreço, são elas, ao fim e ao cabo, que determinam todas as estratégias na luta pela distinção social e prestígio diferencial. Mais ainda, se quisermos procurar a base de todo o processo opaco e escondido de legitimação social que justifica desigualdades permanentes e transmitidas por herança familiar, então teremos de compreender como precisamente essa dinâmica da produção da distinção social e do prestígio diferencial se manifesta na vida cotidiana.

Para que compreendamos esse processo de modo não fragmentário e em sua totalidade, é necessário perceber primeiro a noção moral mais abstrata e mais geral que está por trás, inclusive, da própria noção de dignidade do trabalho e de expressão da própria singularidade afetiva. Essa ideia mais ampla e mais geral está consubstanciada na oposição entre alma ou mente e corpo. Essa oposição, como fundamento de todas as distinções sociais possíveis no mundo moderno, é um produto singular do Ocidente. Para Taylor, como vimos, foi Platão o primeiro grande sistematizador dessa ideia. Aqui não está em jogo apenas a oposição entre os dois termos, mas uma "hierarquia" – a partir de oposições como nobre/vulgar, superior/inferior, qualidade/quantidade etc. – entre eles, o que precisamente constitui seu sentido "moral", ou seja, de regra de conduta exemplar e de comportamento desejável. O elemento "superior", já em Platão, é a "alma" que deve guiar o "corpo" tornado "inferior" e negativo por representar as paixões animalescas e insaciáveis que o habitam. Ceder a esses impulsos é se tornar escravo deles e ser levado ao desespero e à loucura.

É por conta disso que a "ralé" estrutural brasileira, como a classe do "corpo" por excelência, pela ausência de incorporação em qualquer medida significativa dos pressupostos emocionais e morais tanto da dignidade do agente racional – disciplina, autocontrole, pensamento prospectivo, que significam a "alma" ou a "mente" – quanto da "expressividade" do sujeito diferenciado – o culto à "sensibilidade", que é a outra forma de se definir "alma" e "mente" –, é uma classe desprezada e não reconhecida. Não é por conta da "maldade" de uma elite perversa – embora isso também possa ser verdade – ou porque o Estado é comandado por "demônios", e o mercado, por "santos virtuosos" – o que certamente não tem um grama sequer de verdade. Todo processo de dominação social se baseia em formas de "violência simbólica", ou seja, em mecanismos que obscurecem e "suavizam" a violência real e a tornam "aceitável" e até mesmo "desejável", inclusive para suas maiores vítimas. Um desses mecanismos é

CONCLUSÃO

precisamente o "deslocamento" das causas verdadeiras da injustiça social para "espantalhos" inofensivos que não incomodam ninguém, como uma "elite má e abstrata que se refere a todos e a ninguém", ou oposições do tipo "Estado corrupto" versus "mercado santinho" etc. A crítica social é transformada em mero "gesto ritual", sem qualquer consequência efetiva.

Na verdade, a "violência simbólica" é atualizada "cotidianamente", por todos nós, nos mais "inocentes" encontros casuais na rua entre pessoas de classes diversas e nos rituais de subordinação e autoridade que isso envolve, até a "má-fé" institucional generalizada, aceita e legitimada por todos, como vimos anteriormente na nossa pesquisa empírica. É esse cotidiano, tornado invisível porque sua violência é jogada "lá longe" numa elite ou num Estado que não é de ninguém, que, na verdade, atualiza os critérios de classificação e de desclassificação social que condenam, desde o berço, ao fracasso e ao desespero, um terço dos brasileiros. É o abandono social de toda uma classe, objetivamente percebida como "animalizada", já que a definição dominante de "humanidade" a exclui, que é legitimada na prática social, ainda que seja negada como "discurso consciente" todos os dias pelas mesmas pessoas que as implementam na realidade cotidiana dos atos que praticamos sem refletir.

Essas regras que "humanizam" e elevam alguns e "animalizam" e estigmatizam outros se encontram hoje em dia consolidadas como os imperativos funcionais – ou seja, sem eles essas instituições deixam de existir – da reprodução das duas instituições modernas mais importantes: mercado competitivo e Estado centralizado. Se o indivíduo, no contexto religioso pré-moderno, tendia a aprender a disciplina e o autocontrole como forma de "agradar a Deus" e atender ao interesse ideal da salvação eterna, o indivíduo moderno internaliza em ainda maior grau o controle do corpo e de suas pulsões como forma de atender ao interesse material da sobrevivência – não há vida fora do mercado – e a todo tipo de interesse ideal em distinção social e prestígio. Mercado e Estado, ao monopolizarem todas as chances, não só de sobrevivência material, mas principalmente do prestígio, do reconhecimento social e da autoestima associada ao sucesso econômico, constituem os indivíduos flexíveis, dóceis e disciplinados dos quais necessitam para se reproduzir no tempo.

Se o controle do corpo e de suas pulsões era o caminho para a salvação no "outro mundo", passa agora, em condições modernas, a ser o caminho para a salvação "neste mundo", na medida em que não apenas o sucesso econômico mas também todas as chances de reconhecimento social e autoestima passam a estar ligados ao desempenho diferencial no mercado e no Estado. O problema é que a produção em massa de indivíduos dóceis, flexíveis e disciplinados, adaptados às necessidades de mercado e Estado, não é facilmente generalizável. A primeira classe social cuja economia emocional foi marcada por contenção, disciplina e pensamento prospectivo (o futuro é mais importante que o presente) foi a burguesia. Grande parte da força da burguesia enquanto classe dominante reside precisamente na quebra da dupla moral que caracterizava toda a classe dominante pré-moderna. Como a burguesia é a primeira classe dominante que trabalha, ou seja, que assume também para si as contenções e as renúncias que o trabalho cotidiano exige, ela pode, com muita legitimidade, propor para as classes inferiores sua própria economia emocional e seu próprio padrão de conduta.

A EXPANSÃO DO RACIONALISMO OCIDENTAL PARA A PERIFERIA E A SINGULARIDADE DA DESIGUALDADE SOCIAL BRASILEIRA

Esse é o contexto que explica o "aburguesamento" das classes trabalhadoras no quadro europeu. Como uma "economia emocional" peculiar baseada na disciplina e no autocontrole passa a ser o fundamento dos dois papéis sociais básicos da sociedade moderna, o papel do trabalhador útil e pro-

CONCLUSÃO

dutivo na economia e o papel do cidadão na política, apenas um efetivo processo de expansão às classes inferiores da moralidade burguesa poderia produzir alguma forma de igualdade social efetiva. Os requisitos psicossociais para o trabalho produtivo são os mesmos da cidadania política. Sem autocontrole, disciplina e a noção correlata de autorresponsabilidade, não é possível a adaptação ao ritmo produtivo da máquina e da fábrica capitalista — que se impõe de "fora para dentro" para o trabalhador — nem a contenção do cidadão que percebe seu espaço de ação e respeita o espaço alheio. Não há cidadania possível sem a "internalização", ou melhor, sem a "in-corporação" de dada "economia emocional". Mais que a "internalização" de normas, que sugere uma apropriação meramente "intelectual", a "in-corporação" se refere a regras "afetivamente" tão bem-internalizadas que se tornam automáticas, se tornam "corpo" que "atua" sem mediação da "mente" ou "consciência", de toda uma "hierarquia de conduta" que define espaços e limites de ação constantemente de todos nós.

Isso não é algo, sabemos nós brasileiros muito bem, que a "lei" produza. Não se produz homogeneização e generalização de certa economia emocional "correta" por decreto. A lei que diz que todos são iguais não produz qualquer efeito se os indivíduos e as classes aos quais ela se dirige não forem, efetivamente, por um processo de aprendizado coletivo, "tornados iguais" no sentido de possuírem disposições semelhantes de comportamento em alguma medida significativa. Assim sendo, as sociedades europeias que lograram efetivamente construir um espaço comum entre burguesia e classes inferiores foram também aquelas que construíram condições efetivas de alguma igualdade social. A lei da igualdade social só possui realidade efetiva nas sociedades que, a partir de uma mobilização social consequente e refletida, "aburguesaram" em alguma medida significativa o camponês, o proletário e o subproletário.

A característica periférica da modernidade de sociedades como a brasileira não reside, portanto, em nenhum "jeitinho", em nenhuma "emotividade" pré-moderna, nem em qualquer dessas muletas explicativas retiradas do senso comum e de nosso mito nacional. A modernidade de países como o Brasil é "deficiente", seletiva e periférica porque jamais foi realizado aqui um esforço social e político dirigido e refletido de efetiva equalização de condições sociais das classes inferiores. A inclusão das classes inferiores no Brasil foi sempre percebida – até pelos melhores, como Florestan Fernandes – como algo que o mercado em expansão acabaria por incluir como que por mágica. Os esforços assistencialistas de ontem e de hoje, que são fundamentais (é melhor que existam do que não), mas insuficientes, nunca tocam no ponto principal por serem iniciativas condenadas a curto prazo. Essa é a diferença que explica efetivamente a distância social de sociedades modernas periféricas como a brasileira e sociedades modernas centrais como Alemanha, França ou Holanda.

Isso não implica a idealização dessas sociedades como verdadeiramente igualitárias. Longe disso. Em todos esses países é fácil identificar quem é trabalhador ou camponês e quem é um burguês da classe média. Uma moça da classe média alemã ou francesa vai querer, com toda a probabilidade, namorar um rapaz de sua classe que entende de cinema ou literatura ou de vinhos e moda e casar-se com ele, e nunca com o rapaz mais "rude" da escola técnica onde normalmente os jovens das classes inferiores estudam. As distinções construídas pelo "expressivismo", seja efetivo, seja na versão consumista e pastiche, separam classe média e alta das classes inferiores em todos os lugares do mundo. A busca de uma personalidade cultivada e sensível, real ou imaginária, vai separar por linhas invisíveis de preconceito e unir por linhas invisíveis de simpatia pessoas com o mesmo tipo de identidade de classe aqui no Brasil ou na Suécia, para citar um país exemplar em termos de relações igualitárias.

No entanto, ainda que essas formas nada desprezíveis de desigualdade tenham livre curso mesmo nessas sociedades moral e politicamente mais avançadas – não só no PIB, como nós brasileiros nos comparamos sempre – que a nossa, a presença efetiva de um processo refletido de generalização da economia emocional necessária ao trabalho produtivo e útil capaz de atender às crescentes demandas do mercado capitalista, para todas as classes, foi capaz de criar uma efetiva esfera de "cidadania" realmente existente nesses países. O valor dos seres humanos é definido social e historicamente. Essa afirmação é apenas aparentemente óbvia. Um "monte de carne e músculo que anda" pode não ter nenhum valor como a história tantas vezes nos mostrou e ainda nos mostra todos os dias. O que confere "valor" e "respeito" aos seres humanos? Se levarmos a sério as duas fontes de valor moral abertas pelo mundo moderno, veremos que "cidadão", com direitos respeitados por todos, será apenas o sujeito definido como "agente racional". O controle do corpo e suas pulsões é o pressuposto dessa "racionalidade", na medida em que apenas o indivíduo disciplinado, plástico, autocontrolado e que se define pelo futuro e não pelo presente é que pode, como ainda iremos ver em detalhe, "gerir" a sua vida e desempenhar as funções de produtor útil e cidadão.

Assim sendo, ainda que campeiem diversas formas de preconceito e de desigualdade cimentadas na intimidade das classes superiores com relação à dimensão expressiva, o trabalhador e camponês europeu moderno é tão "gente" e cidadão quanto o europeu das classes superiores na esfera jurídica e política. Ainda que uma burguesa francesa ou alemã quase nunca se case com alguém das classes inferiores, ela não pode, por exemplo, atropelar um membro dessas classes impunemente como acontece todo dia no Brasil com nossa "ralé". As polícias francesa ou alemã também não podem chegar atirando e matando impunemente, mesmo nos bairros pobres dos imigrantes em Paris ou Berlim, como acontece todos os dias em todas as grandes cidades brasileiras. Como se construiu, entre nós, uma gigantesca "ralé" de pessoas sem nenhum valor? Por que essas pessoas não reagem politicamente a sua humilhação cotidiana? Por que a existência dessa "ralé" é a contradição social e política mais importante do Brasil moderno?

A MÁ-FÉ DA SOCIEDADE

Quem reflete sobre a existência insofismável da precariedade da vida de cerca de um terço da população brasileira sempre imagina causas longínquas acerca das quais não há mesmo nada a fazer. A "herança da escravidão", os "quinhentos anos de desigualdade" são exemplos típicos de uma linguagem eufemizante e escamoteadora destinada a relaxar responsabilidades e contribuir, com isso, para a naturalização dessa mesma desigualdade. Ainda que a escravidão, sem dúvida, dificulte enormemente as condições de entrada no mercado capitalista dos ex-escravos, o verdadeiro problema é a inexistência de qualquer política ou consenso social no sentido de reverter esse quadro, como Joaquim Nabuco já denunciava há mais de cem anos.[9] Assim, a verdadeira causa desse flagelo não é a escravidão, mas o abandono secular de ex-escravos e de uma maioria de homens livres – tão sem eira nem beira quanto os próprios escravos e de qualquer cor de pele, à sua própria sorte ou, mais realisticamente, ao "próprio azar".

As sociedades que lograram homogeneizar as precondições psicossociais indispensáveis a uma integração bem-sucedida na sociedade de mercado para todas as classes o fizeram como uma tomada de decisão refletida e consciente com intervenção dirigida do Estado, da Igreja e de associações civis.[10] Foi a ausência, até nossos dias, de qualquer preocupação efetiva com a remissão desse exército de párias e desclassificados sociais que é a verdadeira causa de um conflito social tão mal compreendido. Como nossos capítulos iniciais mostraram, não temos sequer consciência de que produzimos essa "ralé" de desclassificados. Nossos conflitos são percebi-

---

9 Joaquim Nabuco, *O abolicionismo*, Rio de Janeiro, Nova Fronteira, 1999.
10 *Ver* Robert Bellah, *The Broken Covenant*, Chicago, University of Chicago Press, 1992; E. P. Thompson, *The Making of the English Working Class*, New York, Vintage Books, 1966; Eugen Weber, *Peasants into Frenchmen*, Stanford, Stanford University Press, 1976.

dos sempre em outro lugar, no "Estado corrupto" e/ou em uma "elite má" que ninguém define, o que só contribui para o contínuo e secular obscurecimento de nossos conflitos sociais mais importantes.

Não temos, até hoje, sequer a "consciência analítica" e intelectual e, consequentemente, não podemos ter também a "consciência política" de que produzimos essa classe de despossuídos. Novamente, é claro que "vemos" os pobres na rua, mas isso não significa compreender por que eles são tão pobres nem por que continuam a sê-lo, nem, muito menos, o que produz e reproduz essa pobreza. Então, assumindo o desafio como nosso, o que produz e reproduz essa pobreza e humilhação cotidiana? Como "compreender" processo social tão obscurecido e escondido entre nós? O primeiro ponto fundamental é se afastar de uma definição econômica das classes sociais. Não é a renda que define o pertencimento a uma classe, como pensa o senso comum e as concepções "científicas" baseadas nos preconceitos do senso comum. Ao contrário, a renda é mero efeito de fatores não econômicos – ainda que condicionados por uma condição socioeconômica particular – aprendidos em tenra idade. O que é sempre escondido e nunca percebido nessa questão é o fato de que as classes sociais se produzem e se reproduzem, antes de tudo, "afetivamente" por herança familiar.

Esse é o aspecto ao mesmo tempo mais importante e menos visível para o processo de legitimação da dominação social muito especialmente na modernidade periférica. Como a classe média, a principal classe "suporte" dos valores dominantes – que é também a classe da maioria dos intelectuais, jornalistas, políticos, juízes etc. –, tende a generalizar para todas as outras classes sua própria experiência do mundo, cria-se a figura fictícia da sociedade como composta por um conjunto de *Homo economicus* com as mesmas disposições para o comportamento prático. Assim, as capacidades da disciplina, do autocontrole, do cálculo prospectivo que permitem a ideia e a prática da noção de personalidade autorresponsável e racional, que são na realidade as causas sociais da posição dominante das classes média e alta, são simplesmente "supostas" como características universais de todas as classes sociais. É isso que permite generalizações absurdas do tipo "o brasileiro" em geral e a pseudocrítica liberal das classes marginalizadas como culpadas da própria exclusão e miséria, como vimos em detalhe na crítica ao livro de Alberto Almeida. Se todas as classes sociais possuem os mesmos recursos sociais, então a marginalidade e a pobreza só podem ser culpa da própria preguiça, da burrice e do "arcaísmo" dos marginalizados. Em pesquisas como a de Alberto Almeida, podemos ver de modo "articulado" o senso comum inarticulado dominante – para todos os brasileiros de todas as classes – que "naturaliza" e legitima a desigualdade social brasileira em todas as suas dimensões.

Como se constrói "afetivamente", ou seja, de modo "invisível" toda uma numerosa classe de humilhados e ofendidos? O que não é percebido pela generalização liberal do *Homo economicus* flexível e racional das classes médias para toda a sociedade é que as pessoas nascem dentro de um contexto familiar e social muito concreto e peculiar. Como vimos sobejamente na nossa pesquisa empírica, para a "ralé" esse contexto é disruptivo e tende precisamente a reproduzir sua própria exclusão. O que a classe média aprende na escola é uma mera extensão das virtudes que já estavam sendo aprendidas desde o berço. Como esse aprendizado se dá por identificação afetiva com as figuras paternas (ou as que cumprem esse papel), ele adquire a forma de uma "segunda natureza",[11] a qual é percebida como óbvia, não consciente e já dada. O processo de construção afetiva e social de tipos humanos tão diferentes, que é a base para a compreensão de toda a dinâmica social, é simplesmente obscurecido.

---

11 É essa "segunda natureza" que Pierre Bourdieu chama de *habitus* de classe, passado de geração a geração por imperceptíveis heranças emocionais e morais familiares, para indicar um comportamento social que nada tem a ver com nossas "intenções" ou "racionalizações" explícitas.

CONCLUSÃO

O resultado desse processo pode ser percebido com toda a clareza na diferença de desempenho da classe média e da "ralé" na escola. A escola é uma das principais instituições para a produção dos indivíduos flexíveis e dóceis dos quais tanto o mercado quanto o Estado tanto necessitam para sua reprodução cotidiana. No caso da criança da classe média, a escola é, na realidade, uma mera continuação da formação familiar de pequenos seres humanos disciplinados e regidos pelo princípio do desempenho diferencial. Esse aprendizado não é necessariamente violento e explícito. Ao contrário, nos lares de classe média, esse tipo de aprendizado recebe o nome de "amor" e de "cuidado" dos pais. Todo dia uma série de sinais invisíveis como "não coma desse jeito", "acabou a hora de brincar", "não veja tanta TV, vamos ler juntos um pouquinho agora", "respeite o brinquedo de seu amiguinho", "guarde sua própria roupa", "arrume essa bagunça", "olha como a vovó gosta de você, ela acabou de fazer seu prato preferido" etc. sinaliza à criança de classe média que o processo de disciplinarização da qual ela é objeto é, em si, produto do amor de seus pais e familiares a ela.

Desse modo, as noções de disciplina e de autorresponsabilidade podem ser incorporadas de modo invisível, cada dia um pouquinho e acompanhando o desenvolvimento da criança, não apenas como uma violência de fora para dentro, mas também como "atos de amor cotidianos". Essa é a chave para um processo bem-sucedido de "identificação afetiva" com os valores e com a visão de mundo dos pais. A partir desse mecanismo de identificação afetiva, a criança de classe média passa a paulatinamente julgar todas as suas ações pela conformidade ou não conformidade com esse conjunto de valores cada vez mais percebidos como próprios e "naturais", não como aprendidos. Como esses valores e concepções de mundo são produtos de pessoas em relação às quais a dependência da criança é absoluta, eles assumem pouco a pouco o caráter de "sagrado", sendo internalizados não apenas como "conteúdos intelectuais", mas como disposições inconscientes sobre as quais não se reflete, nem se escolhe, mas que constituem por assim dizer uma visão de mundo tornada "corpo". Assim como o ato de respirar, que fazemos automaticamente e sem refletir, ou o fato de termos dois olhos e duas pernas, coisas que aceitamos sem refletir, esse tipo de concepção de mundo tornada carne e sangue transforma valores peculiares a uma classe privilegiada numa "segunda natureza" tida como óbvia e universal.

Na verdade, rigorosamente, toda a sociedade funciona de acordo com essa "segunda natureza" invisível que guia todas as nossas ações mais importantes sem que sequer nos demos conta disso. Este é o maior desafio de um livro como o nosso: como dizer a leitores que se pensam como sujeitos livres, autônomos, independentes, construtores de sua vida e criadores dos próprios valores que, na verdade, nós todos somos, em medida muito significativa, marionetes num teatro em que desconhecemos o drama? Como mostrar as "nulidades orgulhosas" do mundo moderno, ou seja, o fato de todos nós acreditarmos, como diz Max Weber[12] no final do livro sobre a ética protestante ascética, ter chegado ao ápice da civilização e que funcionamos socialmente, em grande medida pelo menos, por meio de automatismos pré-reflexivos que não percebemos nem compreendemos, se a própria noção de "dignidade" e racionalidade moderna está ligada à noção de consciência? Quem aguenta tamanha ferida narcísica? É por conta disso que a compreensão da complexidade social não depende tanto de erudição, mas, antes de tudo, de "coragem". A coragem de se perceber como "objeto" de fios invisíveis de sentido a que obedecemos sem saber é, no entanto, a única maneira de recuperar alguma forma de intervenção consciente no mundo. Só podemos ser verdadeiramente "sujeitos", em alguma pequena medida que seja, na

---

12 Max Weber, *Die protestantische Ethik und der Geist des Kapitalismus*, Tubinga, J. C. B. Mohr, 1904-1905.

CONCLUSÃO

nossa vida privada ou pública, se nos conscientizamos do quanto somos, na realidade, "objetos" guiados por uma "segunda natureza" que não tem nada de consciente ou "livre".

É possível demonstrar como funcionamos de acordo com essa "segunda natureza" invisível e construída afetivamente por herança familiar. Não é certamente por deliberação consciente que aumentamos insensivelmente o tom de voz com pessoas "inferiores". Não é também por deliberação consciente que "mapeamos" toda a realidade dos encontros e desencontros sociais por uma avaliação das pessoas por sua roupa, modo de andar e falar, que escolhemos na verdade os amigos e os amores por relações de simpatia "misteriosa", o que cria a ilusão do "amor à primeira vista" quando, na realidade, apenas atualizamos nosso estoque de simpatias fabricado por nossa "segunda natureza". Numa dimensão mais abertamente política, não é certamente por deliberação consciente que nos solidarizamos apenas com os destinos e tragédias de nossos companheiros de classe. Assim, quando ocorre alguma tragédia, como quando jovens de classe média morrem em desastre de carro ou uma bala perdida atinge alguém da classe média, nós todos nos comovemos, e a imprensa publica a foto do rosto, fala sobre a biografia; se a tragédia é grande o bastante, desenvolvem-se discussões públicas e a comoção pública não pode ser maior.

Se uma criança de classe média, como Isabella Nardoni, é jogada do sexto andar, então toda uma "novela das oito" se desenvolve por semanas a fio em todos os canais da TV. Afinal, todos são "gente como a gente", e o vínculo de simpatia e solidariedade de classe nos faz nos pôr "empaticamente" no lugar da vítima ou dos familiares. Exatamente o contrário acontece com as tragédias da "ralé". Elas nunca têm rosto, muito menos comoção e simpatia. O caso de uma menina pobre jogada pelo pai pela janela um dia depois de Isabella só foi anunciado pela TV pela comparação óbvia com o caso de Isabella. As notícias da "ralé", de resto, ficam nas páginas de dentro do jornal, não têm fotos e quase sempre apresentam apenas números: "Sete pessoas morreram ontem em tiroteio no morro da Mangueira."

O que faz uma classe social ser uma classe, ou seja, o que faz certo universo de indivíduos agir de modo semelhante não é, portanto, a "renda", mas a sua construção "afetiva" e pré-reflexiva montada por uma "segunda natureza" comum que tende a fazer com que toda uma percepção do mundo seja quase que "magicamente" compartilhada sem qualquer intervenção de "intenções" e "escolhas conscientes". Esse acordo nunca explicitado – acordo esse, aliás, tanto mais eficiente quanto menos explicitado – só pode ser adequadamente percebido enquanto acordo pelos seus "resultados práticos". Assim, quando alguém da "ralé" é atropelado por um motorista bêbado de classe média ou morto por um policial em uma operação obscura, sabemos todos que até pode haver inquérito, abertura de processo e julgamento, mas a probabilidade é de que o réu seja inocentado ao fim e ao cabo.

Exemplos como esse mostram que não são as ideias conscientes que temos na "cabeça", mas sim "esquemas avaliativos" inscritos numa "segunda natureza" aprendida "afetivamente", esquemas esses compartilhados objetivamente, ainda que opacos e quase sempre irrefletidos e inconscientes, que guiam nossa ação e nosso comportamento efetivo no mundo. É apenas esse tipo de consenso, como que corporal, pré-reflexivo e naturalizado, que pode permitir, para além da eficácia jurídica, uma espécie de acordo implícito que sugere, como no exemplo do atropelamento no Brasil, expectativa de que a polícia "mate o bandido de uma vez" ou, ainda, que se humilhe a prostituta, por meio de "políticas públicas" com todo apoio popular da hipocrisia nossa de cada dia, ainda que ela não cometa nenhum crime. É esse tipo de consenso em benefício das classes dominantes e aceito como legítimo pelas classes inferiores que possibilita que, não na lei, mas na vida nossa de cada dia, algumas pessoas e classes estejam acima da lei, e outras pessoas e classes sociais inteiras, abaixo dela. Existe como que uma rede invisível de "acordos nunca explicitados" que une desde o policial que faz o "trabalho sujo" que as classes média e alta exigem dele, passando pela imprensa que transforma em espetáculo comercial uma violência não compreendida e manipulada, até o debate acadêmico e político que mais esconde e descontextualiza do que mostra e critica. São esses "acordos de classe", que parecem "orquestrados", tamanha a coincidência de interesses, que podem funcionar tão bem precisamente porque, na dimensão consciente dos debates explícitos, esses acordos e sua extraordinária eficácia podem ser substituídos por "intencionalidades de novela", como da "elite má", abstratamente definida, e que, portanto, não incomoda ninguém. Esse é o segredo da violência simbólica de uma dominação social singular na sua perversidade e no seu número, a qual, no entanto, pode ser vivida com "boa consciência" pelas classes média e alta, posto que os culpados são sempre os "outros".

Mais uma vez e com outras palavras: não se trata de "intencionalidade" aqui. Nenhum brasileiro de classe média confessaria, em sã consciência, que considera seus compatriotas da "ralé" uma "subgente" sem direitos e reconhecimento. Parte dessas pessoas, inclusive, vota em partidos de esquerda e participa de campanhas contra a fome e coisas do gênero. A dimensão aqui é objetiva, subliminar, implícita e intransparente. Ela é implícita também no sentido de que não precisa ser linguisticamente mediada ou simbolicamente articulada. Implica, como a ideia de uma "segunda natureza" que compartilha "afetivamente", para além de qualquer consciência, toda uma visão de mundo e uma hierarquia moral que se sedimenta e se mostra como signo social de forma imperceptível a partir de signos sociais aparentemente sem importância como a inclinação respeitosa e inconsciente do inferior social quando encontra com um superior, pela tonalidade da voz mais do que pelo que é dito etc. O que existe aqui são acordos e consensos sociais mudos e subliminares, mas por isso mesmo tanto mais eficazes que articulam, como que por meio de fios invisíveis, solidariedades, de um lado, e preconceitos profundos, de outro. É esse tipo de acordo, para usar o exemplo do atropelamento do pobre-diabo da "ralé" pelo motorista bêbado de classe média, ou da "execução" de um pobre pelo policial, que está por trás do fato de que todos os envolvidos no processo policial e judicial das mortes de "sub--homens" da "ralé", sem qualquer acordo consciente e até contrariando expectativas explícitas de muitas dessas pessoas, terminem por inocentar seu compatriota de classe média ou o policial assassino.

Ele não é inocentado porque as pessoas envolvidas consideram que não se deva punir quem mata um ser humano por descuido. Ele é inocentado porque não matou, na verdade, um "ser humano", mas sim alguma coisa abaixo do humano, como um cão ou uma galinha, e ninguém vai preso por matar uma galinha. Como o valor dos seres humanos é construído socialmente, numa sociedade que não homogeneizou o tipo humano considerado digno de respeito e reconhecimento nas condições objetivas do capitalismo moderno, vai sempre haver um discurso "para inglês ver", o da igualdade e da lei para todos, e outro efetivo, nunca admitido, mas sempre perceptível nos "resultados práticos" de todas as práticas sociais e institucionais.

A PASSIVIDADE POLÍTICA E A MISÉRIA EXISTENCIAL E MORAL DA "RALÉ"

Mas e a própria "ralé", como classe do "corpo" sem conhecimento (capital cultural) nem dinheiro (capital econômico)? Por que ela não reage ao seu desvalor e sua humilhação cotidianos? Afinal, para a classe média brasileira, ainda que esta possua suas próprias tragédias, o mundo é, pelo menos no sentido material, "muito bom". Existe uma classe despossuída que trabalha para ela a baixo preço, cuida de seus filhos, de sua casa, de sua comida, previne a luta de gênero pela divisão de tarefas domésticas, oferece serviços sexuais de baixo preço em profusão, e assim por diante.

CONCLUSÃO

Mas não são as classes oprimidas que devem se revoltar? Por que não existe revolta na "ralé" brasileira? Por que a sua "resistência" jamais atinge o estágio político? Como, afinal, se produz e se reproduz uma enorme classe social de despossuídos "invisíveis" enquanto tal para toda a sociedade, inclusive para eles mesmos? Por que, finalmente, essa "classe social", com características tão marcadamente comuns, jamais foi percebida enquanto tal seja analiticamente, pelas ciências sociais brasileiras, seja politicamente, como tema do nosso debate público?

Para responder a essas perguntas precisamos conhecer não apenas o que os indivíduos da "ralé" dizem de si mesmos, que é sempre também uma "justificação" da própria existência, mas, antes de tudo, como é construída a sua "segunda natureza" social que Pierre Bourdieu denomina de *habitus* de classe. Como vimos, essa "segunda natureza" é construída socialmente por herança familiar e afetiva. Ainda que essa "segunda natureza" possa ser modificada no decorrer da trajetória individual, ela também estabelece limites e possibilidades para essas mudanças possíveis. E como a regra social é a da continuidade e da reprodução do mesmo – desconhecer isso é não perceber os efeitos da dominação social –, é o acesso a essa "segunda natureza" que pode nos ajudar em todas as perguntas que enumeramos anteriormente.

A típica família da "ralé" é muito diferente da família de classe média. Em grande medida, a família da "ralé" apresenta traços marcantes de "desestruturação familiar", como já havia notado Florestan Fernandes no seu estudo pioneiro da década de 1950 sobre a "ralé" de cor negra em São Paulo.[13] Um primeiro traço marcante dessa desestruturação familiar

---

13 *Ver* Florestan Fernandes, *A integração do negro na sociedade de classes*, São Paulo, Ática, 1978. O limite da análise de Florestan, que não tinha os desenvolvimentos da teoria social a que temos acesso hoje, foi confundir determinação de classe e de raça contribuindo para a continuação do grande imbróglio da ciência social crítica brasileira até hoje. Sobre esse ponto, *ver* Jessé Souza, "Por uma teoria da ação social da modernidade periférica: um diálogo crítico com Florestan Fernandes", in: Jessé Souza, *A invisibilidade da desigualdade brasileira*, Belo Horizonte, Editora UFMG, 2006.

é o fato de que as relações familiares na "ralé", em medida comparativamente muito maior que na classe média, são marcadas pelo domínio de "relações instrumentais" caracterizadas pelo abuso afetivo de todo tipo dos mais "fortes" em relação aos mais "fracos". Uma das formas mais assustadoramente frequentes de abuso que encontramos em nossa pesquisa foi o abuso sexual dos pais em relação às filhas e até aos filhos, e dos mais "velhos" em geral em relação aos mais "novos". A "naturalização" desse tipo de comportamento na "ralé" inclui até mesmo a justificação – embora a regra seja o silêncio conivente – desse tipo de comportamento por pais que dizem que não vão ser os "tolos" que criam mulheres para que "outros" homens possam se "aproveitar".

A surpreendente, para todos nós envolvidos na pesquisa, quase ubiquidade do abuso sexual nessa classe social é apenas um dos indicadores da extrema fragilidade do tipo de "economia emocional" que é o substrato do tipo de indivíduo produzido pela maioria das famílias da "ralé". Grande parte dessas famílias também é encabeçada pela figura feminina da mãe, na medida em que os homens, muito frequentemente, trocam de parceiras com facilidade e abandonam os filhos à própria sorte. Em número considerável, esses homens possuem a experiência da humilhação cotidiana como um fardo percebido como própria culpa – a ideologia dominante da "meritocracia" é especialmente influente na "ralé" –, e muitos deles se afundam no alcoolismo como forma de esquecer um cotidiano brutal e hostil. Ainda que os homens sejam "ausentes" – sempre em medida comparativa em relação à classe média –, o "machismo", ou "sexismo", uma realidade marcante em todas as classes no Brasil, é especialmente virulento nas classes baixas e na "ralé". O simples fato de ser homem pode permitir tanto a exploração do trabalho da mulher quanto o abuso conivente de filhas e filhos dessa mesma mulher, já que, como vimos na parte empírica, mulher sem homem na favela é "toco pra cachorro mijar".

CONCLUSÃO

O domínio de relações abertamente instrumentais entre os pais e entre os pais e os filhos, reproduzindo um processo histórico que atravessa gerações com pouquíssimas diferenças, com os pais atuais na verdade reproduzindo formas de comportamento das quais foram também vítimas como filhos e filhas no passado, é um dado fundamental para que possamos compreender a reprodução da "ralé" como uma classe de desclassificados sociais. Ao contrário do senso comum e das teorias baseadas no senso comum que imaginam que todas as pessoas possuem as mesmas precondições emocionais e sociais para a competição social, cada classe produz um tipo muito distinto de indivíduo o qual – salvo as exceções sempre existentes, mas sempre em pequeno número – cumpre, desde tenra idade, um "destino de classe" inexorável.

Como se constrói esse "destino"? Como podemos aprender com teorias críticas de autores da vanguarda da teoria social internacional, os indivíduos são marcados em toda a sua trajetória de adultos por estímulos ou pela ausência de estímulos emotivos e morais recebidos desde tenra idade. Assim, como nos ensina o filósofo e sociólogo alemão Axel Honneth, o reconhecimento da criança como um "fim em si", ou seja, a percepção da criança de que ela é amada pelo simples fato de existir como ela é, e não como possível "instrumento" para as mais diversas necessidades dos adultos, é uma precondição fundamental para a construção de um adulto maduro e produtivo. Honneth, como já vimos, chama esse tipo de "segurança existencial" de "autoconfiança". Sem autoconfiança, o indivíduo dificilmente pode cumprir com sucesso os diversos papéis sociais da vida adulta como produtor útil e cidadão, por exemplo.

Existem, portanto, "precondições" não só materiais, mas, também, emocionais e simbólicas que explicam como classes sociais inteiras são construídas e reproduzidas como bem-sucedidas ou fracassadas desde o berço. Perceber isso é perceber também o caráter superficial e enganoso da grande ideologia e da grande "ilusão" de todas as sociedades modernas que é, como vimos, a crença na "igualdade de oportunidades", o fundamento mesmo da "ideologia meritocrática" e, portanto, de toda a legitimação política de qualquer sociedade moderna.

De que modo essas precondições emocionais constroem um "destino" inapelável para a grande maioria dos indivíduos da "ralé" brasileira? Os relatos e interpretações de nossa pesquisa empírica permitem explicar esse ponto sobejamente. Afinal, todas as disposições para o comportamento prático que imaginamos "naturais" são, na verdade, social e familiarmente construídas. Peguemos, apenas a título de exemplo, a "capacidade de concentração", que se imagina, no senso comum, ser uma capacidade de todas as pessoas de todas as classes sociais. No relato do pai de família lavador de carros de Campos dos Goytacazes, ele não reclama da falta de escola. Seu fracasso escolar e, como consequência, seu fracasso na competição no mercado são percebidos como sua própria culpa pela sua "incapacidade de se concentrar" na sala de aula. Ele relata que ficava horas a fio "olhando o quadro-negro", mas nada entrava em sua cabeça porque se sentia incapaz de se concentrar. Esse é o tipo de relato que ideólogos conservadores como Alberto Almeida "adoram". Afinal, não é o próprio sujeito que está dizendo que ele é mesmo burro e preguiçoso, o "arcaico" na visão de Alberto Almeida, incapaz de compreender e aprender?

Porém, e se nos decidirmos a refletir um pouquinho mais e nos perguntarmos algo que ninguém nunca pergunta – como, afinal, se aprende essa misteriosa disposição de se "concentrar"? Será que basta que o pai ou a mãe diga, abstratamente, o quanto a escola é importante para vencer na vida, como acontece comumente na "ralé", se o exemplo desses pais, em que a escola foi tão pouco eficaz na realidade cotidiana, nega o que eles afirmam da "boca para fora"? Se essas "disposições" para o comportamento, como a disposição para se "concentrar", aprendizado dificílimo já que oposto à dispersão dos inúmeros estímulos imediatos, não se aprendem com uma simples "ordem" ou "conselho", é porque exigem "identificação afetiva"

CONCLUSÃO

com o "exemplo" prático de quem ensina. Que pense o caro leitor junto comigo: o que marca mais a criança, perceber que o pai lê jornais e livros sendo efetivamente capaz de se concentrar horas seguidas, induzindo a criança, que o ama e admira, a se "identificar" afetivamente, ainda que sem qualquer consciência desse fato, com essa "disposição" do pai, ou a admoestação abstrata da "importância do estudo e da escola", quando a criança percebe que nem a escola nem o estudo propiciaram qualquer mudança nas disposições para o comportamento dos pais?

É precisamente esse tipo de "aprendizado invisível" de disposições, por herança afetiva e familiar, que permite criar crianças de classe média "vencedoras", mesmo antes de se chegar à escola, que muitas vezes apenas ratifica e "carimba" com o selo do Estado ou do mercado o estatuto de vencedor no futuro mercado de trabalho competitivo. Para as crianças da "ralé", para quem o aprendizado das disposições afetivas que serão exigidas pela escola lhes é algo estranho e externo, o "carimbo" da escola como mau aluno, repetente e finalmente desistente é apenas a primeira experiência de que existe um mundo para o qual ele simplesmente não foi "convidado". Um mundo em relação ao qual ele é estrangeiro, excluído, malvisto, indesejável, e tudo isso por sua "própria culpa", como dizem os liberais/conservadores – que dominam o debate público brasileiro – hoje em dia sem qualquer pejo ou vergonha. Como a herança familiar nunca é tematizada nem sequer percebida, especialmente pelos próprios dominados, a produção de classes sociais inteiras, diferencialmente produzidas e reproduzidas pela "fabricação" de indivíduos com recursos morais e afetivos completamente distintos, torna-se invisível para toda a sociedade.

Mas essa construção diferencial de seres humanos não abrange apenas um ou outro detalhe da construção invisível de "segundas naturezas" cuja gênese e, portanto, suas causas efetivas são sempre, em grande medida, invisíveis. Essa construção abrange o ser humano como um todo. É por conta disso que a preocupação meramente econômica com o tema da desigualdade – perspectiva quase que absolutamente dominante no Brasil, seja no debate acadêmico, seja no debate público –, que imagina "adaptações automáticas" à racionalidade e aos estímulos econômicos, é tão ingênua quanto fadada ao fracasso. Um perfeito exemplo da "ingenuidade economicista" – que não é privilégio de economistas, mas de boa parte dos cientistas sociais, da imprensa e dos políticos – é quando percebemos o quanto a capacidade de "calcular" e "prever" os dois pilares do "comportamento econômico racional" é construída diferencialmente por classes; são produtos do pertencimento a classes sociais específicas.

Afinal, tanto a capacidade do cálculo quanto a capacidade de previsão ou de pensamento prospectivo – em que o futuro é mais importante que o aqui e agora – também são disposições aprendidas de modo invisível e afetivo por herança familiar. Na família de classe média, toda a educação burguesa está orientada à disciplina das pulsões. Exortações dos pais em relação aos filhos, tais como "não coma tanto chocolate", "veja menos TV", "faça seus deveres antes de brincar", "é hora de dormir", "é hora de estudar", "de ir à natação", "à aula de piano" etc. indicam um processo cotidiano e totalizador de controle das inclinações naturais, por uma noção de disciplina percebida pelas crianças muitas vezes como uma violência imposta de fora para dentro. A disposição ao cálculo abstrato e à previsão só pode se formar com a "in-corporação" insensível, paulatina e por conta disso tornada "natural", virtualmente uma "segunda natureza" baseada no autocontrole. Só pode calcular, planificar e ser "racional" quem controla o corpo e suas pulsões e necessidades imediatas. Não existe futuro para quem é escravo de suas necessidades e inclinações naturais imediatas. Esse privilégio das classes média e alta é o que assegura também a reprodução indefinida e legitimada – posto que invisível – desse mesmo privilégio no tempo.

Para quem é premido por necessidades de todo tipo ligadas à sobrevivência imediata, o mundo do "aqui e agora", como no caso da "ralé",

CONCLUSÃO

a vida é toda marcada pela precariedade e escassez. Não tendo recebido dos pais em casa estímulos corporificados em exemplos concretos, condenados ao fracasso escolar, os jovens da "ralé" são jogados muito cedo, frequentemente desde os 9 ou 10 anos, na competição social sem qualquer preparo. Disponível para aceitar qualquer trabalho precisamente porque não está preparado para exercer nenhum, toda a vida é posta sob o signo da arbitrariedade. Num contexto de desemprego estrutural como o brasileiro, a própria colocação em atividades mal pagas e com baixo reconhecimento social é sempre muito difícil. O recurso às poucas "relações sociais", ao "pistolão", se explica nesse contexto de luta interna de todos contra todos entre os próprios despossuídos.

A teoria superficial e conservadora do "jeitinho brasileiro" de um Roberto DaMatta se alimenta de incompreensões básicas acerca desse processo de dependência social. Primeiro o "jeitinho" não é "brasileiro", mas de todas as classes precarizadas e desesperadas em qualquer lugar do mundo moderno, como a brilhante análise de Bourdieu sobre a "ralé" argelina – que ele chama de subproletários – dos anos 1960 mostra sobejamente.[14] O "conto de fadas" sociológico da absoluta singularidade brasileira apenas obscurece a verdadeira percepção de quais são os nossos reais problemas sociais. Em segundo lugar, misturar a absoluta dependência dos pobres com a desfaçatez e o privilégio dos ricos e poderosos e chamar os dois pelo mesmo nome de "jeitinho" equivalem a não compreender nem um nem outro fenômeno e ainda confundi-los num mesmo nome. Essa confusão não é inofensiva. É ela que ajuda a manter nosso debate acadêmico e político no seu atual estado falimentar sob a égide de uma interpretação conservadora que obscurece sistematicamente nossos conflitos sociais mais fundamentais.

---

14 Pierre Bourdieu, *O desencantamento do mundo*, São Paulo, Perspectiva, 1979

Na realidade, sendo vítima de um mundo cujas leis desconhece, a busca pela proteção de "pessoas poderosas" ou de qualquer pessoa que possa intermediar um "bico" ou uma pequena vantagem tem uma explicação completamente diversa de um suposto "mal de origem" do povo brasileiro. Como toda a competição no mercado capitalista com alguma esperança de sucesso pressupõe "in-corporação" de capital cultural – ou de capital econômico, sendo frequente alguma forma de combinação dos dois – sob a forma de conhecimento escolar ou técnico, a classe social que estamos chamando aqui provocativamente de "ralé" tem toda a sua especificidade como classe precisamente marcada pela ausência da incorporação, em qualquer medida significativa, desses capitais. Sem que o "corpo" seja perpassado e transformado por autodisciplina e conhecimento útil passível de ser utilizado no mercado de trabalho competitivo, o que marca essa classe social como classe é precisamente sua redução social ao estatuto de "mero corpo".

Isso não significa que a "ralé" não seja também explorada sistematicamente em subempregos. Pelo contrário, a sua não incorporação no estrato competitivo do mercado de trabalho, reservado às outras classes, a torna um joguete impotente e passivo de uma lógica social excludente que explora o trabalho não qualificado. Entre as mulheres da "ralé", são as empregadas domésticas, faxineiras, lavadeiras ou prostitutas – a perfeita metáfora "real" de quem só tem o corpo e é obrigado a vendê-lo – que trabalham nas casas de classe média ou para a classe média. Essas mulheres permitem, a baixo preço, toda uma posição privilegiada às classes média e alta brasileira – em comparação inclusive com seus companheiros de classe europeus – que pode, assim, ser poupada de grande parte do cotidiano e custoso trabalho doméstico. É esse tempo de trabalho poupado por uma classe privilegiada que pode, então, ser reinvestido em atividades reconhecidas e lucrativas "fora de casa". Os homens da "ralé", como vimos na pesquisa, estão envolvidos em atividades que exigem trabalho muscular

CONCLUSÃO

e não qualificado, como ambulante, biscateiro, lavador de carros, vigia, transportador de carga pesada etc., e servem aos mesmos fins das mulheres.

Apesar de essa classe ser efetivamente explorada por outras classes que podem comprar o privilégio de não se envolver cotidianamente com atividades que exigem muito tempo e esforço corporal, esse tipo de trabalho incerto, precário, mal pago e desvalorizado marca toda a vida e todo o comportamento de seus membros. Como a prisão no "aqui e no agora" das necessidades primárias de sobrevivência impede qualquer cálculo racional de probabilidades reais, toda a vida é vivida como "jogo de azar", comandada por subjetividades poderosas. É isso que explica, como vimos no texto de Roberto Torres e Emerson Rocha, o extraordinário apelo da religiosidade fortemente mágica das religiões evangélicas que tanto crescem no Brasil, muito especialmente na "ralé". Como diz Bourdieu numa de suas fórmulas lapidares, "a esperança mágica é a mira de futuro própria daqueles que não têm futuro".[15]

A vida vivida como jogo de azar, fruto da percepção afetiva e pré-reflexiva da própria impotência real, tende a atribuir toda a potência para seres benéficos e maléficos que comandam toda a dimensão profana e mundana. Assim, a miséria mais desumana não é condição necessária para a revolta política. Ao contrário, apenas aqueles que têm o privilégio de ser explorados de modo permanente e racional podem também ter acesso a uma consciência realista e possível das transformações de uma ordem social injusta. Para os esmagados por uma ordem incompreensível cujo sofrimento não pode deixar de ser vivido não só como natural mas acima de tudo como "merecido", pelo efeito da "culpa individualizada" da ideologia meritocrática percebida como verdade absoluta, resta o devaneio das "saídas mágicas" ou o ressentimento individualizado contra "pessoas". Esse "ressentimento" pessoalizado é visível tanto nas pequenas

---

15 *Ibidem*, p. 102.

sabotagens de empregadas em relação às patroas – fofocas, pequenos furtos – quanto na violência "desnecessária" de assaltantes que torturam e matam além de roubar.

Afinal, são eles precisamente os maiores oprimidos e as maiores vítimas das ideologias e ilusões, como a fundamental "ideologia da meritocracia", que escondem, como comprovam todos os textos da pesquisa empírica exposta anteriormente, a fabricação social da desigualdade. O "sonho", as expectativas não realistas dos nossos informantes da pesquisa, é o resultado inexorável, como uma espécie de "defesa psíquica" para que se possa "continuar vivo", de indivíduos que não podem assumir o seu próprio "desvalor objetivo". É isso que explica a inevitável queda no fatalismo, na arbitrariedade do devaneio e nas esperanças utópicas que são, na verdade, a negação imediata e mágica do presente. Quando interpretações "politicamente corretas", que abundam entre nós, legitimam esse tipo de expectativa irreal "idealizando o oprimido", elas apenas jogam água no moinho da reprodução continuada da opressão real dessa classe. A necessidade da "ralé" de "fantasiar" a própria vida é compreensível e justificável. Afinal, só pode perceber com clareza a própria miséria social e existencial quem possui, ao menos potencialmente, os meios de superá-la. Que intelectuais, pretensamente de esquerda, façam o mesmo é bem menos compreensível – ainda que se possa perceber os ganhos em popularidade e aceitação imediata que possam advir disso – e menos ainda justificável.

A ausência, muito frequente na ralé, de um emprego regular não acarreta apenas a falta de uma renda segura no fim do mês, mas também todo um sistema de organização coerente do tempo e da vida. A desorganização e a desestruturação sistêmica abrangem todas as dimensões da vida, o que ajuda a explicar também os altos índices de alcoolismo e de desestruturação familiar que encontramos no contexto dos anos de pesquisa empírica. Como as necessidades primárias não são do tipo que se possa adiar, todo o dia presente é vivido sem referência ao dia seguin-

CONCLUSÃO

te. A prisão no "eterno hoje" é a condição inexorável de uma classe de "estrangeiros" obrigados a viver numa ordem fundamentada no cálculo e na racionalidade do planejamento futuro. É isso que explica o fato de os entrevistados despossuídos e nordestinos de Almeida terem, para ele, todas as características de "arcaicos", ou seja, de literalmente viver numa percepção de tempo que não é sua.

É isso que explica por que a miséria da "ralé" brasileira não é apenas econômica, social e política. Ela é, indissociavelmente, também, num sentido muito preciso, como vimos anteriormente, existencial e moral. Afinal, é a própria enorme fragilidade de posição social da ralé que a obriga a perceber suas "escolhas", fruto de circunstâncias adversas e não desejadas, como "escolhas livres", quando são, na verdade, "racionalizações" de escolhas forçadas por circunstâncias que ela não controla. Isso se explica porque a própria necessidade e fragilidade só podem aflorar à consciência quando existe também a possibilidade efetiva de "outras vidas possíveis" e, portanto, da possibilidade real de "mudar a própria vida". Sem uma percepção realista da própria situação, não existe também ação política racional e de longo prazo possível. Assim, o refúgio no devaneio irreal, tão estimulado pelo "politicamente correto" e pelo populismo intelectual e político de todo tipo, é o melhor caminho para a reprodução continuada da própria miséria dos excluídos em todas as dimensões.

COMO ENTENDER OS CONFLITOS SOCIAIS BRASILEIROS DE MODO RADICALMENTE NOVO?

A tese central que perseguimos durante todo este livro é mostrar que a forma como uma sociedade é compreendida – seja no senso comum, seja na reflexão metódica – tem importância fundamental para o grau de justiça social e de amadurecimento político da sociedade como um todo.

Reconhecer a importância e a força das "interpretações dominantes" é reconhecer também que não existe dominação social injusta sem que seja "legitimada" como boa e justa. Como nos ensina Max Weber, todos os estratos de pessoas poderosas e felizes em todas as sociedades dinâmicas e complexas, sejam elas tradicionais ou modernas, necessitam de uma "boa consciência" para si e de reconhecimento dos outros, dos próprios dominados, para seus privilégios.

Dizer isso não implica admitir, ingenuamente, que apenas a crítica das ideias conservadoras da dominação social seja fator suficiente de mudança social. Muito longe disso. A dominação social em sociedades modernas só funciona tão bem porque se fundamenta em interesses que se articulam e se sedimentam de modo opaco e invisível. Assim, o tipo de crítica radical exercitada neste livro está condenado ao silêncio em muitos dos foros acadêmicos e na maior parte dos foros de debate público. Existem interesses de todo tipo que "pré-selecionam" o que deve ser debatido e discutido.

Apesar disso, a crítica das ideias dominantes não é de todo desprovida de sentido prático. Muitas das pessoas e até frações inteiras da classe dominante, das classes média e alta – e sua concepção de mundo – são pessoas e grupos de pessoas sensíveis a "bons argumentos", mesmo quando são críticos de ideias até então "queridas" e "amadas" por essas pessoas e grupos e apresentam uma visão nova da sociedade em que vivem e de seus problemas e conflitos principais. É a esse leitor de "boa vontade", no sentido de um leitor que se permite ouvir e refletir sobre o que é novo e desafiador, que este livro se dirige – até porque o "leitor de má vontade" é, por definição, impossível de ser convencido.

Mas mesmo esse "leitor de boa vontade" deve estar pensando agora: a história do Brasil moderno parece mesmo ter sido a história do encobrimento de seus conflitos sociais principais, sobretudo a do abandono efetivo de toda uma classe social de indivíduos precarizados e excluídos. Mas, o que "eu", leitor de boa vontade dos estratos privilegiados das

CONCLUSÃO

classes média e alta, tenho a ver com isso? Isso não é tarefa dos governos ou da elite? Não são eles, afinal, que possuiriam os "meios" para qualquer mudança efetiva? Esse ponto me parece tão importante para a legitimação do mundo (injusto) como ele é entre nós que resolvi dedicar toda a última parte da conclusão deste livro para desconstruí-lo de modo sistemático. Afinal, é essa ideia que legitima a demissão e a autoindulgência política mesmo dos setores potencialmente mais críticos de nossa sociedade.

Esse ponto só pode ser abordado retomando o fio condutor da ideia-chave deste texto, que é mostrar como a sociedade moderna é, na realidade, comandada por consensos sociais opacos e inarticulados e não, como imagina a percepção dominante, por "subjetividades" todo-poderosas como presidentes, senadores ou, ainda, muito menos, por uma "elite" abstrata que nunca é definida por quem a usa. O "engano" aqui é simétrico ao engano que nos faz imaginar, no senso comum, "sujeitos" todo-poderosos que "escolhem" individualmente os valores que determinam o próprio comportamento e que imaginam controlar um mundo com relações transparentes entre sujeitos racionais. Ainda que a crítica à classe média, como classe de suporte da dominação hegemônica, não seja feita neste livro, já foi possível mostrar sobejamente como todas as concepções conservadoras e superficiais da sociedade se apoiam nesse preconceito e nessa fantasia – ainda que uma fantasia convincente, já que repetida por todas as propagandas e todos os filmes, novelas e best-sellers comerciais – do senso comum.

Novamente, a dificuldade não é demonstrar cabalmente como a ideologia do "sujeito livre" é falsa e superficial. A dificuldade verdadeira é "emotiva" e tem que ver com o ganho, ganho primitivo, infantil e narcísico, mas ainda assim um "ganho" emocional superficial e imediato em se perceber como "centro do mundo" e no controle da própria vida. Praticamente toda a verdadeira arte e toda a verdadeira ciência crítica são dirigidas contra esse tipo de ilusões. Mas sua crítica é sempre um desafio na medida em que mesmo o leitor de "boa vontade" tem má vontade em se perceber de modo menos glamoroso e idealizado como a ideologia dominante o percebe.

Como podemos perceber o mundo social e político para além da ilusão dos sujeitos transparentes e livres? Talvez tenha sido o filósofo francês Michel Foucault quem mais tenha contribuído para uma percepção da política moderna como um jogo de "práticas sociais e institucionais", legitimadas por "consensos sociais inarticulados" que jamais são percebidos como tais.[16] Foi também ele quem percebeu que a "invisibilidade" dessas práticas que movem o mundo só é possível pela "visibilidade" de uma noção de senso comum da "representação política" típica das sociedades tradicionais. É isso que faz com que, num país como o Brasil, senadores e deputados que possuem pouquíssimo poder efetivo sejam percebidos como protagonistas da cena política. Por conta disso, esses legisladores lutam acirradamente entre si para ser relatores das inúmeras CPIs de corrupção que pipocam a cada dia e ganham, com isso, alguma projeção junto ao público ou conseguem qualquer cargo no Executivo, onde está localizado o poder real e o dinheiro.

A mesma percepção superficial explica também por que o presidente da República, que num sistema como o brasileiro concentra efetivamente boa parte do poder político, é visto como alguém que pode orientar a vida política sem limites e constrangimentos objetivos de todo tipo. Tudo funciona como se toda a atenção da mídia e da percepção pública fosse maquiavelicamente dirigida ao "teatro" da política, a política como espetáculo, com seus atores e suas falas, intrigas, encenações, e todo o jogo de mostrar e esconder que permite construir os seus personagens como uma "novela". Apenas como "novela" e seus clichês, como a divisão do mundo entre bandidos e virtuosos, pode a política ser consumida

---

16 Michel Foucault, *Vigiar e punir*, Petrópolis, Vozes, 1987.

CONCLUSÃO

cotidianamente por um público acostumado e ávido por escândalos e intrigas. Como todo o processo é percebido como produto de intenções individuais, se não fosse assim não poderia ser vendido e comercializado como "teatro" de fácil consumo por todas as classes, todos os interesses que se manifestam em consensos sociais inarticulados e nunca explicitados jamais são tematizados e refletidos.

Contudo, são precisamente esses "consensos sociais inarticulados" que, não obstante, estabelecem limites e possibilidades de qualquer ação política. São também esses "consensos inarticulados" que permitem compreender por que algumas sociedades são mais "justas", mais "humanas" e com menos gente condenada a uma vida de sofrimento mudo e humilhação cotidianos. Minha tese é que existe um "consenso inarticulado" que perpassa toda a sociedade brasileira que diz que é normal e natural que a nossa sociedade seja dividida em "gente" e "subgente", e é esse consenso que permite a reprodução da maior desigualdade social do planeta entre as sociedades complexas. Ele é obviamente um consenso "não admitido", que nenhum brasileiro de classe média jamais confessaria partilhar, e é isso que permite sua eficácia como consenso real, que produz cotidianamente a vida social e política brasileira como ela é, sem que ninguém se sinta "responsabilizado" por isso. Ao contrário, a "culpa" e a "responsabilidade" são sempre do "Estado patrimonial" ou de uma elite abstrata, que se aplica a todos e a ninguém, sendo, portanto, uma referência inofensiva e pseudorradical que não incomoda. Esses consensos jamais são discutidos na imprensa ou na mídia cujo lucro vem da venda do "espetáculo" do "teatro" de acontecimentos e eventos soltos sem relação entre si e que jamais são compreendidos em seu contexto.

Mas onde estão esses "consensos inarticulados" que não são percebidos mas que mandam na nossa vida? Aliás, se ninguém os vê, como podemos saber da sua existência? Essa é efetivamente uma ótima questão que Michel Foucault pode nos ajudar a responder. Foucault, em seu livro *Vigiar e punir*, nos permite perceber como a sociedade moderna é perpassada por "interpretações de fachada", visíveis e perceptíveis por todos, que ele chama de conteúdos "manifestos", que existem precisamente para esconder as "interpretações escondidas", invisíveis e opacas para todos, que ele chama de conteúdo "latente". A partir dessa distinção entre conteúdo "manifesto" e "latente" do processo de legitimação da dominação social, podemos compreender perfeitamente como "consensos inarticulados" podem existir legitimando privilégios de classe apesar de se "venderem", e de ser "comprados" pela grande maioria, como representando o "interesse geral".

Os exemplos desse processo de "encobrimento" político e social do conflito e da desigualdade são abundantes e insofismáveis para qualquer leitor de boa vontade (sempre no nosso sentido de ser capaz de refletir sobre argumentos novos e desafiadores). Mas esses "consensos inarticulados" só são visíveis quando se fazem as questões que ninguém faz (na imprensa, no debate político e na grande maioria de cientistas conservadores). Assim, quando Foucault se pergunta se o "fracasso" da prisão, alardeado em todos os países, não é, na verdade, o seu "sucesso", ele está adentrando o terreno da crítica radical dos "consensos inarticulados" de uma sociedade moderna. Para o estudo de uma sociedade como a brasileira, patologicamente autoindulgente e em grande medida incapaz de autocrítica, esse tipo de perspectiva é fundamental.

Senão, vejamos. Vamos pegar o exemplo foucaultiano da prisão como um mero exemplo entre vários de uma estratégia geral de encobrimento da dominação social, sempre extremamente violenta, mas invisível na sua violência, sempre encoberta pelas "belas palavras" da democracia e do interesse geral. No exemplo foucaultiano do conteúdo "manifesto" que legitima o emprego da prisão cerceadora da liberdade como fórmula universal de combate ao crime, isso só pode ser justificado pela "reeducação" dos criminosos na prisão. Sabe-se, no entanto, que em todos os lugares a prisão não reeduca ninguém e se converte, na realidade, em uma escola de criminosos. O que explica então que uma instituição tão obviamente "fracassada" na sua justificativa e finalidade possa ter tido tanto "sucesso" como fórmula universal nos seus quase duzentos anos de aplicação geral em todo o mundo?

A resposta de Foucault é brilhante e desconcertante ao mesmo tempo. Se não realiza de modo tão flagrante o que justifica a sua própria existência como instituição, é porque a prisão tem uma função e uma justificativa "latente" muito diversa da justificativa "manifesta". Para Foucault, a função real da prisão, nunca assumida, é a de criar o "delinquente" de forma arbitrária, de tal modo que apenas as classes inferiores sejam percebidas como "classes potencialmente criminosas ou perigosas". No Brasil essa classe "perigosa", em discursos "articulados" pela imprensa, por políticos, e em todas as conversas de bares de todo o Brasil, é o que estou chamando de "ralé".

Como se cria o "delinquente de classe"? Ora, a demonstração é evidente para qualquer leitor de boa vontade. Senão, vejamos. Por que não é crime um grande especulador financeiro, para acrescentar alguns bilhões a sua já gigantesca fortuna pessoal, arruinar a economia de sociedades inteiras, como aconteceu há algum tempo com a Argentina e aconteceu em 2008 com os Estados Unidos, e é crime roubar galinhas ou bater carteiras? Não nos referimos aqui à "lavagem de dinheiro" e outros crimes, mas a ações tidas como perfeitamente legais, como o "cassino" do mercado financeiro e as manobras fiscais de grandes corporações para iludir o fisco. Existe alguma relação de proporção entre um caso e outro? No primeiro caso, destrói-se de uma penada, dentre várias outras coisas, como no caso argentino, o sistema de previdência estatal para o qual milhões de pessoas haviam contribuído a vida inteira, e agora são obrigadas a passar a velhice sem um centavo porque o Estado "quebrado" não pode mais honrar seus compromissos. O especulador ou especuladores que causam tamanho drama social são vistos, ao contrário, por todos nós, como "gênios das finanças", saem em capa de revista e são admirados e bajulados por todos. O batedor de carteiras e o ladrão de galinhas são mandados às prisões (grande parte dos criminosos nas prisões brasileiras cometeu crimes de pequena monta contra o patrimônio) e lá muitas vezes esquecidos sem sentença ou alguém que se interesse por seu destino.

O tema aqui, observe bem o leitor, não se confunde com o tema da impunidade (ainda que também seja uma dimensão importante) das classes superiores, mas de uma definição "arbitrária" de crime, pré-moldada para encarar como crime apenas aqueles comportamentos já previamente percebidos como típicos das classes despossuídas e degradadas pela miséria social e existencial. Essa definição é "arbitrária" porque não guarda nenhuma relação efetiva com o "dano" causado à sociedade e aos seus membros, como no exemplo do especulador, que pode ser confirmado todos os dias, não nas páginas policiais, mas no noticiário de economia de jornais e TV.

Porém, a construção arbitrária da legalidade e da ilegalidade não tem como único efeito transformar uma classe privilegiada em "classe da ordem" que vai, inclusive, ter o monopólio de "julgamento" dos indivíduos da "classe da desordem". Seu efeito de dominação social e política tornada opaca e invisível, já que sua legitimidade e justificativa são construídas por "consensos sociais inarticulados" – nunca discutidos ou ao menos percebidos conscientemente –, é muito maior. Afinal, ao criar arbitrariamente o "delinquente", que é, por definição, em sua esmagadora maioria, de uma única classe social, cria-se também o "estigma" como privilégio negativo também de uma única classe. Com isso evita-se não apenas, como imagina Foucault, a solidariedade de classe em relação a delitos econômicos que em outras épocas tinham clara conotação política.

Seu efeito é muito maior, e a intuição foucaultiana pode ser expandida para um princípio geral da "violência simbólica" – aquela violência que

CONCLUSÃO

nunca é percebida enquanto tal – nas sociedades modernas. Como nossa pesquisa empírica demonstra sobejamente, o "estigma" da delinquência, na realidade, cinde a "ralé", a classe condenada a ser a "classe perigosa", de alto a baixo em dois pedaços: de um lado a "ralé honesta", e de outro a "ralé delinquente". É a própria solidariedade da classe mais oprimida, enquanto classe, em todas as dimensões, que é comprometida. Como se dá esse processo? Como as classes dominadas são as classes mais passíveis de ser vítimas dos "consensos sociais inarticulados", a base de toda dominação social (como vimos na pesquisa empírica no caso da aceitação da ideologia da meritocracia que existe para justificar sua própria opressão), é ela também que aceita de modo mais acrítico e absoluto a definição de "delinquência" que se dirige contra ela mesma.

Assim, toda a educação dos filhos e toda a noção de moralidade que comanda a vida familiar na "ralé", como vimos em detalhe na pesquisa, são dirigidas a se evitar a "queda na delinquência", percebida como a vida de bandido para os meninos e queda na prostituição para as meninas. Como em muitas famílias da "ralé", como visto na pesquisa empírica, é normal a presença de tipos considerados "delinquentes", a própria autoestima dos membros honestos só pode ser construída "contra" seus irmãos de classe, muitas vezes efetivamente parentes e familiares. Muitas vezes, como também demonstrado na pesquisa, é o próprio indivíduo que em diversas fases da vida (traficante e depois evangélico, por exemplo) corporifica a entrada e saída na delinquência, a vida no "fio da navalha", como destino típico de classe.

É por conta disso que podemos compreender a mãe de Flávia, a prostituta examinada no texto de Patrícia Mattos, quando ela, que é sustentada pela filha, diz à mesma, orgulhosamente, que já trabalhou de tudo, mas que nunca foi "puta". O estigma é aplicado pela mãe contra a própria filha porque é a forma de a própria mãe se "legitimar" (conquistar autoestima para si e reconhecimento dos outros) da única maneira que alguém da "ralé" pode conquistar autoestima e reconhecimento (em alguma medida pelo menos), que é se diferenciando do irmão de classe ou mesmo da própria filha "delinquente". A tragédia existencial, social e política dessa classe que estamos examinando tem que ver, precisamente, com o fato de que não existe, para ela, defesa possível, material ou simbólica contra uma realidade que, de modo invisível, opaco (posto que domina e oprime por meio de "consensos sociais inarticulados"), é ela que mais acredita e que mais perde.

Assim, não é apenas em relação à prisão e à definição arbitrária da delinquência que podemos perceber esses "consensos sociais inarticulados" cujos portadores somos todos nós (ainda que os privilegiados com essa ordem sejam as classes média e alta), e não nenhuma elite abstrata que ninguém define. É possível perceber verdadeiras "políticas públicas implícitas" extremamente eficazes, exatamente porque nunca são admitidas ou sequer percebidas enquanto tal, que constroem todo o edifício da dominação de classe entre nós. A demonstração da existência dessas políticas implícitas, com extraordinário apoio especialmente nas classes média e alta, destinadas a manter e justificar o abandono secular da "ralé" como algo "merecido" parece-me também impossível de ser desmentida por qualquer leitor bem-intencionado.

Umbilicalmente ligada à questão da delinquência, temos, por exemplo, a "política pública implícita" de que matar traficantes ou simplesmente jovens pobres confundidos com traficantes – desde que se aceite um fato, assume-se o risco do outro – é algo com enorme aceitação em todas as classes no Brasil. A matança de dezenas de milhares de jovens brasileiros – 99% da "ralé" – que ocorre todo ano só é possível porque existe um "consenso social inarticulado", implícito, mas por conta disso mesmo altamente eficaz, que legitima esse tipo de ação e desencoraja qualquer esforço eficaz no sentido contrário. Esse não é um consenso das "elites" que ninguém nomeia, mas principalmente das classes média e alta, que

CONCLUSÃO

espelham o nível de aprendizado social e político da sociedade brasileira e a legitimação do abandono social dos setores mais fragilizados socialmente entre nós.

Mas esses "consensos inarticulados" não param aí. Ao contrário, existe uma série de "consensos inarticulados" que se encadeiam e que estão orientados a um objetivo comum. Esses consensos não estão ligados apenas a "práticas sociais" excludentes, agressivas e desumanas que são apoiadas por nossas classes "educadas" hegemônicas. Elas se ligam também a fenômenos de "má-fé institucional", que significa pura e simplesmente, como no exemplo da prisão citado por Foucault, que instituições "dizem" que fazem uma coisa, quando, na realidade, "fazem" exatamente o contrário. Essa má-fé institucional, na verdade, é apenas o contraponto necessário da atitude de classes média e alta politicamente hegemônicas que se "pensam" de um modo – como "avançadas", politicamente comprometidas etc. – quando, na realidade, "são" e "agem" na contramão do modo como se pensam. A violência simbólica da dominação "naturalizada" exige e permite uma "boa consciência" para os privilegiados.

É apenas natural e consequente, nesse contexto, que a escola pública no Brasil, com raras e honrosas exceções, seja "pensada" como caminho dourado da ascensão social, quando, na realidade, ela quase sempre apenas legitima a desigualdade já montada, como Lorena Freitas mostra em sua pesquisa empírica, desde o berço, por "heranças diferenciais de classe". Como demonstrado inúmeras vezes anteriormente, no contexto de nossa pesquisa empírica, a escola pública, apesar do esforço de muitos professores dedicados, mas impotentes para mudar uma realidade muitas vezes além de sua própria compreensão, apenas "confirma" e legitima com o "carimbo" do Estado um destino já montado desde muito antes.

Do mesmo modo que a prisão só reeduca "para inglês ver", quando na verdade serve para "criar" o delinquente, como delinquente de classe baixa, também a escola pública só pode ser a grande esperança brasileira de ascensão social "para inglês ver". Na realidade, pela falta das condições mínimas, em número significativo das famílias da "ralé", da incorporação das "disposições emocionais" que possibilitam e são pressupostos da experiência do aprendizado, a escola termina por "fazer" o contrário do que "promete". Assim, se ela promete ascensão social pelo estudo para todos, o que ela na prática institucional efetiva faz é separar as classes nascidas para vencer das classes nascidas para perder. Se a criança da "ralé" chega à escola não só com fome, mas sem estímulo para o aprendizado, incapaz de se concentrar e instrumento de tendências agressivas que não controla nem compreende, o fracasso escolar está predeterminado muito antes da primeira lição que a criança receba na escola.

Mas não é apenas isso. Como a escola é "individualizante", aliás, de resto, como a ideologia dominante que nega a existência de classes sociais, ela premia e castiga o "indivíduo", retirado de seu contexto de formação. Ao individualizar o desempenho, ela também premia ou "culpa" o indivíduo por seu mérito ou demérito. Para o jovem despreparado da "ralé", o seu cotidiano de reprovação, repetência e fracasso escolar é percebido como "culpa própria" e individualizada. Foi ele quem "deu mole" na época de escola, como vimos nos relatos da pesquisa empírica levada a cabo por Fabrício Maciel e André Grillo. A individualização da culpa, que esconde e nega as desiguais precondições sociais de competição, é o maior desempenho da escola como "má-fé institucional". Seu poder legitimador é exercido contra sua própria vítima. É isso que explica por que o atual discurso hegemônico da escola como remédio para todos os males é sempre populista e demagógico se não se levar em conta também as precondições sociais do sucesso escolar.

Mas a "má-fé" de práticas institucionais que se tornam o contrário do que apregoam não se restringe à prisão e à escola. Praticamente todo o aparato de instituições estatais e paraestatais vai reproduzir o mesmo padrão. Sempre que houver "consensos inarticulados" que legitimem

CONCLUSÃO

esse tipo de prática na vida cotidiana, as instituições vão reproduzir a má-fé dos setores politicamente hegemônicos como a classe média (privilegiada pelo acesso seletivo ao capital cultural em conhecimento útil) e a classe alta (privilegiada pelo acesso seletivo ao capital econômico). Assim, o cotidiano dos hospitais do SUS vai reproduzir não a máxima explícita de preservar a vida a todo custo, mas, em muitas ocasiões, realizar a máxima contrária do "deixar morrer", por não atendimento, por usar material de segunda classe, por negligência ou descaso puro e simples.

Do mesmo modo a Justiça, em que uma classe paradigmaticamente julga a outra classe que despreza e odeia, muitas vezes abertamente, como no "sadismo" de juízes e promotores mostrado no magistral filme de Maria Augusta Ramos, *Juízo*, no qual personagens reais do Judiciário mostram todo o descaso de classe (da classe média) como "ódio de classe", que sequer é percebido enquanto tal pelos promotores e juízes envolvidos. O trabalho de Priscila Coutinho permite aprofundar esse diagnóstico, como vimos. Não é, portanto, uma "elite má" lá fora, ou muito menos no Estado, elite que ninguém define e que, portanto, pode se aplicar a todos e a ninguém. Como ela é um falso alvo, ela, na realidade, simplesmente serve para que se expulse ou sequer se construa qualquer "sentimento de responsabilidade" com relação aos "perdedores", os humilhados e vencidos por uma ordem injusta.

A denúncia da superficialidade do tema do patrimonialismo levada a cabo neste livro serve precisamente para mostrar a possibilidade de percebermos conflitos e contradições radicalmente novos se apenas formos sinceros e corajosos o bastante. Ao percebermos que todos nós engendramos e aplicamos – não tem qualquer importância se de modo consciente ou não – os "consensos sociais inarticulados" que irão dividir o mundo em vencedores e vencidos desde o berço, podemos perceber que são precisamente esses "consensos" que vão construir, independentemente da existência ou não de um discurso explícito legitimador, a verdade das práticas sociais e institucionais do Brasil real.

O mito nacional brasileiro e a ciência social dominante entre nós, a qual continua o mito com outros meios, negam precisamente o principal: a "fabricação de seres humanos" diferencialmente aparelhados para a competição social em todas as dimensões. Quando o debate sobre a desigualdade no Brasil atenta apenas à diferença de renda – que é mero resultado dessa fabricação diferencial – entre as classes, ele, na verdade, "nega as classes sociais", dado que tanto sua gênese quanto sua reprodução no tempo, as duas questões que importam saber para que se "compreenda" efetivamente qualquer fenômeno social, são completamente obscurecidas pela atenção ao dado econômico ao mesmo tempo mais superficial e mais visível.

Mas os "consensos sociais inarticulados" que permitem legitimar ao obscurecer as causas reais de todo tipo de opressão e injustiça social não são imutáveis. Existe a possibilidade de "articular", ou seja, tornar conscientes os "consensos sociais" latentes e nunca tematizados em profundidade. Ao tornar "conscientes" os "acordos sociais" que mantêm o mundo injusto como ele é (precisamente porque nunca se "reflete" sobre eles), abre-se espaço para que possamos percebê-los e criticá-los. É desse modo que as "sociedades aprendem" também no sentido moral e político. Qualquer sociedade concreta que seja desenvolvida não apenas econômica, mas também "humanamente", no sentido de mais justa e livre, é porque passou por aprendizados desse tipo. Não é preciso "guerra civil" ou grandes calamidades com banho de sangue e sofrimento. As revoluções modernas tendem a ser, como a revolução feminina dos últimos cinquenta anos, "revoluções de consciência", capilares e sem estardalhaço, muitas vezes silenciosas e cotidianas, mas, por conta disso mesmo, muito mais eficientes.

Apesar de as ideias conservadoras estarem atreladas a poderosos interesses de todo tipo, existe sempre, também nas classes média e alta, que

CONCLUSÃO

acumulam todos os privilégios, setores sensíveis a mudanças reais. Esse tipo de perspectiva de aprendizado a médio e longo prazo não é do "gosto do brasileiro". Muitos brasileiros gostam de saídas "mágicas", decretos que mudam o mundo com uma penada, uma política pública salvadora e genial, ou seja, tudo que tenha que ver com mudanças "lá fora", que nunca acontecem nele mesmo, no seu coração e na sua mente, nem, consequentemente, na forma como cada um de nós percebe o mundo. É esse brasileiro que se perguntaria ao terminar a leitura deste livro: afinal, depois de tanta crítica, qual é a solução? Quando alguém faz uma interpelação desse tipo, na verdade, o que se demanda é algo do tipo: qual é a sua "magia" para mudar o mundo com um estalo de dedos?

O que se deixa de perceber por força dessa "ansiedade mágica", no fundo uma incapacidade patológica de lidar com a crítica e com a autocrítica, é que quando mudamos a forma como percebemos o mundo nós "já mudamos o mundo" sem perceber. "Pensar" de modo diferente o mundo já é "atuar" de modo distinto nele. O real aprendizado é "performático", dado que redunda em outras formas de agir e de se comportar.

Mas não apenas isso. No coração de quem faz uma interpelação desse tipo habita também um conservadorismo e uma passividade sólidos como uma pedra. Na verdade, joga-se a responsabilidade de qualquer mudança no colo de um "outro" abstrato que tem que fazer as mudanças para ele ou ela que passivamente "espera" esse presente caído dos céus. É esse tipo de atitude que joga água no moinho de explicações conservadoras e falsas do tipo: a culpa é de uma elite má ou do Estado corrupto. O dia de hoje não é dos que simplesmente vivem. É dos vivos que fazem a vida um pouquinho diferente do legado que os mortos – e dos vivos que se comportam em vida como mortos – nos deixaram.

Posfácio sobre o método da pesquisa

Jessé Souza

O inimigo de qualquer pesquisa empírica crítica que reflete sobre seus pressupostos é o "fetiche do número". Reflexo inequívoco de uma sociedade da cultura de massas que transforma toda "qualidade" em "quantidade", como diria Georg Simmel – reproduzindo o processo, desde que o dinheiro assume a forma de mediador universal, de redução de todas as qualidades, como valores, emoções e sentimentos, a quantificações, monetárias ou não –, a "quantidade" de pessoas entrevistadas se transforma, por baixo do pano, no único critério de "cientificidade" de pesquisas empíricas numa sociedade da informação sem reflexão. A informação, cada vez mais fragmentada, despida de uma reflexão sobre sua gênese e seu contexto, é o prato do dia de pessoas que imaginam poder aprender e se informar sem esforço reflexivo. Tabelas e números sem interpretação servem a esse mercado florescente. Os enganos que daí se produzem podem ser mostrados, exemplarmente, na pesquisa com muita "quantidade" e pouca "qualidade".

Mas isso não deve levar a uma oposição enganosa entre "qualidade" e "quantidade". Ao contrário, desde que apropriada reflexivamente e contextualizada num quadro teórico de referência que lhe confere poder explicativo efetivo, a quantificação estatística, por exemplo, é um instrumento indispensável de qualquer pesquisa crítica. Os tipos sociais aqui estudados foram escolhidos, em grande medida, por sua relevância estatística. O estudo estatístico desenvolvido nos anexos deste trabalho é uma parte importante do nosso argumento, na medida em que estabelece um patamar seguro para nossas generalizações conceituais. Mesmo a pesquisa empírica dita "quantitativa" foi um elemento importante no nosso processo de aprendizado que culminou com o presente estudo.

Foi a efetiva realização de quatro pesquisas ditas "estatisticamente relevantes", no contexto da literatura da sociologia empírica mais convencional, entre 1996 e 1998, no Distrito Federal[1] – talvez a unidade da federação onde a diversidade regional é mais bem representada –, que nos esclareceu sobre possibilidades e limites desse tipo de procedimento. As três primeiras pesquisas nos custaram enorme trabalho para entrevistar cerca de seiscentas pessoas em todo o Distrito Federal, obedecendo a regras da amostra domiciliar. Infelizmente, essas pesquisas não trouxeram o retorno esperado. Perguntas diretas e estereotipadas das pesquisas levadas a cabo por Ronald Inglehart,[2] ou ainda da pesquisa internacional sobre valores da International Social Survey Programme (ISSP), nas quais baseamos nossas próprias pesquisas iniciais, refletiram apenas os chavões conservadores da classe média esclarecida (que "sabe" responder a entrevistas desse tipo porque se apropriou do discurso "politicamente correto" tido como válido), forçando uma compreensão das classes oprimidas enquanto mera "distorção" negativa desse discurso considerado válido. Isso foi precisamente o que ocorreu com a pesquisa de Alberto Almeida, criticada em detalhe neste livro. E é o que acontece com pesquisas semelhantes acerca de questões polêmicas, como preconceito, desigualdade e valores fundamentais.

Nossa última pesquisa quantitativa "convencional", realizada em 1998, também no Distrito Federal, nos trouxe melhores resultados. Nela, introduzimos o método frankfurtiano das questões indiretas e projetivas que

---

1 Jessé Souza *et al., Valores e política*, Brasília, Editora da Unb, 2000.
2 Ronald Inglehart, *Culture Shift*, Princeton, Princeton Press, 1990.

POSFÁCIO SOBRE O MÉTODO DA PESQUISA

Adorno e sua equipe usaram no clássico *The Authoritarian Personality*.[3] Foi apenas nessa tentativa – que utilizava simultaneamente princípios convencionais e críticos – que conseguimos efetivamente diferenciar visões do mundo social por pertencimento de classe (educação e renda como critérios então utilizados). Essa pesquisa empírica foi a base, inclusive, de meu estudo teórico publicado anos mais tarde: *A construção social da subcidadania*. Contudo, questões fundamentais não puderam ser aprofundadas mesmo nesse estudo. Se foi possível estabelecer um quadro que permitiu diferenciar a percepção de mundo das classes privilegiadas e oprimidas, o próprio desenho e método desse tipo de pesquisa que privilegia o maior número – em detrimento da profundidade, veracidade e qualidade da informação – impede o acesso a qualquer nuance acerca das perspectivas de frações de classe específicas. Mais importante ainda, impede também o acesso à construção mesma do tipo de visão de mundo singular do agente social e, consequentemente, a localização de contradições, lacunas e rachaduras no seu discurso e no seu comportamento.

Foi, portanto, um penoso processo de aprendizado, tentativa e erro que nos levou a privilegiar um método de acesso distinto da realidade social. Percebemos que apenas um interesse empírico reflexivo – que "reflete" sobre si mesmo e sobre seus pressupostos sem "naturalizá-los" – poderia nos possibilitar o acesso ao mundo em que vivemos, ainda que seja o mundo que, muitas vezes, negamos e não queremos ver. Foi apenas aí que nos demos conta de que, embora a informação fosse concedida pelo entrevistado, ela teria de ser reconstruída para que pudéssemos extrair uma verdade "além" e "apesar" da necessidade de autolegitimação do próprio entrevistado; tomar a primeira declaração de qualquer entrevistado sobre si mesmo como a verdade final é sempre ingênuo e conservador, posto que reflete apenas o interesse universal em legitimar sua própria

---

[3] T. W. Adorno *et al.*, *The Authoritarian Personality*, New York, Norton, 1993.

condução da vida em relação ao mundo e a nós mesmos. É claro que a informação do entrevistado é fundamental. Mas tem de ser contextualizada para que percebamos os interesses – muitos deles "inconscientes" e "pré-reflexivos" – que produzem precisamente aquele tipo de resposta. É um método muito mais trabalhoso e arriscado, mas é o único que pode efetivamente "desconstruir" a violência simbólica dos discursos dominantes e naturalizados e explicar a sutil introjeção e incorporação da dominação social e simbólica moderna.

Afinal, nas questões centrais da vida que definem e legitimam as posições de poder de cada um no mundo, é toda a personalidade do entrevistado que está em jogo. Um membro das classes privilegiadas não pode e não quer aparecer como um canalha que se aproveita dos mais fracos socialmente para explorar seu trabalho. Ele tem de se referir a "normas morais", como o mérito, para fundamentar seu discurso e sua ação na sociedade. É bem diferente de declarar sua preferência por Dilma ou Serra[4] ou ainda dizer que tipo de sabonete prefere. Não precisamos "mentir" para os outros nessas questões, dado que nossa imagem pública não está em jogo do mesmo modo como quando estudamos, por exemplo, os diversos tipos de preconceito. Ter preconceito contra os mais pobres contraria a base religiosa que construiu a moralidade ocidental. Nós percebemos alguém que destrata e humilha os mais fracos como uma "má pessoa", alguém com quem, inclusive, não se deve ter vínculos de proximidade. A escolha por um sabonete x ou por um candidato y não acarreta juízos tão fortes e emotivos. É por conta de razões como essa que pesquisas quantitativas inspiradas em pesquisas de mercado – como a que Alberto Almeida fez e muita gente além dele também continua fazendo – têm de ser diferentes de pesquisas qualitativas sobre valores sociais fundamentais. É isso que sociólogos como Max Weber tinham na cabeça quando diziam

---

4 Dilma Rousseff (PT) e José Serra (PSDB) protagonizaram as eleições presidenciais de 2010. [N. E.]

que o "interesse de pesquisa" é o que constitui o objeto de pesquisa e o método de acesso a ele. Se o interesse é saber quem está na frente nas eleições ou que tipo de sabonete o público prefere, o método de acesso a esses dados tem de ser diferente do de quem pergunta a um humilhado social as razões de sua humilhação. No primeiro caso, é razoável que se pergunte a milhares de pessoas num esforço de "horizontalizar" a amostra e aumentar as probabilidades de acerto. No outro, o razoável é que se concentre o esforço no sentido "vertical", ou seja, no aprofundamento e na qualidade da informação obtida.

É puro "fetiche do número" – no sentido de vincular a legitimidade científica a requisitos externos à produção da verdade científica – considerar o número de pessoas entrevistadas como critério de validade absoluto para o tipo de pesquisa que exige um método distinto de acesso ao universo particular dos entrevistados. Toda a ênfase tem de ser dada à "qualidade" do acesso a esse universo recôndito em cada um de nós. Por exemplo, é melhor entrevistar entre 20 e 25 prostitutas durante um período de dois anos, como fizemos, repetindo as entrevistas, observando sua atuação prática no seu próprio meio, assistindo a conversas com seus filhos e com suas mães, refazendo as entrevistas para aproveitar as contradições, inconsistências e lacunas das entrevistas anteriores, do que entrevistar, rapidamente, 2 mil prostitutas, uma única vez, com questões estereotipadas e sem observação participante. Novamente, a comparação com a pesquisa de Alberto Almeida pode deixar esse ponto sobejamente claro. Mas a mesma comparação pode ser feita com qualquer outra pesquisa que tenha se utilizado dos mesmos pressupostos.

Nossa pesquisa desenvolveu um método reflexivo e coletivo – especialmente nos últimos dezoito meses de sua duração total de quase quatro anos – que consistiu em discutir todas as entrevistas mais importantes e todos os textos interpretativos em conjunto. Isso permitiu que cada um pudesse ouvir e aprender com as sugestões dos outros colegas. Esse procedimento exigiu que cada texto fosse escrito e reescrito diversas vezes, de modo que todos participassem ativamente do exercício interpretativo. Comprovamos, na prática, que um bom pesquisador empírico tem de ser um bom "teórico", ou seja, deve saber o que está fazendo e refletir criticamente acerca do que faz o tempo todo. A vigilância e o estímulo provocados por reuniões semanais, durante todo esse período de 18 meses, foram fundamentais para que cada volta ao campo de pesquisa, para cada um dos pesquisadores envolvidos, fosse percebida como um exercício de superação do esforço anterior. Nesse sentido, os pesquisadores foram "formados", enquanto pesquisadores qualificados, no próprio processo de feitura da pesquisa ao longo desses quatro anos.

Os recursos da pesquisa Pronex (Fapemig/CNPq) permitiram que cursos sobre pesquisa empírica reflexiva com pesquisadores internacionais de vanguarda fossem a ordem do dia para todos esses jovens e promissores estudantes. Um grupo de pesquisadores estimulados e ambiciosos – que perceberam a oportunidade, sua relevância política e sua importância futura –, dispondo de tempo integral, dedicação e entrega ao trabalho durante longo período, ofereceu condições de pesquisa muito diferentes daquelas dos entrevistadores ocasionais – e quase sempre sem formação adequada – das pesquisas quantitativas de grande porte. O esforço na formação desses jovens e talentosos pesquisadores – cuidadosamente escolhidos entre os melhores alunos que tive na minha vida profissional – e o afinco de todos na repetição do trabalho até uma versão final satisfatória – tudo em uma linguagem clara e acessível a todo leitor culto – transparecem no resultado para qualquer leitor de boa vontade.

Nossa pesquisa teve a inspiração crítica dos trabalhos empíricos desenvolvidos por Pierre Bourdieu – e pelos estudos teórico-empíricos de Bernard Lahire,[5] que foi quem mais bem refletiu acerca da sociologia

---

5 Bernard Lahire, *Retratos sociológicos*, Porto Alegre, Artmed, 2004; *Idem, O homem plural*, Petrópolis, Vozes, 2002; *Idem, A cultura dos indivíduos*, Porto Alegre, Artmed, 2006.

POSFÁCIO SOBRE O MÉTODO DA PESQUISA

disposicional presente nos trabalhos de Bourdieu –, nos seus estudos sobre a Argélia,[6] assim como no seu estudo mais recente, *Miséria do mundo*.[7] Nesses livros memoráveis, verdadeiros clássicos contemporâneos da sociologia crítica e engajada, também é demonstrado como o discurso inicial de qualquer agente social – ele próprio um competidor por bens e recursos escassos e nunca, portanto, "neutro" ou "imparcial" – tem de ser metodicamente reconstruído. Principalmente o dos humilhados e ofendidos, que, por razões óbvias, não podem aceitar subjetivamente a percepção negativa, cheia de suspeita (como a possibilidade iminente da delinquência) e até abertamente hostil e humilhante que o mundo social faz deles. Veja-se o caso dos catadores de lixo de nossa pesquisa. No período da manhã, ainda sem o efeito da bebida, alguns se imaginavam proprietários de carros e casas próximas, porque sabiam que a propriedade confere respeitabilidade social aos proprietários. Eles invertem no discurso o que não podem inverter na realidade. É uma defesa humana compreensível para quem está ameaçado de morte social e maus-tratos. O pesquisador deve considerar isso na reconstrução da "verdade" acerca do comportamento do agente social que está sendo pesquisado.

Não é o que acontece com a maioria das pesquisas sociais no Brasil e no mundo. A perspectiva crítica não é a dominante. Todos os interesses dominantes do mundo, confessáveis e inconfessáveis, militam contra ela. A pesquisa científica crítica desafia os poderes instituídos dentro e fora do mundo acadêmico. Por conta disso, ela nunca é dominante. Contudo, é com pesquisas desse tipo que mais aprendemos sobre o mundo como ele é, não como os interesses dos vários poderes que dominam todas as esferas da vida querem que o percebamos. O que está por trás dessa discussão sobre quantidade e qualidade, sobre a aceitação ingênua da verdade do agente ou sua reconstrução contextualizada e metódica é uma forma de

---

6 Pierre Bourdieu, *O desencantamento do mundo*, São Paulo, Perspectiva, 1979.
7 *Idem, A miséria do mundo*, Petrópolis, Vozes, 2003.

compreender o mundo: legitimando os poderes de fato ou desvelando as bases das injustiças sociais legitimadas, inclusive por esse tipo de "ciência" da ordem. Nossa pesquisa é minoritária no Brasil. A regra é o tipo de pesquisa feita por Alberto Almeida ou pesquisas "politicamente corretas", que compram, ingenuamente, a versão do agente social sobre si mesmo. Que o leitor decida onde ele aprende mais sobre a realidade social em que vive. Se "a prova do pudim é comê-lo", como dizem os norte-americanos, vamos provar os diversos pudins e comparar os resultados. É assim que a ciência funciona, e é assim que o conhecimento sobre a nossa sociedade progride.

Referências bibliográficas

ADORNO, T. W.; HORKHEIMER, Max. *Dialektik der Aufklärung*. Frankfurt: Fischer, 1986. pp. 128-177.
ADORNO, T. W. *et al. The Authoritarian Personality*. Nova York: Norton, 1993.
ALMEIDA, Alberto. *A cabeça do brasileiro*. Rio de Janeiro: Record, 2007.
ANDERSON, Benedict. *Imagined Comunities*. London: Verso Books, 1991.
BANFIELD, Edward. *The Moral Basis of a Backward Society*. Nova York: The Free Press, 1958.
BARATTA, Alessandro. *Criminologia crítica e crítica do direito penal: introdução à sociologia do direito penal*. 3. ed. Rio de Janeiro: Revan, 2002.
BELLAH, Robert. *Habits of the Heart: Individualism and Commitment in American Life*. New York: Harper and Row, 1985.
_____. *The Broken Covenant: American Civil Religion in a Time of Trial*. Chicago: University of Chicago Press, 1992.
BENZAQUEN, Ricardo. *Guerra e paz*. São Paulo: Editora 34, 1993.
BOURDIEU, Pierre. *A distinção: crítica social do julgamento*. São Paulo: Edusp/Zouk, 2007.
_____. *A dominação masculina*. Rio de Janeiro: Bertrand Brasil, 2005.
_____. *A miséria do mundo*. Petrópolis: Vozes, 2003.
_____. *Meditações pascalianas*. Rio de Janeiro: Bertrand Brasil, 2001.
_____. "O camponês e seu corpo". *Revista Sociologia Política*, n. 26, p. 92, 2006.
_____. *O desencantamento do mundo: estruturas econômicas e estruturas temporais*. São Paulo: Perspectiva, 1979.
BUARQUE DE HOLANDA, Sérgio. *Caminhos e fronteiras*. São Paulo: Companhia das Letras, 1994.
_____. *Monções*. São Paulo: Alfa Ômega, 1976.
_____. *Raízes do Brasil*. São Paulo: Companhia das Letras, 1999.
CARVALHO, José Murilo de. "O motivo edênico no imaginário social brasileiro". *Revista Brasileira de Ciências Sociais*, v. 13, n. 38, 1998.
CHEKROUN, Mohammed. "Socio-economic Changes, Collective Insecurity and New Forms of Religious Expression". *Social Compass*, 52, 1, p. 27, 2005.
COSTA, Sérgio. "Amores fáceis: romantismo e consumo na modernidade tardia". *Novos Estudos*, n. 73, pp. 111-124, nov. 2005.

COSTA, Sérgio. *Dois Atlânticos: teoria social, antirracismo, cosmopolitismo*. Belo Horizonte: Editora UFMG, 2005.
DAMATTA, Roberto. *Carnavais, malandros e heróis*. Rio de Janeiro: Zahar, 1979.
DOZON, Jean-Pierre; CORTEN, André; ORO, Ari Pedro. "Introdução". In:_____. *A Igreja Universal do Reino de Deus: os novos conquistadores da fé*. São Paulo: Paulinas, 2003.
EISENSTADT, Shmuel. *Tradition, Change and Modernity*. New York: Krieger Publishing, 1973.
FALCÃO, Joaquim (org.). *Pesquisa científica e direito*. Recife: Massangana/CNPq/Instituto Joaquim Nabuco, 1983.
FERNANDES, Florestan. *A integração do negro na sociedade de classes*. São Paulo: Ática, 1978.
_____. *A revolução burguesa*. Rio de Janeiro: Ed. Guanabara, 1978.
FONSECA, Claudia. "A dupla carreira da mulher prostituta". *Revista Estudos Feministas*, n. 1, pp. 7-33, 1996.
FOUCAULT, Michel. *Em defesa da sociedade. Curso no Collège de France (1975-1976)*. São Paulo: Martins Fontes, 2005.
_____. *História da sexualidade I: a vontade de saber*. Rio de Janeiro: Edições Graal, 2005.
_____. *Vigiar e punir*. Petrópolis: Vozes, 1987.
FREYRE, Gilberto. *Casa-grande & senzala*. Rio de Janeiro: Record, 1991.
_____. *Sobrados e mucambos*. Rio de Janeiro: Record, 1991.
GOUVÊA, Gilda Figueiredo Portugal. "Um salto para o presente: a educação básica no Brasil". *São Paulo em Perspectiva*, São Paulo, v. 14, n. 1, jan./mar. 2000.
HABERMAS, Jürgen. *Die Theorie des Kommunikativen Handelns*. Frankfurt: Suhrkamp, 1986, v. II, pp. 489-548.
HONNETH, Axel. *Luta por reconhecimento: a gramática moral dos conflitos sociais*. São Paulo: Editora 34, 2003.
ILLOUZ, Eva. *Consuming the Romantic Utopia*. California: University of California Press, 1997.
INGLEHART, Ronald. *Culture Shift*. Princeton: Princeton Press, 1990.
KNÖBL, Wolfgang. *Spielräume der Modernisierung*. Velbrück: Weilerswirst, 2001.
LAHIRE, Bernard. *A cultura dos indivíduos*. Porto Alegre: Artmed, 2006.
_____. *O homem plural*. Petrópolis: Vozes, 2002.
_____. *Retratos sociológicos: disposições e variações individuais*. Porto Alegre: Artmed, 2004.
LEMGRUBER, Julita. "Controle da criminalidade: mitos e fatos". Encarte da Revista Think Tank. São Paulo: Instituto Liberal, 2001. Disponível em: <https://cesecseguranca.com.br/textodownload/controle-da-criminalidade-mitos-e-fatos/>. Acesso em 26 set. 2022.
LIMA, Nísia Trindade. *Um sertão chamado Brasil: intelectuais e representação geográfica da identidade nacional*. Rio de Janeiro: Revan/IUPERJ-UCAM, 1999.
LIMA, Nísia Trindade; GERCHMAN, Silvia; EDLER, Flávio Coelho (org.). *Saúde e democracia: história e perspectiva do SUS*. Rio de Janeiro: Fiocruz, 2005.

REFERÊNCIAS BIBLIOGRÁFICAS

MACIEL, Fabrício. *O Brasil-nação como ideologia*: a construção retórica e sociopolítica da identidade nacional. São Paulo: Annablume, 2007.
MARSHALL, Thomas H. *Sociology at the Crossroads*. London: Heinemann, 1963.
MARX, Karl; ENGELS, Friedrich. *Textos*. São Paulo: Edições Sociais, 1977, v. I, II e III.
MENICUCCI, Telma. *Público e privado na política de assistência à saúde no Brasil*: atores, processos e trajetória. Rio de Janeiro: Fiocruz, 2007.
MEZAN, Renato. "Sociedade de bacharéis". *Folha de S.Paulo*, 23 jan. 2005.
MOOG, Vianna. *Bandeirantes e pioneiros*. Lisboa: Livros do Brasil, [s.d.].
MOUTINHO, Laura. *Razão, "cor" e desejo*. São Paulo: Editora da Unesp, 2004.
NABUCO, Joaquim. *O abolicionismo*. Rio de Janeiro: Nova Fronteira, 1999.
PARANHOS, Adalberto. *O roubo da fala*: origens da ideologia do trabalhismo no Brasil. São Paulo: Boitempo, 1999.
PIERUCCI, Antônio Flávio. "Religião como solvente: uma aula". *Novos Estudos*, n. 75, p. 126, jul. 2006.
ROMANELLI, Otaíza de Oliveira. *História da educação no Brasil*. Petrópolis: Vozes, 2005.
SCHLUCHTER, Wolfgang. "A origem do modo de vida burguês". In: SOUZA, Jessé. *O malandro e o protestante*: a tese weberiana e a singularidade cultural brasileira. Brasília: Editora da UnB, 1999.
SCHWARTZMAN, Simon. *São Paulo e o Estado nacional*. São Paulo: Difel, 1975.
SIMMEL, Georg. "A metrópole e a vida mental". In: VELHO, O. *O fenômeno urbano*. Rio de Janeiro: Zahar, 1973.
_____. "Da psicologia da moda: um estudo sociológico". In: SOUZA, Jessé; ÖELZE, Berthold. *Simmel e a modernidade*. 2. ed. rev. Brasília: Editora da UnB, 2005.
_____. *Die Philosophie des Geldes*. Frankfurt: Suhrkamp, 1991.
_____. *Filosofia do amor*. São Paulo: Martins Fontes, 1993.
_____. "O conceito e a tragédia da cultura". In: SOUZA, Jessé; ÖELZE, Berthold. *Simmel e a modernidade*. Brasília: Editora da UnB, 2005, 2. ed. rev., p. 77-106.
SOARES, Luiz Eduardo *et al*. *Cabeça de porco*. Rio de Janeiro: Objetiva, 2005.
SOUZA, Jessé. *A modernização seletiva*: para uma reinterpretação do modelo brasileiro. Brasília: Editora da Unb, 2000.
_____. *A construção social da subcidadania*: para uma sociologia política da modernidade periférica. Belo Horizonte: Editora UFMG, 2003.
_____. "Por uma teoria da ação social da modernidade periférica: um diálogo crítico com Florestan Fernandes". In: _____. *A invisibilidade da desigualdade brasileira*. Belo Horizonte: Editora UFMG, 2006.
SOUZA, Jessé *et al*. *Valores e política*. Brasília: Editora da Unb, 2000.
TAYLOR, Charles. What is a Human Agency? In: _____. *Human Agency and Language*. Philosophical Papers 1. Cambridge: Cambridge University, 1985.
_____. *As fontes do self*: a formação da identidade moderna. São Paulo: Loyola, 1998, parte I.
TAYLOR, Charles. *Modern Social Imaginaries*. Durham: Duke University Press, 2004.

TELLES, Edward. *Racismo à brasileira: uma nova perspectiva sociológica*. Rio de Janeiro: Relume-Dumará/Fundação Ford, 2003.

THOMPSON, E. P. *The Making of the English Working Class*. Nova York: Vintage Books, 1966.

TURNER, Vitor W. *O processo ritual: estrutura e antiestrutura*. Rio de Janeiro: Vozes, 1974.

VASCONCELOS, Cipriano Maia; PASCHE, Dário Frederico. "O Sistema Único de Saúde". In: CAMPOS, Gastão Wagner de Souza et al. *Tratado de saúde coletiva*. São Paulo: Hucitec; Rio de Janeiro: Fiocruz, 2007.

VIANNA, Luiz Werneck. *A revolução passiva: iberismo e americanismo no Brasil*. Rio de Janeiro: Revan, 1997.

_____. *Liberalismo e sindicato no Brasil*. Belo Horizonte: Editora UFMG, 1999.

_____. "Weber e a interpretação do Brasil". In: SOUZA, Jessé. *O malandro e o protestante: a tese weberiana e a singularidade cultural brasileira*. Brasília: Editora da UnB, 1999.

WACQUANT, Loïc. *Punir os pobres: a nova gestão da miséria nos Estados Unidos*. Rio de Janeiro: Revan, 2003.

WEBER, Eugen. *Peasants into Frenchmen: The Modernization of Rural France 1870/1914*. Stanford: Stanford University Press, 1976.

WEBER, Max. *A ética protestante e o espírito do capitalismo*. São Paulo: Cia. das Letras, 2004.

_____. *Die protestantische Ethik und der Geist des Kapitalismus*. Tubinga: J. C. B. Mohr, 1904-1905.

_____. *Die Wirtschaftsethik der Weltreligionen: Hinduismus und Buddhismus*. Tubinga: J. C. B. Mohr, 1998.

_____. *Die Wirtschaftsethik der Weltreligionen: Konfuzianismus und Taoismus*. Tubinga: J. C. B. Mohr, 1991.

_____. "Rejeições religiosas do mundo e suas direções". In:_____. *Ensaios de sociologia*. Rio de Janeiro: Ed. Guanabara, 1982. pp. 371-410.

WILLIAMS JUNIOR, Vernon J. *Rethinking race*: Franz Boas and his contemporaries. Lexington: The University Press of Kentucky, 1996.

Anexos

ANEXO I
POSIÇÕES DE CLASSE DESTITUÍDAS NO BRASIL

José Alcides Figueiredo Santos

A estrutura social no Brasil se caracteriza por possuir um amplo conjunto de posições de classe destituídas. O desenvolvimento capitalista cria e reproduz processos de destituição tanto dentro como fora do âmbito do trabalho assalariado. Parte dessa dinâmica manifesta-se igualmente através de uma forte tendência de exclusão ou desconexão do sistema social de produção. Este estudo realiza um mapeamento e uma caracterização dessas posições de classe destituídas. Interessa-se por uma abordagem de classe social e, por isso, focaliza a questão da divisão social do trabalho, em relação à qual se configura uma estrutura articulada de posições sociais. Não se trata de uma análise tradicional da pobreza, que olha apenas para o "espaço da renda" e a sua distribuição entre unidades consideradas em isolamento umas das outras. O presente estudo sintoniza um movimento convergente entre sociólogos e economistas para superar esse modelo tradicional, através da focalização dos determinantes de resultados fora do controle dos indivíduos, em vez dos resultados em si, como a base para definir e medir a destituição e a desigualdade.[1] O enfoque sociológico de classe está atento para o tecido de relações sociais e os vínculos das pessoas com o sistema social de produção e distribuição.

---

1 David Grusky e Ravi Kanbur (orgs.), *Poverty and Inequality*, Stanford, Stanford University Press, 2006.

Ao focalizar a base da estrutura social, este texto almeja identificar divisões na distribuição de recursos decorrentes das relações de propriedade e emprego que demarcam capacidades estruturadas para ação e geram chances de vida características.[2] Acolhe-se a ideia fundamental da análise de classe de que essa divisão social gera consequências sistemáticas e relevantes sobre a vida dos indivíduos e a dinâmica das instituições. Os efeitos das relações de classe na vida dos indivíduos são sintetizados por proposições específicas que consideram que aquilo que a pessoa *tem* determina o que ela *obtém* e condiciona o que ela necessita *fazer* para conseguir o que obtém.[3] O elemento teórico que unifica a noção de posições destituídas é o princípio de exclusão do controle de ativos ou recursos econômicos. Sem descaracterizar a noção de classe social, a análise pode se beneficiar do reconhecimento de que as instituições econômicas estão incorporadas nas práticas sociais e culturais e vice-versa.[4] Na sociedade se estabelecem desigualdades duráveis, que se mantêm de uma interação social para a outra, persistem nas trajetórias dentro de e entre domínios institucionais, nas histórias organizacionais e no tempo de vida das pessoas. A desigualdade durável entre categorias resulta do controle desigual sobre recursos que produzem valores. Os membros de categorias privilegiadas asseguram o controle de recursos produtores de valor e alocam a maior parte do valor produzido para si. Uma ampla variedade de recursos produtores de valor já serviu historicamente como base de geração de desigualdade entre categorias: meios de coerção, trabalho, animais, terra, instituições, máquinas, capital financeiro, informação e seu meio de disseminação, conhecimento. Os recursos mais relevantes

---

2 John Scott, "Social Class and Stratification in Late Modernity", *Acta Sociologica*, v. 45, pp. 23-35, 2002.
3 Erik Olin Wright, "Rethinking, Once Again, the Concept of Class Structure", in: Erik Olin Wright *et al.*, *The Debate on Classes*, Londres, Verso, 1989.
4 Rosemary Crompton *et al.*, *Renewing Class Analysis*, Oxford, Blackwell, 2000.

para efeito de geração de desigualdade entre categorias são de suprimento restringível, fáceis de circunscrever, sujeitos à apropriação, valorizados amplamente e capazes de produzir valor adicional em combinação com outros recursos e/ou esforço coordenado.[5]

A construção de uma classificação socioeconômica traduz um esforço de conceituação e de mensuração da posição das pessoas dentro da estrutura social. Dado que o capitalismo representa não apenas um sistema social de produção, mas também um sistema de distribuição, uma análise de classe mais ampla não deve perder de vista a desigualdade que "se espraia do mundo do trabalho, rendimentos de emprego e lucros de mercado para afetar o meio de vida de todos – aqueles fora deste mundo, nas suas margens, assim como dentro dele".[6] Emprega-se aqui uma versão especial, direcionada a discriminar melhor o universo de posições destituídas, de uma classificação socioeconômica para o Brasil. A operacionalização dessa classificação tem como base uma noção um tanto mais ampla de trabalho, em termos de tempo de dedicação (ao menos uma hora por semana) e finalidade da atividade (consumo direto ou sem remuneração), além de incluir aqueles que buscam obter um trabalho, mas dele são excluídos. Porém, não abarca outras categorias, como aposentados e pessoas engajadas em tarefas de reprodução social da própria família. Essa noção possui uma abrangência menor quando comparada à solução teórica proposta na obra *Work under Capitalism*: "Trabalho inclui qualquer esforço humano que acrescenta valor a bens e serviços. (...) Na medida em que o esforço acrescenta valor a bens e serviços que estão disponíveis, ao menos a princípio, para outros, nós consideramos o esforço trabalho."[7]

---

[5] Charles Tilly, "Historical Perspectives on Inequality", in: Mary Romero e Eric Margolis (orgs.), *The Blackwell Companion to Social Inequalities*, Oxford, Blackwell, 2005; Idem, *Durable Inequality*, Berkeley, University of California Press, 1998; Idem, *Poverty and the Politics of Exclusion*, Background Paper for World Bank Study, Moving Out of Poverty, 2006.
[6] John Westergaard, *Who Gets What?*, Cambridge, Polity, 1995, p. 32.
[7] Charles Tilly e Cris Tilly, *Work under Capitalism*, Boulder, Westview Press, 1998, pp. 22-23.

As categorias empíricas dessa classificação são baseadas na organização social do trabalho, que compatibiliza suas orientações analíticas com os dados gerados pelas estatísticas sociais nacionais.

Apresenta-se aqui o conjunto da estrutura de posições de classe. Não teria sentido retratar de modo estanque apenas os destituídos e desaparecer com o restante da estrutura social. Classe social deve ser considerada uma noção relacional. O estudo pretende localizar as posições destituídas dentro da estrutura de classe mais abrangente. Entretanto, a representação das demais categorias foi agregada e simplificada em quatro grandes conjuntos. Os estudos originais que geraram essa classificação socioeconômica para o Brasil podem ser consultados para uma compreensão mais aprofundada dos fundamentos teóricos usados para abordar a diferenciação de classes na sociedade brasileira, assim como das suas correspondentes categorias empíricas, em particular daquelas situadas em regiões da estrutura social que serão menos focalizadas aqui.[8]

TABELA 1
POSIÇÕES DE CLASSE DESTITUÍDAS E DEMAIS CATEGORIAS
(INDIVÍDUO E FAMÍLIA COMO UNIDADES DE ANÁLISE)
BRASIL, 2006

Posições de classe	Indivíduo (%)	Total de indivíduos	Família (Prf)* %	Total de famílias
Trabalhador elementar	9,39	8.794.953	10,49	4.791.986
Empregado doméstico	6,77	6.337.919	4,84	2.213.085
Autônomo precário	7,55	7.067.977	8,63	3.940.882
Produtor agrícola precário	1,47	1.377.147	2,32	1.059.300

---

8 José Alcides Figueiredo Santos, "A Socioeconomic Classification for Brazil", *Revista Brasileira de Ciências Sociais*, v. 2, 2006a, Special English Edition; *Idem*, "Uma classificação socioeconômica para o Brasil", *Revista Brasileira de Ciências Sociais*, v. 20, n. 58, pp. 27-49, 2005; *Idem, Estrutura de posições de classe no Brasil*, Belo Horizonte, Editora UFMG e Rio de Janeiro, IUPERJ, 2002.

POSIÇÕES DE CLASSE DESTITUÍDAS NO BRASIL

Posições de classe	Indivíduo (%)	Total de indivíduos	Família (Prf)* %	Total de famílias
Trabalhador de subsistência	4,03	3.774.010	2,69	1.228.171
Trabalhador excedente	11,12	10.417.627	6,02	2.750.716
Total de destituídos	**(40,33)**	**(37.769.633)**	**(34,98)**	**(15.984.140)**
Trabalhador ampliado	38,46	36.019.419	36,96	16.884.553
Autônomo com ativos	10,42	9.759.049	14,82	6.770.626
Empregador	4,03	3.772.638	5,89	2.689.861
Gerente e especialista	6,76	6.326.900	7,35	3.359.569
Total de posições	**100,00**	**93.647.639**	**100,00**	**45.688.749**

Fonte: Tabulações especiais do autor baseadas nos microdados da PNAD de 2006.
Nota: * (Prf) – Pessoa de referência da família.

A representação da estrutura social brasileira realizada na tabela 1, com ênfase nas posições destituídas, considera duas unidades de análise alternativas: indivíduo e família. A definição da unidade de análise envolve questões teóricas sobre a lógica explicativa da noção de classe, ou seja, diz respeito ao entendimento dos mecanismos a partir dos quais a variável classe é explicativa. O uso do indivíduo valoriza o vínculo direto com a organização social do trabalho na compreensão dos efeitos associados à condição de classe. Já a ênfase na família realça que esse contexto influencia decisivamente os recursos disponíveis, as chances de vida e a definição dos interesses materiais das pessoas.[9] A definição de classe da família foi colocada aqui, de modo mais simplificado, por meio da posição da pessoa de referência da unidade familiar. Os dados mostram que as posições destituídas conformam um enorme agregado, em particular quando se considera a posição dos indivíduos. Entretanto, deve-se levar em conta que um número ponderável de indivíduos destituídos está em

---

9 Idem, "Classe, gênero e família: a questão da unidade de análise", *Teoria e Cultura: Revista do Mestrado de Ciências Sociais da UFJF*, v. 1, n. 1, 2006b.

famílias em que a pessoa de referência possui uma posição não destituída. Note-se que o conjunto da classe trabalhadora ampliada – formado do agregado de trabalhadores típicos, empregados qualificados e supervisores – distribui-se praticamente na mesma proporção nos dois critérios. Isso significa que as diferenças entre as duas representações estão localizadas na distribuição das posições destituídas e das demais posições com mais recursos. Entre as pessoas de referência existem particularmente mais autônomos com ativos ou recursos. A incidência mais forte de posições destituídas entre os indivíduos decorre especialmente de se encontrar aí o dobro de trabalhadores excedentes, o que cobre a diferença registrada no total de destituídos entre os dois critérios (5,35%).

O trabalhador excedente forma a principal categoria destituída entre os indivíduos. Integram o grupo os desempregados no sentido lato. A noção de desemprego estrutural reforça a ideia de considerar os desempregados uma posição social; afinal, o desemprego existe em função de um processo de estruturação e reprodução econômica e social no qual se forma um "trabalho excedente", que não encontra aplicação. O emprego pode ser pensado com um ativo ou recurso básico para a obtenção de meios de vida acima do nível de destituição ou de dependência de transferências do Estado.[10] Essa condição torna-se tanto mais importante quanto mais a obtenção dos meios de vida se dá através do mercado e em particular em um contexto em que o emprego regular vai se tornando mais escasso. A exclusão do acesso a recursos é um mecanismo típico nas relações de opressão econômica entre as categorias sociais.

As categorias de trabalhadores elementares e empregados domésticos retratam situações de destituição que estão associadas à natureza das tarefas de trabalho e às circunstâncias de exercício do trabalho assalariado. O trabalhador elementar forma a categoria assalariada mais importante

---

10 John Westergaard, *Who Gets What?*, op. cit.

entre os destituídos, ao perfazer em torno de 10% da estrutura social, e expressa a elevada depreciação social do trabalho braçal e despojado de habilidades comportamentais e cognitivas mais valorizadas. Compõem a categoria os principais tipos ocupacionais, ao se tomar a família como unidade de análise, conforme os dados de 2006: trabalhador manual agrícola (26,03%); trabalhador em serviço de conservação de edifícios e logradouros (21,43%); trabalhador na pecuária (14,84%); ajudante de obras civis (12,34%); trabalhador na agropecuária em geral (8,06%); trabalhadores de cargas e descargas de mercadorias (7,17%); trabalhador de serviços diversos (5,46%); e extrativista florestal (2,31%). Já a categoria de empregado doméstico considera a natureza do trabalho e a especificidade da produção de valores de uso para o âmbito domiciliar. Forma um importante contingente de pessoas que usam as suas habilidades básicas de cuidado do lar para prover a reprodução social de famílias de estratos mais vantajosos.

Os trabalhadores autônomos precários, apesar de ganharem a vida por conta própria, são destituídos na prática de ativos ou recursos de capital e de qualificação e reproduzem a sua atividade nos interstícios dos mercados de produtos e serviços. Não dispõem de estabelecimento fixo nem realizam a sua atividade com o uso de veículo automotor. O local de funcionamento do empreendimento do trabalho consiste no domicílio onde mora, no domicílio do sócio ou freguês, em local designado pelo cliente ou em via ou área pública. Parte desse contingente, além disso, compõe-se de formas atípicas, degradadas ou disfarçadas de trabalho explorado por empregadores, exercidas no âmbito do domicílio ou em local externo, que é contratado por produção, comissão ou empreitada.[11] Considerando a família uma unidade de análise, os principais tipos ocupacionais revelados pelos dados de 2006 são: pedreiro (22,41%); vendedor

---

[11] José Alcides Figueiredo Santos, *Estrutura de posições de classe no Brasil*, op. cit., pp. 124-126.

ambulante (14,62%); vendedor e demonstrador (8,36%); mestre de construção civil (5,83%); pintores de obras e revestidores de interiores (4,99%); trabalhador em serviço de higiene e embelezamento (4%); e operador de máquina de costura (3,43%).

A categoria de produtor agrícola precário foi criada com o objetivo de representar e captar entre os pequenos lavradores o segmento que possui acesso precário à terra ou ao mercado de produtos agrícolas. Foi formada a partir dos pequenos produtores agrícolas que possuem muito pouca terra, ou que têm apenas a sua posse, ou, então, que se veem na contingência de vender sua produção basicamente para o consumidor direto local.

A classificação retrata, por fim, os trabalhadores de subsistência, que não possuem renda de nenhuma espécie e representam um segmento altamente "desconectado" do sistema econômico no setor agrícola. Constata-se que mais de 3,77 milhões de pessoas são compelidas a obter algo – não importa o que seja, e de que forma – que sirva à subsistência direta de algum membro do domicílio.

TABELA 2
POSIÇÕES DE CLASSE DESTITUÍDAS E
DEMAIS CATEGORIAS DENTRO DAS GRANDES REGIÕES
(FAMÍLIA COMO UNIDADE DE ANÁLISE)
BRASIL, 2006

Posições de classe	Sudeste	Sul	Nordeste	Norte	Centro--Oeste
Trabalhador elementar	9,37	7,03	14,19	10,75	11,23
Empregado doméstico	5,31	3,44	4,51	5,35	5,80
Autônomo precário	7,80	6,92	10,26	11,71	8,20
Produtor agrícola precário	0,54	1,10	6,19	3,00	1,07
Trabalhador de subsistência	1,44	3,84	4,52	2,46	1,34
Trabalhador excedente	6,02	4,41	7,01	5,76	5,54
Total de destituídos	**(30,61)**	**(26,74)**	**(46,66)**	**(39,02)**	**(33,18)**

POSIÇÕES DE CLASSE DESTITUÍDAS NO BRASIL

Posições de classe	Sudeste	Sul	Nordeste	Norte	Centro--Oeste
Trabalhador ampliado	42,34	39,53	27,39	33,03	37,58
Autônomo com ativos	11,62	18,67	17,07	18,10	13,99
Empregador	6,23	7,58	4,38	4,69	6,73
Gerente e especialista	9,20	7,48	4,50	5,16	8,51
Total de posições	100,00	100,00	100,00	100,00	100,00

Fonte: Tabulações especiais do autor baseadas nos microdados da PNAD de 2006.

Ao abordar a dimensão territorial e socioespacial, a tabela 2 estampa a distribuição das posições destituídas no interior das regiões e mostra o perfil de classe predominante dentro de cada uma delas. Em todas as regiões existe uma elevada incidência de destituídos. Entretanto, o Sul aparece numa situação diferenciada, devido à incidência relativamente menor de trabalhadores elementares, domésticos e excedentes. O desenvolvimento desigual do capitalismo no Brasil, ao lado da concentração da riqueza, parece gerar na base da pirâmide social uma disseminação territorial das circunstâncias de destituição, alterando-se mais seu tipo e intensidade entre as regiões. As categorias de trabalhador elementar e de autônomo precário contribuem para colocar o Nordeste na posição extrema de concentração das posições destituídas. Os trabalhadores elementares aparecem como a principal categoria em quase todas as regiões, mostrando a disseminação comum, em todo o país, do trabalho braçal depreciado. Já a categoria de autônomo precário representa o segundo grupo em importância em quase todas as regiões. No Norte, a ordem é invertida, mas mantendo ambas como as categorias destituídas mais importantes.

A RALÉ BRASILEIRA

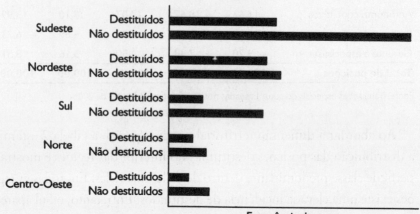

GRÁFICO 1
POSIÇÕES DE CLASSE POR REGIÕES
BRASIL, 2006

Família como unidade de análise

GRÁFICO 2
DISTRIBUIÇÃO DE POSIÇÕES POR UNIDADE DA FEDERAÇÃO
BRASIL, 2006

Família como unidade de análise

Fonte: Gráficos gerados diretamente pelo autor a partir dos microdados da PNAD de 2006.

O gráfico 1 apresenta uma representação que combina a contribuição absoluta de cada região com a frequência comparativa de casos dentro da região. A Região Sudeste, devido ao seu peso populacional, possui uma importância enorme, apesar de ter comparativamente menos destituídos. O Nordeste se destaca por ter uma população superior à do Sul e ostentar uma elevada participação de destituídos. A menor contribuição total oferecida pelo Centro-Oeste, em relação ao Norte, decorre justamente da combinação de menor população e menor frequência interna de destituídos. No gráfico 2, pode ser visto o recorte entre destituídos e não destituídos para as unidades da federação. No anexo II, encontra-se a distribuição percentual correspondente, assim como a indicação das duas principais posições destituídas existentes em cada estado e no Distrito Federal.

A tabela 3 retrata como os grupos combinados de gênero e raça se distribuem desigualmente entre as categorias. O exame simultâneo de gênero e raça considera as situações específicas dos subgrupos formados das combinações dessas categorias. Embora os destituídos sejam 40%, ao ser considerados os indivíduos, conforme mostrou a tabela 1, o que afeta todos os grupos, o homem branco possui uma situação bem menos desfavorável. A ocorrência de emprego doméstico entre a mulher branca (12,11%) responde por quase toda a discrepância em relação ao homem branco (12,45%). Entre o homem não branco destituído prepondera a condição de trabalhador elementar. A incidência relativa de destituição nesse grupo está mais próxima da mulher branca do que da mulher não branca. A superposição das opressões de gênero e raça faz com que a mulher não branca esteja fortemente associada às posições destituídas, com destaque para as categorias de trabalhador excedente e emprego doméstico. As mulheres de ambos os grupos de cor estão à frente do esforço de sobrevivência entre os domicílios que contam com a sua condição de trabalhadoras de subsistência. A forte presença da posição de trabalhador excedente entre as mulheres, ainda mais elevada entre as não brancas, apesar da sabida maior qualificação das mulheres, revela o ônus do *status* de gênero (e de cor) sobre o esforço de inserção no mercado de trabalho.

TABELA 3
POSIÇÕES DE CLASSE DESTITUÍDAS E DEMAIS CATEGORIAS DENTRO DOS GRUPOS DE GÊNERO/COR
(INDIVÍDUO COMO UNIDADE DE ANÁLISE)
BRASIL, 2006

Posições de classe	Homem branco	Mulher branca	Homem não branco	Mulher não branca
Trabalhador elementar	8,33	3,34	17,91	5,92
Empregado doméstico	0,63	10,98	0,98	18,37
Autônomo precário	6,12	6,24	9,06	8,82
Produtor agrícola precário	1,32	0,30	3,02	0,84
Trabalhador de subsistência	1,86	4,36	3,07	7,94
Trabalhador excedente	6,62	12,11	9,52	18,27
Total de destituídos	**(24,88)**	**(37,33)**	**(43,56)**	**(60,16)**
Trabalhador ampliado	42,90	41,43	37,93	30,23
Autônomo com ativos	15,07	7,25	12,34	10,43
Empregador	7,50	3,48	3,00	1,14
Gerente e Especialista	9,65	10,51	3,17	3,41
Total de posições	**100,00**	**100,00**	**100,00**	**100,00**

Fonte: Tabulações especiais do autor baseadas nos microdados da PNAD de 2006.
Nota: Excluíram-se indígenas e amarelos no item sobre raça ou cor.

Torna-se necessário apresentar alguns indicadores que refletem o estado econômico e social característico dos ocupantes de posições destituídas. A tabela 4 registra a renda média do trabalho principal, a participação entre os seis décimos (60%) inferiores da distribuição de renda, as horas dedicadas a esse trabalho, o grau de escolaridade e o percentual de cobertura da previdência pública. Os dados de renda disponível refletem naturalmente o padrão de consumo e bem-estar material das pessoas. A renda média dos destituídos varia de zero, caso do trabalhador de subsistência, até o montante de R$ 439 do autônomo precário, e no geral se situa em patamar bem abaixo das demais categorias de classe. A percentagem de destituídos que estão entre os seis primeiros décimos da distribuição da renda familiar *per capita* no Brasil, ou seja, que se encontram entre os "60% mais pobres", serve para testar a equivalência entre recursos controlados e resultados realizados. Uma enorme proporção dos destituídos segundo o critério de fatores determinantes de resultados (ativos econômicos) está entre os relativamente pobres ao se olhar para os resultados (renda). A maior discrepância, que persiste mesmo após um ajuste na mensuração das categorias, encontra-se justamente na posição de autônomo precário, em que os dados originais tornam mais difícil demarcar a ausência de controle de ativos.

TABELA 4
INDICADORES SELECIONADOS DAS POSIÇÕES
DE CLASSE DESTITUÍDAS E DEMAIS CATEGORIAS
(FAMÍLIA COMO UNIDADE DE ANÁLISE)
BRASIL, 2006

Posições de classe	Renda média mensal (R$)	Entre os 60% com renda inferior (%)	Horas de trabalho	Escolaridade média	Previdência pública (%)
Trabalhador elementar	379,88	86,86	44,24	3,95	49,80
Empregado doméstico	315,27	81,78	38,53	5,07	31,91
Autônomo precário	439,42	74,06	39,39	5,15	8,35
Produtor agrícola precário	205,81	87,31	39,44	2,19	4,42
Trabalhador de subsistência	—	83,87	21,80	2,20	1,65
Trabalhador excedente	—	91,24	—	6,76	—
Total de destituídos	**(335,35)**	**(83,58)**	**(39,34)**	**(4,63)**	**(26,23)**
Trabalhador ampliado	875,05	49,06	44,21	8,31	80,91
Autônomo com ativos	874,35	47,91	44,37	5,76	20,73
Empregador	2.761,49	18,26	49,03	8,90	55,82
Gerente e especialista	3.023,44	10,39	41,05	13,12	83,46
Total de posições	**987,26**	**56,53**	**42,78**	**7,03**	**53,15**

Fonte: Tabulações especiais do autor baseadas nos microdados da PNAD de 2006.
Notas: Dados de renda e horas de trabalho são relativos ao trabalho principal da pessoa de referência da família. Dado sobre previdência pública é apenas para quem possui trabalho. Escolaridade foi mensurada de zero a quinze anos de estudos completos. O critério de renda familiar *per capita* foi usado na estimativa dos 60% com renda inferior (seis décimos mais pobres).

A questão do tempo dedicado à atividade de trabalho tem importância, pois, além de afetar o montante absoluto e relativo de renda, representa um indicador da qualidade e do potencial de recompensa da posição ocupada. Em quase todas as posições destituídas, com exceção do trabalhador elementar, as pessoas engajam-se menos no trabalho principal. A precariedade característica das posições destituídas revela-se igualmente na dificuldade de obter um retorno compensador que justifique a aplicação de um esforço extra de trabalho. Ao trabalhar mais, a pessoa naturalmente ganha mais; porém, a remuneração de horas adicionais de trabalho pode se fazer a taxas cada vez mais reduzidas, o que diminui o incentivo para trabalhar mais. Cabe atentar igualmente para a operação de constrangimentos de recursos e demanda, assim como de mecanismos de formação da renda, que afetam a própria possibilidade de escolha de uma dedicação maior ao trabalho. Por fim, a eventual constituição de disposições que poderiam estar enfraquecendo a motivação de obter renda através da disciplina de trabalho também não deve ser descartada.

A escolaridade contribui para definir o perfil social tanto do ocupante como da posição ocupada. Quase todas as categorias, com exceção do trabalhador excedente, possuem escolaridade média bem distante do ensino fundamental completo. O trabalhador excedente tem escolaridade mais próxima do trabalhador ampliado; porém, apesar dessa qualificação diferenciada em relação aos demais destituídos, está excluído do sistema social de produção. Essa contradição testemunha a amplitude dos processos de exclusão, que atinge trabalhadores mais qualificados, assim como a escassez de posições ajustadas a uma maior escolaridade em particular das coortes mais jovens.

A relação dos ocupantes de posições destituídas com a dimensão social da cidadania é aferida pelo indicador de vinculação com o sistema de previdência pública. Embora bem abaixo dos trabalhadores ampliados, os destituídos assalariados apresentam a menor insuficiência de proteção social. A estrutura empresarial ou mesmo pública de organização do empreendimento econômico – portanto mais institucionalizada, além da forma coletiva de trabalho, em que se exerce a atividade do trabalhador elementar, embora mais "braçal" e depreciada – ajuda a criar certo contrapeso, que "favorece" a situação dessa categoria em relação aos demais destituídos. O trabalho assalariado desempenhado para o âmbito privado do domicílio, exercido de modo isolado e em benefício da reprodução social de outras famílias, obtém um grau de proteção bem menor, apesar da legislação federal que regulamenta o emprego doméstico. Já as demais categorias destituídas estão quase totalmente desconectadas do sistema de previdência pública. A distribuição desequilibrada do vínculo com a previdência pública no Brasil confirma a interpretação de que os direitos de cidadania só são exercidos em determinados contextos institucionais e realizáveis sob condições materiais específicas. O exercício da cidadania depende das capacidades não políticas dos cidadãos associadas aos recursos sociais que controlam.[12] Contudo, os processos de diferenciação e reprodução de classe podem adquirir, em determinadas circunstâncias, um componente mediado pelas relações com o Estado, que criam vínculos indiretos dos indivíduos com os recursos socialmente valiosos.[13] Os processos de destituição são, em certo nível, constituídos ou afetados pelas assimetrias de poderes e direitos sobre as transferências de renda e benefícios do Estado.

As posições destituídas no Brasil são compostas de três grandes agrupamentos. Existem os destituídos na esfera do mercado de trabalho ou que dele são excluídos, embora busquem vender a sua capacidade de trabalho. Estão aí os trabalhadores elementares, os empregados domésticos e os trabalhadores excedentes. Embora demandada e socialmente útil, a capacidade de trabalho elementar que possuem é depreciada. Entretanto,

---

12 J. M. Barbalet, *A cidadania*, Lisboa, Estampa, 1989.

como a demonstrar o grave problema existente do lado da demanda de trabalho, trabalhadores que acumulam certas habilidades comportamentais e cognitivas tornam-se simplesmente dispensáveis pelo padrão preponderante de desenvolvimento capitalista. Uns se tornam superexplorados, outros sofrem por não encontrar um empregador que possa obter lucro da compra da sua força de trabalho.

No mercado de produtos e serviços urbanos estão os trabalhadores autônomos precários. São autônomos, porém desprovidos de ativos ou recursos de algum valor, cuja reprodução depende dos fluxos de renda da economia dominante que se dirigem aos espaços intersticiais do mercado de produtos e serviços. Estão computados nesse segmento os trabalhadores explorados por detentores de ativos através de formas e relações encobertas de arregimentação e remuneração de trabalho.

Por fim, a modernização conservadora da agricultura brasileira, ao seguir uma trajetória fortemente excludente, manteve e criou uma grande massa de destituídos no campo.[13] Estes estão representados aqui nas categorias de produtor agrícola precário e trabalhador de subsistência. A herança do passado latifundiário incorporada à estrutura agrária do Brasil de hoje e o enorme poder seletivo atual dos complexos agroindustriais se somam para gerar destituição e pauperismo no meio rural brasileiro.

---

13 José Alcides Figueiredo Santos, *Estrutura de posições de classe no Brasil, op. cit.*, pp. 131-133.

Referências bibliográficas

BARBALET, J. M. *A cidadania*. Lisboa: Estampa, 1989

CROMPTON, Rosemary *et al.* (org.). *Renewing Class Analysis*. Oxford: Blackwell, 2000.

FIGUEIREDO SANTOS, José Alcides. "A Socioeconomic Classification for Brazil". *Revista Brasileira de Ciências Sociais*, v. 2, 2006a. Special English Edition.

_____. "Classe, gênero e família: a questão da unidade de análise". *Teoria e Cultura: Revista do Mestrado de Ciências Sociais da UFJF*, v. 1, n. 1, 2006b.

_____. *Estrutura de posições de classe no Brasil: mapeamento, mudanças e efeitos na renda*. Belo Horizonte: Editora UFMG; Rio de Janeiro: IUPERJ, 2002.

_____. "Uma classificação socioeconômica para o Brasil". *Revista Brasileira de Ciências Sociais*, v. 20, n. 58, pp. 27-49, 2005.

IBGE – INSTITUTO BRASILEIRO DE GEOGRAFIA E ESTATÍSTICA. Pesquisa Nacional por Amostra de Domicílios – 2006 (PNAD 2006). *Microdados*, Rio de Janeiro, IBGE, 2007.

GRUSKY, David; KANBUR, Ravi (orgs.). *Poverty and Inequality*. Stanford: Stanford University Press, 2006.

SCOTT, John. "Social Class and Stratification in Late Modernity". *Acta Sociologica*, v. 45, pp. 23-35, 2002.

TILLY, Charles. "Historical Perspectives on Inequality". In: ROMERO, Mary; MARGOLIS, Eric (orgs.). *The Blackwell Companion to Social Inequalities*. Oxford: Blackwell, 2005.

_____. *Durable Inequality*. Berkeley: University of California Press, 1998.

_____. *Poverty and the Politics of Exclusion*. Background Paper for World Bank Study: Moving Out of Poverty, 2006.

TILLY, Cris; TILLY, Charles. *Work under Capitalism*. Boulder: Westview Press, 1998.

WESTERGAARD, John. *Who Gets What? The Hardening of Class Inequality in the Late Twentieth Century*. Cambridge: Polity, 1995.

WRIGHT, Erik Olin. "Rethinking, Once Again, the Concept of Class Structure". In: WRIGHT, Erik Olin *et al. The Debate on Classes*. Londres: Verso, 1989.

_____. Foundations of a neo-marxist class analysis. *In*: _____ (org.). *Approaches to class analysis*. Cambridge: Cambridge University Press, 2005. Disponível em: <http://www.ssc.wisc.edu/~wright/>. Acesso em 27 set. 2022.

ANEXO II
OS NÚMEROS DOS DESTITUÍDOS NO BRASIL

José Alcides Figueiredo Santos

QUADRO DA DISTRIBUIÇÃO PERCENTUAL GERAL E DAS DUAS PRINCIPAIS
POSIÇÕES DE CLASSE DESTITUÍDAS DENTRO DAS UNIDADES DA FEDERAÇÃO
(FAMÍLIA COMO UNIDADE DE ANÁLISE)
BRASIL, 2006

Unidade da Federação	Destituídos dentro da UF (%)	Principal categoria	% UF	Segunda categoria	% UF
Rondônia	30,18	Trab. elementar	8,65	Autônomo precário	7,39
Acre	37,51	Trab. elementar	9,93	Autônomo precário	7,85
Amazônia	40,83	Autônomo precário	13,00	Trab. excedente	7,03
Roraima	41,59	Autônomo precário	13,38	Trab. elementar	8,98
Pará	39,24	Autônomo precário	12,72	Trab. elementar	12,41
Amapá	39,56	Autônomo precário	15,04	Trab. elementar	9,88
Tocantins	44,26	Trab. elementar	15,80	Autônomo precário	8,84
Maranhão	51,58	Autônomo precário	13,14	Agrícola precário	12,58
Piauí	45,06	Agrícola precário	14,90	Trab. elementar	9,45
Ceará	45,18	Trab. elementar	11,94	Autônomo precário	11,54
Rio Grande do Norte	40,57	Trab. elementar	16,28	Autônomo precário	9,36
Paraíba	46,18	Trab. elementar	15,23	Autônomo precário	10,32
Pernambuco	46,03	Trab. elementar	13,51	Autônomo precário	10,21
Alagoas	51,57	Trab. elementar	19,25	Trab. subsistência	9,10

Unidade da Federação	Destituídos dentro da UF (%)	Principal categoria	% UF	Segunda categoria	% UF
Sergipe	43,88	Trab. elementar	15,50	Autônomo precário	9,90
Bahia	47,08	Trab. elementar	16,46	Autônomo precário	9,46
Minas Gerais	38,71	Trab. elementar	14,43	Autônomo precário	7,39
Espírito Santo	35,30	Trab. elementar	17,08	Autônomo precário	6,32
Rio de Janeiro	30,82	Autônomo precário	10,40	Trab. excedente	7,16
São Paulo	26,30	Trab. elementar	7,48	Autônomo precário	7,16
Paraná	28,63	Trab. elementar	8,07	Autônomo precário	7,66
Santa Catarina	21,39	Trab. elementar	5,84	Autônomo precário	5,40
Rio Grande do Sul	27,84	Autônomo precário	7,05	Trab. elementar	6,70
Mato Grosso do Sul	33,74	Autônomo precário	11,03	Trab. elementar	10,52
Mato Grosso	34,53	Trab. elementar	14,48	Trab. excedente	6,30
Goiás	35,43	Trab. elementar	12,40	Autônomo precário	9,29
Distrito Federal	25,33	Emp. doméstico	8,09	Autônomo precário	6,03

Fonte: Tabulações especiais do autor baseadas nos microdados da PNAD de 2006.

Agradecimentos

Agradeço, antes de tudo, e com muita ênfase, o apoio e a confiança da Fundação de Pesquisa do Estado de Minas Gerais (Fapemig) que, através da concessão do prêmio PRONEX (Fapemig/Conselho Nacional de Desenvolvimento Científico e Tecnológico – CNPq) à nossa pesquisa, possibilitou as melhores condições materiais e acadêmicas possíveis ao desenvolvimento do objetivo a que nos propusemos. Esse apoio propiciou muito especialmente o engajamento de especialistas de renome internacional ao nosso projeto, permitindo tanto sofisticar o desenho teórico e metodológico de nossa pesquisa como possibilitar, à pós-graduação da Universidade Federal de Juiz de Fora (UFJF), por meio de diversos seminários internacionais e workshops (além de cursos regulares nos diversos temas relacionados à presente pesquisa), uma internacionalização singular no atual contexto das ciências sociais brasileiras. Agradeço ainda aos apoios adicionais do CNPq, do Deutscher Akademischer Austauschdienst (DAAD) e da Fundação Humboldt da Alemanha, que contribuíram, ainda que em porções menores, para o mesmo resultado.

Dentre os diversos especialistas estrangeiros que participaram de nossa pesquisa, gostaria de agradecer em especial a Bernard Lahire, da Universidade de Lyon, França, e a Thomas Leithäuser, da Universidade de Bremen, Alemanha, a generosa ajuda na formação da equipe de pesquisadores do Centro de Pesquisas Sobre Desigualdade (CEPEDES). A ajuda de Lahire foi decisiva para a sofisticação metodológica do tipo de pesquisa empírica inovadora e crítica que utilizamos. A contribuição de Leithäuser permitiu uma formação continuada de nossos pesquisadores em variadas técnicas de pesquisa qualitativa ao longo de vários anos.

Agradeço, também de modo enfático, à equipe de pesquisadores do CEPEDES, que se dedicou integralmente a levar a cabo a pesquisa teórica e empírica que resultou no presente livro. A dedicação apaixonada desses jovens, que sem exceção abdicaram de férias e subordinaram todos os outros interesses em nome deste projeto, permitiu transformar um trabalho penoso e árduo numa experiência singularmente prazerosa de aprendizado coletivo.

Sobre os colaboradores

André Grillo – Mestre e doutor em ciências sociais pela Universidade Federal de Juiz de Fora (UFJF).

Emanuelle Silva – Mestre em sociologia pela Universidade Coimbra (Portugal) e doutora em sociologia pela Universidade Humboldt de Berlim (Alemanha).

Emerson Rocha – Mestre em ciências sociais pela Universidade Federal de Juiz de Fora (UFJF) e doutor em sociologia pela Universidade de Brasília (UnB). É professor adjunto do Departamento de Sociologia da UnB e membro colaborador do Programa de Pós-Graduação em Sociologia da UnB.

Fabrício Maciel – Mestre em políticas sociais pela Universidade Estadual do Norte Fluminense Darcy Ribeiro (UENF) e doutor em ciências sociais na Universidade Federal de Juiz de Fora (UFJF). É professor adjunto do Departamento de Ciências Sociais da Universidade Federal Fluminense (UFF), colaborador permanente do Programa de Pós-Graduação em Sociologia Política da UENF e professor visitante na Universidade de Jena (Alemanha).

José Alcides Figueiredo Santos – Mestre e doutor em sociologia pelo Instituto Universitário de Pesquisas do Rio de Janeiro (IUPERJ), com pós-doutorado pela Universidade de Wisconsin-Madison (Estados Unidos). É professor titular do Programa de Pós-graduação de Ciências Sociais da Universidade Federal de Juiz de Fora (UFJF).

Lara Luna – Mestre em ciências sociais pela Universidade Federal de Juiz de Fora (UFJF) e doutora em sociologia política pela Universidade Estadual do Norte Fluminense Darcy Ribeiro (UENF). É professora da Universidade do Estado de Minas Gerais (UEMG) e desenvolve pesquisa sobre desigualdade social e precariedade da saúde pública no Brasil.

Lorena Freitas – Mestre em ciências sociais pela Universidade Federal de Juiz de Fora (UFJF) e doutora em sociologia política pela Universidade Estadual do Norte Fluminense (UENF). É professora adjunta do curso de graduação em antropologia e do Programa de Pós-Graduação em Literatura Comparada da Universidade Federal da Integração Latino-Americana (UNILA).

Maria Teresa Carneiro – Mestre em ciência política pela Universidade Federal Fluminense (UFF) e doutoranda do Programa de Pós-Graduação em sociologia política da Universidade Estadual do Norte Fluminense Darcy Ribeiro (UENF).

Patrícia Mattos – Mestre e doutora em sociologia pela Universidade de Brasília (UnB) com pós-doutorado pela Universidade de Bielefeld (Alemanha) e pela Pontifícia Universidade Católica do Rio de Janeiro (PUC-Rio). É professora do Departamento de Ciências Sociais da Universidade Federal de São João Del-Rei (UFSJ). Publicou *A sociologia política do reconhecimento: as contribuições de Charles Taylor, Axel Honneth e Nancy*

Fraser (2006); *As visões de Weber e Habermas sobre Direito e Política* (2002). Organizou, com Jessé Souza, o livro *Teoria crítica no século XXI* (2007).

Priscila Coutinho – Mestre em ciências sociais pela Universidade Federal de Juiz de Fora (UFJF) e doutora em sociologia pelo Instituto de Estudos Sociais e Políticos da Universidade do Estado do Rio de Janeiro (IESP/UERJ), com estágio doutoral no Centre Max Weber (Centre National de la Recherche Scientifique [CNRS]/École Normale Supérieure de Lyon [ENS-Lyon]). É professora de sociologia da educação da Faculdade de Educação da Universidade Federal de Minas Gerais (FaE/UFMG), onde também atua como pesquisadora do Observatório Sociológico Família--Escola (OSFE/UFMG) e do Laboratório de Pesquisa em Experiências de Formação e Narrativas de Si (LapenSi/UFMG). É autora do livro *Entre o roçado e a coca-cola: uma sociobiografia*.

Roberto Torres – Mestre em políticas sociais pela Universidade Estadual do Norte Fluminense Darcy Ribeiro (UENF) e doutor em sociologia pela Universidade Humboldt de Berlim (Alemanha). É professor associado do Laboratório de Gestão e Políticas Públicas da Universidade Estadual do Norte Fluminense Darcy Ribeiro (LGPP/UENF), e membro associado da Sociedade Brasileira de Sociologia (SBS).

Tábata Berg – Mestre e doutora em sociologia da Universidade Estadual de Campinas (Unicamp). Atua como pesquisadora no do Grupo de Pesquisa Mundo do Trabalho e suas Metamorfoses (GPMT/Unicamp) nas áreas de teoria social, teoria social do trabalho, teorias de gênero, sociologia das relações étnico-raciais e sociologia das desigualdades sociais. Dedica--se atualmente a investigar as epistemologias feministas e decoloniais.

Este livro foi composto na tipografia Adobe Garamond Pro,
em corpo 12/16, e impresso em
papel off-white no Sistema Cameron da
Divisão Gráfica da Distribuidora Record.